中国共产党
高校思想政治教育发展史

ZHONGGUO GONGCHANDANG
GAOXIAO SIXIANG ZHENGZHI JIAOYU FAZHAN SHI

冯 刚　张晓平　苏 洁◎主编

人民出版社

目　　录

导　论…………………………………………………………………………… 1

第一章　中国共产党高校思想政治教育的地位作用 ……………………… 29

第一节　新中国成立前高校思想政治教育的功能与作用 ……………… 29

第二节　新中国成立后思想政治教育在高校发展中的地位与作用…… 42

第三节　改革开放以来高校思想政治教育的地位与作用 ……………… 47

第四节　新时代高校思想政治教育地位作用的发展趋势 ……………… 56

第二章　中国共产党高校思想政治教育的目标任务 ……………………… 62

第一节　新民主主义革命时期:培养具有坚定政治信仰的无产阶级革命者 ……………………………………………………………… 63

第二节　社会主义革命和建设时期:高校思想政治教育目标任务曲折变化 ……………………………………………………………… 70

第三节　拨乱反正与改革起步阶段:培养德智体全面发展的社会主义劳动者 …………………………………………………………… 80

第四节　改革开放时期:培养德智体美全面发展的社会主义建设者和接班人 …………………………………………………………… 84

第五节　新时代:培养担当民族复兴大任的时代新人…………………… 93

第三章　中国共产党高校思想政治教育的方针政策……………………… 100

第一节　新中国成立前后高校思想政治教育政策的创立与曲折发展 ………………………………………………………………… 100

第二节　改革开放时期高校思想政治教育政策的逐步完善 ………… 116

第三节　新时代高校思想政治教育政策的与时俱进…………………… 140

第四章　中国共产党高校思想政治教育的内容方法 …………………… 155
第一节　高校思想政治教育内容方法的形成和发展 …………………… 155
第二节　高校思想政治教育内容方法的基础奠定和曲折发展 ……… 173
第三节　高校思想政治教育内容方法的拨乱反正和新发展 ………… 182
第四节　新时代高校思想政治教育内容方法的创新发展 …………… 196
第五章　中国共产党高校思想政治教育的学科建设 …………………… 204
第一节　高校思想政治教育学科化的必要性和重要性 ……………… 205
第二节　高校思想政治教育的学科化进程 …………………………… 209
第三节　高校思想政治教育学科建设的主要成就 …………………… 216
第四节　高校思想政治教育学科建设的发展趋势 …………………… 222
第六章　中国共产党高校思想政治理论课的课程体系 ……………… 228
第一节　新民主主义革命时期思想政治教育课程的初创与探索 …… 228
第二节　社会主义革命和建设时期高校思想政治教育课程的探索 … 241
第三节　改革开放时期高校思想政治理论课程体系的重构与发展 … 247
第四节　新时代高校思想政治理论课程的创新发展 ………………… 258
第七章　中国共产党高校的实践育人 …………………………………… 264
第一节　新民主主义革命时期的高校实践育人及演进 ……………… 264
第二节　社会主义革命和建设时期高校实践育人的探索 …………… 274
第三节　改革开放时期高校实践育人的创新发展 …………………… 278
第四节　新时代高校实践育人的深化拓展 …………………………… 284
第五节　中国共产党高校实践育人的经验启示 ……………………… 289
第八章　中国共产党高校的文化育人 …………………………………… 298
第一节　新民主主义革命时期高校文化育人的探索与实践 ………… 298
第二节　社会主义革命和建设时期高校文化育人的曲折发展 ……… 307
第三节　改革开放时期高校文化育人的丰富发展 …………………… 313
第四节　新时代高校文化育人的守正创新 …………………………… 325
第九章　中国共产党高校思想政治教育的管理 ………………………… 348
第一节　高校思想政治教育管理的发展历程 ………………………… 349
第二节　高校思想政治教育管理的功能和特点 ……………………… 361

第三节 高校思想政治教育管理的经验展望 …………………… 366
第十章 中国共产党高校思想政治教育的领导体制 ………………… 380
第一节 新民主主义革命时期党对高校思想政治教育领导体制的初步探索 …………………………………………… 380
第二节 社会主义建设时期高校思想政治教育领导体制的曲折发展 ……………………………………………………… 385
第三节 改革开放以来高校思想政治教育领导体制的巩固加强 …… 391
第四节 新时代高校思想政治教育领导体制的深化加强 …………… 400
第十一章 中国共产党高校思想政治教育的队伍建设 ……………… 409
第一节 新中国成立前高校思想政治教育队伍的发展 ……………… 409
第二节 新中国成立后高校思想政治教育队伍的正式确立 ………… 415
第三节 改革开放以来高校思想政治教育队伍的全面建设 ………… 419
第四节 新时代高校思想政治教育队伍的优化完善 ………………… 425
第五节 高校思想政治教育队伍建设的启示与展望 ………………… 432

参考文献 ……………………………………………………………… 438
后 记 ………………………………………………………………… 446

导　论

在近代以后中国社会的剧烈运动中，在中国人民反抗封建统治和外来侵略的激烈斗争中，在马克思列宁主义同中国工人运动的结合过程中，中国先进分子从马克思列宁主义的科学真理中看到了解决中国问题的出路，在1921年创立了中国共产党。习近平指出："从此，中国人民谋求民族独立、人民解放和国家富强、人民幸福的斗争就有了主心骨，中国人民就从精神上由被动转为主动。"①中国共产党百年奋斗历程中不忘为中国人民谋幸福的初心，牢记为中华民族谋复兴的使命，团结带领人民进行了艰苦卓绝的斗争，谱写了气吞山河的壮丽史诗。中国共产党在领导革命和建设发展的百年奋斗历史中，既高度重视用马克思主义科学理论教育和武装广大党员干部，也非常重视用马克思主义科学理论教育和武装高校广大学生。中国共产党在推进高等教育的发展进程中，坚持以马克思主义为指导，不断加强和改进对学生的思想政治教育，"坚持不懈传播马克思主义科学理论，抓好马克思主义理论教育，为学生一生成长奠定科学的思想基础"②。中国共产党高校思想政治教育发展百年史，是党百年奋斗发展史中的一个重要部分。高校思想政治教育工作，正是在中国共产党关于高校思想政治教育的重要理论引领下得以创立、演进和发展，并形成了具有鲜明特色的理论体系。

---

① 《习近平谈治国理政》第三卷，外文出版社2020年版，第10—11页。

② 《习近平谈治国理政》第二卷，外文出版社2017年版，第377页。

一、中国共产党百年发展史为高校思想政治教育提供了丰厚滋养

从教育本体论的高度审视,无论何种教育方式及其学科体系的生成构建,都是在一定的社会环境和时代变化中确立起来的。先进的教育方式及其学科体系的生成构建,必然是在汲取社会历史先进思想成果滋养中得以演进发展。高校思想政治教育方式发展及其学科体系的构建,也正是在中国共产党领导中国革命、建设、改革的社会环境和时代进步中得以实现的。中国共产党领导革命、建设、改革的百年奋斗辉煌发展史,不仅为高校思想政治教育方式创新发展提供了丰厚滋养,而且为思想政治教育学科体系的创立和发展提供了丰厚滋养。

(一)中国共产党百年发展史为高校思想政治教育奠定了重要的理论基础

马克思列宁主义揭示了人类社会历史发展的规律,它的基本原理具有强大的生命力。中国共产党是中国工人阶级的先锋队,同时是中国人民和中华民族的先锋队,党的最高理想和最终目标是实现共产主义。因此,中国共产党始终坚持以马克思列宁主义为行动指南,并且结合中国革命、建设和改革发展的实际而不断丰富和发展马克思列宁主义。在中国共产党第一次全国代表大会通过的决议中,就体现以马克思列宁主义为指导的思想认识,并要求全党做好马克思主义的宣传工作和反帝反封建的革命教育工作。此后,中国共产党的历次全国党代会和历任核心领导人都非常重视宣传马克思列宁主义,坚持马克思列宁主义的基本原理,根据中国革命、建设和改革发展的需要,丰富发展了马克思列宁主义。在中国共产党第十九次全国代表大会通过的《中国共产党章程》中就明确指出,中国共产党人把马克思列宁主义的基本原理同中国革命、建设和改革发展的具体实践结合起来,创立了毛泽东思想和邓小平理论,形成了“三个代表”重要思想、科学发展观。党的十八大以来,以习近平同志为主要代表的中国共产党人,顺应时代发展,从理论和实践结合上系统回答了新时代坚持和发展什么样的中国特色社会主义、怎样坚持和发展中国特色社会主义这个重大时代课题,创立了习近平新时代中国特色社会主义思想。习近平新时代中国特色社会主义思想是对马克思列宁主义、毛泽东

思想、邓小平理论、“三个代表”重要思想、科学发展观的继承和发展，是马克思主义中国化最新成果，是党和人民实践经验和集体智慧的结晶，是中国特色社会主义理论体系的重要组成部分，是全党全国人民为实现中华民族伟大复兴而奋斗的行动指南，必须长期坚持并不断发展。在习近平新时代中国特色社会主义思想指导下，中国共产党领导全国各族人民，统揽伟大斗争、伟大工程、伟大事业、伟大梦想，推动中国特色社会主义进入了新时代。①

中国共产党百年奋斗发展的行动指南，为高校思想政治教育奠定了重要的理论基础。马克思主义理论教育是高校人才培养的重要内容，从马克思主义理论作为学理传入到成为引领中国革命、建设和改革发展的行动指南，经历了单纯的理论传播研究到与中国革命、建设和改革发展实践相结合的进程。中国共产党的成立，使高校马克思主义理论的宣传教育有了坚强的领导。中国共产党通过高校将先进知识分子密切联系起来，实现了由个体到群体的整合。社会主义和工人运动在理论和实践的探索中不断丰富和发展，影响力日益增强。尤其是高校开设马克思主义理论课程，对马克思主义理论体系的完善、马克思主义理论的研究以及马克思主义理论教材的编写都起到了推动作用。从土地革命战争时期、抗日战争时期、解放战争时期，到社会主义过渡与探索时期，直至改革开放新时期，随着革命、建设与改革任务要求的变化，马克思主义理论课程也在探索中不断丰富，在坚守中逐渐完善。无论是在红色根据地中国共产党先后创办的苏维埃大学、中国工农红军大学以及一些军政干部学校和军政干部训练班，还是在抗日战争时期为培养当时迫切需要的为抗日服务的各类专业人才，中国共产党在抗日根据地创办的包括中国人民抗日军政大学、陕北公学、鲁迅艺术学院在内的多所高等院校，以及新中国成立后中国共产党在社会主义改造、建设和改革开放的各个历史发展时期，都提出了重视加强和改进马克思主义理论课程建设的根本要求，高校思

① 中国共产党关于坚持马克思列宁主义和不断丰富发展马克思主义的重要思想成果，其论述来源于中国共产党第十九次全国代表大会通过的《中国共产党章程》中的有关重要论述。参见《中国共产党章程》，人民出版社 2017 年版。

想政治教育从中获得了丰厚的理论滋养。因此,中国共产党在百年奋斗发展的历史进程中,以马克思列宁主义、毛泽东思想、邓小平理论、“三个代表”重要思想、科学发展观、习近平新时代中国特色社会主义思想作为自己的行动指南,并将这一行动指南全方位、全过程融入高校思想政治教育之中,为高校思想政治教育奠定了重要理论基础。正是有了这一重要理论基础的有力支撑,高校思想政治教育始终遵循马克思主义的基本立场、观点和方法,根据高校思想政治教育的现实需要和发展要求,具体地开设思想政治理论课程,不断加强和改进马克思主义理论宣传教育,高校思想政治教育内容得到不断充实,并且逐步形成较为系统完整的高校思想政治理论课程架构体系和教学管理体系。

（二）中国共产党百年发展史为高校思想政治教育指明了根本的目标取向

中国共产党在百年奋斗发展的历史进程中,紧密围绕革命、建设和改革的现实需求,结合高等教育的实际情况和发展要求,提出了为革命、建设和改革发展需要的育人方针和目标取向,为高校思想政治教育指明了根本目标和价值追求。

中国共产党成立初期,就注重在高校通过学生团体组织开展学生运动,培养具有革命精神的优秀知识分子。李大钊在北京高等师范学校、北京女子高等师范学校任教期间,积极宣传马克思主义,在学校建设和发展党组织,培养的学生缪伯英、魏野畴等加入马克思学说研究会等相关组织,增强了马克思主义理论的影响力。毛泽东、李达在自修学校、农民运动讲习所和劳动学院等高等教育类学校进行马克思主义启蒙教育,培养了具有共产主义觉悟的农民运动与工人运动的骨干。在抗日战争初期,为了适应革命斗争和党的建设的需要,开办和拓展了各类高等院校,规范、科学地培养马克思主义人才,如中国人民抗日军事政治大学、陕北公学、马列学院、民族学院、延安大学等,根据实际斗争的需要来制定教学内容,这也为思想政治教育积累了丰富的办学经验。新中国的成立,使中国社会的面貌发生了翻天覆地的变化,面对经济文化落后、意识形态领域各种思想交织的情况,中国共产党提出了新民主主义教育方针。社会主义改造完成后，中国进入社会主义社会，开启新的建设征程，高校思想政治教育也根据实际国情，逐渐明确应培养有社会主义觉悟的又红又专的劳动者。20世纪70年代末80年代初，我国实现了党和国家工作重心从以阶级斗争为纲向以经济建设为中心的重要转变，开始进入改革开放和现代化建设新时期，高等教育重新走向世界。与此同时，这一时期的育人要求和教育政策也有了新的认识和深化。

由于教育为谁服务是教育的核心问题，因此，正确认识和深刻把握教育培养什么样的人、教育为谁服务的根本目标和价值取向，更应当作为高校思想政治教育必须首先解决的重大理论和现实问题。在第一次国内革命战争时期，毛泽东就在《中国的红色政权为什么能够存在?》中提出"人才走进革命"理论。在抗日战争和解放战争时期，中国共产党为了适应革命斗争和党的建设的需要，提出了积极培养具有马克思主义理论素养和具有较高革命斗争能力的大批军政人才的要求。毛泽东在《中国革命和中国共产党》中明确指出，马克思列宁主义思想在中国的广大的传播和接受，首先也是在知识分子和青年学生中。革命力量的组织和革命事业的建设，离开革命的知识分子的积极参与，是不能成功的。新中国成立初期，中国共产党根据形势新变化和发展需要指出，高等教育必须配合国家经济、政治、文化和国防建设的需要，应当为社会主义服务。为此，中国共产党将高校思想政治教育的课程与苏联教育形式相结合，要求知识分子参与生产劳动，扭转了教育与劳动相割裂的观念，使青年学生在劳动和教育中自觉接受社会主义改造。社会主义改造基本完成后，社会主义建设开启。中国共产党提出了党的教育方针，即"使受教育者在德育、智育、体育几方面都得到发展，成为有社会主义觉悟的有文化的劳动者"。这一教育方针，继承和发展了马克思主义人才培养思想，也是高校思想政治教育对人才培养的根本要求。进入改革开放和现代化建设新的历史时期后，中国共产党根据改革开放和现代化建设以及面向世界的新需求，明确提出了培养"有理想、有道德、有文化、有纪律"的社会主义"四有新人"育人目标。高校思想政治教育的首要任务，是为社会主义现代化事业培养"四有"的建设者和接班人。对此，邓小平、江泽民等党的领导人都有深刻论述。党的十六大以后，国内国际形势的变化使高校思想政治教育面临新的情况，以胡锦涛同志为总书记的党中央提出，“坚持以人为本，全面实施素质教育，推动人才培养科学发展”，强调把社会主义核心价值体系融入国民教育全过程，引导学生树立正确的世界观、人生观、价值观、荣辱观，努力培养德智体美全面发展的社会主义建设者和接班人。党的十八大以来，中国特色社会主义进入新时代。在党的十九大报告中首次提出时代新人的概念，强调“要以培养担当民族复兴大任的时代新人为着眼点”①。与社会主义其他历史时期的人才培养相比，“时代新人”更是肩负着国家崛起、民族复兴的历史使命与时代担当。习近平多次就青年成长、人才培养、社会主义核心价值观培育和践行等内容发表重要论述，回应了新时代培养什么人、怎样培养人、为谁培养人的教育根本问题。教育“以培养担当民族复兴大任的时代新人为着眼点”，是建设社会主义现代化国家、实现中华民族伟大复兴中国梦的必然抉择。高校思想政治教育从习近平总书记的相关重要论述中获得新的育人思想滋养，进一步明确了教育目标和根本价值取向。

（三）中国共产党百年发展史为高校思想政治教育创新营造了良好氛围

中国共产党历来高度重视推动理论创新和实践创新，认为马克思主义最鲜明、最重要的理论品质，就是主动运用唯物辩证思想和方法，坚持一切从实际出发，理论联系实际，解放思想、实事求是，与时俱进、开拓创新，在实践中检验真理和发展真理。中国共产党在成立初期，就有把马克思列宁主义与中国革命实际相结合的初步认识。李大钊、毛泽东提出了马克思主义在中国的传播离不开中国的经济基础等现实条件的思想观点，认为中国革命不能完全照搬俄国革命的方式。1927 年大革命失败后，中国共产党总结失败教训，在南昌发动武装起义，打响了武装反抗国民党反动统治的第一枪，从此走上了独立领导革命战争、建立人民军队和武装夺取政权之路。随后，毛泽东从实践中总结经验，提出了开展武装斗

① 《习近平谈治国理政》第三卷，外文出版社 2020 年版，第 33 页。

争的革命道路,“开创井冈山革命根据地,开始了农村包围城市道路的伟大探索。”①在抗日战争和解放战争时期,为了适应革命斗争的新形势和新要求,中国共产党高度重视推动马克思主义理论创新和革命斗争实践创新。无论是在革命斗争战略战术的选择,还是党的组织建设、学风建设、宣传思想工作等重要方面,都提出了许多创新思想和创新举措。新中国成立后,中国共产党为了适应社会主义革命、建设和改革发展的新形势和新任务,在各个历史时期依然高度重视推动马克思主义理论创新,并不断运用马克思主义中国化最新成果指导社会主义革命、建设和改革发展的实践创新。尤其是党的十八大以来,中国共产党更加高度重视不断推进理论创新、实践创新、制度创新、文化创新以及其他各方面创新,社会主义中国的建设和发展取得了新的伟大历史成就。

理论和实践的守正创新是坚持与发展真理的辩证统一,集中体现了理论认识和实践活动的求实与变革精神。中国共产党在百年奋斗发展的历史进程中,结合时代的新变化、新形势、新要求,提出了一系列推动理论创新和实践创新的重要思想和有力举措,极大地推动了高等教育的创新发展,也为高校思想政治教育创新发展营造了良好氛围。中国共产党在推动理论创新和实践创新的历史进程中,坚持和运用唯物辩证思想和方法,坚决反对形而上学的教条主义,坚持一切从实际出发,实事求是,与时俱进,推动革命和建设、改革不断向前发展。毛泽东的《论持久战》《论十大关系》《矛盾论》等经典著作,就是坚持和运用唯物辩证思想方法的典范。党的十一届三中全会以后,以邓小平同志为主要代表的中国共产党人更加重视坚持和运用唯物辩证思想方法,深刻总结我国社会主义建设正反两方面经验,借鉴世界社会主义历史经验,明确提出走自己的路,建设有中国特色的社会主义。中国特色社会主义深刻地辩证分析、辩证认识、辩证解决改革发展稳定一系列基本问题,取得令世人瞩目的巨大成就。特别是党的十八大以来,以习近平同志为核心的党中央,全面审视国

① 罗平汉:《农村包围城市革命道路是如何探索出来的?》,《学习时报》2020年7月10日。

际国内新形势,以全新的视野深化对共产党执政规律、社会主义建设规律、人类社会发展规律的认识,深刻回答了新时代坚持和发展什么样的中国特色社会主义、怎样坚持和发展中国特色社会主义的重大时代课题,形成了习近平新时代中国特色社会主义思想。习近平强调指出:"科学社会主义基本原则不能丢,丢了就不是社会主义。同时,科学社会主义也绝不是一成不变的教条。"①正是始终坚持和运用唯物辩证思想方法,面对新形势新要求新任务,党和国家提出了一系列新理念新思想新战略,出台了一系列重大方针政策和有力举措,解决了许多长期想解决而没有解决的难题,中国特色社会主义以新的历史性变革、新的历史性成就,为科学社会主义增添了新的光彩。中国特色社会主义从开启新时期到跨入新世纪、从站上新起点到进入新时代,就是着实用好唯物辩证思想方法而不断解放思想、善于革故鼎新的伟大历史进程。中国共产党在百年奋斗发展的历史进程中,提出了一系列推动理论创新和实践创新的重要思想和有力举措,为高校思想政治教育创新营造了良好氛围。高校思想政治教育创新积极汲取中国共产党百年奋斗发展取得的许多重大理论创新、实践创新成果滋养,无论是在高校思想政治教育教学课程内容创新、课程架构体系创新上,还是在思想政治教育教学方式创新、评价体系创新上,以及思想政治教育工作管理体制创新、运行机制创新、平台建设创新上,都取得了理论和实践创新发展的重要成果。

(四) 中国共产党百年发展史为高校思想政治教育学科开辟了发展通途

中国共产党高度重视高校思想政治教育学科的建设发展,是与历来非常重视推动科学文化事业建设发展密切联系的。中国共产党深刻认识到国家不仅需要强大的经济实力和国防实力,而且需要强大的科技实力和文化实力。科学文化事业的建设发展,对于促进自然科学、哲学社会科学的学科建设发展起了特别重要的推动作用。中国共产党在领导新民主主义革命的历史时期,就重视推动科学文化事业建设发展,促进自然科

① 《习近平谈治国理政》第三卷,外文出版社 2020 年版,第 76 页。

学、哲学社会科学的学科建设。如在抗日战争和解放战争时期，为了适应革命斗争和根据地、解放区建设的需要，在延安就开办和拓展了各级各类学校，并还创办了马克思主义理论研究、政治与军事研究、文学艺术研究、自然科学研究、民族工作研究等领域的研究组织机构，如在马列学院、中国人民抗日军事政治大学、陕北公学、延安大学、鲁迅艺术文学院、自然科学院、民族学院、延安行政学院就有不同学科的研究机构，对推动诸多领域的学科建设发挥了重要作用。1943 年 4 月，鲁迅艺术文学院、自然科学院、民族学院、延安行政学院和延安新文字干部学校并入延安大学。这是当时根据地学科最为齐全的综合性大学，下设 3 个学院共 11 个系外加 1 个短期培训班。新中国成立后，中国共产党更加重视推动科学文化事业的建设发展，促进自然科学、哲学社会科学的学科建设。在新中国成立初期，为了发展我国的科学文化事业，党和政府采取有力措施，对旧中国的科学文化状态进行了卓有成效的改造，根本改变了旧中国科学文化的半殖民地半封建的性质，使其为社会主义革命和新中国建设服务，并为以后更大规模的发展打下良好基础。1949 年 11 月，成立中国科学院（包括哲学社会科学部）。经过调整充实，到 1952 年，中国科学院已由 22 个研究所发展到包括多门学科的 33 个研究所。社会主义改造完成后，全面建立了社会主义新制度，开始进入全面建设社会主义的历史阶段。中国共产党高度认识到为了促进社会主义建设发展，就必须加快发展科学文化教育事业，充分发挥知识分子的重要作用。为此，1956 年 1 月，中共中央召开了关于知识分子问题的重要会议，发出“向现代科学进军”号召。在进入改革开放和社会主义现代化建设新的历史时期，尤其是党的十八大以来，中国共产党从科教兴国战略高度，全面推进科学文化教育事业发展，自然科学、哲学社会科学学科建设更是长足发展，在许多基础领域、前沿领域、关键领域取得的突破中发挥了重要支撑作用。

中国共产党在百年奋斗发展的历史进程中，紧密结合革命、建设和改革发展的需要，提出了一系列推动科学文化教育事业发展的重要思想和有力举措，极大促进了自然科学、哲学社会科学的学科建设发展，也为高校思想政治教育学科建设开辟了发展通途。高校思想政治教育学科建设正是在中国共产党高度重视科学文化教育事业发展和极大促进自然科学、哲学社会科学的学科建设发展推动下,从无到有,从弱到强,对推进马克思主义中国化、时代化、大众化,加强和改进思想政治工作,发挥了重要作用。中国共产党在领导新民主主义革命的历史时期,就明确提出在新民主主义革命中,在进行新民主主义政治、经济建设的同时,需要建设民族的、科学的、大众的文化。在新中国诞生前夕,毛泽东就明确指出:"尽一切可能用极大力量从事人民经济事业的恢复和发展,同时恢复和发展人民的文化教育事业。"①新中国成立初期,在《中国人民政治协商会议共同纲领》中就明确提出"奖励科学的发现和发明,普及科学知识"②的政策。1954 年 9 月全国人大通过的《宪法》(总纲第 20 条)也明文规定:"国家发展自然科学和社会科学事业,普及科学和技术知识,奖励科学研究成果和技术发明创造。"如此的重要规定,在国家法律层面为促进科学文化事业发展提供了根本保障,也为自然科学和哲学社会科学的学科建设提供了根本依据。在 1956 年 1 月提出的《关于知识分子问题的报告》中,明确提出知识分子"已经是工人阶级的一部分"③的重要思想观点,并明确指出应该给知识分子以必要的工作条件和适当的待遇,其中包括改善生活待遇和政治待遇,确定和修改升级制度,拟定关于学位、学衔、知识界的荣誉称号以及发明创造和优秀著作奖励制度。"知识分子是工人阶级的一部分"是中国共产党"在知识分子问题理论上的一个全新的结论",极大地深化了知识分子阶级属性的思想认识。在进入改革开放和社会主义现代化建设新的历史时期,尤其是党的十八大以来,中国共产党更加重视各领域科学的学科建设。针对加快构建中国特色哲学社会科学学科体系的重大问题,习近平就强调指出,"要突出优势、拓展领域、补齐短板、完善体系",并明确提出"要加强马克思主义学科建设""要注重发展优势重点学科"。④ 高校思想政治教育学科建设积极汲取中国共产党关于科学

---

① 《毛泽东选集》第四卷,人民出版社 1991 年版,第 1466 页。

② 《建国以来重要文献选编》第 1 册,中央文献出版社 1992 年版,第 11 页。

③ 《建国以来重要文献选编》第 8 册,中央文献出版社 1994 年版,第 16 页。

④ 《习近平谈治国理政》第二卷,外文出版社 2017 年版,第 344—345 页。

学科建设的重要思想滋养，从高校思想政治教育学科建设的理论逻辑体系、团队组建、平台搭建、科学研究、奖惩机制、保障措施、成效评估等重要方面，积极拓展高校思想政治教育学科的建设进路，有力推动了高校思想政治教育学科的建设和发展。

（五）中国共产党百年发展史为高校思想政治教育队伍提供了有力保障

中国共产党历来非常重视推动思想政治教育工作队伍的建设和发展，高度认识到加强和改进思想政治教育工作，必须有一支政治素质高、业务能力强的教育工作队伍，才能不断取得思想政治教育成效。由于高校思想政治教育工作在培养人、教育人、引导人中具有特别重要的作用，因而高校尤其需要不断加强和改进思想政治教育队伍建设。中国共产党早期党员中绝大多数是知识分子，他们通过开展形式多样的活动来启发工人觉悟，积极开展思想政治教育工作。这也是中国共产党成立初期思想政治教育工作的开展方式。以知识分子为主的党员是当时思想政治教育队伍的主要来源，他们通过出版刊物、开办文化补习学校、成立工会组织、发售进步书刊的方式在工人队伍中开展思想政治教育。在土地革命、抗日战争和解放战争中，中国共产党开展思想政治教育工作队伍不断扩大，不仅有革命知识分子，还有革命军人、革命工人和革命农民等积极分子。针对思想政治教育工作队伍的变化，中国共产党提出了加强和改进思想政治教育工作队伍建设的重要思想和有力措施。如加强思想宣传队建设、干部教育机构建设、党政军各级学校及工人农民讲习所、培训班思想政治教育师资建设、通讯社和报刊队伍建设等，思想政治教育工作队伍的数量不断扩大和质量不断提高。新中国成立以后，中国共产党针对社会主义革命、建设和改革发展的需要，更加重视加强和改进思想政治教育工作队伍建设，提出了加强和改进思想政治教育工作队伍建设的新思想和新举措。如在 1955 年 3 月，中宣部召开了全国学校教育工作座谈会。会上对于高校的党建和思想政治教育工作进行了全面部署，尤其针对思想政治教育和党建类领导干部的配备和培养问题进行了明确规定。进入改革开放和社会主义现代化建设新的历史时期，中国共产党进一步加强和改进思想政治教育工作队伍建设,出台了一系列政策文件。如 2008 年出台了《中共中央宣传部、教育部关于进一步加强高等学校思想政治理论课教师队伍建设的意见》等,对加强和改进思想政治教育工作队伍建设提出了明确要求。党的十八大以来,中国共产党更加高度重视加强和改进思想政治教育工作队伍建设。2019 年中共中央办公厅、国务院办公厅印发了《关于深化新时代学校思想政治理论课改革创新的若干意见》,就对高校思想政治教育队伍的培养提出了明确要求:建设一支政治强、情怀深、思维新、视野广、自律严、人格正的思政课教师队伍。2020 年 1 月,教育部审议通过的《新时代高等学校思想政治理论课教师队伍建设规定》中明确指出,思想政治理论课教师应当增强"四个意识",坚定"四个自信",做到"两个维护",始终在政治立场、政治方向、政治原则、政治道路上同以习近平同志为核心的党中央保持高度一致,遵循高等学校教师师德规范,做到信仰坚定、学识渊博、理论功底深厚,自觉用习近平新时代中国特色社会主义思想武装头脑,做学习和实践马克思主义的典范,做为学为人的表率。

中国共产党在百年奋斗发展的历史进程中,紧密结合革命、建设和改革发展的需要,提出了一系列推动思想政治教育工作队伍建设的重要思想和有力举措,极大促进思想政治教育工作队伍建设发展,也为高校思想政治教育队伍提供了有力保障。高校思想政治教育队伍建设汲取中国共产党加强和改进思想政治教育工作队伍建设思想滋养,不断推进高校思想政治教育队伍建设创新发展。在革命战争年代,中国共产党就对延安及其他根据地和解放地区的高校提出了加强思想政治教育师资队伍建设的要求。进入社会主义革命、建设和改革发展时期,中国共产党对加强和改进高校思想政治教育队伍建设的思想不断深化、举措不断增强。尤其是党的十八大以来,中国共产党更加高度重视加强和改进高校思想政治教育队伍建设,不断推进高校思想政治教育队伍建设创新发展。习近平在全国高校思想政治工作会议上就强调指出:"教师是人类灵魂的工程师,承担着神圣使命。传道者自己首先要明道、信道。高校教师要坚持教育者先受教育,努力成为先进思想文化的传播者、党执政的坚定支持者,更好担起学生健康成长指导者和引路人的责任。要加强师德师风建设，坚持教书和育人相统一，坚持言传和身教相统一，坚持潜心问道和关注社会相统一，坚持学术自由和学术规范相统一，引导广大教师以德立身、以德立学、以德施教。”①习近平在主持召开学校思想政治理论课教师座谈会进一步强调指出：“办好思想政治理论课关键在教师，关键在发挥教师的积极性、主动性、创造性。思政课教师，要给学生心灵埋下真善美的种子，引导学生扣好人生第一粒扣子。第一，政治要强，让有信仰的人讲信仰，善于从政治上看问题，在大是大非面前保持政治清醒。第二，情怀要深，保持家国情怀，心里装着国家和民族，在党和人民的伟大实践中关注时代、关注社会，汲取养分、丰富思想。第三，思维要新，学会辩证唯物主义和历史唯物主义，创新课堂教学，给学生深刻的学习体验，引导学生树立正确的理想信念、学会正确的思维方法。第四，视野要广，有知识视野、国际视野、历史视野，通过生动、深入、具体的纵横比较，把一些道理讲明白、讲清楚。第五，自律要严，做到课上课下一致、网上网下一致，自觉弘扬主旋律，积极传递正能量。第六，人格要正，有人格，才有吸引力。亲其师，才能信其道。要有堂堂正正的人格，用高尚的人格感染学生、赢得学生，用真理的力量感召学生，以深厚的理论功底赢得学生，自觉做为学为人的表率，做让学生喜爱的人。”②中国共产党在百年奋斗发展的历史进程中，提出的一系列加强和改进高校思想政治教育队伍建设的重要思想和有力举措，为高校思想政治教育队伍建设提供了丰厚滋养。在中国共产党的坚强领导下，有力保障了高校思想政治教育队伍建设守正创新，极大促进了高校思想政治教育队伍健康发展。

二、中国共产党高校思想政治教育发展史研究的重要价值意义

高等院校历来都是培养人才和争夺人才的重要场所，也是思想政治教育的前沿阵地，决定了思想政治教育在高校“只能加强不能削弱，只能

---

① 《习近平谈治国理政》第二卷，外文出版社2017年版，第379页。

② 《习近平谈治国理政》第三卷，外文出版社2020年版，第330页。

前进不能停滞，只能积极作为不能被动应对”①。中国共产党在领导中国革命、建设、改革的历史进程中，紧密结合革命、建设和改革发展对人才培养的需要，提出了一系列推动高等教育发展的重要思想和有力举措，其中加强和改进高校思想政治教育就是一个重要部分。加强和改进高校思想政治教育，在人才培养教育全局中具有十分重要的地位和作用，是确保高等教育正确方向的必然选择，是提高育人质量的内在要求，是促进高等教育健康发展的重要保证。因此，深入分析研究中国共产党高校思想政治教育发展史，不仅具有重要理论价值，而且具有重要现实意义和深远影响。

（一）深入研究中国共产党高校思想政治教育发展史，是进一步在高校落实立德树人根本任务的必然选择

中国共产党在推进高校思想政治教育发展的历程中，一贯高度重视培养什么人、怎样培养人、为谁培养人的教育根本问题。从建党初期提出的培养具有革命精神的优秀知识分子，到土地革命时期提出的培养具有政治觉悟的农民运动与工人运动的骨干；从抗日战争和解放战争时期提出的培养具有马克思主义素养的党政军干部人才，到新中国成立前夕提出的培养既有较高政治军事素质能力、又有领导经济建设本领的干部人才；从新中国成立初期提出的培养具有高度文化水平、掌握现代科学技术的成就、全心全意为人民服务的高级建设人才，到社会主义建设开启时期提出的培养在德育、智育、体育几方面都得到发展，成为有社会主义觉悟的有文化的劳动者；从进入改革开放和社会主义现代化建设新时期提出的培养社会主义“四有新人”，到中国特色社会主义进入新时代提出的“要全面贯彻党的教育方针，落实立德树人根本任务，发展素质教育，推进教育公平，培养德智体美全面发展的社会主义建设者和接班人”②，都充分体现了中国共产党一贯高度重视培养什么人、怎样培养人、为谁培养人的教育根本问题，其中把“全面贯彻党的教育方针”与“落实立德树人

---

① 《十八大以来重要文献选编》（下），中央文献出版社 2018 年版，第 479 页。
② 《习近平谈治国理政》第三卷，外文出版社 2020 年版，第 36 页。

根本任务”高度统一起来,充分体现了中国共产党对育人目标的深入把握。在此基础上,习近平更加深刻指出,“教育是国之大计、党之大计”,“我们要从党和国家事业发展全局的高度,全面贯彻党的教育方针,坚持优先发展教育事业,坚守为党育人、为国育才,努力办好人民满意的教育,在加快推进教育现代化的新征程中培养担当民族复兴大任的时代新人”①。“培养担当民族复兴大任的时代新人”的育人目标取向,是对“落实立德树人根本任务”的更新要求。从中国共产党推进高校思想政治教育发展的历史进程来看,尽管在党的十八大报告首次把“立德树人”明确为教育的根本任务、十九大报告强调提出“落实立德树人根本任务”,然而在推进高校思想政治教育发展的各个历史阶段,实际上对立德树人的精神都有不同程度的体现。通过对中国共产党高校思想政治教育发展史的深入研究,不仅可以清晰看到立德树人的思想发展脉络,深入领悟落实立德树人根本任务的主旨要求,而且有助于增强落实立德树人根本任务的理性自觉,更加积极主动把落实立德树人根本任务融入高校思想政治教育全过程。因此,深入研究中国共产党高校思想政治教育发展史,是进一步在高校落实立德树人根本任务的必然选择。

(二) 深入研究中国共产党高校思想政治教育发展史,是进一步科学把握高校思想政治教育规律的内在要求

辩证唯物主义认为,尽管事物运动的具体形态是丰富多彩的,事物发展的具体途径也是多种多样的,然而事物运动发展总是有一定规律的。事物运动发展的规律性体现了事物运动发展的本质特征。因此,深入认识规律、科学把握规律、自觉运用规律,是积极推进事物运动发展的基本前提。中国共产党在推进高校思想政治教育发展的历程中,高度重视认识思想政治教育规律、科学把握思想政治教育规律、自觉运用思想政治教育规律,反对主观主义和教条主义。毛泽东指出,“主观主义同实事求是的马克思主义是相对抗的”,“我们要使中国革命丰富的实际马克思主义

① 习近平:《在教育文化卫生体育领域专家代表座谈会上的讲话》,人民出版社2020年版,第2页。

化”,“掌握思想教育是我们第一等的业务”,“能使马克思主义中国化的教员,才算好教员”。① 这些重要思想,体现了毛泽东对认识、把握、运用思想政治教育规律的高度重视。邓小平指出:“教育要面向现代化,面向世界,面向未来。”②“三个面向”的教育思想,是邓小平运用马克思主义教育原理,分析国内外教育发展形势,作出符合教育基本规律的科学概括,其中也蕴含着认识、把握、运用思想政治教育规律的重要思想。江泽民指出:“思想政治教育,在各级各类学校都要摆在重要地位,任何时候都不能放松和削弱。思想政治素质是最重要的素质。不断增强学生和群众的爱国主义、集体主义、社会主义思想,是素质教育的灵魂”,“把先进性要求同广泛性要求结合起来”。③ 江泽民对于思想政治教育素质和灵魂、先进性要求同广泛性要求结合的重要认识,也蕴含着认识、把握、运用思想政治教育规律的重要思想。胡锦涛指出:“要创新人才培养模式,适应国家和社会发展需要,遵循教育规律和人才成长规律,注重学思结合、知行统一、因材施教,创新教育教学方法,倡导启发式、探究式、讨论式、参与式教学,激发学生好奇心,发挥学生主动精神,鼓励学生进行创造性思维,改变单纯灌输式的教育方法。”④这些重要论述,体现了胡锦涛对认识、把握、运用思想政治教育规律的高度重视。习近平进一步强调指出,“要不断增强思政课的思想性、理论性和亲和力、针对性”⑤,并从坚持政治性和学理性相统一、价值性和知识性相统一、建设性和批判性相统一、理论性和实践性相统一、统一性和多样性相统一、主导性和主体性相统一、灌输性和启发性相统一、显性教育和隐性教育相统一的“八个统一”,深刻论述了认识、把握、运用思想政治教育规律的重要思想。通过对中国共产党高校思想政治教育发展史的深入研究,不仅可以清晰看到中国共产党认识思想政治教育规律、把握思想政治教育规律、运用思想政治教育

① 《毛泽东文集》第二卷,人民出版社 1993 年版,第 373—375 页。
② 《邓小平文选》第三卷,人民出版社 1993 年版,第 35 页。
③ 《江泽民文选》第二卷,人民出版社 2006 年版,第 332、259 页。
④ 《胡锦涛文选》第三卷,人民出版社 2016 年版,第 422—423 页。
⑤ 《习近平谈治国理政》第三卷,外文出版社 2020 年版,第 330 页。

规律的思想发展脉络，深入领悟思想政治教育规律的内在意蕴，而且有助于增强把握思想政治教育规律的主体能动性，更加积极探索、认识和运用思想政治教育规律，以更加努力增强思想政治教育的思想性、理论性和亲和力、针对性。因此，深入研究中国共产党高校思想政治教育发展史，是进一步把握高校思想政治教育发展规律的内在要求。

（三）深入研究中国共产党高校思想政治教育发展史，是进一步彰显高校思想政治教育重要效能的时代需要

从教育方式与教育效能联系论的视角考察，思想政治教育既具有其他教育方式与效能所具有的某些共性，也具有思想政治教育自身的特质。积极开展思想政治教育活动，就是为了充分发挥思想政治教育所应当具有的育人作用，体现思想政治教育对于培养人、教育人、引导人的积极效能，突出彰显于紧密围绕思想政治教育目标指向，通过借助口头、书面及其他的表达手段和传播途径，主动把想要表达、传播、昭示的正确政治思想、良好品德品行、积极情感意志、健康身心因素以及遵纪守法观念等具有重要教育意义的内容融入受教育者的认知和行为之中，引领受教育者成长成才。中国共产党在推进高校思想政治教育发展的历程中，一贯高度重视积极发挥思想政治教育对于培养人、教育人、引导人的积极作用，尤其是非常重视结合革命、建设和改革发展的历史时代特征，不断加强和改进高校思想政治教育工作，以充分彰显高校思想政治教育的时代价值。在土地革命战争、抗日战争和解放战争的年代，中国共产党结合取得战争胜利的时代要求，充分彰显高校思想政治教育对于受教育者的思想政治灌输性、战斗性效能，对于极大增强受教育者夺取革命战争胜利的信心和勇气发挥了重要作用。在新中国成立初期到社会主义改造结束，中国共产党结合当时的特殊时代要求，充分彰显高校思想政治教育对于受教育者的思想政治改造性、渗透性效能，对于极大增强受教育者认同、接受社会主义改造的思想自觉性发挥了重要作用。在进入社会主义建设和改革发展时期，中国共产党结合社会主义建设和改革发展的时代要求，充分彰显高校思想政治教育对于受教育者的思想政治引领性、号召性、鼓舞性效能，对于极大提高受教育者认识、参加社会主义建设和改革的思想认识水平和行动积极性发挥了重要作用。在中国特色社会主义进入新时代以来,中国共产党结合建设社会主义现代化国家和实现中华民族伟大复兴中国梦的新时代要求,充分彰显高校思想政治教育对于受教育者的思想政治引领性、启发性和亲和力、感染力效能,对于极大提高受教育者认知、投身建设社会主义现代化国家和实现中华民族伟大复兴中国梦的思想认知水平和行动积极性发挥了重要作用。通过对中国共产党高校思想政治教育发展史的深入研究,不仅可以清晰看到中国共产党认识思想政治教育时代效能、彰显思想政治教育时代效能的思想发展脉络,深入领悟思想政治教育时代效能的巨大作用,而且有助于增强彰显思想政治教育时代效能的主动性,以更加努力发挥思想政治教育的时代效能,着实增强思想政治教育的思想性、理论性和亲和力、针对性,充分体现思想政治教育的时代价值。因此,深入研究中国共产党高校思想政治教育发展史,是进一步彰显高校思想政治教育重要效能的时代需要。

(四）深入研究中国共产党高校思想政治教育发展史,是进一步增强高校思想政治教育系统组织合力的客观要求

现代耗散结构论和协同论都有一个重要观点,即推动事物运动和发展的动力系统组织,必须处于既有巨大强力又有合理制约、既有特异显示又有互动协调的合力状态,才能保持推动事物有序运动和良性发展的积极张力,并通过有效发挥系统组织合力状态的积极张力,有力推动事物的持续更新发展。现代耗散结构论和协同论的这一重要观点,对于深入认知思想政治教育系统组织合力的重要性具有深刻启示。由于思想政治教育是系统性工程,涉及多方面、多层次的相关部门和人员,其动力系统组织就需要保持合力状态的积极张力,才可有力推动思想政治教育的持续更新发展。中国共产党在推进高校思想政治教育发展的历程中,高度重视思想政治教育系统组织形成合力,不断加强和改进高校思想政治教育组织系统结构,以积极发挥思想政治教育系统组织合力的重要作用。在革命战争年代,中国共产党针对军队高校和根据地、解放区高校的实际情况,积极采取多种形式和有力举措,不断加强和改进高校思想政治教育系统组织结构,以形成和发挥思想政治教育系统组织合力的重要作用。如既强调党政主要领导形成协同合力加强思想政治教育工作,也强调主要负责思想政治教育的政治工作部门和宣传工作部门及统战工作部门、群众工作部门等机构与共青团和学生联合会或学生自治会等组织形成协同合力,共同加强思想政治教育工作。新中国成立以来,中国共产党针对军队高校和地方高校变化的实际情况,既强调继承革命战争年代所形成的领导组织系统形成协同合力而共同加强思想政治教育工作的优良传统,也强调结合建设改革发展的新形势新任务新要求,积极创新发展思想政治教育系统组织机构系统,如有的高校就增设专门的学生工作部门、创业就业指导工作部门、形势政策教育工作部门、新媒体工作部门、心理健康咨询等机构,还设置了专职副书记、专职和兼职辅导员、专职和兼职心理健康咨询教师、专职和兼职网络管理员等岗位,并且反复强调部门、岗位之间应当形成思想政治教育领导组织系统的协同合力机制,原部门、岗位和新部门、岗位之间也应当形成思想政治教育领导组织系统的协同合力机制,充分发挥协同合力的重要作用。通过对中国共产党高校思想政治教育发展史的深入研究,不仅可以清晰看到中国共产党高度重视思想政治教育系统组织形成协同机制、增强思想政治教育系统组织合力的思想发展脉络,深入领悟思想政治教育系统组织合力的巨大作用,而且有助于增强思想政治教育系统组织形成合力的自觉性、创造性,以进一步充分发挥思想政治教育系统组织合力的重要作用。因此,深入研究中国共产党高校思想政治教育发展史,是进一步增强高校思想政治教育系统组织合力的客观要求。

(五)深入研究中国共产党高校思想政治教育发展史,是进一步促进高校思想政治教育学科建设发展的必要举措

从科学理论体系和应用体系建设发展的视域审视,学科是科学理论体系和应用体系的重要组成部分,是科学理论体系和应用体系的重要建构形态,因而学科建设发展不仅是科学理论体系建设和应用体系建设的重要体现,而且是科学理论体系发展和应用体系发展的重要支撑。现代科技哲学和文化哲学都有一个重要观点,就是认为学科建设发展既有利于充实和完善科学理论体系和应用体系的内容架构,也有助于拓展科学理论体系和应用体系的研究广度和深度,进而充分发挥其科学理论体系和应用体系的功能作用,展现科学理论体系和应用体系的重要价值。中国共产党在推进高校思想政治教育发展的历程中,高度重视思想政治教育学科建设发展,不断充实和完善思想政治教育理论体系和应用体系的内容系统结构,以积极发挥其思想政治教育理论体系和应用体系的功能作用,充分体现思想政治教育的重要价值。在革命战争年代,中国共产党针对军队高校和根据地、解放区高校的实际情况,积极采取多种形式和有力举措,不断加强和改进高校思想政治教育学科建设,以形成和发挥思想政治教育学科的重要作用。如在抗日战争和解放战争时期,为了适应根据地、解放区高校思想政治教育学科建设发展的需要,就采取了两个方面的重要形式和有力举措:一是采取开办和拓展各级各类高校思想政治教育教学内容体系,不仅继续保持与思想政治教育直接相关的重要教育教学专业系、专业科、专业培训班等,而且还适时增设了与思想政治教育紧密相关的重要教育教学专业系、专业科、专业培训班,如在 1943 年 4 月新组建的延安大学,为了适应 3 个学院、11 个系及短期培训班思想政治教育教学的需要,就充实了思想政治教育教学内容体系。二是采取组建专业化研究机构开展思想政治教育理论研究和实践应用研究,如在延安的马列学院、中国人民抗日军事政治大学、陕北公学、民族学院、延安行政学院等院校,就有类似于专业化的研究机构开展思想政治教育相关问题的专业化研究。新中国成立以来,中国共产党针对军队高校和地方高校变化的实际情况,并紧密结合社会主义革命、建设和改革发展的需要,在推进高校思想政治教育学科建设发展的历程中,主要采取了四个方面的重要举措:一是有力有效整合学校、部队、党政机关的思想政治教育资源,建立和发展思想政治教育专业化教育教学和科学研究队伍,为满足思想政治教育学科建设发展对学科人才需要提供了重要保障。二是建立和发展专业化的思想政治教育教学学院、系(部)、教研室,如许多高校都设立了马克思主义学院、思想政治理论课教学科研部(教研室)。据不完全统计,到 2019 年全国已有超过 95%的本科院校组建了马克思主义学院或思想政治理论课教学科研部(教研室)。三是增设和发展与思想政治教育直接相关的学习专业和研修专业，如本科的思想政治教育专业，硕士和博士法学门类中的马克思主义理论专业；同时还增设和发展与思想政治教育密切相关的学习和研修专业，如本科、硕士和博士的政治学专业、教育学专业等。学习专业和研修专业的建设发展，在推进高校思想政治教育学科建设发展中发挥了重要作用。四是增设和发展与思想政治教育密切相关的专门科研机构和研究组织，如许多高校都有类似于专业化的马克思主义研究院、大学生思想政治教育研究中心、大学生德育研究中心、形势政策教研中心、高校党建研究中心等。这些专门科研机构和组织，对于推进高校思想政治教育学科建设发展起到了重要支撑作用。通过对中国共产党高校思想政治教育发展史的深入研究，不仅可以清晰看到高度重视学科建设发展组织系统、增强学科专业能力的思想发展脉络，深入领悟思想政治教育学科建设发展的重要作用，而且有助于增强思想政治教育学科建设发展的主动性、创造性，以进一步充分发挥思想政治教育学科的特殊重要作用。因此，深入研究中国共产党高校思想政治教育发展史，是进一步促进高校思想政治教育学科建设发展的必要举措。

三、新时代高校思想政治教育发展的趋势和展望

中国共产党领导中国革命、建设和改革发展百年，沧桑巨变、成就辉煌。如今，我国经济实力、科技实力、国防实力、综合国力进入世界前列，国际地位实现前所未有的提升，中华民族正以崭新姿态屹立于世界的东方。习近平强调指出：“经过长期努力，中国特色社会主义进入了新时代，这是我国发展新的历史方位。”①中国特色社会主义进入新时代，意味着近代以来久经磨难的中华民族迎来了从站起来、富起来到强起来的伟大飞跃，意味着科学社会主义在21世纪的中国焕发出强大生机活力，意味着中国特色社会主义道路、理论、制度、文化不断发展。新时代给高校思想政治教育发展带来了新机遇，也提出了新任务新要求。高校思想政治教育必将呈现新的发展趋势，开创新的发展局面。

① 《习近平谈治国理政》第三卷，外文出版社2020年版，第8页。

（一）有力整合思想政治教育多方资源，加快建构“大思政”新格局

思想政治教育涉及多维度、多层面的相关因素及其互动关系，是一个系统性的“大工程”。与这一系统性“大工程”相适应，必然是有力整合思想政治教育多方资源的“大思政”新格局。高校思想政治教育经过多年发展的努力，思想政治教育已经基本形成体系化，为形成“大思政”新格局奠定了一定基础。为了适应新时代进一步加强和改进思想政治教育的新要求，加快建构“大思政”新格局已是必然趋势。加快建构“大思政”新格局，需要有力整合思想政治教育多方资源，因而尤其应当在如下三个重要方面作出更大努力：一是牢牢掌握党对高校工作的领导权，充分发挥党总揽思想政治教育全局、协调思想政治教育各方的领导核心作用。有力整合思想政治教育多方资源，加快建构“大思政”新格局，关键在加强党的全面领导。习近平指出，“我国社会主义政治制度优越性的一个突出特点是党总揽全局、协调各方的领导核心作用”①。习近平还进一步指出，“办好我国高等教育，必须坚持党的领导，牢牢掌握党对高校工作的领导权，使高校成为坚持党的领导的坚强阵地”②，“加强党对教育工作的全面领导，是办好教育的根本保证。……思想政治工作是学校各项工作的生命线，各级党委、各级教育主管部门、学校党组织都必须紧紧抓在手上。”③因此，加强党对思想政治教育的全面领导，是加快建构“大思政”新格局的根本保证。二是进一步加强和改进思想政治教育工作体系建设，构建思想政治教育全过程的良好工作体系。推进思想政治教育发展取得显著成效，必须有能够贯通思想政治教育全过程的良好工作体系作基础。习近平指出：“人才培养体系涉及学科体系、教学体系、教材体系、管理体系等，而贯通其中的是思想政治工作体系。加强党的领导和党的

---

① 《习近平关于社会主义政治建设论述摘编》，中央文献出版社 2017 年版，第 31 页。

② 《习近平谈治国理政》第二卷，外文出版社 2017 年版，第 379 页。

③ 《习近平在全国教育大会上强调　坚持中国特色社会主义教育发展道路　培养德智体美劳全面发展的社会主义建设者和接班人》，《人民日报》2018 年 9 月 11 日。

建设，加强思想政治工作体系建设，是形成高水平人才培养体系的重要内容。”①因此，立足“大思政”的新理念，有力整合思想政治教育相关工作资源，必须以能够贯通思想政治教育全过程的良好工作体系建设为着力点。三是进一步加强和改进思想政治教育评价体系建设，构建思想政治教育全方位、全过程、全要素评价体系。我们以往对思想政治教育的评价体系，更多是针对“小思政”而设置的，其局限性是比较明显的，与建构“大思政”新格局不相适应。因此，应当有力整合思想政治教育多方资源，建立科学合理、公开透明的思想政治教育全方位、全过程、全要素评价体系，并以此评价体系定期或不定期形成真实可靠、分析有据的评价报告，为进一步加强和改进思想政治教育和加快建构“大思政”新格局提供决策重要依据。

（二）充实思想政治教育内容架构系统，完善思想政治教育教学体系

现代教育学理论有一个重要观点，就是认为教育内容的架构系统不仅对现实教育具有重要影响，而且对未来教育也将产生重要影响，因此，充实的教育内容架构系统，是推进教育建设与发展不可或缺的重要条件。高校思想政治教育经过多年发展的努力，思想政治教育内容架构系统已经基本形成。为了适应新时代进一步加强和改进思想政治教育的新要求，应当更加充实其思想政治教育内容架构系统，完善思想政治教育教学体系。对此，尤其应当在如下三个重要方面作出更大努力：一是更加努力用习近平新时代中国特色社会主义思想武装高校广大师生，深刻认识坚持和发展中国特色社会主义的历史必然性和客观现实性，正确引导和教育高校广大师生正确看待“当代中国正经历着我国历史上最为广泛而深刻的社会变革，也正在进行着人类历史上最为宏大而独特的实践创新”②；正确引导和教育高校广大师生“正确认识中国特色和国际比较，全

① 习近平：《在北京大学师生座谈会上的讲话》，人民出版社2018年版，第10页。

② 习近平：《在哲学社会科学工作座谈会上的讲话》，人民出版社2016年版，第8页。

面客观认识当代中国、看待外部世界”①；正确引导和教育高校广大师生坚定“四个自信”，增强“四个意识”，坚决做到“两个维护”，以主动帮助广大师生在正确方向引导下作出正确判断，在与各种错误观点和不良倾向的斗争中勇于亮剑，坚持原则、弘扬真理，始终保持清醒头脑和正确立场。二是进一步加强和改进思想政治教育课堂教学体系建设，不仅在思政课堂充实思想政治教育的教学内容，而且在其他各门课程的课堂教学中都应当充实思想政治教育的教学内容。高校思想政治教育的重心在教学，而教学的重心在课堂教学。因此，进一步加强和改进思想政治教育教学体系建设，应当把重心放在课堂教学体系建设和改进上。习近平就非常明确地指出：“要用好课堂教学这个主渠道，思想政治理论课要坚持在改进中加强，提升思想政治教育亲和力和针对性，满足学生成长发展需求和期待，其他各门课都要守好一段渠、种好责任田，使各类课程与思想政治理论课同向同行，形成协同效应。”②习近平总书记的重要论述，深刻指出了用好课堂教学主渠道对于增强思想政治教育功效、提高育人质量的重要意义。三是进一步加强和改进思想政治教育实践教学体系建设，不仅应当在课堂教学中充实思想政治教育内容，而且应当在实践教学中充实思想政治教育内容。为此，应当切实加强和改进与课堂教学具有密切联系的课外教育，“加强实践教育的课程开发”③，积极创新课外活动的实践教育方式，拓展课外活动实践教育路径，多层面、多功能搭建课外活动实践教育平台，“既要有课内的生动活泼，也要有课外的亲身实践”④，“广泛开展劳动教育”⑤，并且重视正确引导学生社团活动、社会实践活动，对做好思想政治教育依然十分重要。因此，也应当科学纳入其充实思想政治教育内容架构系统，成为完善思想政治教育教学体系不可或缺的

① 《习近平谈治国理政》第二卷，外文出版社2017年版，第378页。

② 《习近平谈治国理政》第二卷，外文出版社2017年版，第378页。

③ 《加快补齐社会实践教育的短板》，《中国教育报》2018年10月10日。

④ 《思政课作用不可替代　思政课教师责任重大》，《光明日报》2019年3月19日。

⑤ 习近平：《在教育文化卫生体育领域专家代表座谈会上的讲话》，人民出版社2020年版，第3页。

重要部分。

（三）积极运用新媒体传播方式，增强网络思想政治教育说服感染力

现代信息技术快速发展，互联网络不断延伸，催生了一大批形式多样、变化多端的新媒体。大批新媒体的产生，使信息快速传播到社会各个角落。信息的急剧增长和快速传播，有利于人们及时、便捷地了解世界各地变化与发展，对推动社会文明进步发挥了重要作用。但是，我们也必须清醒地看到，在各种各样的媒体中所传播的信息和所提供的数据，并不都是有益信息数据，尤其是在融媒体、自媒体平台的网络信息中更是鱼目混珠，一些随意性、庸俗性、虚假性、蛊惑性的信息还在不断侵蚀网络空间。与此同时，一些人误认为网络世界只是纯粹的信息传播，还有个别人误认为网络空间只是个人发泄自我的心理世界。殊不知，网络世界也是不同意识形态对垒、各种思想观念较量的领域，特别是有的人把网络世界当作大肆散布反人类性、反社会性、反文明性、反规范性的错误言论市场。网络传播的信息鱼目混珠，无疑给高校思想政治教育带来严峻挑战。为了适应新时代进一步加强和改进思想政治教育的新要求，应当更加重视积极运用新媒体传播方式，增强网络思想政治教育说服力和感染力。为此，尤其应当在如下两个重要方面作出更大努力：一是进一步加强网络媒体管理，增强网络思想政治教育说服力。应当在深入研判网络世界变化发展状态的基础上，深刻认识和把握信息传播中的各种现象，着实全面加强网络媒体管理，正确引导和教育高校广大师生正确对待网络中的信息传播、观点表露、情绪发泄，正确引导和教育高校师生保持网络高度警惕，主动帮助师生提高正确辨析网络信息和观点的能力，尤其是要正确引导和教育师生“提高网络时代的政治鉴别力”①。二是进一步积极运用新媒体传播方式，增强网络思想政治教育说服感染力。思想政治教育感染力体现于多方面，思想政治教育感染力的方式也是形式多样，而积极运用新媒体传播方式，增强网络思想政治教育的时代感和吸引力，就是一种有效途

① 阚道远：《提高网络时代的政治鉴别力》，《红旗文稿》2016 年第 16 期。

径。习近平就指出:“要运用新媒体新技术使工作活起来,推动思想政治工作传统优势同信息技术高度融合,增强时代感和吸引力。”①因此,既要进一步充分发挥思想政治教育的传统优势,又要积极运用新媒体和新技术,真正使思想政治教育“活起来”,线下线上“联起来”,进而让思想政治教育价值更加“显出来”。

(四)强固“三全育人”保障支撑力量,激发思想政治教育新动能

现代系统论有一个重要观点,就是认为系统的运动演进是该系统内部结构要素及其互动关系在一定条件下相互作用的结果,同时,也是该系统内部结构要素及其互动关系在一定条件下的相互作用与该系统外部相关因素及其互动关系相互作用的结果。如果系统缺失内部结构要素及其外部相关因素的互动作用的力量支撑,那么系统的演进就丧失动能,必然处于退化甚至衰弱状态。因此,强固系统演进的支撑力量,是推动系统演进的重要保障。现代系统论的这一重要观点,对于我们科学认知强固高校思想政治教育保障支撑力量、激发高校思想政治教育新动能具有深刻启示。高校思想政治教育是系统性工程,其系统建构和发展依然需要内部结构要素和外部相关因素形成有力的支撑力量,才能有力保障思想政治教育的系统演进,彰显思想政治教育的系统效能。高校思想政治教育经过多年发展的努力,思想政治教育的系统保障支撑力量已经基本形成。为了适应新时代进一步加强和改进思想政治教育的新要求,应当更加强固“三全育人”的保障支撑力量,为激发思想政治教育新动能创造有利条件。对此,尤其应当在如下三个重要方面作出更大努力:一是进一步深化改革不利于高校思想政治教育建设发展的僵化工作模式,进一步加强内外相关部门的有效联结和系统优化,强固凝聚育人合力,为形成“全员育人”常态化提供保障支撑力量。二是进一步拓展高校思想政治教育建设的发展空间,多维度、多层面、多形式、多路径积极整合学校内外思想政治教育资源,强固学校、社会、家庭“共同育人”理念,为“全方位育人”常态化提供保障支撑力量。三是进一步增强高校思想政治教育的贯通性、承

---

① 《习近平谈治国理政》第二卷,外文出版社 2017 年版,第 378 页。

续性,有力有效构建思想政治教育的畅通渠道,特别是要消解不利于思想政治教育的“肠梗阻”节点,强固课堂内外育人、校园内外育人、线下线上育人、动态持续育人的有力动能,为“全程育人”常态化提供保障支撑力量。

(五)创新思想政治教育学科建设范式,着力推进学科高质量新发展

理论创新和实践创新无止境,思想政治教育学科建设创新也无止境。思想政治教育学科不仅是哲学社会科学体系架构中的一个十分重要的学科,更是马克思主义理论体系架构中的一个十分重要的支撑学科,因此,进一步加强和改进思想政治教育学科建设,不仅是进一步充实哲学社会科学体系架构的内在要求,更是进一步完善马克思主义理论体系架构的迫切需要。高校思想政治教育学科经过多年发展的努力,思想政治教育学科建设已经形成基本范式,在推动思想政治教育学科建设发展中起到了一定重要作用。新时代是理论守正创新和实践守正创新的时代,也是思想政治教育学科建设守正创新的时代。为了适应新时代进一步加强和改进思想政治教育的新要求,应当积极创新思想政治教育学科建设范式,着力推进学科高质量新发展。对此,尤其应当在如下三个重要方面作出更大努力:一是进一步树立思想政治教育学科建设与时俱进的创新理念,提升思想政治教育学科建设模式创新的认知水平。习近平在全国高校思想政治工作会议上指出:“做好高校思想政治工作,要因事而化、因时而进、因势而新。”①因此,思想政治教育学科的建设模式也应当因事而化、因时而进、因势而新,决不能故步自封、停滞不前。二是要坚持政治性和学理性相统一、统一性和多样性相统一、主导性和主体性相统一。由于思想政治教育学科建设模式具有自身的特质性,因而并不能照搬其他学科的建设模式,而应当根据思想政治教育学科建设的特点,为学科建设模式创新立足点,其中,坚持政治性和学理性相统一、统一性和多样性相统一、主导性和主体性相统一尤为重要。三是进一步转变思想政治教育学科建

① 《习近平谈治国理政》第二卷,外文出版社2017年版,第378页。

设方式,加快变革学科粗放发展和外延拓展的学科建设方式,更加努力形成学科集约发展和内涵提升的学科建设方式,既要从思想政治教育学科建设的团队组建、平台搭建、课题申报、奖惩机制、经费支持等保障措施方面推进学科建设发展,更要从思想政治教育学科建设的理论体系逻辑、学科建设规律把握、学科建设成果转化状态、学科建设阶段成效评价、学科建设持续进展评估等重要方面推进学科建设发展,加快形成更具特色、更显张力、更有效能、更可持续的学科建设创新范式,着力推进思想政治教育学科建设高质量发展。

中国共产党成立以来高校思想政治教育的百年发展史是中国共产党对人的培养的探索史,也是用马克思主义理论尤其是中国化马克思主义理论成果影响、培养、教育青年学生的历史。基于此,在中国共产党百年诞辰之际,我们组织力量编写了这本《中国共产党高校思想政治教育发展史》。本书立足党的百年历史发展进程,以高校思想政治教育的构成要素为切面,以建党初期、新中国成立、改革开放、中国特色社会主义新时代四个重要历史时期为节点,就高校思想政治教育的地位作用、目标任务、方针政策、内容方法、学科建设、课程体系、实践育人、文化育人、管理评价、领导体制和队伍建设等进行纵向分析与研究。在系统梳理高校思想政治教育发生、发展历史脉络的基础上,分析高校思想政治教育历史演变的内在逻辑和发展规律,总结其中的典型经验,并依此展望其发展趋势,以期在横面与纵线的交叉视域中深化对建党百年来高校思想政治教育发生、发展及其规律的把握,推动新时代背景下高校思想政治教育的创新发展。本书在大量查阅历史文本、档案文献的基础上,采用纵向历史维度与横向专题相结合的方式,对中国共产党建党百年来高校思想政治教育发生、发展、成熟、完善的历程进行回顾整理,以期为高校思想政治教育的科学研究和实践探索提供更多的理论支持。

第一章　中国共产党高校思想政治教育的地位作用

中国共产党高校思想政治教育既是高等教育事业的重要组成部分，也是中国共产党实现人才培养目标的重要途径。自马克思主义传入中国，高校就提供了中国共产党人活动的重要平台和宣传阵地，掀起了研究和宣传马克思主义的热潮，奠定了中国共产党高校思想政治教育的理论与实践基础。

高校是马克思主义理论研究与传播的主要渠道。随着时代的发展，全国各高校不断深入马克思主义中国化研究，构建教育理论体系，完善思想政治工作体系。在先进理论的指导下，中国共产党团结高校师生，凝聚共识、提升觉悟、实施动员，完成中国共产党革命、建设和发展各时期赋予高校的任务，培养了一大批马克思主义的信仰者和传播者、社会主义的建设者和接班人，坚定了中国特色社会主义高校的办学方向，形成了各个时期独具特色的思想政治教育工作。厘清不同时代的工作重心与育人目标，有利于我们从宏观上纵向把握思想政治教育工作的发展脉络与历史逻辑，鉴往知来，预见并规划思想政治教育工作的未来走向。

第一节　新中国成立前高校思想政治教育的功能与作用

马克思主义理论从作为学理传入中国到成为引领中国革命、建设和改革的行动指南，经历了由单纯的理论传播和研究到与中国革命实际相结合的过程。高校是马克思主义理论教育的重要阵地，也是学习和传播马克思主义的重要发源地和党的宣传教育阵地。高校思想政治教育培养了大批马克思主义信仰者和传播者，为党的事业输送具有先进思想的革命人才。自中国共产党成立起，高校始终坚持积极传播马克思主义理论，始终成为党发动青年、影响青年、教育青年的重要阵地；始终坚持积极宣传中国共产党的先进主张，制定和推行一系列路线、方针和政策，为高校师生开拓革命视野、凝聚思想共识，在一定程度上辐射和影响各阶层群体，推动革命事业的发展。

高校作为马克思主义传播的策源地，推动了马克思主义理论传播和马克思主义中国化探索进程。随着马克思主义理论的传入，中国革命受到党的政治路线与知识分子政策的影响，高校在中国共产党内，经历了从1927年前的“摇篮和策源地”到十年内战中的被“边缘化”，再由抗战时期的“先锋与桥梁”到新中国成立前的“第二条战线”的过程①，高校思想政治教育的地位和作用更加凸显。

一、传播马克思主义科学思想和党的先进主张

高校是马克思主义传播的重要源头。马克思主义在中国的传播经历了由分散、零星的个人传播到有组织有规模的传播，高校先进知识分子对马克思主义的传播发挥了重要作用。五四运动后，马克思主义成为新文化运动的代表性思想，此后在与各种思潮斗争中脱颖而出，广泛传播，为无产阶级政党的建立奠定思想基础。中国共产党是以马克思主义为理论指导的政治党派，其早期成员大多来自各地创立的共产主义小组，他们是接受过近代高等教育、信仰共产主义的新型知识分子。在马克思主义传播的初期阶段，中国社会面临多种社会思潮。马克思主义在传播的最初阶段，与非马克思主义思潮进行了三次论战，分别是关于“问题与主义”

---

① 周良书：《在高校中建党：中国共产党建设的一个特例》，《新视野》2008 年第3期。

之争、关于社会主义的论战、反对无政府主义的斗争。在此过程中，马克思主义得以广泛传播，提升了早期共产主义知识分子的思想水平和理论高度，扩大了马克思主义理论在中国的群众基础，为中国建立无产阶级政党奠定了思想基础。马克思主义在中国的早期传播离不开中国的经济基础等现实条件，也离不开先进知识分子这一重要群体基础。中国工人与劳苦群众无法自发地学习和传播马克思主义，而知识分子具有敏锐的政治眼光与开阔的思维方式，对马克思主义进行了广泛探索。这一时期，新的革命思想由个人主张发展到群体传播，从知识分子先行者开始，直至形成共同体的觉醒。

高校作为马克思主义传播的策源地、集散地，将马克思主义科学思想逐渐向社会辐射。先进的知识分子逐渐联合壮大，形成理论社团，由北京大学到地方各大学，由中央到地方，马克思主义的广泛传播产生了更大的影响力。周恩来、马骏等人在南开大学发起并组织天津青年学生进步社团——觉悟社，翻译、出版马克思主义经典著作，此后创办《天津学生联合会报》。这些先进的知识分子还主动从学校走向社会，对普通民众进行宣传，介绍马克思列宁主义；1920 年李大钊组织建立马克思学说研究会，依托青年社团优势，发动进步青年学习和宣传马克思主义。研究会从学校扩展到社会，从北京扩展到外地，教育广大青年走上革命道路，同时使青年队伍与工人群体相联系，实际走进工人中进行宣传；毛泽东在湖南第一师范期间成立新民学会，后又在长沙创办文化书社，这一社团成为传播新思想新文化的重要阵地。北京大学社会主义研究会、北京大学马克思学说研究会、上海的马克思主义研究会、天津的觉悟社、湖南的新民学会以及山东、广东和海外等类似的社团，如雨后春笋一般，广泛传播社会主义思想，支持和推动工人运动的开展。

中国共产党的成立使高校宣传思想工作有了坚强的领导。通过高校将先进知识分子密切联系起来，实现了由个体到群体的联结，社会主义和工人运动在理论和实践的探索中不断丰富和发展，影响力日益增强。中国共产党第一次全国代表大会通过的第一个决议中就要求全党做好马克思主义的宣传工作和反帝反封建的革命教育工作，使工人、农民和知识分子的革命觉悟得到启发，积极投入到革命洪流中。中国共产党第一次全国代表大会通过的纲领和决议中含有思想政治教育的众多内容，如思想政治教育的基本任务和最终目标就是领导无产阶级进行革命斗争，推翻资产阶级的国家政权。党的一大提出了党的工作的重要性，制定了建党后党的宣传工作计划及纪律等，都是思想政治教育实践的生动体现。同时，党的第一个决议还提出了关于进行宣传教育和建立工人学校对工人进行教育的思想，党的一大通过的《中国共产党第一个纲领》（俄文稿译）指出，“我们党承认苏维埃管理制度，要把工人、农民和士兵组织起来，并以社会革命为自己政策的主要目的”①，强调马克思主义的宣传工作和反帝反封建的革命教育，从而使学生具备爱国思想和革命精神。

新中国成立前期，中国共产党开展了众多有组织、有领导的思想政治教育工作，高校在其中发挥了重要作用。许多领导干部亲自深入工农民众之中，开办各类干部学校，宣传马克思主义，湖南自修大学、上海大学、黄埔军校以及农民运动讲习所等短期学校也发挥了重要的教育作用。湖南自修大学的《创立宣言》中提出，自修大学学生不但要修学，还要有向上的意思，养成健全的人格，检讨不良的习惯，为革新社会做准备。这所大学从教育方针到教学内容都是全新的。毛泽东指导学员一方面学习马克思主义理论，另一方面用马克思主义理论指导中国实际问题的研究。“黄埔军校的显著特点是以苏联红军为榜样，首次创建了一整套完备的思想政治教育工作组织机构，配备了数量众多的专职政工人员，制定了非常严密的规章制度……标志着现代意义上的、正规有序的思想政治教育的开始，为以后军队乃至其他部门的思想政治教育提供了模式和规范。”②黄埔军校将思想政治教育提高到与军事训练同等重要的地位，注重培养学生的爱国思想和革命精神。李大钊在北京大学从事教育工作时，号召广大青年实现社会主义理想，深入工厂、农村进行调查研究，促进

---

① 《“一大”前后——中国共产党第一次代表大会前后资料选编》（一），人民出版社1980年版，第6页。

② 王树荫主编：《中国共产党思想政治教育史》，中国人民大学出版社2016年版，第22页。

学生运动和工人阶级结合，把社会主义原则与中国革命现实相结合，在更广泛的范围凝聚群众，壮大社会主义运动队伍。

中国共产党也注重组织工作与群众工作，在高校内开展马克思主义理论教育时也注重党团相结合。为了加强党的领导，党的四大通过了《对于青年运动的决议案》，决议案规定：当前青年工作应加强对青年工人、农民、学生的领导，并使学生运动与工人、农民运动结合起来。此后，社会主义青年团也强调领导学生运动及引导学生来帮助青年工农运动，提出“学习马列主义”“严守团体纪律”“参加实际工作”“获得青年群众”四项原则。当时的党团工作也是相结合的，“入团叫入‘中学’，入党叫上‘大学’，一般情况下，中学生入了团，上了大学或到了二十岁就自动升为党员，所以共青团也叫‘预校’”①。

早在五四运动期间，北京高等师范学校、北京女子高等师范学校、朝阳大学、中国大学等高校就把马克思主义理论正式列入课程，对学生公开讲授，并有严格的考核。随着全国革命运动的进一步发展，中国共产党愈发重视宣传教育工作，注重吸纳工人及革命的知识分子，从而巩固群众基础。在红色根据地，中国共产党先后创办了苏维埃大学、中国工农红军大学以及一些军政干部学校和军政干部训练班，培养军事、政治干部。红军大学的教育方针，明确指出“理论与实际并重，前方与后方结合”，开设党的建设、社会发展史、红军政治工作等相关政治课程，同时派遣学员参加前线的指挥工作，学习丰富的作战经验，使教学内容与战斗实际相结合。苏维埃大学课程包括理论、实际问题研究和实习等内容，将马克思主义理论教育与土地、国民经济、财政、农村检查、教育、内务、劳动、司法等课程相结合，为苏区经济、政治和文教等方面地方干部的培养奠定了基础。

在抗日战争时期，因战争所需而创办的中国人民抗日军政大学、陕北公学、鲁迅艺术学院等多所高等院校，虽然教育方式与方法各不相同，但都非常注重马克思主义理论课程的开设，培养军事、政治、艺术等多种专业的马克思主义人才。中国人民抗日军政大学是为了民族革命、培养革

① 徐彬如：《六十年历史风云纪实》，中国文联出版公司 1991 年版，第 194 页。

命干部的革命大学。作为"革命熔炉",抗大十分重视教育人、改造人,开设"马列主义基本原理""政治经济学""抗日民族统一战线""中国问题""中国革命运动史"等课程,引导学生正确认识国内外形势以及党的政策方针,通过自学、小组讨论、大组座谈、辩论等形式,在讨论与反思中探索真理,树立坚定的革命决心与理想信念。此外,鲁迅艺术学院坚持"以马列主义的理论与立场,在中国新文艺运动的历史基础上,建设中华民族新时代的文艺理论与实际,训练适合今天抗战需要的大批艺术干部,团结与培养新时代的艺术人才,使鲁艺成为实现中共文艺政策的堡垒与核心",在课程设置上强调马列主义的学习,注重理论与实践结合、艺术创作与革命现实结合,从而培养出众多抗战艺术干部。解放战争时期,各高校开设的课程主要侧重对知识分子的思想改造和人生观、世界观的教育,同时在新解放区接管和改造了一批高等学校。这一时期高校进行的马列主义、毛泽东思想教育十分重要,使学生联系实际、转变立场,为社会主义新中国所需要的人才培养奠定了基础。

二、广泛开展马克思主义中国化研究

20 世纪初,面对封建专制的腐朽统治以及帝国主义列强的侵略,中国先进的知识分子开始借助西学寻求救国之路,共产主义思想也逐渐从欧洲进入中国,在中国形成了学习和传播马克思主义的思想运动。从最初译介马克思生平及其学说,到各大新式报刊陆续刊登相关文章,马克思主义的学说逐渐为国人知晓。然而十月革命以前,"在中国并没有人真正知道马克思主义的共产主义。"①十月革命使马克思主义由理论变为实践,在苏俄、欧洲了解过马克思列宁主义的知识分子充分依托学校这一平台,成为大力推进马克思主义传播的主力军。李大钊作为北京大学图书馆主任,投入《新青年》的编辑工作,并编辑成"马克思主义专号",北京大学逐渐成为研究和传播马克思主义的中心;在《晨报》副刊首创"马克思研究"专栏,并发表《我的马克思主义观》一文,系统地阐释了马克思的唯

① 《毛泽东文集》第三卷,人民出版社 1996 年版,第 290 页。

物史观、政治经济学和科学社会主义，称其为“世界改造原动的学说”①，准确地传播马克思主义。李达在留学期间撰写《什么叫社会主义》《社会主义的目的》等文章，回国后积极发表并传播，为唯物史观和科学社会主义学说在中国的传播作出了贡献，并在长沙出任湖南自修大学校长时，主编自修大学机关刊物《新时代》创刊号。陈独秀在任北京大学文科学长、广东省教育委员会委员长兼大学预科长，筹建西南（广东）大学时，也将马克思主义哲学思想与教育改革相联系；此后推荐陈望道担任上海大学中国文学系主任，并在上海大学实施“培养改造社会和从事革命事业的各种人才”的办学方针，支持《孤星》旬刊的创办，推动马克思主义革命理论在高校的进一步传播。

马克思主义中国化的过程，是一个不断认识、掌握和运用马克思主义基本原理的过程。作为全世界无产阶级和被压迫民族争取解放斗争的指导思想，马克思主义传入中国后，迅速成为中国先进知识分子的理想信念和救国救民的理论武器。围绕马克思主义的传播，以及如何将马克思主义与中国问题相结合，这一系列议题引发了马克思主义中国化的讨论、主张与探索。“马克思列宁主义来到中国之所以发生这样大的作用，是因为中国的社会条件有了这种需要，是因为同中国人民革命的实践发生了联系，是因为被中国人民所掌握了。”②马克思主义不是空中楼阁，必须将马克思主义应用于中国实践，真正实现马克思主义和中国工人运动的结合。1919 年李大钊在与胡适争论的时候就提出：“一个社会主义者，为使他的主义在世界上发生一些影响，必须要研究怎么可以把他的理想尽量应用于环绕着他的实境。”③在这里，李大钊实际上已经提出了马克思主义中国化的主张。此后，在“关于社会主义的论战”“与无政府主义的论战”的过程中，先进知识分子对马克思主义理论与中国现实问题的思考进一步加深。此外，关于“中体西用”“全盘西化”以及“全盘苏化”的错

① 《李大钊全集》第三卷，人民出版社 2013 年版，第 2 页。
② 《毛泽东选集》第四卷，人民出版社 1991 年版，第 1515 页。
③ 《李大钊全集》第三卷，人民出版社 2013 年版，第 51 页。

误观点也时有出现。大革命期间,中国共产党开办农民运动讲习所和训练班,《中国社会各阶级的分析》等成为重要学习专题,毛泽东引导学员运用马克思主义的立场、方法与观点分析和研究中国革命问题。1927 年大革命的失败,更加激起了中国马克思主义者的深刻反思,受国际社会主义运动的影响,广大知识分子开始转向唯物辩证法的研究。在不断探索和研究后,中国人对马克思主义特别是马克思主义哲学有了系统的认识。历史与实践证明,必须从"拿来主义"中摆脱出来,发现中国方案。只有坚持把马克思主义中国化才是回答中国问题的真正出路。

对马克思主义中国化的认识来自理论与实践相结合的过程。自马克思主义传入中国以来,中国的马克思主义者便自觉结合中国具体实际来理解、阐释、宣传和运用马克思主义,自发地将马克思主义哲学与中国的具体实际相结合。李大钊在中国共产党成立以前曾指出,社会主义"必须要研究怎么可以把他的理想尽量应用于环绕着他的实境"①,实际上就是主张把马克思主义中国化。此后,毛泽东为反对党内教条主义,撰写了《反对本本主义》的文章,提出"马克思主义的'本本'是要学习的,但是必须同我国的实际情况相结合"②的论断,这也为"中国化"的具体提法提供了思路和基础。艾思奇在 1938 年《哲学的现状和任务》一文中就明确提出:"现在需要来一个哲学研究的中国化、现实化的运动。过去的哲学只做了一个通俗化的运动,把高深的哲学用通俗的词句加以解释,这在打破从来哲学的神秘观点上,在使哲学和人们的日常生活接近,在使日常生活中的人们也知道注意哲学思想的修养上,是有极大意义的,而且这也就是中国化现实化的初步……"③,提出马克思主义中国化要与中国传统哲学以及中国实践相结合,实现马克思主义的大众化、通俗化和民族化。马克思主义中国化的命题最早是毛泽东在党的六届六中全会上所作的《论新阶段》中正式提出:"离开中国特点来谈马克思主义,只是抽象的空洞的马克思主义。因此,马克思主义的中国化,使之在每一表现中带着必须

---

① 《李大钊全集》第三卷,人民出版社 2013 年版,第 51 页。

② 《毛泽东选集》第一卷,人民出版社 1991 年版,第 111—112 页。

③ 《艾思奇文集》第一卷,人民出版社 1981 年版,第 387 页。

有的中国的特性，即是说，按照中国的特点去应用它，成为全党亟待解决的问题。”①毛泽东之所以提出马克思主义中国化的命题，也是和前期党的思想政治教育理论与实践密切相关，井冈山革命根据地和其他革命根据地的建立使得党的思想政治教育工作得以展开，如“三湾改编”中确立了“支部建在连上”的原则，保障了军队思想政治教育的顺利开展，古田会议的召开进一步总结了实践的经验，标志着军队思想政治教育理论的初步形成。马克思主义中国化的第一次历史性飞跃的理论成果是毛泽东思想的产生和完善。马克思主义中国化实际上是一个民族化、实践化、时代化的过程，这其中又蕴含着解决中国问题、提出中国方案、形成中国理论等内容，既是由理论到实践的过程，也是由实践到理论的过程。

中国共产党重视把人才培养与革命实际相结合。在革命实践中，中国共产党把马克思主义理论与中国教育传统相结合，深化了对人才培养的认识。从革命现实中吸取经验教训作为教育内容和素材，通过对工人和学生开展革命教育推动革命运动发展。1928 年 10 月 5 日，毛泽东在《中国的红色政权为什么能够存在?》中提出“人才走进革命”理论:“使地方工作人材逐渐减少依靠红军中工作人材的帮助，能完全自立，以边界的人材任边界的工作，进一步能够供给红军的工作人材和扩大割据区域的工作人材——这些都是边界党在湘鄂赣三省暴动发展中极其重要的任务。”②教育对革命的重要意义在中国社会革命不同时期不断凸显。红军初创时期，红军组成成分复杂，不同文化背景成长下的个体表现出不同的思维方式和价值观念，毛泽东深入群众，进行土地革命政策教育，加强思想教育纠正各种错误思想，注重转变人的世界观。在抗日战争初期，为了适应革命斗争和党的建设的需要，开办和拓展了各学校，规范、科学地培养马克思主义人才，如中国人民抗日军事政治大学、陕北公学、马列学院

① 《中共中央文件选集(1936—1938)》第 11 册，中共中央党校出版社 1991 年版，第 658—659 页。新中国成立之后出版的《毛泽东选集》对这一段文字作了修改，最突出的是把“马克思主义的中国化”的提法改作“使马克思主义在中国具体化”。参见《毛泽东选集》第二卷，人民出版社 1991 年版，第 534 页。

② 《毛泽东选集》第一卷，人民出版社 1991 年版，第 52 页。

等，根据实际斗争的需要来制定教学内容，这也为思想政治教育积累了丰富的办学经验。中国人民抗日军事政治大学先后创办了12所分校，抗战8年间共培养了20余万名军政干部。① 陕北公学共培养6000多名军政干部。② 1943年4月，鲁迅艺术文学院、自然科学院、民族学院和新文字干部学校又并入了延安大学。这是当时根据地学科最为齐全的一所综合性大学，下设3个学院共11个系外加1个短期培训班，在校教职员工和学生人数于1944年6月达到1877人。③

经过漫长的革命实践探索，知识分子和青年学生在中国革命中发挥的“先锋”和“桥梁”作用愈发明显。毛泽东在《中国革命和中国共产党》中指出：“他们（知识分子）有很大的革命性。他们或多或少地有了资本主义的科学知识，富于政治感觉，他们在现阶段的中国革命中常常起着先锋的和桥梁的作用。辛亥革命前的留学生运动，一九一九年的五四运动，一九二五年的五卅运动，一九三五年的一二九运动，就是显明的例证。”“马克思列宁主义思想在中国的广大的传播和接受，首先也是在知识分子和青年学生中。革命力量的组织和革命事业的建设，离开革命的知识分子的参加，是不能成功的”，④充分肯定了知识分子的地位和作用，也表明马克思主义教育的重要性。

三、培养马克思主义信仰者和传播者

在中国共产党成立之初，就十分重视知识分子的问题。中国共产党是由掌握了无产阶级先进思想的知识分子自觉组建的，各地的马克思主义研究会和共产主义小组大多由知识分子组成，参与党的一大的13位代表以及全国的50余名党员基本都是知识分子。1922年5月22

---

① 曲士培：《抗日战争时期解放区高等教育》，北京大学出版社1985年版，第29页。

② 成仿吾：《战火中的大学——从陕北公学到人民大学的回顾》，人民教育出版社1982年版，第29页。

③ 曲士培：《抗日战争时期解放区高等教育》，北京大学出版社1985年版，第115—120页。

④ 《毛泽东选集》第二卷，人民出版社1991年版，第641页。

日驻华全权代表利金在给共产国际的报告中写道,“中共依靠青年团,轻而易举地在知识分子中,特别是在青年学生中开展大规模的运动。在北京,可以毫不夸张地说,国立大学处在了我们的影响之下。”①虽然党的二大后作出决定,提出党必须从“大学校”“研究会”“图书馆”中走出来,走到群众中去,但在第一次国共合作中,“中共把目光重新转向校园,因此,这一时期马克思主义在大学的传播是伴随学校基层党支部的组织而进行的。”②在党的三大召开前夕,全国已经建立党的基层组织或地方组织 38 个,在此之中高校党组织有 7 个,其余党支部也是在高校党员帮助下建立的。截止到 1927 年 4 月,全国已经有 35 所高校建立了党的基层组织。

中国共产党不仅充分吸纳优秀知识分子,同时也有组织、有计划地培养出革命所需要的知识分子队伍。中国共产党自成立以来就十分注重对人才的培养。在革命经验日益积累下,更加明确人才培养必须从坚持无产阶级专政、消灭剥削和压迫、最终实现共产主义的目标出发。随着革命形势的不断变化,党对教育和革命关系的认识更加深入,需要培养大批既有理论知识,也具备领导才能的马克思主义者,增强革命力量,扩大马克思主义的影响力,夯实群众基础。

早期共产主义者在研究和宣传马克思主义理论与实践的过程中,实现了自身向马克思主义者的蜕变。中国共产党成立初期,就注重在高校通过学生团体组织开展学生运动,培养具有革命精神的优秀知识分子。李大钊在北京高等师范学校、北京女子高等师范学校任教期间,积极宣传马克思主义,在学校建设和发展党组织,培养的学生缪伯英、魏野畴等加入马克思学说研究会等相关组织,增强了马克思主义理论的影响力。毛泽东、李达在自修学校、农民运动讲习所和劳动学院等高等教育类学校进行马克思主义启蒙教育,培养了具有共产主义觉悟的农民运动与工人运

---

① 中共中央党史研究室第一研究部译:《联共(布)、共产国际与中国国民革命运动(1920—1925)》,北京图书馆出版社 1997 年版,第 87 页。

② 周良书:《中共高校党建史(1921—1949)》,北京师范大学出版社 2012 年版,第 58—59 页。

动的骨干。1922 年成立的上海大学，培养出了许多优秀干部，如杨尚昆、秦邦宪等成为党的重要领导人；国共合作时期合办黄埔军校也使中国共产党认识到人才培养的重要性，教育的过程中必须围绕党的中心任务开展思想政治教育，贯彻党的纲领和路线，许多优秀学生在五卅运动和配合北伐反对军阀的斗争中发挥着重要作用，后期也成为工农运动中的核心和骨干。

高校知识分子的抗争与工人运动在复杂的革命斗争形势中不断交织融合，在不同阶段发挥出了该群体的独特作用。在“五卅”、“三·一八”运动中，青年学生发挥的革命作用表现得十分突出，上海的交大、复旦、文治、大夏、上海、同济、暨南等 30 余所大学，以及广州、武汉、南京、北京、天津等全国许多高等学校的学生都纷纷内应号召，积极投入反帝爱国斗争。中共中央扩大会议也指出，学生负有民族革命的绝大使命，“应不惜本身的牺牲去为民众利益而奋斗，务须将民族革命的负担放在自己的肩上，要用这样的勇敢和毅力去执行革命的工作。”①这也深化了对知识分子尤其是对青年学生的认识，应当重视青年学生的组织发展工作，青年学生只有与工农相结合，才能取得革命的胜利。国民党在大革命后开始实行国民党的党义教育，对国统区的大学进行思想钳制，引起了大学内知识分子的抗争。一方面，知识分子在校内传播马克思主义理论，如 1929 年北京大学复校后继续开设马克思主义理论课，虽然一些课程并不是完全从宣传马克思主义的角度讲授的，但是在客观上推动了学生思想的解放；另一方面，高校学生进行进步的学生活动、开展了多次校园内抗争。中共中央也发出通知，动员上海、北平、天津等重要城市的青年学生充分参加反抗活动，召开飞行动员集会，通过政治活动扩大团体，通过演说发动工农活动。1935 年 12 月 9 日，中国共产党领导了大规模学生爱国运动，北平大中学生数千人举行了抗日救国示威游行，反对华北自治，反抗日本帝国主义，要求保全中国领土的完整。此次爱国行动得到了全国学生的响应和支持，掀起全国抗日救国新高潮，推动了抗日民族统一战线的建立。此后，

① 《任弼时选集》，人民出版社 1987 年版，第 11 页。

中国共产党总结学生运动的经验与教训，指出救亡运动要充分利用公开或者半公开的形式，高校校园内党小组领导下的外围组织如学生进步社团等通过合法途径开展思想教育。清华大学的中华民族解放先锋队、中山大学的中国青年同盟和御侮救亡工作团、四川大学的中华民族解放先锋队、南开大学铁流社、东北大学学生救国工作委员会等社团均发挥了重要作用。

在抗日战争时期、解放战争时期，中国共产党在根据地建立高等学校，积极培育革命人才、转变学生思想。各高校围绕抗日战争形势进行宣传教育，抗大提倡革命与进步精神，“团结、紧张、严肃、活泼”的校风；陕北公学强调军事化教育养成，确立“忠诚团结，紧张活泼”的校训；鲁迅艺术学院注重艺术担当与爱国情怀的培养。毛泽东在《大量吸收知识分子》中论述了吸收知识分子对于革命的重要性和必要性，他指出：“在长期的和残酷的民族解放战争中，在建立新中国的伟大斗争中，共产党必须善于吸收知识分子，才能组织伟大的抗战力量，组织千百万农民群众，发展革命的文化运动和发展革命的统一战线。没有知识分子的参加，革命的胜利是不可能的。”①在解放战争时期，东北军事政治大学、华北联合大学结合革命需要，遵循新民主主义教育方针对知识分子进行思想改造，使其转变立场、积极进取，全心全意为人民奉献。

党对人才培养的探索是积极有益且卓有成效的，在革命时期注重党的宣传教育，努力提高学生的政治觉悟，深入传播马克思主义理论和主张，把理论学习与总结工人运动的经验相结合。系列教育措施和主张，一方面使工人运动的领导层得到了锻炼，另一方面也使大批先进的知识分子自觉转化为马克思主义信仰者和传播者，为后来教育方针的完善提供了宝贵经验，更为无产阶级革命事业作出了重要贡献，推动无产阶级革命走向胜利。

---

① 《毛泽东选集》第二卷，人民出版社 1991 年版，第 618 页。

第二节 新中国成立后思想政治教育在高校发展中的地位与作用

新中国的成立,使得中国社会的面貌发生了翻天覆地的变化。在国家开展社会主义改造、建立社会主义制度的过程中,高校也承担了整顿旧教育制度、开创新教育制度的双重任务。面对经济文化落后、意识形态领域各种思想交织的情况,中国共产党提出了新民主主义教育方针。高等教育贯彻党中央的教育方针、政策,坚持教育为工农服务,为生产建设服务和培养社会主义全面发展新人的方针,将半殖民地半封建的旧教育转变为新民主主义教育并逐步改造为社会主义教育制度。这一阶段高校的中心任务是保证教学任务的完成,努力建设新中国需要的人才。社会主义改造完成后,中国进入社会主义社会,开启了新的建设征程,高校思想政治教育也根据实际国情,逐渐明确应当培养有社会主义觉悟的劳动者。从学习苏联的阶段,到认识到要培养有社会主义觉悟的劳动者,体现了社会主义教育探索的历程,丰富和发展了高校思想政治教育的理论和实践。

一、有效贯彻落实了党的教育方针

新中国成立初期,高校青年学生和广大知识分子面对着历史性的变革,在新民主主义教育方针的引领下,开展新型的思想政治教育。在旧有的封建色彩与国际反对势力的渗透的作用下,高校学生意识形态领域出现迷茫和彷徨,党和国家根据现实实际逐步引导知识分子进行社会主义改造,接管整顿旧的高校,肃清帝国主义文化侵略的影响。在土地改革如火如荼开展时,反封建教育也在进行中,大批知识分子报名参加土改工作队,在改革斗争中接受党和国家的政治教育,政治觉悟和政治意识有所提高。在“三反”“五反”运动中,党和国家打击了不法资本家的违法行为,充分进行反腐败教育,挽救、唤醒了一批知识分子中的“中间派”,发挥出清除旧社会余毒和移风易俗的作用。在抗美援朝时期,教育部要求,在各学校中，尤其是对于中等以上的学生，不能满足于抗美援朝一般的时事宣传性的教育，而是要求有计划、有系统地进行全面的教育引导。各高校纷纷响应国家号召，开展了校内的运动和紧张的时事学习，掀起了报名参军和捐钱捐物支援前线的高潮，增强了广大人民群众的爱国热情和政治觉悟，为抗美援朝战争贡献了力量。

这一阶段，高校学生的思想政治教育呈现出两个特征。一是通过大规模的马克思主义启蒙教育，配合开展校外的政治运动进行宣传教育。1949 年暑假，北京市举办了大学生暑期学习团，主要进行社会发展史、中国革命史、形势政策以及革命人生观的教育，在树立阶级观点、劳动观念以及为人民服务等方面打下初步基础，特别注意培养学生爱国主义精神和集体主义精神，树立远大理想和高尚品格。1951 年 7 月中央人民政府副主席朱德在北京高等学校迎接毕业生学习结业典礼上讲话，号召毕业生全心全意为人民服务，要下最大决心，不要怕苦，越是需要人的地方越要去。周恩来所作《关于知识分子的改造问题》中也提出要有组织地进行集体主义、爱国主义、社会主义和国际主义教育。正是这些生动的思想政治教育，促使高校学生确立了为人民服务的人生观，加深了爱国主义思想，在理论学习中实现自我教育和自我发展。

二是学生的思想政治教育由政治运动为主转入到以教学为中心。这一时期党的宣传工作的主要内容，是用社会主义思想教育全党全社会，从而动员社会各界为实现党的过渡时期总路线，完成国家建设的第一个五年计划而奋斗。1956 年召开的知识分子问题会议，也指出知识界的面貌发生了变化，绝大部分已经成为国家工作人员，致力于为社会主义服务。同时也指出知识分子的思想状况同他们在政治和社会地位上的变化是不能完全相适应的，许多人还存在资产阶级唯心主义和个人主义的思想作风。因此继续进行思想上的斗争，帮助其改造自己，适应社会主义发展和建设。高校紧紧围绕党的教育方针，采用说服教育和批评帮助，引导高校师生直接接触社会主义建设和社会主义改造的伟大斗争。建设马克思主义理论课，经常性的形势任务学习和结合业务课教学进行思想教育，成为大学生思想政治教育的主要形式。翻译和出版马克思主义相关著作，掀起群众性宣传教育运动。采用“团结—批评—团结”的方式开展意识形态领域的批判运动,各高校加强了政治理论课教研室和党支部的工作,通过党支部对教师开展思想工作,并且选拔配备具有一定的政治觉悟和党员修养的教师给学生上党课。同时,建设“双肩挑”的政治辅导员制度成为这一时期思想政治工作制度化的亮点。

二、培养了一批有社会主义觉悟的劳动者

新中国成立初期,中国共产党继承和发扬了革命时期的教育优势,同时根据新民主主义社会的现状提出新民主主义教育方针——民族的、科学的、大众的文化教育,在此基础上进行教育改革,接办改造私立大学、取缔教会大学;以苏联为教育榜样,学习苏联教育模式,进行了高校院系调整,以广大工农群众为教育群体,注重培养工业专门的人才成为又红又专的劳动者。① 据统计,1949 年,全国接受高等教育的在校大学生人数只有 11 万,工科类学生毕业人数不足一万。因此,教育部第一次全国高等教育会议上的报告中指出,高等教育必须配合国家经济、政治、文化、国防建设的需要,应当为经济建设服务。在这一教育大背景下,北京大学、清华大学、华北大学的农学院合并成立北京农业大学;北洋大学和河北工学院合并,成立新的天津大学;华东师范大学也于 1951 年经多校合并成立。1951 年全国工学院院长会议再次强调“以培养工业建设人才和师资为重点,发展专门学院和专科学校,整顿和加强综合大学”,将思想政治教育的课程与苏联教育形式相结合,使知识分子参与生产劳动,扭转了教育与劳动相割裂的观念,使青年学生在劳动和教育中自觉接受社会主义改造。

教育方针的变化反映出时代的变迁和现实的人才需求,也是社会主义教育实践深化的表现。1956 年社会主义改造基本完成后,社会主义建设开启。国内的主要矛盾是人民对经济文化迅速发展的需要同当前经济文化不能满足人民需要的状况之间的矛盾。带有过渡性质的新民主主义

---

① 张奇才、王先俊、高正礼:《中国的马克思主义——毛泽东思想》,人民出版社 2004 年版,第 283 页。

教育方针无法适应社会主义建设的需要。因此,1957 年 2 月,毛泽东在《正确处理人民内部矛盾的问题》中,提出新的教育方针:"思想政治工作,各个部门都要负责任,共产党应该管,青年团应该管,政府主管部门应该管,学校的校长教师更应该管。我们的教育方针,是使受教育者在德育、智育、体育几方面都得到发展,成为有社会主义觉悟的有文化的劳动者"。这一内容丰富和发展了马克思主义,为社会主义教育指明了方向,同时也为高校思想政治教育奠定了基础。强调要培养具有"社会主义觉悟的有文化的劳动者"是继承马克思主义人才观的体现,也是社会主义建设对人才培养的要求。在此阶段高等学校充分发挥育人功能,"高等学校的基本任务是适应着国家的社会主义建设的需要,培养具有一定的马克思列宁主义水平、实际工作所必需的基本知识、掌握科学和技术的最新成就和理论联系实际的能力,并且身体健康、忠实于祖国、忠实于社会主义事业和准备随时保卫祖国的高级专门人才。"①

从新中国成立到改革开放前,马克思主义理论课程经历着探索、积累、冲击、干扰、挫折、调整、充实、发展的过程。新中国成立初期,在新民主主义建设和坚持中国共产党领导的原则下,依托老解放区的教育基础,我国开始学习苏联的高等教育模式,创立了新中国的思想政治课,高校根据新民主主义社会情况设立马克思主义理论课程。1951 年教育部颁布《关于各高等学校 1951 年度上学期进行"辩证唯物论与历史唯物论"等课程教学工作的指示》。1953 年起,马列主义基础被设置为各类型学校及专科二年级必修课,这奠定了新中国马克思主义理论课教学体系的雏形。随着全国教育普及水平的提升,思想政治教育贯穿在基础教育、初等教育、高等教育直至全社会教育之中。1957 年受到"反右倾"运动和"大跃进"等"左"倾思潮的严重冲击,我国普通高等学校的马克思主义理论教育的课程设置和教学内容一度陷入停滞。② 1959 年中共中央开始纠正

---

① 《中华人民共和国教育大事记(1949—1982)》,教育科学出版社 1984 年版,第 168 页。

② 骆郁廷、秦玉娟:《新中国 70 年高校思想政治理论课建设的回顾与展望》,《思想理论教育导刊》2019 年第 11 期。

“左”倾的思想倾向，中华人民共和国教育部发布了《关于1961—1962学年度上学期高等学校共同政治理论课安排的几点意见》，教学开始整顿和恢复。20世纪60年代，社会涌现了一批先进个人与先进集体，高校也掀起了各类主题教育课程，如宣传学习雷锋的教育活动、宣传学习焦裕禄的模范事迹、宣传学习“铁人”精神等，将理论学习与形势教育相结合。然而，由于十年“文革”的影响，各项政策未能得到有效的贯彻落实，我国高等教育遭受到极大的破坏，各地高校的正常教学秩序被打破。

三、大力增强了党对教育工作的领导

新中国成立后，高等院校的领导体制也进行了探索和变化。1950年，我国效仿苏联经验实行校长负责制，强调校长的权力和责任。1956年后改为党委领导下的校务委员会负责制，但由于校长的地位、职责不明，各项措施执行仍不理想，行政系统不能充分发挥作用。“大跃进”和“反右”扩大化给高等教育造成了严重后果。为了贯彻“调整、巩固、充实、提高”的方针，中央文教小组在1960年召开全国文教工作会议，强调要正确处理教育事业与生产发展之间的关系，以及数量和质量、政治和业务等关系，要解决教育大革命中“左”倾思想，处理好红与专的问题，指出要缩短教育战线，缩小迅速膨胀的教育规模；同时重新加强教材建设；此外，也要加强教育法，制定条例，从而使高校工作制度化、规范化。

1961年9月15日，中共中央批准试行《教育部直属高等学校暂行工作条例（草案）》（“高教六十条”），对思想政治教育的培养目标、任务和内容、原则和方法、组织制度等都作了详细规定，为高校思想政治教育提供了明确的方向。指出高等学校要以育人为主，培养社会主义建设所需的专门人才。对1958年教育大革命所界定的“教育为无产阶级政治服务”进行纠正，否认高等教育的基本任务只在于政治建设。“高教六十条”明确提出了“在高等学校中，必须加强党的领导”，高等学校党的委员会“是学校工作的领导核心，对学校工作实行统一领导。”高等学校的领导体制实行党委领导下的以校长为首的校务委员会负责制。

“高教六十条”出台后在社会上产生了较大反响。既体现党对学校

的统一领导又突出校长在行政管理上的领导地位，同时坚持了集体领导的原则。这一领导体制在全国高校中普遍推行。这一体制集党的思想政治优势和校长行政管理优势于一体，既有利于坚持社会主义办学方向，又有利于高等教育培养目标的全面实现，在实际工作中取得了显著成效。清华大学从“又红又专、全面发展”“因材施教”“少而精”“理工结合”“双肩挑”等方面开展思想政治教育理论与实践的探索。此外，高校在思想政治工作上，不仅要管“红”，还要管“专”，而且“红”和“专”都要通过“专”体现出来。只“专”不“红”或者重“红”轻“专”都不行。各高校正确处理了红和专的问题，逐步健全了政治工作机构。清华大学、中国人民大学、北京师范大学、北京航空学院等高校试行建立政治部，随后，直属高校普遍设立了政治部。

然而，受到中国共产党在指导思想上出现“左”倾错误的影响，高校思想政治教育也经历了曲折的发展历程。“大跃进”式的教育改革以及十年“文革”中的教育方式背离了教育与劳动相结合的初衷，阻碍了高校思想政治教育的发展。高校思想政治教育发展的过程不是一帆风顺的，在培养人才的过程中，应当始终坚持教育为无产阶级政治服务，坚持党对教育工作的领导，坚持正确的政治方向。一系列经验与教训都表明，高校开展思想政治教育必须遵循教育发展的客观规律，加强教育的立法与制度建设。这一阶段高校思想政治教育的领导体制为高校思想政治工作体系的发展和完善提供了有益探索。

第三节　改革开放以来高校思想政治教育的地位与作用

高校思想政治教育的地位与作用是指高校思想政治教育在中国特色社会主义建设战略全局和高等教育事业改革发展中所处的位置和效用。高校思想政治教育本质上是以高校学生为教育对象的育人实践，不同时期的高校思想政治教育都要回应“培养什么人”“怎样培养人”“为谁培养人”这一教育的根本问题。改革开放以来，高校思想政治教育不断适应社会主义现代化进程中的新形势、新任务和新挑战，坚持立德树人的育人思想，尊重思想政治教育发展规律，坚持改革开放，通过系统开设高校思想政治理论课程，不断完善高校思想政治工作体系，培养社会主义建设者和接班人。

一、系统开设高校思想政治理论课程

思想政治理论课程是高校培养人才的重要途径，也是党开展宣传教育的重要渠道。思想政治理论课程的开设对马克思主义理论体系的完善、马克思主义理论的研究以及马克思主义理论教材的编写都起到了推动作用。从土地革命战争时期、抗日战争时期、解放战争时期，到社会主义过渡与探索时期，直至改革开放新时期，随着革命、建设与改革的任务要求的变化，思想政治理论课程也在探索中不断丰富，在坚守中逐渐完善。

进入改革开放新时期后，教育领域经过拨乱反正、恢复与重建，思想政治理论课程重新开设，高校思想政治教育立足改革开放的伟大实践，开始探索自身科学化的进程。高校思想政治教育适应着改革开放和社会主义现代化建设的需要，在不断克服“左”和右的，特别是资产阶级自由化思潮袭扰的过程中，通过改革不断创新和发展。1978 年教育部办公厅下发了加强高等学校马列主义理论教育的意见，强调高等学校的马列主义理论课程，一般开设辩证唯物主义与历史唯物主义、政治经济学、中国共产党党史和国际共产主义运动史等四门课。1980 年教育部印发了《改进和加强高等学校马列主义课的试行办法》，要求文科专业额外开设国际共产主义运动史，也可试开科学社会主义。20 世纪 80 年代开始，我国开始建立独立的隶属于法学门类政治学一级学科下的二级学科“马克思主义理论与思想政治教育”，为思想政治教育的发展提供了广阔空间。1983 年，全国第一本正式出版的思想品德课教材《共产主义思想品德教育》由四川人民出版社出版，为教学大纲的编制奠定了较好的基础。1985 年 8 月，中共中央发布《关于改革学校思想品德和政治理论课程教

学的通知》,对高校思想政治理论课程设置提出一些新的调整要求,中国特色社会主义理论开始进入教学体系中。1987 年国家教委下发了《关于高等学校思想教育课程建设的意见》,对高校思想教育课程建设作出了设置五门思想教育课程的规定:“法律基础”“形势与政策”两门为必修课,“大学生思想修养”“人生哲理”“职业道德”三门课,可因校制宜有选择地开设。许多文件也对思想品德课和政治理论课教学方法的改进提出了明确意见,强调要改变“注入式”的教学方法,尽量实行启发式的教学方法等。进入 21 世纪后,我国社会发展迅速,青年学生呈现出许多新特点,高校思想政治教育的地位日益凸显。2004 年,中共中央、国务院下发了《关于进一步加强和改进大学生思想政治教育的意见》(中发〔2004〕16 号),首次使用了“思想政治理论课”的称谓。思想政治理论课先后经历的重大改革和创新,形成了“85 方案”“98 方案”和“05 方案”,适应时代发展要求,既与时俱进,又一脉相承。不同时期思想政治理论课程的设置,反映了高校思想政治教育内容的规定性与本质属性,始终遵循马克思主义的立场、观点和方法,根据实际的现实需要以及高校学生的真实需求,具体地开设课程。马克思主义理论体系不断完善,教材不断完善,从而便于大学生学习和掌握马克思主义中国化的历史与现实的理论基础。

在新的时代背景下,高校更是融会贯通地进行思想政治教育,统筹推进德智体美劳全面发展的人才培养工程,注重思想政治理论课之外的思想政治教育资源和育人场域的开发利用,使课程思政与思政课程同向同行。充分运用思想政治理论课这一主渠道,推进思想政治教育改革,在增强教育时效性的同时,使思想政治理论课与日常思想政治教育优势互补、协同联动,拓展各类实践活动、挖掘高校文化育人因素,实现全员育人、全程育人、全方位育人,从而构建出具有中国特色的高校思想政治教育大格局,在理论与实践的结合中,在教育、管理和服务的结合中,培养担当民族复兴大任的时代新人。

高校思想政治教育在高等教育整体推进的过程中,发挥着不可替代的作用,像盐一样发挥其调和的功能,将其溶解到教育的各个方面,渗透以无形,在潜移默化中使高校学生将马克思主义理论内化于心、外化于行。“好的思想政治工作应该像盐，但不能光吃盐，最好的方式是将盐溶解到各种食物中自然而然吸收。”①思想政治理论课是落实立德树人根本任务的战略举措，2019 年 3 月 18 日，在学校思想政治理论课教师座谈会上，习近平再次强调，在人才培养这个根本问题上，必须旗帜鲜明、毫不含糊。“我们办中国特色社会主义教育，就是要理直气壮开好思政课，用新时代中国特色社会主义思想铸魂育人。”②因此，我们必须用好课堂教学这个主渠道，因事而化、因时而进、因势而新，做到政治性与学理性相统一、价值性与知识性相统一，使马克思主义理论与当代教育融会贯通，切实用习近平新时代中国特色社会主义思想铸魂育人，落实立德树人根本任务，为新时代的中国青年成长成才打下坚实的思想基础。

二、围绕党的中心工作培养社会主义建设者和接班人

党的理论创新是教育方针和理念发展的不竭动力和根本指导。20 世纪 70 年代末 80 年代初，我国实现了党和国家工作重心从以阶级斗争为中心转移到以经济建设为中心，开始进入改革开放和现代化建设的新时期，高等教育重新走向世界。教育目标和教育政策发生了新的转变，由“又红又专”的人才培养目标逐步过渡到培养“四有新人”。

1978 年以后，高校思想政治工作进入了调整阶段。党的十一届三中全会以后，高校也根据解放思想、实事求是、团结一致向前看的理念进行一系列真理标准的讨论，提高学生思想政治觉悟。1978 年全国教育工作会议否定了以阶级斗争为纲的教育目的，围绕现代化进程开展教育，开创了中国教育事业发展新时期。1980 年《关于加强高等学校学生思想政治工作的意见》中，强调高校思想政治工作应当围绕四个现代化建设来开展。1983 年邓小平为北京景山学校的题词：“教育要面向现代化，面向世

---

① 《沿用好办法　改进老办法　探索新办法——三论学习习近平总书记高校思想政治工作会议讲话》，《人民日报》2016 年 12 月 11 日。

② 冯刚主编：《理直气壮开好思政课：把握新时代思政课建设规律》，人民出版社 2019 年版，第 108 页。

界，面向未来"，这也是中国共产党在改革开放新时期对人才培养的深化认识。在这一时期，邓小平从客观需要出发，指出："我们要建设的社会主义国家，不但要有高度的物质文明，而且要有高度的精神文明。"[①]在建设具有中国特色的社会主义时，我们"一定要坚持发展物质文明和精神文明，坚持五讲四美三热爱，教育全国人民做到有理想、有道德、有文化、有纪律"[②]，高校的首要任务是为社会主义现代化事业培养"四有"的建设者和接班人。

世纪之交之际，我国社会经济文化发展迅速，人民群众对高等教育的需要更加迫切，党和国家在坚持培养社会主义"四有新人"的基础上不断推进教育事业改革，努力造就"有理想、有道德、有文化、有纪律"，德育、智育、体育、美育等全面发展的社会主义事业建设者和接班人。在此过程中，江泽民强调，高等学校在教育改革和发展中，要始终把坚定正确的政治方向放在首位，坚持用马列主义、毛泽东思想，特别是邓小平同志建设有中国特色社会主义理论武装全体师生。在坚持原有教育方针的基础上，对青年学生提出了具体要求：他们应该是理想远大、热爱祖国的人；追求真理、善于创新的人；德才兼备、全面发展的人；视野开阔、胸怀宽广的人；知行统一、脚踏实地的人。

党的十六大以后，国内国际形势的变化使高校思想政治教育面临新的情况。以胡锦涛同志为总书记的党中央提出科学发展观，坚持以人为本，全面实施素质教育，推动教育事业和人才培养科学发展。胡锦涛指出："坚持以人为本，在教育工作中的最集中体现就是育人为本、德育为先"，"要把育人为本作为教育工作的根本要求"。[③] 2004 年中共中央、国务院制定了《中共中央、国务院关于进一步加强和改进大学生思想政治教育的意见》，成为高校思想政治教育发展进程中的里程碑，为高校思想政治教育提供了明确指引。在人才培养过程中，党中央强调把社会主义核心价值体系融入国民教育全过程，引导学生树立正确的世界观、人生

① 《邓小平文选》第二卷，人民出版社 1994 年版，第 367 页。
② 《邓小平文选》第三卷，人民出版社 1993 年版，第 110 页。
③ 《胡锦涛文选》第三卷，人民出版社 2016 年版，第 420 页。

观、价值观、荣辱观，努力培养德智体美全面发展的社会主义建设者和接班人。

党的十八大以来，中国特色社会主义进入新时代。习近平总书记在参观《复兴之路》展览时首次提出了“中国梦”概念，将其定义为“实现中华民族伟大复兴”。培育时代新人是社会主义教育目标的传承和发展，是新的历史方位下的人才培养要求，也是顺应全球化的必然选择。习近平总书记自党的十八大以来多次就青年成长成才、人才培养、社会主义核心价值观培育和践行等内容发表重要论述，回应了新时代下“培养什么人”“怎样培养人”“为谁培养人”的教育根本问题。

习近平总书记围绕“立德树人”这一教育根本任务，依据个体成长发展的规律，在把握时代内涵的基础上，提出培养“担当民族复兴大任的时代新人”。在党的十九大报告中首次提出时代新人的概念，强调“要以培养担当民族复兴大任的时代新人为着眼点”。与社会主义历史其他时期人才培养相比，“时代新人”更是肩负着国家崛起、民族复兴的历史使命与时代担当。时代新人是拥护中国共产党领导和我国社会主义制度、立志为中国特色社会主义奋斗终身的有用人才。2018 年 5 月在北京大学师生座谈会上，习近平总书记明确提出：“我们的教育要培养德智体美全面发展的社会主义建设者和接班人。”①2019 年在纪念五四运动 100 周年大会上，培养“社会主义建设者和接班人”这一育人目标上升到了政治高度。习近平总书记指出：“把青年一代培养造就成德智体美劳全面发展的社会主义建设者和接班人，是事关党和国家前途命运的重大战略任务，是全党的共同政治责任。”②在“德智体美”的基础上增加了“劳”，提出要“培养德智体美劳全面发展的社会主义建设者和接班人”，使“时代新人”的培养有了更明确的方向。同时明确了教育应当为人民服务，为中国共产党治国理政服务，为巩固和发展中国特色社会主义制度服务，为改革开放和社会主义现代化建设服务的宗旨。

---

① 习近平：《在北京大学师生座谈会上的讲话》，人民出版社 2018 年版，第 4 页。

② 习近平：《在纪念五四运动 100 周年大会上的讲话》，人民出版社 2019 年版，第 12 页。

三、构建了高校思想政治工作体系

“文化大革命”期间，高校原有领导体制受到严重破坏，粉碎“四人帮”以后，教育战线的整顿与恢复工作摆上重要日程。1978年10月，《全国重点高等学校暂行工作条例（试行草案）》发布，高校领导体制改为“党委领导下的校长分工负责制”，系一级试行“系党总支委员会（或分党委）领导下的系主任负责制”，不设校务委员会。党的十一届三中全会以后，各高校普遍开展了内部领导体制改革的探索和实践。1980年12月，中组部、教育部发出《关于加强高等学校领导班子建设的意见》，明确：“党委对学校工作的领导，主要应该是路线、方针、政策的领导，要着重致力于做好政治思想工作，以及党的思想、组织建设工作。学校所有的行政工作，都应该由校（院）长为首的行政人员去处理。”1989年，中央在《关于当前高等学校工作中的几个问题的意见》中指出：“在今后相当长的一个时期，高等学校仍实行党委领导下的校长负责制”，从而全面确立了高等学校党委领导下的校长负责制的领导体制。①

我国高校思想政治教育积极应对新课题，不断加强和改进。在党的十三届四中全会到十六大这一时期强调把德育放在学校工作的首位，使高校思想政治工作体系日益完善。高校党委遵循党的教育方针，紧紧围绕国家和高等教育的发展以及学校发展的中心任务开展工作，一方面有效指导了学校的发展改革，另一方面高校思想政治教育工作更上一个台阶。1995年11月23日，原国家教委颁布试行《中国普通高等学校德育大纲》，指出：“高等学校的根本任务是培养德智体等方面全面发展的社会主义事业的建设者和接班人。”“必须重视德育，把坚持坚定正确的政治方向放在学校工作首位。”北京大学随后召开了中层干部会，指出要下决心建立一支精明强干、训练有素的、具有现代化管理头脑的专业化的管理队伍，要坚持不懈地加强和改进党的建设和思想政治工作，确保安定团结。北京交通大学根据《大纲》对口制定了《德育工作实施办法》，要求将

① 王建国主编：《新中国高等学校党建理论和实践研究》，北京交通大学出版社2011年版，第166—168页。

马克思主义道德教育与中华民族道德传统教育结合起来，作为中国特色社会主义道德的主要内容。① 在世纪之交，高等教育面临了新任务，思想政治教育工作需要在深入上下功夫。具体表现在：一是把思想政治工作深入到学生宿舍和课余活动中，强调校园精神，把思政教育主题渗入到科技、文化、艺术、体育等丰富多彩的精神文明活动中，在潜移默化中接受教育；二是开始高度重视和充分利用信息技术开展思想工作；三是开始建设高素质专兼职结合的学生思想政治工作队伍。2000 年 7 月 3 日，教育部党组下发《关于进一步加强高等学校学生思想政治工作队伍建设的若干意见》，明确了思政工作队伍的工作任务，提出学生思想政治工作应该由专兼职人员组成，应该承担“两课”或者其他课程的教学及相关科研任务；四是要加强研究生的思想政治工作，建立和完善导师制度，重视研究生的自我教育。党的十六大后党中央加强和改进了高校学生党员发展和学生基层党组织建设。清华大学制定了党员发展三年规划（2004—2007年）和年度计划，规范发展工作过程；中国石油大学制定了高标准、严要求的党员发展体系。2003 年底，全国普通高校学生党员 70 余万人，截至 2007 年底，全国大学生党员总数已近 234.5 万人。

2004 年 10 月 14 日，中共中央、国务院发出《关于进一步加强和改进大学生思想政治教育的意见》（中发〔2004〕16 号，简称“中央 16 号文件”），强调指出，大学生是十分宝贵的人才资源，是民族的希望，是祖国的未来。加强和改进大学生思想政治教育，提高他们的思想政治素质，把他们培养成中国特色社会主义事业的建设者和接班人，对于全面实施科教兴国和人才强国战略，确保我国在激烈的国际竞争中始终立于不败之地，确保实现全面建设小康社会、加快推进社会主义现代化的宏伟目标，确保中国特色社会主义事业兴旺发达、后继有人，具有重大而深远的战略意义。《意见》把大学生思想政治教育作为事关国家前途和命运的战略工程，作为推进现代化建设的基础工程，作为全面建设小康社会、实现中

① 王建国主编：《新中国高等学校党建理论和实践研究》，北京交通大学出版社 2011 年版，第 80 页。

华民族伟大复兴的希望工程，具有里程碑意义。“中央 16 号文件”出台后，国务院办公厅、中宣部、教育部等部门相继发出一系列配套文件，2005 年 1 月，中央专门召开了全国加强和改进大学生思想政治教育工作会议，会议强调了“中央 16 号文件”是做好新形势下大学生思想政治教育工作的指导性文件，要深刻领会文件精神，把思想统一到中央的部署上来。许多高校都做了有益的探索，例如：中国人民大学举办了徐虎报告团、李向群报告团、研制“两弹一星”科学家等主题报告会；北京大学建立“红旗在线”，通过网络引导学生树立正确的理想信念；北京林业大学开设了“红色国学讲坛”，打造爱国主义教育精品平台；上海交通大学借助大学生文化素质教育基地，建设了文化素质教育精品课程，编写出版了“大学生文化素质教育丛书”第二辑等。

党的十八大以来，以习近平同志为核心的党中央从保障中国特色社会主义事业后继有人的重大战略任务出发，出台了以《关于加强和改进新形势下高校思想政治工作的意见》（简称“中央 31 号文件”）为代表性文件的 60 余份文件，加强对高校思想政治工作的政策部署，明确了立德树人是高校思想政治教育的根本任务。“中央 31 号文件”从强化思想理论教育和价值引领、课堂教学、阵地建设、改革创新、党的领导等 7 个方面，对高校思想政治工作作出战略部署。习近平强调：“各级党委要把高校思想政治工作摆在重要位置，加强领导和指导，形成党委统一领导、各部门各方面齐抓共管的工作格局。”①结合思想政治教育工作实际，从领导架构到工作内容，各方通力合作，从而形成高校思想政治教育合力。2017 年出台《高校思想政治工作质量提升工程实施纲要》则是一体化构建了课程、科研、实践、文化、网络、心理、管理、服务、资助、组织等十大育人体系；同时出台《高等学校思想政治理论课建设标准》等以标准化建设推动高校思想政治育人质量提升。

---

① 《习近平谈治国理政》第二卷，外文出版社 2017 年版，第 379 页。

第四节　新时代高校思想政治教育地位作用的发展趋势

在中国共产党高校理论和实践不断丰富发展的过程中，高校思想政治教育重视总结历史经验与教训，明确对旗帜和道路的选择，注重优先解决“船”或“桥”的方法问题，在不同时期努力回答“培养什么人”的教育根本问题，始终围绕党的中心工作培养社会主义建设者和接班人。高校思想政治教育是国家治理现代化的重要组成部分，是全面贯彻党的教育方针的中心环节，是落实立德树人根本任务的基础，是增强高校社会主义意识形态引领力的途径。新时代下，应当更加注重持续提升思想政治教育治理现代化水平，充分尊重新时代高校思想政治教育不可替代的地位，发挥新时代高校思想政治教育独特作用。

一、彰显高校“举什么旗”和“走什么路”

旗帜引领方向，道路决定命运。20 世纪初，马克思主义的基本著作译介到中国，使先进的知识分子首先了解“什么是马克思主义”，通过实践选择马克思主义作为救国救民的指南，作为“在精神上由被动转为主动”的武器；新民主主义革命时期，为满足中国人民革命实践的切实需求，高校成为传播马克思主义中国化的重要阵地；新中国成立后，高校设立和调整马克思主义理论课程，在教育政策变化和完善中，探索育人方式；改革开放以来，新的问题、新的理论、新的视域不断涌现，研究成果的深刻性、广泛性、时代性日益凸显。纵观而视，高校思想政治教育发展的过程也是中国共产党成长、壮大的过程，从选择马克思主义到毛泽东思想的诞生，直至中国特色社会主义理论的提出，更加明确我们要“始终高举中国特色社会主义旗帜，坚定不移走中国特色社会主义道路”。在党的领导下，高校在革命、建设、改革的过程中，始终传播马克思主义理论、开展政策宣传教育，对“举什么旗”“走什么路”的问题，在不断探索中日益明晰。

坚持马克思主义在高校的指导地位,坚持社会主义办学方向。中国共产党之所以能够完成近代以来各种政治力量不可能完成的艰巨任务,就在于始终把马克思主义这一科学理论作为自己的行动指南,并坚持在实践中不断丰富和发展马克思主义。高校是孕育先进思想、传播党的理论的重要平台,马克思主义是高校办学的鲜亮底色。高校思想政治教育是中国共产党带领高校发展教育的重要平台和手段,是连接广大青年的重要桥梁和纽带。在高校思想政治教育发展过程中,必须要坚持以马克思主义理论特别是马克思主义中国化最新成果为指导,提高马克思主义思想觉悟和理论水平,贯彻和落实党的教育方针、路线和政策,使高校思想政治教育与党和国家的发展方向同向同行。结合中国改革的发展大势,坚持以科学理论引领、用科学理论武装,在中国特色社会主义理论与实践中汲取力量,推进高校思想政治教育不断创新发展。

加强党对高校思想政治教育工作的全面领导,是高校思想政治教育发展的根本保证。中国共产党领导是中国特色社会主义最本质的特征,是中国特色社会主义制度的最大优势。思想政治教育是其他一切工作的生命线,结合社会发展、党和国家各项工作开展思想政治教育工作,中国共产党历来高度重视思想政治教育,将其视为党和国家全面发展中的一项重要内容。历史的经验与教训深刻表明,坚持和加强党的领导,高校思想政治教育就会得到改进;忽视或削弱了党的领导,高校思想政治教育就会遭受挫折。中国高等教育发展的政治方向与社会主义事业紧密相连,即为人民服务,为巩固和发展中国特色社会主义制度服务,为改革开放和社会主义现代化建设服务。习近平指出:"办好我国高等教育,必须坚持党的领导,牢牢掌握党对高校工作的领导权,使高校成为坚持党的领导的坚强阵地。"①因此,高校更应当做到旗帜鲜明,道路坚定,坚持政治领导与理论武装相结合,把握马克思主义办学的办学方向,坚持中国特色社会主义教育发展道路。

① 《习近平谈治国理政》第二卷,外文出版社 2017 年版,第 379 页。

二、着力回答好高校“培养什么人”的首要问题

“培养什么人”是教育的首要问题。高校思想政治教育事关办什么样的大学、怎样办大学的根本问题，事关党对高校的领导，事关中国特色社会主义事业后继有人，是一项重大的政治任务和战略工程。革命时期，中国共产党培养大批的马克思主义的信仰者和传播者，为革命事业提供了人才保障。社会主义建设时期，提出“应该使受教育者在德育、智育、体育几方面都得到发展，成为有社会主义觉悟的有文化的劳动者”；到改革开放时期，提出“教育全国人民做到有理想、有道德、有文化、有纪律”；再到党的十九大以来，提出“培养能担当民族复兴大任的时代新人”。这一人才培养目标的变化，清晰地反映了中国共产党对高校思想政治教育目标和规律认识的不断深化，高校思想政治教育所肩负的使命也愈发清晰。

立德树人是高校思想政治教育的根本任务和宗旨。党的十八大以来，以习近平同志为核心的党中央继承和发展了党的教育方针，围绕“培养社会主义建设者和接班人”作出一系列重要论述，深刻回答了“培养什么人、怎样培养人、为谁培养人”这一根本性问题，将立德树人作为教育的根本任务，为中国特色社会主义教育事业发展指明了方向。高校作为我国人才培养的重要阵地，其根本任务是育人，“立德”是思想政治教育的核心任务，符合人才培养的根本规律，充分展现其作为中国特色社会主义教育现代化根本要求的本质特征。也倡导塑造健全人格，培养个人品德和社会公德，根据时代的变化和人的特点，创新教育方式和培养方式，丰富教育内容，回归教育本身。因此，要将立德放在人才培养的首位，大力培育和弘扬社会主义核心价值观，坚定高校学生理想信念，充分发挥高校在哲学社会科学研究和教学上的独特优势，引导学生正确认识时代责任和历史使命，将青春梦融入中国梦，真正做到铸魂育人。

培养社会主义建设者和接班人是高校思想政治教育的崇高使命。“我国是中国共产党领导的社会主义国家，这就决定了我们的教育必须把培养社会主义建设者和接班人作为根本任务，培养一代又一代拥护中国共产党领导和我国社会主义制度、立志为中国特色社会主义奋斗终身

的有用人才。"①在全国教育大会上,习近平强调了教育对国家、民族和个人的重要性。在实现中华民族伟大复兴、开创中国特色社会主义伟大事业的历史进程中,我国社会主义教育必须以培养社会主义建设者和接班人为目标,只有牢牢抓住培养社会主义建设者和接班人这个根本,中国特色社会主义才能坚持好发展好,建设社会主义现代化强国才能有一代又一代人接续奋斗。高校要牢牢抓住培养社会主义建设者和接班人这个根本任务,着力在坚定理想信念、厚植爱国主义情怀、加强品德修养、增长知识见识、培养奋斗精神、增强综合素质上下功夫,培养担当民族复兴大任的时代新人。同时,应当坚持办学正确政治方向,建设高素质教师队伍,形成高水平人才培养体系,努力建设中国特色世界一流大学。

三、完善思想政治教育治理体系和治理能力

治理现代化是高校思想政治教育面对的重大议题。《中共中央关于坚持和完善中国特色社会主义制度、推进国家治理体系和治理能力现代化若干重大问题的决定》指出:"坚持和完善中国特色社会主义制度、推进国家治理体系和治理能力现代化,是全党的一项重大战略任务。"②中国特色社会主义制度及其执行能力集中体现为我国国家治理体系和治理能力,这也对高校思想政治教育工作提出了新的要求。在新的时代背景下,高校思想政治教育面临着许多新的机遇与挑战,治理意味着新时代下高校如何实现人才培养,以及实现的程度如何。毛泽东曾提出:"我们不但要提出任务,而且要解决完成任务的方法问题。我们的任务是过河,但是没有桥或没有船就不能过。不解决桥或船的问题,过河就是一句空话。"③在长期的革命和建设实践中,中国共产党思想上高度重视学习马克思主义理论,并注意结合革命和建设的客观实际把它运用到具体工作

---

① 《习近平在全国教育大会上强调　坚持中国特色社会主义教育发展道路　培养德智体美劳全面发展的社会主义建设者和接班人》,《人民日报》2018 年 9 月 11 日。

② 《中国共产党第十九届中央委员会第四次全体会议文件汇编》,人民出版社 2019 年版,第 15 页。

③ 《毛泽东选集》第一卷,人民出版社 1991 年版,第 139 页。

中，摸索、总结、形成了一系列行之有效的工作方法。这些优良传统对于开展高校思想政治教育工作大有裨益。

完善高校思想政治教育治理体系。高校思想政治教育治理的过程，即使提高学科建设水平、提高人才培养质量，加强治理体系建设的过程。通过治理可以实现高校思想政治教育的完善和发展，高校思想政治教育治理能力的提升也有利于实现其社会价值。首先，坚持高校育人导向，把培养社会主义建设者和接班人作为高校思想政治教育的根本任务，树立"育人为本、德育为先"的教育理念，遵循思想政治教育规律、教书育人规律、学生成长规律，提升高校立德树人的能力。其次，完善高校思想政治教育平台。统筹高校各领域、教学各环节，凝聚各方面的育人资源和育人力量，完善学科体系、教学体系、教材体系、管理体系的育人工作体系，实现思想政治教育工作贯穿到人才培养的全过程。再次，建立健全完善的工作机制。从组织领导、队伍力量、资源分配、经费投入、评估考核等方面着手，形成学校党委统一领导，宣传、学工等主责部门牵头，党政齐抓共管、专兼职队伍相结合、全校紧密配合的领导体制。最后，加强制度、规则、机制的建设。建立健全思想政治教育日常管理制度、激励评估制度、责任追究制度等常规制度，深化知识供给制度，完善学术研究制度，推动高校思想政治教育制度和学科高质量发展，使高校思想政治教育工作体系中各领域、各方面、各环节实现规范运行和有序衔接。

增强高校思想政治教育治理能力。高校思想政治教育提升治理现代化水平是自身发展的内在要求，也是国家治理体系和治理能力现代化战略任务的重要一环。从治理的角度去思考高校思想政治教育的内容结构、框架以及有效性和实施度的问题，有利于提升高校思想政治教育的针对性和实效性，增强工作效能，提升人才培养质量。要充分运用科学的思想方法和工作方法。首先，坚持用马克思主义唯物辩证法指导高校思想政治教育。正确认识和处理高校思想政治教育与高校其他工作的关系，统筹高校发展全局构建高校思想政治教育工作格局。坚持实事求是的方法，一切以时间、地点、条件为转移，做到具体问题具体分析，结合当前高校学生思想和生活的实际，尊重学生成长发展规律和教育规律，用动态、发展的态度开展工作，不断更新教育观念、提升能力素质、优化工作方法，从而真正做好高校思想政治教育。其次，把解决实际问题与解决思想问题相结合。在高校开展实际工作过程中，应当坚持理论联系实际，使学生在理论和实际相结合的过程中加深对理论的认识，培养学生运用理论解决实际问题的能力。高校思想政治教育工作主要对象是学生群体，归根结底是做人的工作，满足学生成长发展需求和期待，做到以学生为本，坚持教育学生、引导学生、鼓舞学生和鞭策学生。通过理论灌输提高学生的思想认识水平，结合改革开放和社会主义现代化建设实际，引导学生正确认识世界和中国发展大势，正确认识中国特色和国际比较，正确认识时代责任和历史使命，正确认识远大抱负和脚踏实地。使学生坚定理想信念，正确理解世情、国情、党情，在实践中不断提升自身的认识能力和工作能力。

在完善治理体系提升治理能力中，构建完善的高校思想政治教育育人体系。高校思想政治教育是一项系统工程，从尊重学生、理解学生、关心学生、帮助学生的角度出发，不断推陈出新，拉近同青年学生的距离，把思想和行动统一起来，增强思想引领的效果，实现全程育人、全方位育人、全员育人。一方面，构建高校思想政治课程体系。习近平在学校思想政治理论课教师座谈会上的重要讲话中强调，“思政课是落实立德树人根本任务的关键课程”，要充分利用课堂教学这个主渠道，运用多种教学方式，使理论教学和实践教学相结合、线上教学与线下教学相结合，尊重学生主体地位，积极回应学生关切，同时加大哲学社会科学各学科专业中的马克思主义理论类课程建设。统筹课程思政与思政课程建设，构建全面覆盖、类型丰富、层次递进、相互支撑的课程体系，形成协同效应。另一方面，丰富高校日常思想政治教育内容。通过实践教育，把思想政治教育融入社会实践、志愿服务、实习实训等活动中；不断丰富高校思想政治教育文化蕴涵，大力繁荣校园先进文化，推动高校原创文化精品创作，发挥文化育人在高校思想政治教育中的积极作用；开拓网络思政工作新内容，借助网络阵地的示范性、引领性和辐射度，使高校思想政治教育发挥出其独特的价值与作用。

第二章　中国共产党高校思想政治教育的目标任务

思想政治教育的目标是教育者依据社会发展的要求、受教育者发展需要对受教育者思想道德质量的期望和规定，体现了思想政治教育的价值倾向，规定了思想政治教育的基本内容，影响着思想政治教育载体和方法的运用。思想政治教育的目标会根据不同历史阶段的时代背景、社会发展目标和学生思想素质水平等有所不同，在不同历史阶段，为完成相应的目标产生不同的任务。

中国共产党是以马克思主义为指导的政党，党的思想政治教育根本目的是提高人们的思想道德素质，促进人的自由全面发展，激励人们为建设中国特色社会主义、最终实现共产主义而奋斗。中国共产党的高校思想政治教育的根本目标就是要将“立德树人”作为自身的根本任务，培养社会主义的合格建设者和可靠接班人，确保共产主义事业后继有人。新中国成立以前，中国共产党虽然尚未夺取全国政权，无法对全国开展完整系统的思想政治教育，但通过在革命根据地和国统区采取“双轨并行”的思想政治教育策略，形成了较为完整的体系。百年来，中国共产党高校思想政治教育一直紧跟党的建设目标和任务，培养了大量理想信念坚定、德才兼备的高素质人才，为促进大学生的全面发展、推动国家和社会的发展提供了坚强的人才后盾。

第一节　新民主主义革命时期：培养具有坚定政治信仰的无产阶级革命者

从五四运动到新中国成立这段时期，中国处于半殖民地半封建社会，社会主要矛盾是中国人民同外国帝国主义和本国封建主义、官僚资本主义之间的矛盾，中国共产党的首要目标是推翻半殖民地半封建的社会制度，争取民族独立、人民解放。这一时期党在高校的主要任务是传播马克思主义，培养一批具有共产主义信仰、坚定的阶级立场，愿意为人民服务并不怕牺牲的党政军干部，这一阶段也是党的高校思想政治教育的萌芽阶段。

一、在普及宣传马克思主义理论中培养青年马克思主义者

中国共产党成立后，明确其纲领是反帝、反封建，其中心任务是开展工人运动，组建工会、发展党团组织，发动工农群众投身于反帝反封建的新民主主义革命。党在高校的思想政治教育目标围绕党在这一阶段的总体任务，在革命根据地和国统区两条战线分别展开，以宣传马克思主义，转变群众思想，提高高校师生的政治觉悟为主，尽量吸收更多知识分子参加革命运动，为革命培养和输送人才。

（一）通过党团组织普及宣传马克思主义

五四运动前后的中国思想界产生了一批赞成俄国十月社会主义革命、具有初步共产主义思想的知识分子，他们相继认识到马克思主义是拯救中国的良方，阶级斗争是改造中国的必然手段，革命的最终目的是建立无产阶级专政国家，为了实现上述目标必须要广大人民群众的觉醒和参与，需要更多的知识分子投身其中去宣传马克思主义。1920 年，先后出现了北京大学马克思学说研究会和上海马克思主义研究会，随后在全国出现了多个研究会，纷纷在青年学生中传播马克思主义。

1921 年，中国共产党成立。1922 年 5 月，中国社会主义青年团在广

州举行第一次全国代表大会。会议明确要求各学校加强团组织建设、重视学生联合会,"学生联合会为学生的结合,为我们在学生中宣传主义的最好场合……学生联合会中的青年团体应不停的以活动在其中造成中坚势力,于学生的爱国及争自由等各种运动中得以指导一切。"①1923 年 3 月重建全国学生总会,其《宣言》提到"我们要打倒帝国主义,以谋民族独立与自由;打倒军阀,以谋民主政治之实现"。《中国共产党第三次全国大会决议案及宣言——青年运动决议案(一九二三年六月)》指出,社会主义青年团对于青年学生应从普通的文化宣传进而为主义的宣传,应从一般的学生运动引导青年学生到反对军阀反对帝国主义的国民运动。至 1924 年 10 月,青年团在全国 30 余个地区设立支部及特别支部 110 余个,吸收骨干青年学生团员 1800 多人。在上大的学生与交大、复旦、同济等 13 所高校的学生一起,参加了五卅运动,经历了北京的孙中山逝世、三一八惨案、上海三次工人武装起义等。

(二)通过创办大学培养革命干部

为了进一步传播马克思主义和更为系统地培养革命干部,1921 年 8 月,毛泽东在长沙创办了湖南自修大学,指导学员用马克思主义研究中国革命的实际问题。我们党的其他创建者如李达、董必武、陈潭秋、李大钊等,在建党初期,都曾从事教育工作并多年兼任教师亲自讲课。1922 年国共两党合作创办了上海大学。上大的任务是"切实社会科学的研究及形成新文艺的系统这两件事",主要培养社会科学及新文艺两方面的干部,让他们担负起改变"模仿的急功近利的政治制度"和改变"渐次崩坏"的"中国旧式的文化生活",化"空论的社会主义思想"为"投入革命斗争的实际行动"。

(三)在黄埔军校培植革命思想

1924 年,中国共产党与孙中山领导的国民党合作创办了黄埔军校。我们党先后派出周恩来、恽代英、萧楚女等重要干部到军校创建和开展思

---

① 共青团中央青运史档案馆编,胡献忠主编:《中国共青团历次全国代表大会概览》,中国青年出版社 2012 年版,第 15 页。

想政治教育工作，特别是周恩来担任军校政治部主任后，创造性地开展了思想政治教育工作。黄埔军校的教育方针是军事与政治并重，政治教育以反帝反封建为中心内容，主要研究中国革命的实际问题，以此来传播革命的基本理论，培养革命精神，使学员不仅知道“枪怎么放”，还要知道“枪向谁放”。政治教育要求学员彻底了解中国国民革命是出于工农民众实际物质生活的要求，革命胜利的保障必须依靠全体工农的努力。黄埔军校培养了大批优秀军事政治人才，许多人日后成长为工农红军的创建者和骨干力量。

二、在领导青年反帝爱国运动中为党武装斗争培养人才

1927 年，蒋介石和汪精卫先后背叛革命，大肆屠杀共产党人，国内政治局势陡然逆转。在生死存亡关头，中国共产党人肩负起领导中国革命的伟大历史任务，开始以武装的革命去反对武装的反革命，建立革命根据地。在这一时期，党的思想政治教育理论正式形成。1929 年 12 月，《中国共产党红军第四军第九次代表大会决议案》（又称《古田会议决议》）指出，必须要通过思想政治教育来肃清党内、军内存在的种种不正确思想。这一时期的重要任务是系统培养大量政治、军事、经济、文化、教育等方面的干部，同时不放弃国统区的工作基础，继续领导青年学生开展反帝反封建运动。

（一）在红色根据地创办新型高等学校，系统培养革命干部

党在红色根据地先后建立了中国工农红军大学、江西苏维埃大学等高校，军大主要培养营、团以上军事、政治干部，军大内还设立了高级班，培训军以上干部；苏维埃大学主要培养根据革命任务的需要，主要以培养军事、政治、经济、文教干部为主要目标。几所学校的思想政治教育均以《古田会议决议》为指导思想，对学员进行马列主义基本理论和党的正确路线教育，强调理论与实际并重，创建了最初的以纯粹马克思主义为指导的思想政治理论教育和实践工作，学校教育的目标是为“革命战争与阶级斗争服务”。苏区中央局还创办了马克思共产主义学校，成为培养政治干部的高级学校，也是党的干部学校，主要学习马克思主义原理，党建、

苏维埃建设、工人运动、史地等方面的知识及自然科学常识等。

（二）国统区继续领导青年学生投身反帝爱国政治运动

大革命失败后，中国革命暂时陷入低潮。在蒋介石的高压统治下，国统区的共产党人和青年学生坚持继续战斗。1927 年 8 月《中国共产党中央通告第 6 号》要求各地党团组织切实领导学生群众参加政治的、本身利益的和思想上的各种斗争，主要任务是组织和领导青年学生投入一系列的政治运动，教育青年深入认识国民党的反动本质，逐步消除对国民党的幻想，引导青年学生和其中的优秀分子，从个人求学就业等切身问题出发，激发他们的民族精神、爱国主义，提升阶级觉悟，为党后期的革命培养人才。1932 年 2 月《中央关于青年团工作的决议》要求，青年团要“积极地参加领导学生的反帝运动，团结学生群众的贫苦的阶层在团的周围，利用学生去煽动反动区域的农民群众，使学生运动与工人斗争更密切的联系起来”①。之后的数次《中国共产党中央通告》都强调党必须加强对学生运动的领导，“号召全国学生以群众行动反抗国民党专制反动的政治。”

三、在宣传斗争形势和党的主张中团结青年学生

九一八事变后，日本帝国主义发动侵华战争，国民党政府消极抗战，实行“攘外必先安内”的政策，选择“先剿共后抗日”，中华民族处于生死存亡的紧要关头。中国共产党提出“反蒋抗日”，1935 年发出《为抗日救国告全体同胞书》（即《八一宣言》），呼吁全国各阶层、各党派、各军队团结起来，停止内战，一致抗日，建立了广泛统一战线，承担了领导全民族抗战的历史重任。这一时期党的高校思想政治教育目标是团结广大青年学生，集聚进步力量，配合抗日战争进行战争形势和党的主张的宣传，揭露国民党的腐朽统治，并迅速为抗日斗争培养一批具有坚定阶级立场、斗争精神和牺牲精神的人才。

---

① 《中共中央文件选集（1932）》第 8 册，中共中央党校出版社 1991 年版，第 99 页。

（一）抗日根据地的目标任务是培养具有坚定政治方向的革命人才

《八一宣言》发表后，大批青年学生从沦陷区、国统区奔向延安等抗日根据地。这些青年学生的家庭背景、教育状况、人生经历、革命动机各不相同，因此既是抗日战争的重要力量，同时也是思想政治教育的对象。当时以延安高校为代表的根据地高校分为三种：以短训班为主的抗日军政大学，综合性的陕北公学院和延安大学，专业性的鲁迅艺术文学院等。思想政治教育的主要目标是为培养抗日需要的党、政、军革命干部和各类专业人才服务。

抗日军政大学（抗大）以培养军事干部为主要任务。1939 年 7 月，《中央军委关于抗大工作的指示》指出“学校一切工作，都是为了转变学生的思想”，重点突出阶级教育、党的教育。抗大的教育目标已经较成系统，包括：“教育学生掌握马克思主义，克服资产阶级及小资产阶级的思想意识；教育他们有纪律性、组织性，反对组织上的无政府主义与自由主义；教育他们决心深入基层实际工作，反对轻视实际经验；教育他们接近工农，决心为他们服务，反对看不起工农意识。”①抗大还倡导艰苦奋斗、政治操守、刻苦奉公、廉洁守法、不怕牺牲的精神，反对贪生怕死、自私自利、腐化堕落、口是心非和政治上的变节行为。全民族抗战的八年中，抗大共培养了 20 余万革命干部。毛泽东在《抗大三周年纪念》中将抗大与昔日的黄埔军校相提并论，可见其教育质量之高。陕北公学将培训抗日救国的政治工作干部作为主要任务。毛泽东为陕北公学的题词表明了其培养目标：“要造就一大批人，这些人是革命的先锋队。这些人具有政治的远见。”②鲁迅艺术文学院以培养革命艺术干部为主要任务，强调文艺工作者要改造自己的思想感情，站在工农兵的立场上，成为真正的革命文艺工作者，能“为抗战发出怒吼，为大众谱出呼声”。

延安整风运动后，根据地高校的思想政治教育得到完善和加强。作为根据地一所具有代表性的新型综合性大学，延安大学于 1944 年提出的

---

① 国家教委思想政治工作司：《中国高等学校思想政治教育史纲》，高等教育出版社 1992 年版，第 33 页。

② 《毛泽东同志论教育工作》，人民教育出版社 1992 年版，第 41 页。

教育方针和暂行方案对思想政治教育的目标内容有相对系统的表述:加强思想政治工作,进行中国历史和现状、人生观与思想方法的教育,培养学生的革命立场和求实的工作作风;理论与实践统一,学与用一致;教育与生产劳动相结合;发扬教学民主,提倡教学相长,培养学生独立思想与批判的能力。1945 年党的七大确定毛泽东思想是党一切工作的方针,用毛泽东思想统一高校学生思想也成为这一时期高校思想政治教育的重要任务。

(二) 国统区凝聚青年力量,宣传战争形势和党的主张

抗战开始后,大量高校迁往西南内地,重新开课复学。但在国民党反动派的高压统治下,各校公开的抗日民主进步活动几乎全部被迫中止。为了适应局势的变动,吸收广大青年参加抗日救国的民族统一战线,党中央决定将国统区的青年团组织取消,转而建立一个公开的民族解放性质的组织来指导国统区的青年运动。1935 年 12 月 9 日,北平(北京)大中学生数千人举行了抗日救国示威游行,掀起全国抗日救国新高潮,即“一二九运动”。12 月 20 日,共青团中央根据党中央的指示,发表了《为抗日救国告全国各校学生和各界青年同胞宣言》,号召全国青年学生“到农民中去,到商民中去,到军队中去! 唤起他们救国的觉悟,推动他们建立救国的组织”①,以实现全民抗日救国大联合。

1936 年“北平三三一抬棺游行”后,中共中央北方局及时纠正了“左”倾盲动和冒险主义倾向,中央指出青年工作实行转变的总的方针是要贯彻毛泽东提出的“隐蔽精干、长期埋伏、积蓄力量、以待时机”的十六字方针和“有理、有利、有节”的策略原则。这一阶段党在国统区高校的思想政治教育工作主要有三方面的任务:一是凝聚进步力量,与三民主义青年团作斗争;二是依靠进步教授,团结大多数同学,开展多种多样的学术、文体活动;三是宣传党的主张,揭露国民党的“庐山真面目”。为了配合抗日救国和反内战、争民主的斗争,党通过西南联大以及其他高校的学生组织,开展各类

① 中共北京市委党史研究室著:《中国共产党北京历史》第一卷,北京出版社 2011 年版,第 248 页。

易于为学生接受的活动,如组织演讲辩论、歌咏体育比赛活动,组织学生下乡和到军队进行抗日宣传。党组织还通过各校的学生组织,介绍陕甘宁边区的情况,翻印大量各类革命文化作品,使之在学生中广为流传。

四、在改造知识分子中团结力量迎接全国解放

抗战胜利后,《双十协定》被蒋介石撕毁,国民党发动内战,建设和平、民主、富强的新中国愿望破灭了,中国共产党面临武装夺取政权、解放全中国的历史使命。这一时期,中国共产党高校思想政治教育的中心任务是揭露国民党的腐朽统治,提高青年学生觉悟,号召青年学生参加支持解放战争,推翻国民党的反动统治。

(一)在解放区进行知识分子的改造

各地新成立人民革命大学主要目的(目标)是对知识分子进行初步的政治思想教育,使他们初步建立为人民服务的革命人生观,培养他们成为革命的干部。西北局、华北局、东北局对解放区高等学校的思想政治工作尤为重视,如华北人民政府决定为贯彻"大量招收与严肃改造知识分子的方针",必须整顿各大学,要用经常的教育方法来改变学生的思想认识。1949 年各大解放区先后成立了人民革命大学,招生对象是城市青年知识分子,学校要在短期内对他们进行初步的政治思想教育,结合学习和劳动进行思想改造,帮助他们理解劳动改造世界的真理,改造他们轻视劳动和劳动人民的错误观点。在新解放区,中国共产党接管和改造了一批高等学校,首要的任务是培养一大批有文化和知识、科学技术和革命思想的知识分子。高等学校学生必须学习马列主义、毛泽东思想,并加强国际主义教育。考虑到学生的实际情况,还提出思想政治教育的主要任务在于根据对方的思想水平启发其觉悟,逐渐培养与提高其认识客观真理和分清是非真伪的能力,从而克服错误思想,树立正确思想。

(二)在国统区消除学生对国民党的幻想,团结青年学生迎接新中国的到来

为了配合解放全中国的革命战争,党在国统区高校的思想政治教育逐步由宣传游行发展到面对面的斗争,主要任务是运用实例教育学生消

除对国民党的幻想，强化在高校的党团组织，以扩大、深入坚持学生爱国运动，迎接新中国的到来。党组织通过邀请进步学生到解放区参观学习等方式开展工作，吸收了大批学生入党。全面内战爆发后，学生在党组织领导下继续以各种形式将宣传深入到附近工厂、农村，逐步形成了反对蒋介石反动统治的第二条战线。1947 年 1 月的《中央关于利用平津京沪学运成绩扩大我党活动的指示》指出："各学校学生团体间的联络，各地学生核心组织的彼此联系，青年会学生组织的活动加强，都成为迎接今后更大规模的学生爱国运动的必要条件。"1947 年国民党造成有名的"五二〇血案"，中国共产党发动了"反饥饿、反内战、反迫害"运动，提高了学生觉悟，培养、储备了大批学生骨干。

1949 年 3 月，解放区和国统区学生联合会汇聚北京，成立了中华全国学生联合会，大会号召青年学生在新中国即将诞生之际，和全国人民一起将革命进行到底，要积极参加新中国的建设，加强学习，培养自己成为建设社会主义新中国的有用之才。

第二节 社会主义革命和建设时期：高校思想政治教育目标任务曲折变化

新中国的成立是中国共产党高校思想政治教育的新起点。随着社会主义教育制度的逐步建立，高校思想政治教育经历了奠定基础、曲折前进、严重破坏等阶段，高校思想政治教育的目标任务也随之不断发生变化，既形成了诸多宝贵的经验，也出现了极左的错误。

一、肃清旧思想，确立新中国高校思想政治教育目标

1949 年到 1956 年，中国共产党面临着能否巩固新生人民政权、迅速恢复和发展国民经济、维护国家主权和安全等严峻考验，党的主要任务是进行社会主义革命，将新民主主义的中国改造成社会主义的中国。高校思想政治教育的目标主要有两个：一是要肃清封建的、买办的、法西斯主义的思

想,树立为人民服务的思想;二是结合土地改革等党的各项中心工作广泛开展思想政治教育,特别是对旧知识分子的思想进行改造,进一步提升高校师生的政治觉悟,为树立无产阶级的世界观和人生观打下良好的基础。

(一) 结合各项政治运动对学生进行思想改造

这一阶段,高校紧密结合全国范围内的土地改革、镇压反革命、抗美援朝、"三反""五反"等政治运动,全面进行划清敌我界限的阶级教育、爱国主义和国际主义教育,引导学生参加上述运动和社会实践,树立与工农结合、为人民服务的思想。1950 年 8 月,《人民教育》第 2 卷第 2 期发表社论《继续开展与深入学校教育中抗美援朝的思想政治教育》,强调对于当前学生的思想政治教育的要求是:"在抗美援朝这一伟大斗争中,为这一斗争教育青年使之具有一种新的爱国主义和国际主义的精神,保卫世界和平的强大动力"。10 月 4 日,教育部就此发出通报和附发了《关于高等学校政治课教学的方针、组织与方法的几项原则》,通报强调了今后全国推行思想政治教育的"三个重点"。三个重点是:适当配合进行反帝国主义教育,主要是反对美帝国主义侵略,肃清对美帝国主义幻想的教育,培养并发扬与国际主义结合的新爱国主义精神;适当围绕土地改革进行土改教育,着重解决反对土改的思想,尤其要说明废除封建的土地所有制是中国革命的基本问题;除政治课外学生还要学习《土改法》,还要进行爱祖国、爱人民、爱劳动、爱科学、爱护公共财物的"五爱"教育。

(二) 确立"身体好、学习好、工作好"的培养目标

1949 年 10 月 1 日,中央人民政府决定接受《中央人民政治协商会议共同纲领》为政府的施政纲领,其第五章"文化教育政策"规定,"中华人民共和国的教育为新民主主义的,即民族的、科学的、大众的文化教育。人民政府的文化教育工作,应以提高人民文化水平,培养国家建设人才,肃清封建的、买办的、法西斯主义的思想,发展为人民服务的思想为主要任务","提倡爱祖国、爱人民、爱劳动、爱科学、爱护公共财物为中华人民共和国全体国民的公德。"①《纲领》确定了今后高校思想政治教育的目

---

① 《建国以来重要文献选编》第 1 册,中央文献出版社 1992 年版,第 10—11 页。

标。1950年6月,中央人民政府召开第一次全国高等教育会议,教育部部长马叙伦指出,高等学校的任务是“培养具有高度文化水平,掌握现代科学技术的成就,全心全意为人民服务的高级建设人才”①。这一内容写入了8月14日教育部发布的《高等学校暂行规程》。1951年7—8月,教育部在全国高等学校暑期政治课教学讨论会上再次指出:“目前思想政治教育以肃清封建的、买办的、法西斯主义的思想,加强爱国思想为首要任务,并用民主批评的方法适当地改造民族资产阶级和小资产阶级的思想,培养学生全心全意为人民服务的革命的人生观。”②

这一时期,高校思想政治教育的目标更为明确、系统。1953年6月23日至7月2日,毛泽东接见了共青团第二次全国代表大会主席团成员,他号召全国青年要做到“身体好、学习好、工作好”。实现“三好”就此成为高校学生的努力目标,开展“三好”活动,评选“三好”学生,成为高校思想政治教育的重要内容。1955年4月25日,高等教育部副部长刘子载在高等工业学校、综合大学校院长座谈会上作了关于高等学校思想政治教育工作的发言。他指出,思想政治工作的目的,就是不断提高学生的社会主义觉悟,培养学生的马克思列宁主义世界观和共产主义道德品质,就是要培养他们的爱国主义、国际主义和集体主义思想,培养他们的独立创造、勇敢顽强的精神,培养他们对待劳动与公共财物的共产主义态度和遵守纪律、尊敬师长、忠诚老实、生活朴素等优良品质以及高度的政治警惕性。

(三)开展过渡时期总路线教育和进行辩证唯物主义、共产主义道德教育

为把我国建设成为繁荣昌盛的社会主义国家,党中央经过多次酝酿,于1953年12月提出党在过渡时期的总路线,高校开展总路线教育成为重要任务。12月13日,共青团中央印发《关于学习和宣传国家在过渡时

① 冯刚、沈壮海主编:《中华人民共和国学校德育编年史》,中国人民大学出版社2010年版,第12页。

② 冯刚、沈壮海主编:《中华人民共和国学校德育编年史》,中国人民大学出版社2010年版,第33页。

期总路线的指示》，指出要“对青年实行最现实的共产主义人生观和道德观教育，使他们热爱我国的社会主义前途和拥护党在过渡时期的总路线和总任务，培养自己成为为实现社会主义而奋斗的坚强战士……要使青年成为祖国新生活的积极建设者，必须是个人利益服从国家利益，暂时利益服从长远利益，自觉使自己的日常活动服从于实现社会主义改造的伟大目标”。12 月 22 日，《人民日报》发表题为《加强对高等学校教师的思想指导 进一步贯彻党对知识分子的政策》的文章，指出：高校在过渡时期的基本任务，是培养足够数量和具有一定质量的高级建设人才；推动教师的思想改造，清除资产阶级的反动思想是高校在整个时期的重要任务，也是教育领域内思想斗争的主要方面。

1954 年到 1956 年，中共中央和教育部先后八次提出有关在文化教育界宣传辩证唯物主义、批判资产阶级唯心主义的指示，高等学校主要在教师中进行，学生主要是参加学习、提高认识、接受教育。1956 年 1 月 14 日，中共中央召开关于知识分子问题的会议，周恩来作了《关于知识分子问题的报告》，指出目前绝大部分知识分子已经为社会主义建设服务，是工人阶级的一部分，提出了发挥知识分子力量的三项措施，目前的任务应该是“最充分地动员和发挥现有的知识分子的力量，不断地提高他们的政治觉悟，大规模地培养新生力量来扩大他们的队伍”①，以尽快改变科技、文化的落后状态。报告鼓舞了广大知识分子和高校学生，为高校思政工作指明了方向。

二、高校思想政治教育目标任务的正规化、系统化与曲折发展

1956 年社会主义改造基本完成之后，全国人民投入大规模的社会主义建设。党的八大指出，国内的主要矛盾已经不是工人阶级和资产阶级的矛盾，而是人民对于经济文化发展的需要同当前经济文化不能满足人民需要的状况之间的矛盾，集中力量发展社会生产力，实现国家工业化，逐步满足人民日益增长的物质和文化需要成为这一阶段党的主要任务。

① 《周恩来选集》下卷，人民出版社 1984 年版，第 161 页。

这一时期,高校思想政治教育的指导思想是明确的,逐步走向正规化、制度化,在新的教育实践中积累了一些新的经验。但是,在这一时期高校的思想政治教育很大程度上受到了“左”倾思想的干预,出现了一些过火的批判或斗争,混淆了两类不同性质的矛盾,因而发展又是曲折的。

(一) 提出培养德智体全面发展,有社会主义觉悟的、有文化的劳动者

1956年,周恩来在党的八大会议上所作的第二个五年计划建议的报告中提出,“为国家培养各项建设人才,首先是工业技术人才和科学研究人才,是教育工作的首要任务”①,这就将教育重心引导到了提高人才培养质量、扩大培养规模这个首要任务上来,把学生精力引导到全面发展上来。1957年2月27日,毛泽东在最高国务会议第十一次会议上作《关于正确处理人民内部矛盾的问题》的重要讲话,讲话论述了社会主义时期思想政治教育工作的对象、任务、内容、方法、途径等问题。他指出:“知识分子必须继续改造自己,逐步地抛弃资产阶级的世界观而树立无产阶级的、共产主义的世界观。”他还指出:“在知识分子和青年学生中间,最近一个时期,思想政治工作减弱了,出现了一些偏向。在一些人的眼中,好像什么政治,什么祖国的前途、人类的理想,都没有关心的必要。好像马克思主义行时了一阵,现在就不那么行时了。……我们的教育方针,应该使受教育者在德育、智育、体育几方面都得到发展,成为有社会主义觉悟的有文化的劳动者。要提倡节俭建国。要使全体青年们懂得,我们的国家现在还是一个很穷的国家,并且不可能在短时间内根本改变这种状态,全靠青年和全体人民在几十年时间内,团结奋斗,用自己的双手创造出一个富强的国家。”②这篇报告为高校思想政治教育的目标指明了方向,提供了理论基础。

(二) 整风运动和反右时期“又红又专”“政治挂帅”的提出

1957年春,毛泽东发表《关于正确处理人民内部矛盾的问题》,针对

① 《周恩来文化文选》,中央文献出版社1998年版,第551页。

② 《毛泽东文集》第七卷,人民出版社1999年版,第225—226页。

当前青年学生中一部分人忽略政治的倾向，提出要加强思想政治教育工作，但又指出当前有两类性质完全不同的社会矛盾——敌我矛盾和人民内部矛盾，提出要分清敌我，严格区分敌我矛盾和人民内部矛盾的界限这个总原则。9 月至 10 月，党的八届三中全会提出为了建成社会主义社会，工人阶级必须有自己的技术干部队伍，必须有自己的教授、教员、科学家、新闻机制、文学家、艺术家和马克思主义的理论家队伍，工人阶级知识分子的标志应该是“又红又专”。“红”指的是忠于工人阶级事业的儿女，“专”指的业务，是精通本行的专家。1958 年 1 月，毛泽东在《工作方法六十条（草案）》中指出，红与专、政治与业务的关系，是两个对立物的统一，一定要批判不问政治的倾向，一方面反对空头政治家，另一方面要反对迷失方向的实际家；思想工作和政治工作是为经济基础服务的，思想和政治又是统帅，是灵魂。1 月 31 日，《人民日报》发表社论《充分发挥青年在革命中的促进作用》，指出使青年成长为一个真正的共产主义者最重要的是吸引青年参加社会主义的实际斗争，党和共青团的任务是要把青年一代培养成为有共产主义觉悟和一定文化技术水平的新型的劳动者，就是要使我国青年既是政治坚定、立场鲜明的人，又是具有劳动技能和业务本领的人。又红又专，又有政治又有技术，这是我国这一代青年的努力方向。

1958 年 3 月 3 日，中共中央发出《关于开展反浪费反保守运动的指示》，强调要采用大鸣、大放、大辩论、开现场会和展览会等形式揭露和批判浪费、保守现象及其危害性，指出这是一个“生产大跃进和文化大跃进的运动”。全国各级各类学校相继开展“双反”运动，并开展了“红专辩论”。“红专辩论”是十分必要的，但是由于各地多运用大鸣、大放、大字报、大辩论的形式，对于一些不同意见采取强压的形式，妨碍了思想政治教育的开展，同时片面强调体力劳动对思想改造的作用，一定程度上挫伤了学生钻研业务的积极性。

（三）“大跃进”期间工人群众知识化与知识分子劳动化的教育改革

随着整风运动和反右运动的发展，“左”的思想蔓延到思想政治教育工作中。1958 年 3 月 24 日—4 月 8 日，第四次全国教育行政会议召开，这次会议的目的是反右倾保守思想,促进教育事业的大改革、"大跃进"。会议指出,教育工作要学会用"两条腿走路",一条是使"受教育者在德育、智育、体育几方面都得到发展,成为有社会主义觉悟的有文化的劳动者",一条是"多快好省"方针,即贯彻群众路线,放手发动群众,依靠群众,勤工俭学、半工半读是体现教育发展的一项根本措施。4月15—24日,中共中央在北京召开了全国教育工作会议。会议认为现在的教育工作中存在着的错误和缺点是教育脱离生产劳动,脱离实际,要求教育工作者也要"政治挂帅",为实现我国的文化革命而斗争。5月4日,《人民日报》发表题为《又红又专,后来居上》的社论,指出个人主义和集体主义的斗争突出表现在红与专的问题上;我国青年大部分已经认识到政治是统帅,政治是灵魂,忽视政治,只专不红,这条道路是危险道路;可是有些青年却还没有完全抛弃掉"先专后红"的想法。

1958年9月19日,中共中央、国务院发布《关于教育工作的指示》,指出:培养一支数以千万计的又红又专的工人阶级知识分子的队伍,是全党和全国人民的历史任务之一;教育工作"必须在党的领导之下,才能很好地为社会主义革命和社会主义建设服务,为消灭一切剥削阶级和一切剥削制度的残余服务,为建设消灭城市与乡村的差别和消灭脑力劳动与体力劳动的差别的共产主义社会服务"①,共产主义社会的全面发展的新人就是既有政治觉悟又有文化、既能从事脑力劳动又能从事体力劳动的人,而不是旧社会的只专不红、脱离生产劳动的资产阶级知识分子。1959年10月8日,教育部部长杨秀峰在《人民日报》发表题为《我国教育事业的大革命和大发展》的文章,指出在一切文化科学知识的教育中实行政治挂帅,通过系统的马克思列宁主义的理论教育,通过参加各种政治运动和生产劳动的实际锻炼,对学校师生广泛地认真地进行社会主义、共产主义的教育。10月15日,《人民日报》发表题为《高等学校要更好地促进知识分子劳动化》的社论,指出我国文化革命的要求是工农群众知识化,知识分子劳动化;每一个学生不仅要具有高等专业知识,还应当受到劳动锻

① 《建国以来重要文献选编》第11册,中央文献出版社1995年版,第490—491页。

炼，建立正确的劳动观点和习惯，提高学生参加劳动和改造思想的自觉程度。全国掀起了教育革命的群众运动，大砍基础课程，大搞现场教学，师生过多参加生产劳动和社会活动，教学时间偏少，造成教学质量下降。

（四）对高校思想政治教育任务的调整纠偏，正确处理教学与劳动的关系

党中央从1958年底开始意识到"大跃进"的错误，但由于党内不同思想的干扰，教育战线的指导思想一直到1961年才逐步扭转。1959年5月17日，中共中央印发了教育工作的10个文件，指出今后学校工作的任务"不但要善于领导劳动，还要善于领导教学；不仅要善于解决知识分子劳动化的问题，还要善于解决工农分子知识化的问题"。对于学生要不仅做到身体好、工作好，还要学习好。6月17日中共中央转批团中央《关于对学生进行思想政治教育中几个问题的报告》，指出高校学生思想政治教育中出现了形式主义和"左"的简单化现象。11月24日，中央文教小组召开全国文教工作会议，要求执行"调整、巩固、充实、提高"的"八字方针"。1961年4月全国高等院校文科和艺术院校教材编选计划会议指出，1958年以来执行教育方针方面主要存在的问题是在学校的政治运动和生产劳动搞得太多，将课堂教学挤到了一个不重要的地位，学生在基本理论知识、基本历史知识以及基本技能方面的训练被大大削弱了。8月10日，陈毅在对北京市高等院校应届毕业生讲话时指出，既要重视政治，也要重视专业，不能把政治和专业对立起来，而要把两者结合起来；从来没有空头的政治，政治都是通过业务来体现的；我们所谈现代工业、现代农业、现代科学文化，就是表现社会主义政治的，这就是最大的政治任务。

9月15日，中共中央批准试行的《教育部直属高等学校暂行工作条例（草案）》（简称"高教六十条"）指出：高校的基本任务是贯彻执行教育为无产阶级的政治服务、教育与生产劳动相结合的方针，培养为社会主义建设所需要的各种人才；高校培养的目标是培养"具有爱国主义和国际主义精神，具有共产主义道德品质，拥护共产党的领导，拥护社会主义，愿为社会主义事业服务、为人民服务……树立无产阶级的阶级观点、劳动观点、群众观点、辩证唯物主义观点；掌握本专业所需要的基础理论、专业知识和实际既能，尽可能了解本专业范围内科学的新发展；具有健全的体魄”。① 高等学校思想政治工作的任务是在全体师生员工中宣传马克思列宁主义、毛泽东思想，宣传党的路线和各项方针政策，不断提高他们的思想政治觉悟和道德品质；团结师生员工，充分调动他们的积极性，贯彻党的教育方针，保证学校的教学工作和其他各项工作的完成。1962 年 7 月 10 日，中共中央转批教育部党组、共青团中央书记处《关于高等学校学生甄别工作的报告》，要求对高校中批判和处分错了或基本错了的学生一律予以平反。高校思想政治教育的任务方向得到基本纠正。

（五）思想政治教育任务转向“以阶级斗争为纲”

1962 年 9 月，党的八届十中全会召开，毛泽东作了“关于阶级、形势、矛盾和如何对待党内的修正主义问题”的讲话，把社会主义社会中一定范围内存在的阶级斗争作了扩大化和绝对化的论述，进一步断言在整个社会主义历史阶段，资产阶级都将存在和企图复辟，并成为党内产生修正主义的根源；提出从现在起，阶级斗争必须年年讲，月月讲，天天讲。1962 年 12 月，共青团第三届中央委员会第八次全体会议提出进行贯彻思想工作上的“兴无灭资”方针，要教育青年懂得阶级、阶级斗争的基本知识和无产阶级革命的根本道理，使青年在长期、复杂的阶级斗争中，始终坚定勇敢地沿着正确的方向前进。高校思想政治教育逐步进入了“以阶级斗争为纲”的轨道。

1964 年 6 月，胡耀邦在共青团第九次全国代表大会上作《为我国青年革命化而斗争》报告，指出贯彻执行青年工作的经验归结于一点，就是在毛泽东思想的指导下，坚持把革命教育和革命实践结合起来，发动广大青年在参加阶级斗争、生产斗争和科学实验三大革命运动中发挥作用，锻炼成长。10 月 11 日，中共中央批转中宣部、高教部、教育部《关于改进高等学校、中等学校政治理论课的意见》，确定高校、中学政治理论课的根本任务是用马克思列宁主义、毛泽东思想武装青年，向他们进行无产阶级

---

① 冯刚、沈壮海主编：《中华人民共和国学校德育编年史》，中国人民大学出版社 2010 年版，第 135 页。

的阶级教育，培养坚强的革命接班人；是配合学校中各项思想政治教育工作，反对修正主义，同资产阶级争夺青年一代。12 月，第三届全国人大一次会议《政府工作报告》指出："在社会主义时期，思想文化战线上还有反帝反封建的任务，但是最主要的任务是彻底反对资本主义，兴无产阶级思想，灭资产阶级思想……把思想文化战线上的社会主义革命进行到底。"①

1965 年 9 月 28 日，高教部政治部通知各校实行《高等教育政治工作条例总则（草案）》。《总则》指出，反映在高等教育方面最主要的斗争是资产阶级和无产阶级争夺青年一代的斗争；高等教育政治工作的基本任务是以阶级斗争、社会主义革命为纲，领导进行政治教育和思想工作，坚持"四个第一"，培养"三八作风"，提高全体人员的社会主义觉悟和阶级觉悟，兴无产阶级思想，灭资产阶级思想，使全体人员逐步树立无产阶级世界观，促进知识分子革命化、劳动化，努力做到身体健康，又红又专。

1966 年 5 月—1976 年 10 月的"文化大革命"，使党和国家以及人民群众遭到新中国成立以来最严重的挫折和损失，高校的思想政治教育工作同党和国家的其他工作一样遭到严重破坏。林彪、江青反革命集团为了实现篡党夺权的野心，打着"批判资产阶级反动路线""批判反革命修正主义"的幌子，操纵高校思想政治教育。他们宣扬所谓"斗争哲学"，使高校思想政治教育的方针、原则遭到践踏；煽动"踢开党委闹革命"，取消党的领导，使高校思想政治教育的领导机构和领导制度遭到破坏；鼓吹"假、大、空"，大搞形式主义、绝对化，破坏了党在高校思想政治教育的优良传统。虽然在"文化大革命"期间，一些老一辈无产阶级革命家和广大人民群众努力排除"左"的干扰，同林彪、江青反革命集团的破坏进行了不懈的斗争，但由于这十年间"左"倾错误思想占统治地位，因此其社会作用不可避免地具有消极性和破坏性。

---

① 《建国以来重要文献选编》第 19 册，中央文献出版社 1998 年版，第 510 页。

第三节 拨乱反正与改革起步阶段:培养德智体全面发展的社会主义劳动者

“文化大革命”结束到1989年政治风波前后是新旧交替、除旧布新的历史转折和重大改革时期,党内外存在各种错综复杂的思想矛盾和问题,高校思想政治教育的任务是逐步消除“文化大革命”和“四人帮”造成的危害和余毒,将教师、学生的思想统一到改革开放和社会主义现代化建设的思想上来,为社会主义现代化建设事业培养人才。

一、拨乱反正时期:肃清“文革”余毒,高校思想政治教育回归正轨

“文化大革命”刚结束,亟须转变工作重心,恢复生产,培养大量专业人才成为这一时期高等教育的重点工作。1978年7月,邓小平在会见美国专栏作家时指出,十年动乱最大的损失在教育和科学方面,主要是在教育方面,十年基本上没有出人才,耽误了一代人,把我们同世界先进水平的距离拉得很大。1978年12月13日,邓小平在中共中央工作会议闭幕会上发表题为《解放思想,实事求是,团结一致向前看》的讲话,强调要把全党工作的重心转到实现四个现代化上来。高校思想政治教育的目标任务也随之转变。

(一)肃清“文革”余毒,开展四项基本原则教育

粉碎“四人帮”后,全国高校相继开展揭批斗争,提高了广大师生对反革命面目的认识,高校师生精神面貌发生明显变化。之后,在邓小平的领导下,又破除了压在高校知识分子身上的精神枷锁,即“两个估计”(“知识分子的大多数世界观基本上是资产阶级的,是资产阶级知识分子的”),高校思想政治工作逐步走上正轨。

十一届三中全会强调,要将工作重心从阶级斗争为纲转移到经济建设上来,建设社会主义强国。受到极左思潮的毒害,有极少数人攻击十一届三中全会以来实行的一系列方针政策,甚至全盘否定社会主义制度和

新中国成立以来取得的成就，趁机煽动闹事，造成了部分青年学生的思想混乱和彷徨。为了正确贯彻解放思想的方针，1979 年至 1980 年，邓小平多次在讲话中强调坚持四项基本原则的重要性，提出要大力纠正不良思想。1981 年初，教育部在十二个省召开高校思政工作座谈会，会议强调要理直气壮地对学生进行四项基本原则教育。8 月召开的全国学校思想政治教育工作会议指出，要以中央《关于建国以来党的若干历史问题的决议》为教材，对学生进行坚持四项基本原则、反对资产阶级自由化教育。全国各地各高校纷纷结合爱国主义教育、近代史教育、自我剖析、学雷锋、人生观讨论、"五讲四美"等教育活动，全面开展坚持四项基本原则教育。清华大学化 72 班学生提出的实现社会主义四个现代化要"从我做起，从现在做起"的口号，成为一代大学生主人翁意识和实干精神的代表。

（二）高校思想政治教育的目标任务得到纠偏

1978 年 3 月，第五届全国人大第一次会议通过了《中华人民共和国宪法》，其中第十三条规定："教育必须为无产阶级政治服务，同生产劳动结合，使受教育者在德育、智育、体育几个方面都得到发展，成为有社会主义觉悟的有文化的劳动者。"①4 月 22 日—5 月 16 日，全国教育工作会议在北京召开。邓小平在会上指出："学校要大力加强革命秩序和革命纪律，造就具有社会主义觉悟的一代新人，促进整个社会风气的革命化。教育事业必须同国民经济发展的要求相适应。"②教育部部长刘西尧在报告中指出，必须大力改进和加强学校的政治思想工作……使他们树立远大理想，养成高尚的共产主义品德。开展学雷锋和先进模范人物活动，做到身体好、学习好、工作好。养成爱祖国、爱人民、爱劳动、爱科学，遵守纪律，爱护公共财物的优良风尚。这些讲话对高校思想政治教育目标和任务进行了纠偏，并指明了方向，相关要求写入了同年 10 月教育部发布的《关于讨论和实行〈全国重点高等学校暂行工作条例〉（试行草案）的通

---

① 叶剑英：《中华人民共和国宪法关于宪法修改的报告》，人民出版社 1978 年版，第 9 页。

② 《邓小平年谱（1975—1997）》上卷，中央文献出版社 2004 年版，第 249 页。

知》，规定要“正确处理红与专的关系”，思想政治工作不仅要管红，还要管专，只专不红或只红不专都是不对的，只有政治上反动、反党、反社会主义才叫白；业务上比较努力，但政治上进步较慢或者处于中间状态的人不能简单指为“白专道路”。

《全国重点高等学校暂行工作条例》规定，高校学生的培养目标是，“具有爱国主义和国际主义精神，具有共产主义道德品质，热爱中国共产党，热爱社会主义，自觉自愿为社会主义事业服务，为人民服务；通过马列主义、毛泽东思想的学习和参加三大革命运动的实践，逐步树立无产阶级的阶级观点、劳动观点、群众观点、辩证唯物主义观点；掌握专业所需要的知识和技能；具有健全的体魄。”高校思想政治工作的主要任务是“在全校师生员工中宣传马列主义、毛泽东思想，宣传党在新时期的总任务和方针政策，坚持无产阶级的政治方向，提高思想觉悟；要不断改造世界观，大力培养和发扬无产阶级的好思想、好品德、好作风，批判资产阶级，同一切不良倾向作斗争”。① 这是“文革”结束以来对高校思想政治教育的目标任务最为系统、完整的论述。1984 年 10 月，党的十二届三中全会一致通过《中共中央关于经济体制改革的决定》，强调要尊重知识、尊重人才，思想政治教育也要重视人才培养，把思想政治教育真正从过去“以阶级斗争为纲”转到以社会主义经济建设为中心，培养德才兼备的建设人才的轨道上来，从过去“政治挂帅一切”变成为实现党的总任务、总目标服务。至此，高校思想政治教育的目标任务回到正轨。

二、改革开放起步阶段：突出“守纪律”和培养创新精神

“文革”余毒基本肃清后，改革开放逐步实行，国家迫切需要转变并统一思想到“一个中心、两个基本点”和四项基本原则上来。1982 年，党的十二大召开，胡耀邦在题为《全面开创社会主义现代化建设新局面》的报告中指出：“在今后二十年内，一定要牢牢抓住农业、能源和交通、教育

---

① 冯刚、沈壮海主编：《中华人民共和国学校德育编年史》，中国人民大学出版社 2010 年版，第 372 页。

和科学这几个根本环节，把它们作为经济发展的战略重点”①，明确四个现代化的关键是科技现代化，要发展各级各类教育事业，高校思想政治教育目标也逐步根据当时新旧思想、新旧秩序之间的冲突进行调整。

（一）提出“守纪律”的培养目标

1980年12月25日，邓小平在中央工作会议上作《贯彻调整方针，保证安定团结》讲话，指出：“必须加强纪律教育和法制教育……我们要建设的社会主义国家，不但要有高度的物质文明，而且要有高度的精神文明。”②党的十一届五中全会建议取消《宪法》中“公民有运用大鸣大放、大辩论、大字报权利”的规定。1982年5月28日，中共中央转发《深入持久地开展“五讲四美”活动争取社会主义精神文明建设的新胜利》，提出要使全国各族人民都成为“有理想、有道德、有文化、守纪律的人”，首次将原来的“有体力”的提法改为“守纪律”。9月，党的十二大召开，胡耀邦在题为《全面开创社会主义现代化建设的新局面》的报告中强调，要在广大人民群众尤其是干部和青年中加强宪法和公民权利、公民义务、公民道德教育。12月4日，第五届全国人大第五次会议通过《中华人民共和国宪法》，规定国家要普及纪律和法制教育。1987年1月28日，中共中央发出《关于宣传贯彻全国人大常委会〈关于加强法制教育维护安定团结的决定〉的通知》，这是在全体人民中进行以宪法为核心的法制教育的重要材料。

（二）突出培养创新精神

改革开放起步后，中央意识到科技创新的重要性，培养具有独立思考和创新精神的人才成为国家和社会建设的首要任务。1984年6月，全国高等学校思想政治工作会议在北京召开，会议指出，高校思想政治工作的一个重要任务就是保证和促进教育改革的顺利进行，引导他们成为全面发展的富有创新精神的人才。1985年5月，全国教育工作会议讨论了《中共中央关于教育体制改革的决定（草案）》。国务院副总理万里在讲

---

① 《十二大以来重要文献选编》（上），人民出版社1986年版，第16页。

② 《邓小平文选》第二卷，人民出版社1994年版，第360、367页。

话中指出:“教育体制改革的根本目的是多出人才、出好人才;好人才就是新时代需要的人才。这个新时代需要的人才,应该有理想、有道德、有文化、有纪律,热爱社会主义祖国和社会主义事业,具有为国家富强和人民富裕而艰苦奋斗的献身精神,不断追求新知,具有实事求是、独立思考、勇于创造的科学精神。”①至此,培养创新精神成为高校思想政治工作的一项重要任务。

(三) 关心学生生活需要是一项重大政治任务

随着高校教育教学工作走上正轨,进行教育体制改革、改进工作方式、改善学生的生活条件、维护学生正当的权益成为高校思想政治教育工作的重要任务。1985 年 1 月,教育部发出《关于正确处理大学生中发生的事端的通知》,并召开首都高校负责人会议,指出最近有几所高校发生学生贴大字报、罢餐、罢课、请愿等事件的直接原因多数是由于学生对学习、生活条件不满或对学校工作不满。教育部部长何昌东强调,新形势下高校党政领导干部要充分重视学生工作,保护学生关心改革、要求改革的热情,关心学生成长,改善他们的学习和生活条件;要学习和发扬战争年代人民解放军干部关心士兵的优良传统,深入学生,及时发现和解决问题,把好事办好是一项重大的政治工作任务。1 月 30 日,教育部又发出《关于关心群众生活,深入细致做好大学生思想政治工作的通知》,再次强调要把关心群众生活作为最重要的政治工作来抓。

第四节　改革开放时期:培养德智体美全面发展的社会主义建设者和接班人

伴随改革开放的深化发展,高校思想政治教育工作的目标任务亦在实践基础上演化推进。这一时期,社会主义接班人概念不断强化,高校思想政治教育以培养德智体美全面发展的社会主义建设者和接班人为导

① 《关于教育体制改革的文件》,人民出版社 1985 年版,第 37 页。

向，思想政治教育目标任务逐渐系统化、科学化。

一、培养社会主义接班人目标任务的提出

党的十二大和十二届三中全会确定走中国特色社会主义建设道路，开展经济体制改革，建设现代化强国后，国民经济快速发展，但由于改革开放处于起步和探索阶段，在建设过程中出现了一些问题，境内外敌对势力煽动、利用学生挑起事端，试图颠覆共产党的领导，否定十一届三中全会以来制定的基本方针和政策。这一阶段高校思想政治教育的任务在于稳定形势、统一思想、坚定信心，突出培养“接班人”的教育目标。

（一）坚持党的领导，强化培养“接班人”的意识

1987 年前后，中央已经意识到有些高校在人才培养问题上存在不同程度脱离社会主义建设实际需要的倾向，提出要正确处理政治和业务的关系，引导学生走正确的成长道路。1989 年政治风波后，坚持党对高校的领导，加强高校党建，重视意识形态领域的斗争成为高校思想政治教育的重要任务。1989 年 7 月 10 日，中共中央、国务院发出通知，转发国家教委《关于当前高等学校工作中几个问题的意见》，指出培养什么人始终是教育战线的根本问题，各级党委、政府和教育部门要切实加强对高校工作的领导，把坚定正确的政治方向放在教育工作的第一位，坚持社会主义办学方向，真正把高等学校办成培养社会主义接班人的坚强阵地。文件特别强调要整顿党的组织，加强和调整领导班子。1990 年 4 月 12 日，李铁映在首次全国高等学校党的建设工作会议上作《加强高等学校党的建设，培养社会主义事业接班人》的报告，指出要从反对国内外敌对势力搞“和平演变”，培养社会主义事业建设者和接班人的战略高度，提高对加强高等学校党建的认识。7 月 17 日，中共中央发布《关于加强高等学校党的建设的通知》，强调要保证高校的领导权掌握在忠于马克思主义的人手中。

1989 年 9 月 27 日国家教委党组发出的《关于在高等学校学生中进行坚持社会主义道路和树立正确人生观教育的意见》提出，在 1989 至 1990 学年，要着重对学生进行坚持社会主义道路和树立正确人生观的专

题教育,引导和帮助广大青年学生坚持在中国共产党的领导下走社会主义道路的信念,树立社会主义、集体主义、全心全意为人民服务的人生观,鼓励做又红又专的社会主义事业接班人。11 月 17 日,国家教委颁发《高等学校学生行为准则(试行)》,突出强调了两点:高校大学生、研究生应该具有坚定正确的政治方向,热爱社会主义祖国,拥护党的领导和社会主义制度;要立志成为有理想、有道德、有文化、有纪律的社会主义建设事业的合格人才,作无产阶级革命事业的接班人。

(二)反对资产阶级自由化,将意识形态斗争作为主要任务

随着国门的开放,高校成为西方敌对势力进行和平演变的重要对象。1987 年 1 月 1 日,《人民日报》发表的元旦献词《坚持四项基本原则是搞好改革、开放的根本保证》指出,近几年来思想文化界有一些人借改革、开放之机,发表各种背离四项基本原则的言论,使资产阶级自由化的思潮在一些地方泛滥开来,而我们一些同志表现软弱,不能理直气壮地起来斗争。1 月 28 日,中共中央发出的《关于当前反对资产阶级自由化若干问题的通知》指出,反对资产阶级自由化思潮的斗争着重解决根本政治原则和政治方向问题,即主要是反对企图摆脱党的领导、否定社会主义道路的错误思潮。3 月 5 日,国家教委发出的《关于在高等学校马克思主义理论课(公共课)教学中旗帜鲜明地坚持四项基本原则反对资产阶级自由化的通知》指出,新学期的思想政治工作以坚持四项基本原则,反对资产阶级自由化为重点,要按照各门课程的特点保证科学性前提下与当前这场斗争正确结合起来,着重解决根本政治原则和政治方向问题,对于在学生中有影响的资产阶级民主、自由、个性无条件解放,以及全盘否定中国传统文化、鼓吹全盘西化等思潮,要深入分析其实质,揭露其对青年学生的危害。

1988 年 7 月,国家教委召开 13 个省、直辖市党委、宣传或教育部门负责人、国家教委直属院校负责干部会议,强调当前高校思想政治教育的迫切任务是深入开展形势教育,提高广大干部、教师和学生对改革形势、任务和前途的认识,使他们更加坚定改革的信心,同心协力度过改革的关键时期。1989 年 7 月,江泽民在全国宣传部长会议上强调,全党必须十分重视意识形态工作。随后,在全国高校开展国情教育、爱国主义教育和社会主义道德规范的教育,清除资产阶级自由化的影响成为这一阶段的重要任务。

二、培养德智体全面发展的社会主义建设者和接班人

以邓小平南方谈话和党的十四大为标志,我国改革开放和现代化建设正式从计划经济体制向社会主义市场经济体制转变。党的十四大指出,在全国各族人民特别是青少年中,进一步加强党的基本路线教育,爱国主义、集体主义和社会主义思想教育,中国近代史、现代史教育和国情教育,增强民族自尊、自信和自强精神,抵御资本主义和封建主义腐朽思想的侵蚀,树立正确的理想、信念和价值观。

(一)用邓小平理论和"三个代表"重要思想坚定改革信心、统一思想

1992 年 1 月至 2 月,邓小平视察南方多地并发表重要讲话,在重大历史关头回答了长期困扰和束缚人们思想的许多重大认识问题,尤其澄清了"姓资还是姓社"问题。1997 年,党的十五大正式将邓小平理论写入党章。用邓小平理论构筑青年一代强大的精神支柱,成为高校思想政治工作的首要任务。2000 年 5 月 15—16 日,中宣部、教育部、团中央在北京联合召开全国青年学习邓小平理论经验交流会。胡锦涛发表题为《用邓小平理论教育青年一代培养社会主义现代化事业的合格建设者》讲话。李岚清在会上指出,用邓小平理论教育青年一代,最根本的目的就是要引导他们掌握认识解决当代中国实际问题的强大思想武器,树立建设有中国特色社会主义的共同理想和信念,树立正确的世界观、人生观和价值观,为建设富强、民主、文明的社会主义现代化国家而努力奋斗。

随着改革开放的深入和社会主义市场经济的发展,国内经济、社会生活、利益关系发生了巨大变化,一部分中国共产党党员干部存在思想僵化、信念动摇、组织涣散、作风浮夸等问题,腐败问题尤为突出。面对这样的形势,2000 年 2 月 25 日,江泽民提出了"三个代表"重要思想,即中国

共产党始终代表中国先进生产力的发展要求、代表中国先进文化的前进方向、代表中国最广大人民的根本利益，以此加强党的建设，提振人民对党的领导和中国特色社会主义道路的信心。随后，全国上下包括高校掀起学习讨论“三个代表”重要思想的教育活动。

（二）完整提出了社会主义大学思想政治教育的目标，将美育和心理健康教育纳入其中

1993 年 2 月 13 日，中共中央、国务院印发国家教委制定的《中国教育改革和发展纲要》，指出要用马列主义、毛泽东思想和建设中国特色社会主义理论教育学生，把坚定正确的政治方向摆在首位，培养有理想、有道德、有文化、有纪律的社会主义新人，是学校德育的根本任务。1995 年，第八届全国人大第三次会议通过了《中华人民共和国教育法》，规定：“教育必须为社会主义现代化建设服务，必须与生产劳动相结合，培养德智体等方面全面发展的社会主义事业的建设者和接班人。国家在受教育者中进行爱国主义、集体主义、社会主义教育，进行理想、道德、纪律、法制、国防和民族团结的教育。”[①]11 月 23 日，国家教委颁布试行《中国普通高等学校德育大纲》，指出高校德育的目标是“使学生热爱社会主义祖国，拥护党的领导和基本路线，确立献身于中国特色社会主义事业的政治方向；努力学习马克思主义，逐步树立科学的世界观、方法论，走与实践相结合、与工农相结合的道路；努力为人民服务，具有艰苦奋斗的精神和强烈的使命感、责任感；自觉遵纪守法，具有良好的道德品质和健康的心理素质，勤奋学习，用于探索，努力掌握现代科学文化知识，并从学生中培养一批具有共产主义觉悟的先进分子”[②]。《大纲》还明确了十个方面的总体目标，具体细化了目标的层次，并首次对美育和心理健康教育提出了具体要求。1998 年 8 月 29 日，第九届全国人大常委会第四次会议通过《中华人民共和国高等教育法》，指出高等教育必须贯彻国家教育方针，为社

① 冯刚、沈壮海主编：《中华人民共和国学校德育编年史》，中国人民大学出版社 2010 年版，第 747 页。

② 冯刚、沈壮海主编：《中华人民共和国学校德育编年史》，中国人民大学出版社 2010 年版，第 760 页。

会主义现代化建设服务，与生产劳动相结合，使受教育者成为德智体等方面全面发展的社会主义事业建设者和接班人。高校思想政治教育的目标任务更加清晰、明确。

（三）将树立社会主义共同理想和发展社会主义精神文明作为重要任务

1997 年 5 月 26 日，中央精神文明建设指导委员会成立并召开第一次全体会议，江泽民在会上作重要讲话，指出要在全体人民中牢固树立建设有中国特色社会主义共同理想，深入开展爱国主义、集体主义、社会主义和艰苦创业精神的教育，大力培育“四有”新人，提高全民族的思想道德和科学文化素质。9 月 25 日，国家教委党组印发的《关于进一步加强高等学校社会主义精神文明建设的若干意见》指出，高校社会主义精神文明建设的目标是，经过五到十年左右的努力，在广大师生员工中牢固树立建设有中国特色社会主义的共同理想，牢固树立坚持党的基本路线不动摇的坚定信念。2001 年 9 月，中共中央印发《公民道德建设实施纲要》。《纲要》指出，要“从公民道德建设入手，继承中华民族几千年形成的传统美德，发扬党领导人民在长期革命斗争与建设实践中形成的优良传统道德，借鉴世界各国道德建设的成功经验和先进文明成果，努力建立与发展社会主义市场经济相适应的社会主义道德体系”。

2003 年非典暴发，高校思想政治教育工作将抗击非典、发挥党的先锋模范作用作为当年的重要任务，起到了很好的教育效果。4 月，教育部党组先后发出《致教育系统全体党员的一封信》《发挥党的领导、民族精神的政治优势，做好当前高校学生管理工作——致高等学校全体共产党员的信》，要求通过广大党员冲锋在前发挥先锋模范作用的实际行动，加强思想道德教育和精神文明教育，要求“把党的旗帜举起来，党的声音响起来，党的形象树起来”，强调“越是艰苦困难，越是危急时刻，越是严峻的考验面前，越是需要加强党的领导和思想政治工作；党组织和广大党员要站到工作第一线，哪里有师生哪里就有党组织，哪里有危险，哪里就有共产党员，哪里思想有问题，哪里就有思想政治工作”。

三、思想政治教育目标任务系统化、科学化发展

改革开放前二十年的经济发展注重速度而在一定程度上忽略了发展的质量,因而转变发展方式是进一步深化发展的客观要求。2003 年 10 月 14 日,十六届三中全会通过《中共中央关于完善社会主义市场经济体制若干问题的决定》,提出了科学发展观。在改革开放的大潮中,高校教育改革一方面带来了高等教育的快速发展,另一方面也出现人才培养无法迅速适应扩招带来的诸多需求的问题,高校办学趋同化、功利化现象存在,高校思想政治工作也由此开始反思工作方式,更加关注学生的全面发展。

(一)确立培养德智体美全面发展的社会主义合格建设者和可靠接班人的目标

2004 年 8 月 26 日,中共中央、国务院发出《关于进一步加强和改进大学生思想政治教育的意见》,文件对高校思想政治教育的目标任务作出了明确的规定,指出高校要"以理想信念教育为核心,以爱国主义教育为重点,以思想道德建设为基础,以大学生全面发展为目标,解放坚持以人为本,贴近实际、贴近生活、贴近学生,努力提高思想政治教育的针对性、实效性和吸引力、感染力,培养德智体美全面发展的社会主义合格建设者和可靠接班人"。文件指出,主要任务是:"以理想信念教育为核心,深入进行树立正确的世界观、人生观和价值观教育;以爱国主义教育为重点,深入进行弘扬和培育民族精神教育;以基本道德规范为基础,深入进行公民道德教育;以大学生全面发展为目标,深入进行素质教育"①。文件还对高校如何开展思想政治教育作出了具体、明确的指导。该文件后来被称为"中央 16 号文件",在很长一段时间成为中国共产党指导全国高校开展思想政治教育的纲领性文件,在高校思想政治工作领域具有十分重要的地位。

2012 年 3 月 21 日,教育部印发《高等教育专题规划》,提出高校的主

---

① 冯刚、沈壮海主编:《中华人民共和国学校德育编年史》,中国人民大学出版社 2010 年版,第 969 页。

要任务是提高人才培养质量，坚持育人为本，将促进学生的健康成长作为高等学校一切工作的出发点和落脚点，把促进人的全面发展和适应社会需要作为衡量人才培养水平的根本标准，培养信念执着、品德优良、知识丰富、本领过硬的高素质专门人才和拔尖创新人才；牢固确立育人为本、德育为先、能力为重、全面发展的人才观，全面推进素质教育，把社会主义核心价值体系融入人才培养全过程，深入推进中国特色社会主义理论体系进教材、进课堂、进头脑，引导学生形成正确世界观人生观价值观，着力培养学生服务国家服务人民的社会责任感、勇于探索的创新精神、善于解决问题的实践能力，高校人才培养的目标和任务进一步系统化。

（二）提出社会主义荣辱观和社会主义核心价值体系教育

2006 年 3 月 4 日，胡锦涛在看望出席全国政协四届四次会议的委员时强调，要把发展社会主义先进文化放到十分突出的位置，引导广大干部群众特别是青少年树立社会主义荣辱观，提出了“八荣八耻”。3 月 12 日，教育部党组发出《关于学习贯彻胡锦涛总书记讲话精神，切实加强社会主义荣辱观教育的通知》。次日，周济在教育系统学习胡锦涛关于树立社会主义荣辱观的重要讲话座谈会上指出，要把思想认识统一到社会主义荣辱观的具体要求上来，全面推进素质教育；落实科学发展观，办好人民满意的教育，引导青少年自觉树立荣辱观。2006 年 10 月，党的十六届六中全会通过的《中共中央关于构建社会主义和谐社会若干重大问题的决定》第一次明确提出了“建设社会主义核心价值体系”。2007 年，胡锦涛在“6·25”重要讲话中强调，要大力建设社会主义核心价值体系，巩固全党全国人民团结奋斗的共同思想基础。社会主义核心价值体系包括四个方面的基本内容，即马克思主义指导思想、中国特色社会主义共同理想、以爱国主义为核心的民族精神和以改革创新为核心的时代精神、社会主义荣辱观。12 月 26 日，第十五次全国高校党的建设会议召开，刘云山作了题为《切实加强高校党的建设，努力建设社会主义和谐校园》的讲话，强调要以社会主义核心价值体系为根本推进和谐校园建设，高扬马克思主义的鲜明旗帜，牢固树立中国特色社会主义共同理想。2008 年 5 月 12 日，四川发生严重地震。灾难无情人有情，全国各地涌现出了许多可歌可泣的英勇事迹。随后教育部先后印发《关于授予杨之亚同学“全国见义勇为优秀大学生”荣誉称号的决定》《关于向抗震救灾英雄教师学习的决定》等文件,在全国教育系统开展学习活动。

（三）将素质教育作为思想政治教育的重要任务

1998年3月5日,时任国务院总理李鹏在第九届全国人大第一次会议上作报告,强调指出要实施全面素质教育,加强思想品德教育和美育。1999年3月5日,国务院总理朱镕基在第九届全国人大第二次会议上指出,要大力推进素质教育,注重创新精神和实践能力的培养,使学生在德、智、体、美等方面全面发展。6月15—18日,党中央、国务院召开第三次全国教育工作会议,江泽民在讲话中指出:“以提高国民素质为根本宗旨,以培养学生的创新精神和实践能力为重点,努力造就有理想、有道德、有文化、有纪律的,德育、智育、体育、美育等全面发展的社会主义事业建设者和接班人。”①9月27日,认真贯彻全国教育大会精神,加强文化素质教育工作研讨会在武汉举行。时任教育部副部长周远清在会上指出,要在21世纪把我国建设成一个高等教育强国,开创我国高等教育的新纪元,至少要强调三个意识:国际意识,要更加面向世界,面向未来;素质意识,即全面推进素质教育;改革意识,走出自己的路子。高等教育不等于素质教育,素质教育包括思想道德素质、文化素质、业务素质和身体心理素质四个方面。素质教育不是一种人才培养模式,而是一种教育思想。

2005年1月,教育部下发《2005年工作要点》和《关于进一步加强高等学校本科教学工作的若干意见》,指出要全面推进素质教育,高校的各门课程、各个环节都要贯彻素质教育的思想,要营造体现社会主义特点、时代特征和学校特色的校园文化,要加强对大学生的法制教育、诚信教育和心理健康教育,培养大学生自强不息、诚实守信、勇于探索的精神,形成严谨的学术风气。2009年10月,纪念文化素质教育开展十周年会召开,教育部部长周济作了题为《全面贯彻党的教育方针,切实推进高等学校素质教育深入开展》的报告,指出素质教育的核心就是人的全面发展,是

① 《江泽民文选》第二卷,人民出版社2006年版,第332页。

思想道德素质、文化素质、科学素质和身体心理素质四方面的辩证统一协调发展。开展素质教育成为高校思想政治教育必不可少的重要任务。

（四）强调培育学生创新精神和实践能力

2009 年 1 月，教育部部长周济在年度工作会议上强调要把培养学生创新精神和实践能力作为素质教育的重点。4 月 22 日，教育部召开推进高校创新创业教育和大学生自主创业工作视频会议，教育部副部长陈希发表的题为《将创新创业教育贯穿于高校人才培养全过程》的讲话指出，推进高等学校创新创业教育和大学生自主创业史贯彻落实党的十七大提出的“提高自主创新能力，建设创新型国家”和“以创业带动就业”发展战略的重大举措。2009 年 5 月 3 日，教育部印发《关于大力推进高等学校创新创业教育和大学生自主创业工作的意见》。6 月 21 日，中共中央政治局审议通过《国家中长期教育改革和发展规划纲要（2010—2020 年）》。会议强调要坚持以人为本、全面实施素质教育，把促进学生健康成长作为学校一切工作的出发点和落脚点，着力提高学生服务国家服务人民的社会责任感、勇于探索的创新精神和善于解决问题的实践能力，培养德智体美全面发展的社会主义建设者和接班人。2011 年 1 月 3 日，《学习时报》发表教育部部长袁贵仁的文章《全面推动我国教育事业实现科学发展》。文章指出，新中国成立 60 多年特别是改革开放 30 多年来，高等教育进入大众化阶段，我国教育大而不强，学生适应社会和就业创业能力不强，创新型、实用型、复合型人才紧缺。2 月 21 日，胡锦涛在中央政治局第二十次集体学习强调要注重培育学生的主动精神和创造性思维。创新精神和实践能力培养逐步成为高校思想政治教育的重要任务。

第五节　新时代：培养担当民族复兴大任的时代新人

2012 年 11 月，党的十八大顺利召开，标志着中国进入全面建成小康社会的决定性阶段，开启了中国特色社会主义新时代。2017 年，党的十九大顺利召开，会议提出，要全面深化改革，完善和发展中国特色社会主义制度、推进国家治理体系和治理能力现代化。在新时代，我国面临着前所未有的复杂局势，国内改革发展稳定的任务更为繁重，世界各国利益摩擦和矛盾冲突加剧，新冠肺炎疫情可能引发全球动荡和世界格局的重组调整。境外敌对势力加大对高校意识形态渗透力度，同我争夺阵地、争夺青年、争夺人心的斗争日趋激烈，高校思想政治教育的任务是要教育师生树立“四个自信”，完善思想政治工作治理体系和治理能力，为实现“两个一百年”奋斗目标、实现中华民族伟大复兴的中国梦凝心聚力。

一、高校思想政治教育的目标任务更为系统、科学、完善

（一）明确“为谁培养人”“培养什么人”“怎样培养人”等根本问题

2016 年，国家层面密集召开了多次全国性的重要会议，对高校思想政治教育的根本任务作出明确的规定。1 月 15 日，全国教育工作会议强调高校要以立德树人为根本任务，加快推进教育现代化，为全面建成小康社会发挥关键支撑作用。12 月 7—8 日，全国高校思想政治工作会议召开。习近平在会上强调，高校思想政治工作关系高校“培养什么人”“如何培养人”以及“为谁培养人”这个根本问题。习近平指出，我国高等教育肩负着培养德智体美全面发展的社会主义事业建设者和接班人的重大任务，并提出“四个坚持不懈”和“四个为了”。2017 年 2 月 27 日，中共中央发布《关于加强和改进新形势下高校思想政治工作的意见》，指出：“高校为实现‘两个一百年’奋斗目标、实现中华民族伟大复兴的中国梦，培养又红又专、德才兼备、全面发展的中国特色社会主义合格建设者和可靠接班人。”①

2018 年 9 月 10 日，全国教育大会在北京开幕。习近平对思想政治教育的任务提出了“六个要下功夫”的要求：要在坚定理想信念上下功夫，教育引导学生树立共产主义远大理想和中国特色社会主义共同理想；

① 转引自冯刚主编：《改革开放 40 年高校思想政治教育编年史（1978—2018）》，北京师范大学出版社 2019 年版，第 587 页。

要在厚植爱国主义情怀上下功夫，让爱国主义精神在学生心中牢牢扎根；要在加强品德修养上下功夫，教育引导学生培育和践行社会主义核心价值观；要在增强见识上下功夫，教育引导学生珍惜学习时光，心无旁骛求知问学、增长见识，丰富学识；要在培养奋斗精神上下功夫，教育引导学生树立高远志向，历练敢于担当、不懈奋斗的精神；要在增强综合素质上下功夫，教育引导学生培养综合能力，培养创新思维。①“六个要下功夫”的要求进一步明确了高校思想政治教育任务的重点和着力点。

值得注意的是，习近平在全国教育大会上强调要培养“德智体美劳全面发展的社会主义建设者和可靠接班人”，加快推进教育现代化、建设教育强国、办好人民满意的教育，将“劳动教育”放入学生培养目标中。2020 年 3 月，中共中央、国务院下发《关于全面加强新时代大中小学劳动教育的意见》，提出要全面构建体现时代特征的劳动教育体系，在学生中广泛开展劳动教育。全国高校思政工作会议、全国教育大会等重要会议的召开，回答了高校思想政治教育的根本任务、主要目标和体系，为新时代高校思政工作指明了方向。

（二）教育引导学生树立四个正确认识、四个自信

一个国家举什么旗、走什么路，是由这个国家的历史和现实条件决定的，是人民和历史选择的结果。教育引导大学生正确认识中国共产党和中国特色社会主义道路是历史和人民的选择，树立“四个自信”在新形势下十分重要。2016 年 12 月，习近平在全国高校思政工作会议上强调，高校要教育引导学生树立“四个正确认识”，即正确认识世界和中国发展大势，正确认识中国特色和国际比较，正确认识时代责任和历史使命，正确认识远大抱负和脚踏实地。

党的十九大报告指出：“中国特色社会主义道路是实现社会主义现代化、创造人民美好生活的必由之路，中国特色社会主义理论体系是指导党和人民实现中华民族伟大复兴的正确理论，中国特色社会主义制度是

---

① 《习近平在全国教育大会上强调　坚持中国特色社会主义教育发展道路　培养德智体美劳全面发展的社会主义建设者和接班人》，《人民日报》2018 年 9 月 11 日。

当代中国发展进步的根本制度保障,中国特色社会主义文化是激励全党全国各族人民奋勇前进的强大精神力量。全党要更加自觉地增强道路自信、理论自信、制度自信、文化自信,既不走封闭僵化的老路,也不走改旗易帜的邪路,保持政治定力,坚持实干兴邦,始终坚持和发展中国特色社会主义。"①引导广大青年不忘初心、牢记使命,切实增强"四个意识"、树立"四个自信",争当民族复兴大任的时代新人成为高校思想政治教育的首要任务。

(三)树立文化自信,培育和践行社会主义核心价值观

价值观是文化的核心内容,引导学生培育和践行社会主义核心价值观,在新时代对树立文化自信显得尤为重要。党的十八大报告指出:"要深入开展社会主义核心价值体系学习教育,用社会主义核心价值体系引领社会思潮、凝聚社会共识",要"积极培育和践行社会主义核心价值观,牢牢掌握意识形态工作领导权和主导权"。2013 年 12 月 23 日,中共中央办公厅印发《关于培育和践行社会主义核心价值观的意见》,指出"积极培育和践行社会主义核心价值观具有重要现实意义和深远历史意义"②。《意见》对培育和践行社会主义核心价值观的体系、路径、领导作出了明确的指引。

2014 年 2 月 24 日,中央政治局就培育和弘扬社会主义核心价值观、弘扬中华传统美德进行第十三次集体学习,习近平指出:"要讲清楚中华优秀传统文化的历史渊源、发展脉络、基本走向,讲清楚中华文化的独特创造、价值理念、鲜明特色,增强文化自信和价值观自信。……要认真汲取中华优秀传统文化的思想精华和道德精髓,大力弘扬以爱国主义为核心的民族精神和以改革创新为核心的时代精神,深入挖掘和阐发中华优秀传统文化讲仁爱、重民本、守诚信、崇正义、尚和合、求大同的时代价值,使中华优秀传统文化成为涵养社会主义核心价值观的重要源泉。要处理

---

① 习近平:《决胜全面建成小康社会　夺取新时代中国特色社会主义伟大胜利——在中国共产党第十九次全国代表大会上的报告》,人民出版社 2017 年版,第 16—17 页。

② 转引自冯刚主编:《改革开放 40 年高校思想政治教育编年史(1978—2018)》,北京师范大学出版社 2019 年版,第 513 页。

好继承和创造性发展的关系，重点做好创造性转化和创新性发展。”[①]5月4日，习近平在北京大学发表讲话《青年要自觉践行社会主义核心价值观》，指出青年学生要培育正确的价值观，要“扣好人生的第一颗扣子”。社会主义核心价值观教育成为高校思想政治教育工作的重要任务和内容。

二、推进高校思想政治教育工作治理体系和治理能力现代化

党的十八届三中全会将推进国家治理体系和治理能力现代化作为全面深化改革的总目标。2019年十九届四中全会通过《关于坚持和完善中国特色社会主义制度、推进国家治理体系和治理能力现代化若干重大问题的决定》。中国共产党高校思想政治教育在百年历史进程中取得了丰硕的成果，形成了自己的理论、制度、机制和方法，新时代如何实现高校思想政治工作治理体系和治理能力现代化，适应新时代国家和社会发展的需要，成为重要任务。

（一）加快构建新时代高校思政工作体系

高校思想政治工作是一个系统工程，但在现实工作中存在着高校内部各条线协同不足，领导体制和工作机制有待完善，大、中、小学育人体系不协同等问题，严重影响育人实效。2016年全国高校思想政治工作会议上，习近平提出要坚持把立德树人作为中心环节，把思想政治工作贯穿教育教学全过程，实现全员育人、全程育人、全方位育人。此后，中央及相关部委密集发布相关文件。《关于加强和改进新形势下高校思想政治工作的意见》（中发〔2016〕31号）提出要形成教书育人、科研育人、实践育人、管理育人、服务育人、文化育人、组织育人长效机制。2017年5月23日，中央全面深化改革领导小组第三十五次会议审议通过《关于深化教育体制改革的意见》，指出深化教育体制改革要坚持构建以社会主义核心价值观为引领的大中小幼一体化德育体系，注重培养学生终身学习发展、创造性思维、适应时代要求的关键能力，统筹推进育人方式、办学模式、管理

① 《习近平谈治国理政》第一卷，外文出版社2018年版，第164页。

体制、保障机制改革。

2017 年 12 月，教育部发布《高校思想政治工作质量提升工程实施纲要》，提出基本任务是充分发挥课程、科研、实践、文化、网络、心理、管理、服务、资助、组织等方面工作的育人功能，挖掘育人要素，完善育人机制，优化评价激励，强化实施保障，切实构建十大育人体系。2018 年 9 月 10 日，习近平在全国教育大会上强调要努力构建德智体美劳全面培养的教育体系，形成更高水平的人才培养体系，把立德树人融入思想道德教育、文化知识教育、社会实践教育各环节。2020 年 4 月，教育部思政司发布《教育部等八部门关于加快构建高校思想政治工作体系的意见》，其目标任务是健全立德树人体制机制，把立德树人融入思想道德、文化知识、社会实践教育各环节，贯通学科体系、教学体系、教材体系、管理体系，加快构建目标明确、内容完善、标准健全、运行科学、保障有力、成效显著的高校思想政治工作体系。《意见》详细规划了包括理论武装体系、学科教学体系、日常教育体系、管理服务体系、安全稳定体系、队伍建设体系、评估督导体系等在内的七个子体系，强调注重各子体系之间的系统性、整体性、协同性，以期形成一体化、全贯通的高校思想政治工作体系。

（二）引导教师做“四有好老师”“四个引路人”，将思政课程转向课程思政

师德师风建设一直是高校思想政治工作的内容和任务，近年来部分高校教师忙于科研忽略教学，师生关系淡漠等问题日益突出，逐步引起中央的重视。2012 年 9 月 7 日，国务院下发《关于加强教师队伍建设的意见》，指出要全面提高教师思想政治素质，确保教师坚持正确的政治方向，践行社会主义核心价值体系，帮助和引导学生形成正确的世界观、人生观和价值观。2013 年 1 月，全国教育工作会议强调要全面推进素质教育，把立德树人作为根本任务，把教师队伍建设作为重点内容。2014 年 10 月 1 日，教育部发布《关于加快建设高水平本科教育全面提高人才培养能力的意见》（即“新时代高教 40 条”），指出要强化课程思政和专业思政，构建“三全育人”大格局，强化每位教师的立德树人意识。

2014 年 9 月 9 日，习近平到北京师范大学考察时提出高校教师要做有理想信念、有道德情操、有扎实学识、有仁爱之心的“四有”好老师。10月，教育部公布《关于建立健全高校师德建设长效机制的意见》，首次划出高校教师师德禁行行为“红七条”，并建立问责机制，强调对教师严重违反师德行为造成不良影响或严重后果的，追究高校主要负责人责任。2016年9月9日，习近平在北京八一学校慰问师生，号召“广大教师要做学生锤炼品格的引路人，做学生学习知识的引路人，做学生创新思维的引路人，做学生奉献祖国的引路人”①。11月14日，教育部发布《新时代高校教师职业行为十项准则》《关于高校教师师德失范行为处理的指导意见》，对教师职业行为作出明确要求。“四有”好老师、“四个引路人”、“红七条”、“十项准则”的相继提出，标志着高校师德师风建设成为高校思政工作的一项重点任务。

为了更好发挥教师的作用，2020年5月28日，教育部印发《高等学校课程思政建设指导纲要》，指出要发挥好每门课程的育人作用，紧紧抓住教师队伍“主力军”、课程建设“主战场”、课堂教学“主渠道”，让所有高校、所有教师、所有课程都承担好育人责任。《纲要》对“课程思政”建设的内容作了详细规定，并要求高校有针对性地修订人才培养方案，构建科学合理的课程思政教学体系，对公共基础课、专业教育课、实践类课程的重点作了明确规定，并根据不同类别专业开展课程思政的内容和方法作了具体指导和规定。

---

① 《习近平关于社会主义社会建设论述摘编》，中央文献出版社2017年版，第57页。

第三章　中国共产党高校思想政治教育的方针政策

“政策和策略是党的生命”①，中国共产党历来重视思想政治教育工作及其方针政策的制定、落实。在建党百年的高校思想政治教育发展史中，中国共产党高校思想政治教育方针政策即“党和国家为实现思想政治教育目标、完成思想政治工作任务而制定的纲领和原则，主要以公文如通知、规定、意见、办法等形式呈现出来”②，是在坚持党的领导，坚持马克思主义指导思想，坚持社会主义制度，坚持社会主义道路上，着力回答如何为实现共产主义培养社会主义接班人的问题而制定的路线、方针、政策。伴随着中国共产党对于马克思主义理论与实践，社会主义基本问题的认识的不断成熟和发展，高校思想政治教育政策也随之发展，呈现出历史阶段性。在建党百年之际，全面系统地梳理中国共产党高校思想政治教育方针政策的历史演进过程，总结其特点和经验教训，具有重要的理论意义和时代价值。

第一节　新中国成立前后高校思想政治教育政策的创立与曲折发展

高校是教育的主阵地，是党培养革命排头兵、建设指挥者的大本营。

---

① 《毛泽东选集》第四卷，人民出版社 1991 年版，第 1298 页。

② 冯刚、郑永廷主编：《思想政治教育学科 30 年发展研究报告》，光明日报出版社 2014 年版，第 415 页。

中国共产党自成立开始，就积极创办各种学校，培养以马克思主义理论武装头脑的理论学者和实践队伍。为了更好地实现高校思想政治教育的目的，中国共产党积极探索、研究并制定一系列的方针政策，逐步形成了有效的高校思想政治教育模式与方法。

一、萌芽起步阶段（1921—1935 年）

20 世纪 20 年代处于国民革命风云变幻时期，社会各阶层对帝国主义、北洋军阀痛恨至极，热烈期望打倒北洋军阀，结束混战局面。中国共产党成立伊始，党的宣传教育政策就是紧紧围绕着宣传马克思主义、促进革命等活动展开。

（一）坚持为宣传马克思主义服务的思想政治教育方针政策

中国共产党创立前后，思想政治教育方针政策围绕宣传教育工作制定，旨在宣传马克思主义、传播马克思主义。中国传统文化历史悠久，但是受封建意识的影响，“学而优则仕”的教育思想根深蒂固，直到无产阶级政党产生之后，为劳苦大众谋福利的教育思想才逐步提出。如何实现这一教育目标，也成为无产阶级政党探索的话题。1921 年 7 月，中国共产党正式成立并召开了第一次全国代表大会，大会规定中国共产党的奋斗目标是“（1）革命军队必须与无产阶级一起推翻资本家阶级的政权，必须支援工人阶级，直到社会的阶级区分消除为止；（2）承认无产阶级专政，直到阶级斗争结束，即直到消灭社会的阶级区分；（3）消灭资本家私有制，没收机器、土地、厂房和半成品等生产资料……”①为了达到消灭阶级废除资本私有制这一目标，“共产党的任务是要组织和集中这阶级斗争的势力，使那攻打资本主义的势力日增雄厚。这一定要向工人、农民、兵士、水手和学生宣传，才成功的。”②

为了扩大影响，让更多的人了解马克思主义，中国共产党自成立起，

---

① 《建党以来重要文献选编（1921—1949）》第 1 册，中央文献出版社 2011 年版，第 1 页。

② 《建党以来重要文献选编（1921—1949）》第 1 册，中央文献出版社 2011 年版，第 487 页。

就很注重宣传工作，尤其是针对青年的宣传工作，号召青年学生要有信仰、有主义，敢于同封建势力作斗争。1921年7月在《中国共产党第一个决议》中，“一切书籍、日报、标语和传单的出版工作，均应受中央执行委员会或临时中央执行委员会的监督。……不论中央或地方出版的一切出版物，其出版工作均应受党员的领导。”①1921年8月，毛泽东在湖南第一师范同学会上强调学校要有“主义”，否则就“闹不出什么名堂”，“我们总要为有主义的进行”②。中国共产党在1923年11月通过的《教育宣传问题决议案》中指出，在教育问题上要注重教育方法，各地之政治讨论、政治讲演最好以党纲草案为根据。1925年2月在党的四大《对于宣传工作之决议案》中指出，“党的支部是我们党的基本教育机关，我们应在每次会议注意于政治报告和党的策略之解释，以及内外宣传遇有困难的报告和讨论。并且在有些支部，宣读并讲解《党报》《向导》都有必要”③。在这一系列宣传教育政策的指导下，中国共产党制定并逐步完善《党报》《向导》《新青年》《前锋》《中国青年》《中国工人》等刊物的出版，编纂相关宣传小册子，通俗易懂地向民众宣传马克思主义理论。

为了培养革命人才，中国共产党开始举办工农学校。中国共产党成立之初，为了宣传马克思主义，中国共产党结合实际，积极展开工人运动，举办了不少工人夜校。党的很多创始人积极投身工人夜校教育，使“工人学校应逐渐变成工人政党的中心机构”④。但是随着“二七”罢工的失败，工人运动转入低潮，中国共产党又敏锐地认识到农民的力量，认识到必须唤醒当时占全国人口百分之七十的农民参与国民革命。为此，中国共产党号召并组织党内同志和有志青年到乡间去、到农民中间去，比如在广州开办农民讲习所，培养农民骨干，更加广泛地开展教育和组织农民的

---

① 《建党以来重要文献选编（1921—1949）》第1册，中央文献出版社2011年版，第4—5页。

② 《毛泽东年谱（1893—1949）》上卷，中央文献出版社2013年版，第87页。

③ 《建党以来重要文献选编（1921—1949）》第2册，中央文献出版社2011年版，第257页。

④ 《建党以来重要文献选编（1921—1949）》第1册，中央文献出版社2011年版，第5页。

工作。广州农讲所从1924年7月到1926年9月共办6期,毕业学员797名。党内杰出的农民运动领导人澎湃、罗绮园、阮啸仙、毛泽东等先后担任过讲习所所长。工人夜校、农民讲习所等是党培养革命力量的大胆与有效尝试,其中对工人、农民学员开展宣传教育工作,为中国共产党创办自己的高校,进行思想政治教育工作提供了宝贵经验。

(二)坚持为国民革命服务的思想政治教育方针政策

在民众的期盼下,通过北伐,推翻帝国主义与封建军阀是当时国民革命的重心。中国共产党着眼民族大义,及时调整革命策略,尤其是在军队当中开展了行之有效的思想政治教育工作,为北伐取得胜利发挥了重要作用。

第一,坚持政治独立性,促成并积极宣传国共合作。

在列强的操纵下,20世纪20年代之中国社会封建军阀割据、民不聊生,“打倒列强,铲除军阀”是全国人民共同的愿望。放眼当时之政党,“国民党是‘中国唯一重大的民族革命集团,它既依靠自由资产阶级民主派和小资产阶级,又依靠知识分子和工人’;中国‘国内独立的工人运动尚不强大’,而‘工人阶级又尚未完全形成为独立的社会力量’。”①中国共产党在抵御帝国主义侵略和推翻封建军阀统治这一共同目标下,积极促成国共两党进行了第一次合作。中国共产党第三次全国代表大会认真讨论了合作的原则与形式,通过了《关于国民运动及国民党问题的决议案》和《中国共产党党章草案》等文件,提出在坚持党在政治上独立的基础上,共产党党员加入国民党,使全中国的革命分子集中于国民党,为中国革命注入新的力量。同时文件还明确指出中国共产党在加入国民党之后仍要严格执行党的纪律,牢记反帝反封建的宗旨,在农民、工人、青年以及妇女群体加强宣传教育,努力并扩大共产党的组织。

第二,实施策略的灵活性,尝试并总结政治教育实践。

在第一次国共合作期间,黄埔军校的创办以及思想政治教育的开展可以说是中国共产党高校思想政治教育的初次尝试。黄埔军校是第一次

① 《中国共产党历史大事记(1919.5—1990.12)》,人民出版社1991年版,第18页。

国共合作中,在中国共产党的帮助下,以国民党的名义创办的军事政治学校。中国共产党抓住机遇,在黄埔军校进行思想政治教育的实践。机构上,黄埔军校设政治部和党代表。政治部对内负责对全校师生进行政治训练,增强革命精神;对外负责宣传组织群众,以实现孙中山武力与民众相结合,在军事行动上得到人民支持的目的。周恩来在任政治部主任期间,加强政治宣传教育,利用课堂教学宣传马克思主义,宣传中国共产党的方针政策。黄埔军校建立不久即开办了下级军官训练班、政治训练班等,并且实行党代表制,这与以往的军校有着本质的区别。

为了加强对学生的思想政治教育,黄埔军校开设了一系列的政治理论课程,主要包括孙中山的三民主义教育、中国国民革命运动、帝国主义侵略中国史、国际形势、中国政治经济状况、世界革命运动简史、社会发展史等。在政治班的课程中还有:"帝国主义是资本主义的最高阶段、国际政治经济状况、苏联概况、社会主义史、中国农民运动、宣传鼓动工作的意义和作用、军队政治工作等。"①黄埔军校在1926年改为中央军事政治学校之后,政治教育的内容也进一步充实和丰富。从学校的名称看是军事院校,实质上是一所政治学校,政治训练与军事训练并重,甚至一度超过军事训练。改组之后,根据《中央军事政治学校政治教育大纲》的规定,政治课目包括三民主义、社会主义、帝国主义、苏联研究、各国政党史、各国革命史、社会科学概论、工人运动、农民运动、学生运动等二十六门。黄埔军校教学方式多种多样,除了正式课堂教育,军校学生还定期进行政治讲演会、政治讨论会、政治问答、组织宣传队和出版刊物等教育教学活动,以此开阔视野,增长知识,提高思想道德觉悟,尽快成为一个真正的革命者,成为国民革命的战士。

在第一次国共合作期间,中国共产党从大局出发,求同存异,极大地推动了中国革命形势的发展,北伐取得重要胜利。"据不完全统计,在北伐军各军担负政治工作的共产党员,到1926年12月已达1500人左

① 丘挺、郭晓春:《邓演达生平与思想》,甘肃人民出版社1985年版,第33—34页。

右。”①共产党人实际领导了北伐军的全部政治工作。为此，中国共产党制定了《北伐军最近宣传大纲》，筹建北伐宣传队，大张旗鼓地开展政治工作，积累了在年轻士兵中开展思想政治教育的经验。但是正是由于北伐取得阶段性胜利，国民党反动派立刻掉转枪口指向共产党。在这种情况下，中国共产党必须转变思路，明确方向，培养革命后继力量。

（三）坚持为根据地建设服务的思想政治教育方针政策

在土地革命期间，中国共产党的思想政治教育工作围绕土地革命、根据地建设、武装革命展开。首先改变教育策略，培养革命干部。1927 年，由于蒋介石和汪精卫控制的国民党右派不顾以宋庆龄为代表的国民党左派的坚决反对，悍然发动了四一二、七一五反革命政变，公开叛变革命，致使第一次国共合作破裂。此后，中国共产党在八七会议精神的指导下，纠正右倾错误思想，主动转移革命阵地，逐步向农村发展，建立一大批革命根据地。随着革命根据地成立越来越多的县级政权，原有的干部队伍无论是从数量还是质量上都无法满足革命的需要，因此改造原有干部队伍，培养一批新的党政和军事人才队伍成为当务之急。由于当时革命条件的限制，这一时期的干部培训教育形式多以短期干部培训速成班为主，思想政治教育方针政策也围绕这一目标制定。1928 年 10 月，中共湘赣边界特委在井冈山茨坪开办党团训练班，吸收井冈山地区各县的党团活动分子进行训练。训练班在毛泽东的亲自主持下，对党团员进行了形势教育和党的基本知识教育，用无产阶级的思想武装党团员的头脑。训练班也开设了政治、军事、经济、文化等课程。② 经过一段时间的探索与尝试，短期培训班的教育形式能够比较有效地解决当时革命力量不足和领导人才水平提升等问题，中国共产党认真对培训时间、培训内容、培训指导思想等进行总结，形成比较规范化的教育模式，供各个根据地学习参考。从 1929 年 8 月起，中央闽西特委“为了制造支部书记人才起见”，开始创办

---

① 肖冬松：《军事文化及其建设研究散论》，人民出版社 2016 年版，第 220 页。

② 皇甫束玉、宋荐戈、龚守静编：《中国革命根据地教育纪事（1927. 8—1949. 9）》，教育科学出版社 1989 年版，第 13 页。

训练班。最早的学习班为期8天，学员20人，由各县县委选派。训练班联系革命斗争实际开设以下课程：共产主义与共产党、六次大会决议与精神、土地问题建国策略、闽西大会决议、政治报告、党的组织工作、群众工作须知、游击战争与暴动。① 1931年9月23日，湘赣鄂省工农兵苏维埃第一次代表大会通过《文化问题决议案》。《议案》规定了湘鄂赣省苏区文化工作的方针和具体实施计划之一就是“实施马克思列宁主义的阶级教育”②。

1931年11月，中华苏维埃共和国中央临时政府在江西瑞金成立，中央苏区的教育工作稳步发展。中华苏维埃共和国通过《地方苏维埃暂行组织法》《教育部及教育委员会的暂行组织纲要》等苏区有关教育管理的文件和指示，同时各省苏维埃也作出相关规定，从中央到地方各级苏维埃政府机构中，建立了从上到下的教育行政管理体系，并制定了一系列教育管理制度，从而保证了苏区教育事业和党的思想理论教育的发展。为了提高思想政治教育的水平，中央临时政府设立了人民委员会教育部，并下设高等教育部等机构。党开始在革命根据地独立创办自己的各级各类学校来培养革命和建设所需人才。

由于当时特殊情况，办训练班依然是苏区干部教育最常见的形式。训练班一般是按系统、分层次举办的。中央组织局规定：省委举办的干部训练班，主要任务是培训县一级干部、省巡视员、县委训练班的教员和区级主要干部。训练科目有政治常识、党的建设、苏维埃建设和实习及社会工作。训练时间为4星期，上课为24小时，自修120小时。县委训练班，主要任务是培训、提高区级干部、支部流动训练班的教员和主要支部的书记。科目有党员须知的解析区委怎样领导支部、支部如何开展工作、苏维埃运动基本工作、怎样在地方武装中工作、工会工作等。训练时间为3个

---

① 王予霞、汤加庆、蔡佳伍：《中央苏区文化教育史》，厦门大学出版社1999年版，第43页。

② 皇甫束玉、宋荐戈、龚守静编：《中国革命根据地教育纪事(1927.8—1949.9)》，教育科学出版社1989年版，第48页。

星期，每天上课6小时，共108小时。[①] 1932年1月26日，中央军事政治学校（即中国工农红军学校）第1期学生毕业。经过培训，毕业生回到原来所在的部队和地方继续工作，提高干部队伍素质。

中央苏区形成后，干部学校教育得到较大的发展。规模较大的中央干部学校有苏维埃大学、马克思共产主义大学、中央列宁团校、高尔基戏剧学校、中央农业学校、商业学校、银行专修学校、地方苏区干部学校、中央红色医务学校等。这些学校都是中央各个部门直属的干部学校，通过开设学习课程进行干部教育，培养革命领导力量。比如马克思共产主义大学，其创办于1933年3月14日，具有党校性质，肩负着培养政治工作领导干部的重任。第一期招收学员320人，设有高级班、新苏区工作人员训练班和党团干部训练班。高级班训练各省的省委委员、省工会的高级干部，学习期限为半年。苏区工作人员训练班学习期限为2个月，党团干部训练班学习期限为4个月。各班的主要课程有：世界革命史、马列主义基本理论、党的建设、中国革命基本问题、工人运动、游击战争、历史、地理、自然常识等科目。教学方针采取理论与实际相结合、自修为主与重点讲授相结合的办法。检验学习成绩的办法，不仅要举行课堂考试，而且要深入实际进行实习。学校的办学宗旨是：一、培养无限忠诚于党、忠诚于工农大众的干部；二、学习马列主义、总结亲身革命经验，提高政治思想水平；三、锻炼思想意识，使学生能适应土地革命战争的需要，为粉碎国民党的反革命“围剿”作出贡献。[②]

土地革命战争时期，中国共产党必须组织、动员和武装苏区的广大工农群众，用进行革命战争的办法来一次又一次地粉碎国民党军队的军事“围剿”，巩固和扩大革命根据地；必须在苏区发动和组织工农劳动群众

---

① 王予霞、汤加庆、蔡佳伍：《中央苏区文化教育史》，厦门大学出版社1999年版，第135页。

② 皇甫束玉、宋荐戈、龚守静编：《中国革命根据地教育纪事（1927.8—1949.9）》，教育科学出版社1989年版，第72页。

打土豪、分田地，深入进行阶级斗争。这是苏区党和政府的主要政治任务。① 通过一系列政策的制定与实施，中国共产党在中国的影响力越来越大，越来越受到广大民众的理解与支持。新生的中国共产党通过对军校、军队、干部进行培训教育，积累了开展高校思想政治教育的经验。

二、初步创立阶段（1935—1949 年）

随着国民党政策日益右倾，共产党第五次反“围剿”失败后，中央主力红军为摆脱国民党军队的包围追击，被迫实行战略性转移，退出中央根据地，进行长征，并于 1935 年 10 月到达陕北，延安时期中国共产党高校思想政治教育工作正式展开。为了解决主要矛盾，中国共产党思想政治教育政策紧密联系时代主题，逐步探索形成了高校思想政治教育工作体系。

（一）高校思想政治教育与抗日教育相结合

第一，创办革命学校，建立思想政治教育阵地。在抗日战争期间，在国家民族生死存亡之际，为培养抗日战争的后备力量成为当务之急。中国共产党积极创办各类学校，培养抗日力量。1935 年 10 月陕甘宁红军军政干部学校在瓦窑堡成立（前身是陕甘边军政干部学校），该校旨在为红军培养军政干部，它在创办之初就已有学员 400 余名。1936 年 6 月 1 日，西北抗日红军大学成立，并举行第一期开学典礼。毛泽东在开学典礼大会上发表重要讲话。他在讲话中指出，创办抗日红军大学是为了准备迎接民族革命战争的到来。1937 年 1 月 20 日，西北抗日红军大学迁驻延安，正式改称中国人民抗日军事政治大学（简称“抗大”）。1937 年 2 月，鲁迅师范学校在延安成立。1937 年 7 月，中共中央决定成立陕北公学，并从 8 月开始招生。1938 年 4 月 10 日，鲁迅艺术学院在延安正式成立，它是中共中央直接领导下的一所综合性的艺术学院，其教育方针是：“以马列主义的理论和立场，在中国新文艺运动的基础上，建设中华民族

① 王炳照、周玉良、宋荐戈主编：《中华人民共和国教育历史传统与基础》，海南出版社 2000 年版，第 325 页。

新时代的文艺理论与实际，训练适合今天抗战需要的大批艺术干部，团结与培养新时代的艺术人才，使鲁艺成为文艺政策的堡垒与核心。”①1938年5月5日，马列学院在延安成立，设哲学、政治经济学、联共党史、中国革命史、近代世界革命史、党的建设等课程，为党培养了具有较高文化水平和理论水平人才。1939年7月7日，华北联合大学在延安宣布成立。这所学校由陕北公学和鲁迅艺术学院、延安工人学校、安吴青年训练班的多数师生员工组成。成立当天，毛泽东来校作报告，号召大家“深入敌后，动员群众，坚持抗战到底”。

第二，宣传抗日思想，明确思想政治教育任务。为了唤醒更多民众，加强抗日宣传也是党的重要任务，特别是针对青少年学生，他们将是下一阶段抗日的主要力量。1935年12月27日，共青团中央发表《关于学生爱国运动宣言》。《宣言》号召爱国学生团结知识界的反日力量，组织学生反日会；组织学生抗日义勇军；要求学生有反日的言论、出版、结社、集会的自由；救济日占区的失学学生。1936年2月，西北革命军事委员会发布《中华苏维埃人民共和国西北抗日红军大学招生布告》，提出红军大学的宗旨，就是适应抗日民族革命战争的开展，供给各个抗日战场上的领导人才，造就和培养大批军事政治的民族抗日干部，领导民族革命战争。

1937年11月1日，陕北公学在延安举行开学典礼，毛泽东亲自参加了典礼大会并作了重要报告，指出其主要任务是为抗战培养政治工作干部，教育方针是在短期内给青年们以抗战的必要知识，是“坚持抗战，坚持持久战，坚持统一战线，实现国防教育、培养抗战干部”。教育的实施以理论和实践的统一为基本原则。② 这一系列教育目标的制定标志着中国共产党教育事业取得重要进展，也开启了真正意义上高校思想政治教育工作。特别是在抗日战争全面爆发后，刘少奇就指出，抗日政府的教育

① 皇甫束玉、宋荐戈、龚守静编：《中国革命根据地教育纪事（1927.8—1949.9）》，教育科学出版社1989年版，第136页。

② 皇甫束玉、宋荐戈、龚守静编：《中国革命根据地教育纪事（1927.8—1949.9）》，教育科学出版社1989年版，第130页。

政策,以培养抗日战争中急需的干部,提高人民的民族觉悟与文化水准为原则。①

与此同时,为了提高思想政治教育效果,中国共产党积极进行国防教育,使得教育为民族自卫、民族解放服务。1938 年 11 月 6 日,党的扩大的六届六中全会根据毛泽东的报告通过了《政治决议案》。《决议案》规定,抗日战争开始后中华民族的紧急任务之一是"实行国防教育政策,使教育为民族自卫战争服务"。《决议案》着重指出:"必须加紧认真地提高全党理论的水平,自上而下一致地努力学习马克思、恩格斯、列宁、斯大林的理论,学会灵活的把马克思列宁主义及国际经验应用到中国每一个实际斗争中来,研究孙中山先生的三民主义,研究中国历史,提高工农干部和一般党员的文化水平。"②12 月,陕甘宁边区政府教育厅写成《一年来边区的国防教育》一文。文章指出:"边区教育的宗旨,是为争取抗战胜利,建立独立自由幸福的新中国,培养有民族觉悟、有民主作风、有现代生活知识技能,能担负抗战建国之任务的战士和建设者。"特别针对青年学生来讲,在抗日战争年代,为了能有稳定的学习环境、为了国家与民族的独立,每个人都应该接受国防教育,成为保家卫国的战士。

(二)高校思想政治教育与群众路线相结合

第一,坚持群众路线。高校思想政治教育不是独立存在的,必须和群众、和社会紧密结合。在战争年代,青年大学生不仅仅要在校园里读书,更要走出校园,走向社会,成为群众的一分子,发挥革命模范作用。1939 年 5 月 4 日,毛泽东在延安青年群众集会纪念五四运动 20 周年大会上以《青年运动的方向》为题发表重要讲话。他在讲话中说:"延安的青年们是团结的,是统一的……不但本身团结,而且和工农群众相结合,这一点更加是全国的模范。"③革命能否取得胜利不在于喊了什么样的口号,而在于能否和群众在一起,真正的革命者必定是愿意并且实行和工农民众

① 《刘少奇论教育》,教育科学出版社 1998 年版,第 6 页。

② 《建党以来重要文献选编(1921—1949)》第 15 册,中央文献出版社 2011 年版,第 763 页。

③ 《毛泽东选集》第二卷,人民出版社 1991 年版,第 568 页。

相结合的。

一切为了群众，一切依靠群众，从群众中来，到群众中去的群众路线，是党的事业不断取得胜利的重要法宝，也是我们党始终保持生机与活力的重要源泉。高校思想政治教育也离不开群众支持。1941 年 6 月，刘少奇在关于华中抗日根据地的宣传教育工作中明确提出："关于鲁艺的问题。鲁艺到底要培养一些什么样的人？这个问题过去没有解决，现在确定了，要办普通班。培养出来的人也不一定到部队做文化教员，可以做俱乐部主任、农救会宣传部长等。他们到底比较专门化一些。要确定，鲁艺所培养的是以服务农民、服务战士为目标的。这方面要向八路军宣传队学习，向群众学习。鲁艺过去的东西不为战士们所喜欢和所能接受，现在要搞一些通俗的东西出来。这就需要鲁艺的教员多到群众中去，到部队中去。"①

第二，加强阶级教育。在革命战争年代，团结群众，走群众路线的同时也要时刻加强阶级教育。随着国内抗日形势的转变，国民党再次把矛头对准共产党，阶级斗争又一次摆在共产党面前。1939 年 6 月 13 日，为延安高级干部会议作结论时毛泽东又明确指出，应该加强党内教育，目前应着重进行阶级教育。谁是我们的朋友，谁是我们的敌人，这是革命必须要解决的首要问题，加强阶级教育，更好地团结我们的朋友，依靠群众的力量，打击消灭阶级敌人。

（三）高校思想政治教育与实践教育相结合

第一，立足革命实际。任何脱离实践的理论都是不完整的，高校思想政治教育必须和实践教育相结合，学以致用，才是实现教育的目的。爱国抗日不能只停留在口号上，还要体现在行动中。1935 年 12 月 27 日，共青团中央发表《关于学生爱国运动宣言》，号召爱国学生必须要与国内广大民众的斗争相结合，到工人中去，到农村中去，到士兵中去，到游击战争中去，到民间去。② 这一时期比较鲜明的教育方针就是理论与实践结合，坚

---

① 《刘少奇论教育》，教育科学出版社 1998 年版，第 15—16 页。

② 皇甫束玉、宋荐戈、龚守静编：《中国革命根据地教育纪事（1927.8—1949.9）》，教育科学出版社 1989 年版，第 109 页。

持马克思主义的指导,同时结合抵抗日本侵略者的具体实际。中国共产党创办的各类高校都十分注重实践的重要性,而不是做口头的“理论家”。鲁迅艺术文学院在延安的师生经过改编后设文学、戏剧、音乐、美术4系。各系在教学过程中除了课堂讲授外,还有课外实习,经常组织学生到各机关、团体、学校去指导排戏、组织晚会和教唱歌,还规定每3个月下乡宣传一次,并收集材料进行创作。这种课堂讲授和课外实习相结合的做法,使理论和实践结合起来,是提高教学质量的一个重要途径。

第二,坚持实事求是。只有客观地分析、评估实际情况,才能采取有效措施。理论不是死的教条,而是要灵活地运用。1942年2月1日,中央党校举行开学典礼大会,毛泽东在会上作了《整顿党的作风》的报告。他在报告中说:“不应当把马克思主义的理论当成死的教条。对于马克思主义的理论,要能够精通它、应用它,精通的目的全在于应用。如果你能应用马克思列宁主义的观点,说明一个两个实际问题,那就要受到称赞,就算有了几分成绩。被你说明的东西越多,越普遍,越深刻,你的成绩就越大。”①他要求仅有书本知识的人参加到实际工作中去,变为实际工作者,使从事理论工作的人去研究重要的实际问题。6月12日,中央党校大礼堂落成,毛泽东写了“实事求是”的题词。

在抗日战争取得阶段性胜利后,针对国民党掀起的反共思潮,1943年8月5日,中共中央总学委发出《关于国民党的本质及对待国民党的正确政策教育的通知》。此前,中央总学委已发出《关于在延安进行反对内战和保卫边区的群众教育的通知》。根据这两个《通知》的精神,延安各级各类机关学校进行了“三个对比”的教育,即两个党(共产党与国民党)、两个主义(即共产主义与三民主义)、两个领袖(共产党领袖与国民党领袖)的对比教育。这是在整风中,尤其是在反对国民党顽固派发动的第八次反共高潮的斗争中,进行的一次很深刻的政治思想教育,对高校青年学生澄清认识,坚定共产主义信仰起到了极大的作用。1948年12月,刘少奇对马列学院第一班学员讲话时指出:“我们必须学习普遍真

① 《毛泽东选集》第三卷,人民出版社1991年版,第815页。

理,把马克思主义普遍真理与中国实际结合起来。有中国经验,又有外国经验,才有实现正确指导的可能。”①

在这一时期,中国共产党的高校思想政治教育工作正式开展。尤其是在延安,中国共产党创办了各种学校,而在这些干部学校中,特别应该提到中共中央党校和陕北公学、华北联合大学这三所高级干部学校。这三所高校在党的正确领导下,坚持马克思主义理论与中国革命实际相结合的指导方针,在革命战火年代中,采取军事化、战斗化的教育政策,不仅为党培养了大批革命干部,提高了广大干部的素质,而且积累了进行干部教育的丰富经验。尤其是在干部培养教育中要抓紧思想政治教育,要坚持理论与实际相结合的原则,为新中国成立后进行高校思想政治教育打下基础,直到今天这也是应该继承和发扬的。

三、发展探索阶段(1949—1978年)

新中国成立后,百废待兴,百业待举,肃清封建思想,培养社会主义的建设者成为时代命题。中国共产党为了培养社会主义建设者,对高校思想政治教育尤为重视。

(一)高校思想政治教育坚持新民主主义为指导

第一,推陈出新,肃清封建教育思想,坚持新民主主义方向。新中国成立后,高校思想政治教育工作首要任务就是肃清封建教育思想。1950年10月,在《关于加强对学校政治思想教育的领导的指示》中指出,各地文教机关和学校,必须彻底认识,对旧教育的改革,是一个长期而细腻的工作,拖延改革固然是不对的,性急粗暴草率从事也是不对的。应该是有计划有步骤而且谨慎地进行;对教职员和学生,不管其家庭出身怎样,均应本着争取、团结、改造的政策,通过教育说服的方式,积极鼓励其前进。切勿以斗争、孤立、强迫反省,或单纯清洗的办法来处理。中国旧教育的改造和新式教育的建立是一项长期而又艰巨的工程。毛主席对我们早已指出了新民主主义教育的方向,“我们要明确规定哪些事我们非立即着

① 《刘少奇论教育》,教育科学出版社1998年版,第50页。

手不可,哪些事我们还只能做准备工作;哪些是中央必须办的,哪些是必须由地方办的,哪些必须是中央和地方协同办的。我们要做到有计划、有步骤、有重点,这就是稳步前进的方针。”①通过这些方针政策建设我们的“以提高人民文化水平,培养国家建设人才,肃清封建的、买办的、法西斯主义的思想,发展为人民服务的思想为主要任务”的新民主主义教育。②

第二,明确内涵,规范思想政治教育学习体系。新民主主义教育是民族的、科学的、大众的教育。为了保证新教育的新民主主义性质,1953 年 2 月,中央人民政府高等教育部办公厅发布了《关于确定马列主义基础自一九五三年度起为各类型高等学校及专修科(二年以上)二年级必修课程的通知》,开设马列主义基础课。1963 年 8 月,中华人民共和国教育部发布《试行“关于高等学校研究生政治理论课的规定”(草案)的通知》,《通知》要求:一、高等学校研究生的政治理论课,包括:(1)马克思列宁主义理论;(2)思想政治教育报告。二、马克思列宁主义理论课,主要是选读马克思列宁主义经典作家和毛泽东同志的著作,同时也选读部分当前国际共产主义运动中的重要文件。学习这些著作和文件的方式,应以自学为主,适当进行辅导(包括答疑和必要的辅导报告),并规定相关的课时要求。三、马克思列宁主义理论课的学习时间,文科各专业一般可按 250—300 小时安排,理、工、农、医各专业一般可按 160—200 小时安排。并根据学习情况,列举了研究生马克思列宁主义理论课阅读书目。通过相关文件的出台和颁布,新中国成立后高校思想政治教育更加规范化,更具操作性。

(二) 高校思想政治教育坚持为人民服务的宗旨

坚持为人民服务是中国共产党的宗旨,也是新中国高校思想政治教育的宗旨。教育的目的是培养为人民服务的人。新中国成立以后,中国共产党高校思想政治教育工作进入了一个新的阶段。中国人民大学是新中国成立以后党创办的第一所现代化大学。1950 年 10 月,刘少奇在中

① 中华人民共和国教育部办公厅编:《教育文献法令汇编(1949—1952 年)》,1958 年,第 6 页。

② 中华人民共和国教育部办公厅编:《教育文献法令汇编(1949—1952 年)》,1958 年,第 8 页。

国人民大学开学典礼上的讲话中指出，中华人民共和国成立，消灭了帝国主义、封建主义和官僚资本主义在中国的统治。人民的国家是以工人阶级为领导、工农联盟为基础而建立起来的，是以为工农服务为目的的。我们国家的教育也应该是为这一目的而服务的。我们的大学要教育出为人民服务的干部。要经过一段时间，改造旧大学的方针，清除旧社会的余毒。“大家要团结在为人民服务的马列主义基本观点上，不要自私自利，不要违反人民利益，不要背叛人民，要大公无私，要为人民的利益去服务，要改造中国，要走向社会主义。”①

（三）高校思想政治教育坚持以为劳动生产为目标

首先，崇尚劳动，尊重劳动。新民主主义教育不是培养“官老爷”，而是培养社会主义的建设者和接班人，新中国培养的大学生应该以劳动为荣，时刻牢记自己是劳动人民中的一员。马克思主义认为，劳动是人类生存的基本条件。劳动造就了中华民族的辉煌历史，也必将创造出中华民族的光明未来。新中国正是由千千万万的劳动者所创造。劳动也是中华民族的传统美德，因此，高校思想政治教育必须和劳动生产相结合，崇尚劳动、尊重劳动。

其次，服从国家分配。新中国成立，为了全面开展社会主义建设，高校大学生必须服从国家分配，到最需要的地方去。1958 年 6 月，教育部发出《关于做好 1958 年暑期高等学校毕业生思想教育工作的通知》，指出高校必须教育毕业生正确地理解社会主义建设的总路线，使他们认识到为了尽快地把我国建设成为一个具有现代工业、现代农业和现代科学文化的社会主义国家，每一个毕业生都应该愉快地服从国家分配。为了做好毕业生的思想教育工作，还必须依靠党的领导，各校应该在校党委的领导下做好这一工作。校（院）长应当亲自挂帅，并应依靠当地党委的领导和有关方面的配合。希望各地负责毕业生分配工作的部门接此通知后立即研究部署，并督促各高等学校做好这一工作。② 在具体工作中，也存

① 《刘少奇论教育》，教育科学出版社 1998 年版，第 97—98 页。

② 中华人民共和国教育部办公厅编：《教育文献法令汇编（1958 年）》，1959 年，第 65 页。

在个别学生不愿意到艰苦的地方去工作,思想上出现畏难情绪的现象,这就更加凸显了思想政治教育工作的重要性。

新中国成立之后,中国共产党坚持新民主主义教育总方针,立足“艰苦奋斗、勤俭建国(指新中国)”的现实,高校思想政治教育以为人民服务为办学宗旨,与生产劳动实践紧密结合,工作取得重大成就,数以万计的大学生根据国家需要,奔赴全国各地,成为新中国建设的领导与核心力量。

在新中国成立初期,中国共产党作为执政党认真分析当前国内外形势,采取积极有效并具有针对性的高校思想政治教育政策,为新中国建设培养了一大批领导干部和建设人才。高等学校在错误思想的影响下,强调阶级斗争,坚持“以阶级斗争为纲”,部分高校学生率先起来“造修正主义的反”,揪斗学校领导和教师。大批高校教师、知识分子被错划为右派分子,被迫停职停工。高校正常招生工作停止,高校基本教学工作不能正常展开,思想政治教育工作更是无从谈起。高校思想政治教育工作在十年“文革”期间发展缓慢,甚至停滞,令人扼腕。

第二节　改革开放时期高校思想政治教育政策的逐步完善

改革开放开启了高校思想政治教育拨乱反正和创新发展的新时期。根据这一时期高校思想政治教育发展的内在需求和自身发展特点,可以将改革开放至十八大前的高校思想政治教育政策分为三个阶段。

一、恢复与调整阶段(1978—1989 年)

1978 年 12 月,党的十一届三中全会作出了把工作重心转移到社会主义现代化建设上来,实行改革开放的战略决策。这是 20 世纪中国的重大历史巨变,也是大学生思想政治教育新的历史开端。我们党着力恢复高校思想政治教育工作,制定了系列政策文件。各高校按照“解放思想,开动脑筋，实事求是，团结一致向前看”的会议精神，进一步批判了“文化大革命”以来的极左路线，开展了真理标准问题的讨论，对大学生进行“四项基本原则的教育、革命思想教育和共产主义道德品质教育”①，这在一定程度上提高了大学生的政治思想觉悟。由于这一时期存在新旧思想的碰撞，而“文革”对大学生思想造成的“内伤”又极为严重，因此，党对大学生的思想政治教育任重而道远，其方针政策制定和实施处于恢复与调整阶段。

（一）强调高校思想政治教育的重要地位

“忽视和削弱思想政治工作，必将犯历史性的错误。”②在拨乱反正时期，加强高校思想政治教育的“生命线”的重要作用，对我们党和国家坚持“一个中心、两个基本点”的基本路线尤为重要。在面对什么是社会主义，什么是资本主义，如何建设社会主义大学等历史之问、人民之问时，思想政治教育必须将理论联系实际给出令人信服的答案。1980 年 4 月，教育部、共青团中央印发了《关于加强高等学校学生思想政治工作的意见》强调：“社会主义大学与资本主义大学的本质区别，就在于它培养出来的学生具有社会主义觉悟，拥护共产党的领导，热爱社会主义祖国，努力为人民服务，刻苦钻研业务，立志为建设社会主义现代化强国而奋斗。”③可见，我们党要培养坚持和拥护共产党，坚持走社会主义道路的各项专业的社会主义接班人，要紧密围绕建设社会主义“四个现代化”来开展大学生的思想政治工作，将其与教学和科研工作密切结合起来。

20 世纪 80 年代末，面对资产阶级自由化对高校产生的影响和弊端，加强高校思想政治工作变得尤为紧迫。党和国家高度重视高校思想政治教育工作，密集制定了一系列重要文件。1989 年 11 月，国家教育委员会

---

① 教育部思想政治教育工作司组编：《加强和改进大学生思想政治教育重要文献选编（1978—2014）》，知识产权出版社 2015 年版，第 4 页。

② 教育部思想政治教育工作司组编：《加强和改进大学生思想政治教育重要文献选编（1978—2014）》，知识产权出版社 2015 年版，第 4 页。

③ 教育部思想政治教育工作司组编：《加强和改进大学生思想政治教育重要文献选编（1978—2014）》，知识产权出版社 2015 年版，第 4 页。

颁发了《高等学校学生行为准则(试行)》,制定了关于维护国家利益、遵纪守法、注重个人品德培养等15条准则。[①] 针对1990年的毕业生,教育部门还专门强调要做好高校毕业生的思想政治教育工作。[②] 这些政策的制定强调了高校思想政治教育在培养社会主义接班人,反对资产阶级自由化斗争中的重要地位和作用,为今后进一步加强和改进高校思想政治教育奠定了基础,统一了认识,明确了方向。

(二) 规定高校思想政治教育的目标和任务

随着改革开放的推进,本着“各项工作都要有助于建设有中国特色的社会主义”的原则,邓小平指出,在建设物质文明的同时还要建设社会主义的精神文明,“最根本的是要使广大人民有共产主义的理想,有道德,有文化,守纪律。”[③]“教育要面向现代化、面向世界、面向未来。”[④]后来,针对一些地方资产阶级自由化思潮泛滥的情况,邓小平明确地提出了要“反对资产阶级自由化”。因此,这个阶段的教育目标经历了从“又红又专”到“有理想、有道德、有文化、有纪律”的“四有”新人的变化,同时坚持“反对资产阶级自由化”。

1978年4月,邓小平在全国教育工作会议上指出,为社会主义建设培养人才的质量标准是:“毛泽东同志说的,应该使受教育者在德育、智育、体育几方面都得到发展,成为有社会主义觉悟的有文化的劳动者。”[⑤] 1978年10月,教育部在对1961年通过的“高教六十条”进行修订的基础上,发布了关于《全国重点高等学校暂行工作条例(试行草案)》的通知,对高校的基本任务、教育方针、教育内容、教育途径和思想政治工作要求进行了规定,强调了高校思想政治教育必须坚持培养学生的政治思想素质和人才培养的社会主义方向,为实现我们党在新时期的总任务而奋斗。

---

① 教育部思想政治教育工作司组编:《加强和改进大学生思想政治教育重要文献选编(1978—2014)》,知识产权出版社2015年版,第93—94页。

② 教育部思想政治教育工作司组编:《加强和改进大学生思想政治教育重要文献选编(1978—2014)》,知识产权出版社2015年版,第98页。

③ 《邓小平文选》第三卷,人民出版社1993年版,第28页。

④ 《邓小平文选》第三卷,人民出版社1993年版,第35页。

⑤ 《邓小平文选》第二卷,人民出版社1994年版,第103页。

发扬无产阶级好的思想品德作风，批判资产阶级，同一切不良倾向作斗争。[①] 1980 年 4 月，教育部、共青团中央联合印发《关于加强高等学校学生思想政治工作的意见》明确指出："我国高等学校的培养目标必须坚持又红又专的方向，使受教育者在德智体几方面都得到发展，成为有社会主义觉悟的专门人才。"[②]1982 年 10 月，教育部发布了《关于在高等学校逐步开设共产主义思想品德课程的通知》中强调："培养学生成为有革命理想、讲革命道德、守革命纪律，有文化的又红又专的人才。"[③]值得注意的是，这里已经提出培养"四有"新人的基本目标，但更多的仍是强调"革命"，"又红又专"的根本要求没有变。

随着改革开放的发展，各种思潮冲击着社会主义现代化建设，在群众中特别是年轻人中资产阶级自由化思想泛滥，不利于坚持四项基本原则，建设社会主义。1986 年 9 月，邓小平在党的十二届六中全会上明确分析了资产阶级自由化的本质和危害，强调我们要坚持反对资产阶级自由化。他指出："自由化本身就是资产阶级的，……就是对我们现行政策、现行制度的对抗，或者叫反对，或者叫修改"；搞自由化"就是要把我们引导到资本主义道路上去，所以我们用反对资产阶级自由化这个提法"。而且，这个提法"还要讲十年二十年"。[④] 鉴于"反对资产阶级自由化斗争的重要性和长期性"，1987 年 3 月 5 日国家教委发出《关于在高等学校马克思主义理论课（公共课）教学中旗帜鲜明地坚持四项基本原则，反对资产阶级自由化的通知》，要求新学期的思想政治工作要以坚持四项基本原则、反对资产阶级自由化为重点。马克思主义理论课教学，要按照各门课自身的特点，在保证科学性的前提下，与反对资产阶级自由化的斗争正确结

---

① 教育部思想政治教育工作司组编：《加强和改进大学生思想政治教育重要文献选编（1978—2014）》，知识产权出版社 2015 年版，第 1—2 页。

② 教育部思想政治教育工作司组编：《加强和改进大学生思想政治教育重要文献选编（1978—2014）》，知识产权出版社 2015 年版，第 4 页。

③ 教育部思想政治教育工作司组编：《加强和改进大学生思想政治教育重要文献选编（1978—2014）》，知识产权出版社 2015 年版，第 16 页。

④ 《邓小平文选》第三卷，人民出版社 1993 年版，第 182 页。

合起来。①

党的十一届三中全会以来，高校在探索改进和加强思想政治工作方面作出了很多成绩，但从中央到地方在政治思想战线上仍存在的"软弱混乱现象"，许多高校出现了不同程度地"削弱党的思想政治工作"的情况。1987 年 5 月，中共中央颁发了《中共中央关于改进和加强高等学校思想政治工作的决定》明确指出，高校教育改革的标准"是否德才兼备，是否能满足社会主义建设的实际需求，是衡量学校办学成效的基本标志，也是教育改革必须遵循的方向"②。相较于以往，《决定》对思想政治教育目标的界定更具有层次性，不仅提出基本的思想政治教育目标，还提出了先进性的思想政治教育目标。这种思想政治教育目标分层的设想，后来也被吸纳到高校思想政治教育大纲中，为高校思想政治教育实现思想认识领域的拨乱反正，培养"四有"新人奠定了基础，明确了方向，统一了认识。

（三）逐步恢复和建设高校思想政治教育教学工作系统

1. 逐步恢复高校马克思主义理论课

作为思想政治教育的重要组成部分，思想教育的课程建设对于促进学生健康成长成才意义重大。为了推进我国的社会主义现代化建设进程，促进现代科技和经济政治的巨大发展变化，适应青少年心理发展的状况，党中央、教育部、国家教育委员会等相关部门制定了关于高校马列主义课的课程建设与改革的政策和规定，逐步恢复马克思主义理论课，不断改进和加强高等学校马列主义课的教学工作。1978 年，教育部办公厅印发《关于加强高等学校马列主义理论教育的意见》，提出马克思主义理论是社会主义各类高等学校的必修课。③ 随后，教育部印发了《改进和加强

① 教育部思想政治教育工作司组编：《加强和改进大学生思想政治教育重要文献选编（1978—2014）》，知识产权出版社 2015 年版，第 62 页。

② 教育部思想政治教育工作司组编：《加强和改进大学生思想政治教育重要文献选编（1978—2014）》，知识产权出版社 2015 年版，第 70 页。

③ 冯刚：《改革开放以来高校思想政治教育政策设计与发展展望》，《国家教育行政学院学报》2018 年第 9 期。

高等学校马列主义课的试行办法》(1980年7月)、《教育部关于开设自然辩证法方面课程的意见》(1981年3月)、《教育部关于在高等学校逐步开设共产主义思想品德课程的通知》(1982年10月),以及《关于高等学校开设共产主义思想品德课的若干规定》(1984年9月),进一步明确了共产主义思想品德课的任务、内容、教学大纲、教学原则、课程考核,为马克思主义理论课建设奠定了基础。

1985年8月,《中共中央关于改革学校思想品德和政治理论课程教学的通知》发布,对当时我国现行的高等学校马克思主义理论课的课程设置、教学内容和教学方法等内容提出了认真改革的要求,并成立全国马克思主义思想理论课教材编审委员会,正式启动了高等学校思想理论教育改革的序幕。在此基础上完善了思想政治教育的课程体系,形成"85方案"。随后,《国家教育委员会关于在高等学校开设"法律基础课"的通知》(1986年9月)、《国家教育委员会关于进一步改革高等学校马克思主义理论课(公共课教学的意见)》(1987年3月)、《国家教育委员会关于高等学校思想教育课程建设的意见》(1987年10月)、《国家教育委员会关于高等学校开设〈形势与政策〉课的实施意见》(1988年5月)陆续出台,这些文件回顾了改革开放这几年高校思想政治教育的实践经验,总结出课程建设取得的成绩和当时存在的问题并提出了解决意见。在明确课程目标的基础上,对课程性质和任务、教学原则、教学内容、学时、师资、教材、经费以及实施步骤提出了切实可行的指导。这些意见、政策(的)制定和落实为高校思想教育课程的开设、建设和完善奠定了坚实的基础,为实现教学目标明确了方向,统一了精神。

2. 逐步恢复和重建高校思想政治教育工作队伍

建设政治上坚定、具有马克思主义理论素养、坚持理论联系实际、热心学生思想政治教育理论课的教师队伍,既是一项基本建设,更是高校马克思主义理论课教学改革的根本保证。当时,高校马克思主义理论课存在"教师队伍老化、理论水平有待提高、知识结构不适应、后继乏人的情况十分严重"的情况,加强教师队伍建设的任务刻不容缓。1984年11月,中宣部、教育部联合发布了《关于加强高等学校思想政治工作队伍建设的意见》,明确指出高校"必须建设一支精干有力的思想政治工作队伍",而且必须实行专职和兼职相结合,力图"把又红又专的优秀人才放到思想政治工作岗位上"。关于思想政治工作人员的政治素质、知识水平、队伍来源和发展方向、培训、待遇、表彰等重要问题,《意见》都作出了明确的规定和指示。①

面对"不少教师对建设和改革的实际了解不够,少数教师受到错误思潮的影响"的情况,大力加强教职工队伍的思想建设、组织建设,充分发挥先锋模范带头作用,积极参与社会实践,使其不断提高政治、业务素质,做好本职工作,实现教书育人、服务育人的目标要求是高校建立一支坚强的马克思主义理论队伍和思想政治工作队伍的主要内容。1986 年 5 月,中共中央、国务院批转了《国家教委关于加强高等学校思想政治工作的决定》的通知,对高校思想政治工作人员的构成和建设提出了要求,强调各级党委在整个工作中的统一领导作用,要动员教育、理论、文艺、新闻、出版等部门,协调一致地为培养社会主义建设需要的"四有"新人而努力。各级党委宣传部和教育行政部门可根据工作需要建立主管思想政治工作的机构,配备必要的工作人员。② 1987 年 3 月,《国家教育委员会关于进一步改革高等学校马克思主义理论课(公共课教学的意见)》发布,指出加强理论课教师队伍建设提出了具体建议,以及国家教育委员会推进队伍建设的责任和义务。③ 1987 年 5 月,《中共中央关于改进和加强高等学校思想政治工作的决定》明确提出了要加强教职工队伍的思想建设,大力提倡教书育人、服务育人的目标要求。④ 1989 年 2 月,《国家教育委员会关于高等学校学生思想教育教师职务评聘工作几个问题的意见》

---

① 教育部思想政治教育工作司组编:《加强和改进大学生思想政治教育重要文献选编(1978—2014)》,知识产权出版社 2015 年版,第 36—37 页。

② 教育部思想政治教育工作司组编:《加强和改进大学生思想政治教育重要文献选编(1978—2014)》,知识产权出版社 2015 年版,第 51—52 页。

③ 教育部思想政治教育工作司组编:《加强和改进大学生思想政治教育重要文献选编(1978—2014)》,知识产权出版社 2015 年版,第 66 页。

④ 教育部思想政治教育工作司组编:《加强和改进大学生思想政治教育重要文献选编(1978—2014)》,知识产权出版社 2015 年版,第 72 页。

发布，明确指出思想教育教师的职务评聘、工作地位和待遇问题。[①]

相较于以往，这一阶段的政策意见对高校思想政治教育队伍建设的重要性和队伍构成、建设与发展等各个环节的基本要求都作出了更加细致具体的意见和建议，对加强和改进高校思想政治教育队伍建设起到了积极的指导作用。

3. 加强与改善高校思想政治工作领导

加强大学生的思想政治工作，关键在于坚持和改善党的领导，提高党的战斗力，发挥党组织的战斗堡垒作用和党员先锋模范作用。首先，高校思想政治工作必须在省区市党委统一领导下进行，学校党委要经常向上级党委汇报学生思想情况，争取领导上的帮助，教育部要建立相关工作机构，研究和协助相关问题。[②] 其次，高等学校党委的主要任务是“领导思想政治工作和加强党的建设工作，保证监督党的方针政策在学校的贯彻执行”，“校长及各级行政领导干部必须对学生德智体全面发展负责”，智育，德育和体育，行政、业务管理，思想政治教育，样样都不能落。再次，充分发挥学生中党员组织的作用。学校党委要加强对共青团、学生会的领导，使其学会自己教育和管理自己。最后，加强对高校的社团组织的领导和管理，党员、教师和共青团、学生会干部要积极支持和参加社团活动，使其成为宣传党的方针政策、学习时事政治、传播各种知识、开展文体活动、活跃学生课外生活的场所。[③]

贯彻和落实党和国家的教育方针，改进和加强高校思想政治教育工作，关键在校、系两级领导。1987 年 5 月，中共中央颁发的《中共中央关于改进和加强高等学校思想政治工作的决定》明确指出，要提高高校领导班子的思想政治水平，加强和改善对思想政治工作的领导的要求。高

① 教育部思想政治教育工作司组编：《加强和改进大学生思想政治教育重要文献选编（1978—2014）》，知识产权出版社 2015 年版，第 92 页。

② 教育部思想政治教育工作司组编：《加强和改进大学生思想政治教育重要文献选编（1978—2014）》，知识产权出版社 2015 年版，第 7 页。

③ 教育部思想政治教育工作司组编：《加强和改进大学生思想政治教育重要文献选编（1978—2014）》，知识产权出版社 2015 年版，第 51 页。

校党委书记和校长,要努力成为社会主义的教育家。学校党委对思想政治教育工作有领导责任。要加强党的思想建设和组织建设;会同行政统一协调工会、共青团、学生会等各方面力量,做好学生和职工的思想政治教育工作,保证和监督党的路线、方针、政策的贯彻执行。校长对学生的全面发展要负责,结合各项业务推动教职工教书育人、服务育人,做好思想政治教育工作。① 1990 年 7 月,《中共中央关于加强高等学校党的建设的通知》更加系统地阐述了加强和改善党的领导,加强党的建设,充分发挥党组织和党员的作用的重要性及具体指导意见。② 这些政策为高校坚持社会主义方向,保证领导权掌握在忠于马克思主义的人手中,建设一支素质较高的党务工作领导力量奠定了基础,指引了方向。

4. 加强思想政治教育工作方法的探索

如何让学生接受、认可并拥护社会主义制度及建设,贯彻落实党的路线方针政策,做合格的社会主义接班人,必须加强思想政治教育的工作方法的探索。其一,要坚持说服教育和疏导的方针,鼓励青年学生去思考和探索问题,但行为要受纪律的约束。各级思想政治工作人员要把思想政治工作做到大学生的心坎上。其二,"把思想政治教育与业务教学工作结合起来"要将思想政治教育同引导学生参加社会实践,同加强行政管理、同关心和改善学生的学习、生活条件结合起来。其三,"把发扬民主和加强法制纪律教育结合起来":学校要扩大社会主义民主,使之制度化,形成民主团结、生动活泼的政治局面。学校领导要沟通民主渠道,认真听取学生的意见,并吸收学生代表参加有关学生事务的民主管理。加强学生会和研究生会的工作,使之成为学校联系学生的桥梁,加强民主管理的渠道,学生开展民主活动的场所。③ 其四,"对学生要严格要求,积极

---

① 教育部思想政治教育工作司组编:《加强和改进大学生思想政治教育重要文献选编(1978—2014)》,知识产权出版社 2015 年版,第 73 页。

② 教育部思想政治教育工作司组编:《加强和改进大学生思想政治教育重要文献选编(1978—2014)》,知识产权出版社 2015 年版,第 100—103 页。

③ 教育部思想政治教育工作司组编:《加强和改进大学生思想政治教育重要文献选编(1978—2014)》,知识产权出版社 2015 年版,第 71—72 页。

疏导”:要引导学生全面认识自己的长处和不足,克服轻视实践、轻视群众的思想。在表彰优秀学生、评定奖学金、选拔研究生和出国留学生的工作中,都要坚持品学兼优的标准,克服重才轻德的倾向。对于学生向组织和教师提出的思想认识上的疑问,应当欢迎并加以正确的引导。思想认识问题只能通过摆事实、讲道理、平等讨论来解决。对学生在政治方向和政治原则问题上的模糊或错误认识,领导和教师要满腔热情地教育和疏导,既旗帜鲜明,又讲究方法,既不能放任自流,也不能搞得“鸦雀无声”。还要允许学生在思想上有一个反复思考和认识的过程,他们有了进步,应予以肯定和鼓励。① 关于加强思想政治教育工作方法的内容和要求在《国家教委关于加强高等学校思想政治工作的决定》(1986 年 5 月)、《中共中央关于改进和加强高等学校思想政治工作的决定》(1987 年 5 月)等文件中都有体现,这些政策文件的发布和落实为高校思想政治教育工作方法的不断探索和改善奠定了坚实的基础。

总的看来,经过这个阶段的努力,高校思想政治教育政策体现了党和国家工作重心的转移,从“以阶级斗争为纲”的轨道转移到服从和服务于新时期的中心工作上,提出必须坚持四项基本原则,培养“四有”新人,在思想认识领域实现了拨乱反正,并通过教学改革和专业学科建设,推进思想政治教育的科学化、体系化建设。高校思想政治教育政策由“文革”时期的“政治可以冲击一切、政治可以代替一切”、思想政治教育工作凌驾于业务工作之上的“凌驾型”,转变为服务于党的经济建设和高校的中心工作、紧密结合高校中心工作进行思想政治教育的“服务型”。这种转变,对于推动高校师生解放思想、转变观念,起到了重要的先导作用,为恢复和重建高校思想政治教育奠定了重要的思想基础。当然,在这一过程中,发生了“攻击共产党的领导、否定马克思主义指导地位、攻击社会主义制度的言论”,以及对此言论的放任态度,助长了资产阶级自由化思潮的泛滥。在这种情况下,我们党虽然看到此问题的严重性,各条战线都制

---

①　教育部思想政治教育工作司组编:《加强和改进大学生思想政治教育重要文献选编(1978—2014)》,知识产权出版社 2015 年版,第 72 页。

定了思想政治教育政策，但由于种种原因，落实政策不够坚决和彻底，影响了思想政治教育政策的实效和力度。

二、加强与改进阶段（1989—2002年）

从党的十三届四中全会到十六大，是高校思想政治教育政策的加强与改进阶段，即思想政治教育逐步趋于规范化和科学化。党和国家继续巩固和加强思想政治教育在学校工作中的重要地位的同时，深化了思想政治工作的定位，高度关注大学生的成长及高校思想政治教育建设，并作出战略部署。相应地，教育系统积极应对新形势、新变化，整体规划大学德育体系，出台了加强和改进高校思想政治教育的系列文件与制度。党中央对德育工作的重视凸显出思想政治教育的教育属性，“思想政治教育政策呈现出社会本位与个人本位相结合的良好局面”①。

（一）巩固与加强思想政治教育在学校工作中的重要地位

面对改革开放以后的新情况，高度重视思想政治教育工作，既是我们党的优良传统和政治优势，更是经济工作和其他一切工作的生命线。加强对大学生的思想道德教育，关系到国家的命运和民族的前途。因此，必须站在历史的高度，以战略的眼光来认识新时期高校思想政治教育的重要性。1989年6月，党的十三届四中全会在北京举行，其中“加强思想政治工作”是全会的重要议题之一。会议指出，要继续加强和改进思想政治工作，特别是要结合我国改革开放以后的国情、结合我国历来传统加强思想政治工作；而且还要结合社会发展进程中的实际情况和人民群众的思想实际来加强思想政治工作；当前来看，主要是要反对资产阶级自由化，高校要加强思想政治教育，特别是要确立正确的政治方向，并把德育工作放在最显著的位置上。1994年8月，中共中央、国务院召开改革开放后第二次全国教育工作会议，印发《爱国主义教育实施纲要》和《中共中央关于进一步加强和改进学校德育工作的若干意见》，再次强调要把

---

① 郑敬斌、刘敏：《思想政治教育政策理论体系探赜》，《思想理论教育》2019年第8期。

德育放在学校工作的首位。1994 年 8 月,《意见》明确指出,教育和培养好青少年决定着国家和民族的未来,是社会主义建设事业的奠基工程。"现在和今后一二十年学校培养出来的学生,他们的思想道德和科学文化素质如何,直接关系到 21 世纪中国的面貌,关系到我国社会主义现代化建设战略目标能否实现,关系到能否坚持党的基本路线一百年不动摇。"①《意见》对新形势下学校德育工作提出了新的更高的更具体的要求,为落实《中国教育改革和发展纲要》,加大改进工作的力度,完善德育体系,推进教育教学改革,克服"一手硬,一手软"和忽视德育工作的倾向,培养有理想、有道德、有文化、有纪律的献身于中国特色社会主义事业的建设者和接班人这一目标的实现奠定了基础,提供了方向和思路。

1999 年 9 月,《中共中央关于加强和改进思想政治工作的若干意见》进一步指出,全党全社会都要关心青少年思想道德建设,学校、家庭、社会密切配合,形成合力,为他们健康成长创造良好环境。② 这些关于加强和巩固思想政治教育的战略定位,是我们党总结经验,站在面向 21 世纪进一步推进中国特色社会主义事业不断前进的历史高度,作出的正确的论断,从而进一步发展了邓小平理论关于思想政治教育工作的理论,有力地推进高校思想政治教育的改革与发展。

（二）加强党的建设和领导,整体规划高校思想政治教育体系

总结新中国成立以来高等教育的发展和改革,特别是改革开放初期反对资产阶级自由化,反对和平演变斗争的经验教训,担负着培养社会主义现代化建设合格人才重任的高校,必须要坚持社会主义方向,必须要加强和改善党的领导,加强党的建设,充分发挥党组织和党员的作用。同时,党中央深刻认识到系统规划高校思想政治教育体系的必要性,而加强党的建设、党的领导,发挥党组织和党员的作用是加强和推进高校思想政治教育体系建设实现系统化的关键。

---

① 教育部思想政治教育工作司组编:《加强和改进大学生思想政治教育重要文献选编(1978—2014)》,知识产权出版社 2015 年版,第 144 页。

② 教育部思想政治教育工作司组编:《加强和改进大学生思想政治教育重要文献选编(1978—2014)》,知识产权出版社 2015 年版,第 199 页。

1990 年 7 月,《中共中央关于加强高等学校党的建设的通知》指出,高等学校实行党委领导下的校长负责制,领导学校的思想政治工作,坚持党委的领导地位。① 1993 年 2 月,中共中央、国务院颁发的《中国教育改革和发展纲要》提出,要进一步加强和改进德育工作,在实践中不断创造改革开放条件下学校德育工作的新经验,把德育工作提高到一个新水平。建立各级各类教育的质量标准和评估指标体系,各地教育部门要把检查评估学校质量作为一个经常性的任务,加强督导队伍,完善督导制度,在高校要采取领导、专家和用人部门相结合的办法通过各种形式进行质量评估和检查。②《纲要》为完善德育体系,加强和改进学校德育奠定了基础,指明了方向。

为贯彻落实《中国教育改革和发展纲要》和《中共中央关于进一步加强和改进学校德育工作的若干意见》,整体规划德育工作,在《教育法》的规定和要求下,1995 年 11 月 23 日,国家教委颁布了试行《中国普通高等学校德育大纲》的通知。《大纲》详细地规定了高校德育的总则、德育目标、德育内容、德育原则、德育途径、德育考评和德育实施七大方面的内容,全面系统地规划了有中国特色的高等学校德育体系,为实现全面贯彻教育方针,全面提高教学质量,加强和改进德育工作,建立全方位德育格局,形成全员德育意识,增强德育整体效果,提高德育水平,建立和完善有中国特色社会主义高等学校德育体系奠定了坚实的基础,成为指导和规范高校思想政治教育改革与发展的重要依据。③

（三）不断推进高校思想政治教育改革与发展

基于思想政治教育的重要战略地位,面对关于马克思主义理论教育的思想认识、教学内容和方法、学科建设、政策保障、师资队伍建设等方面

① 教育部思想政治教育工作司组编:《加强和改进大学生思想政治教育重要文献选编(1978—2014)》,知识产权出版社 2015 年版,第 100—103 页。

② 教育部思想政治教育工作司组编:《加强和改进大学生思想政治教育重要文献选编(1978—2014)》,知识产权出版社 2015 年版,第 127—128 页。

③ 教育部思想政治教育工作司组编:《加强和改进大学生思想政治教育重要文献选编(1978—2014)》,知识产权出版社 2015 年版,第 154—159 页。

的不足，加强高校思想政治教育的改革与发展势在必行。这一时期，国家出台了涉及高校思想政治教育的教学改革、课程改革，教育方法路径改革创新等方面的很多重要文件，如《中共中央关于进一步加强和改进学校德育工作的若干意见》《爱国主义教育实施纲要》等，阐明了学校德育工作面临的新形势和新要求，有力地推动了高校思想政治教育的改革与发展，为深入"两课"教学改革和建设指明了方向。1991 年 8 月，国家教委发布了《关于加强和改进高等学校马克思主义理论教育的若干意见》指出，要提高认识，把马克思主义理论教育放在学校教育的重要位置来对抗"和平演变"的冲击和挑战。要认真贯彻理论联系实际的指导方针，增强理论教育的思想性和说服性，继续按照中发〔1985〕18 号文件精神，积极推进教学改革。① 1995 年 10 月，国家教委印发《关于高校马克思主义理论课和思想品德课教学改革的若干意见》的通知指出，对青年学生进行系统的"两课"教学，是社会主义大学的本质特征之一，高校"两课"作为高校思想理论教育的主要渠道和主要阵地，是大学生的必修课程，"两课"教学改革和建设的任务刻不容缓。

随着改革开放的顺利推进，党的指导思想也在不断地经受时代的检验，与时俱进，将党的指导思想纳入马克思主义理论课教学是高校思想政治教育不断实现改革与发展的主要方向。这一时期，推进邓小平理论"进教材、进课堂、进头脑"是高校思想政治教育实现改革与发展的主要体现。1996 年 10 月，党的十四届六中全会肯定了党的十一届三中全会以来，党和国家取得历史性成就，强调要用邓小平同志建设有中国特色社会主义理论武装全党、教育干部和人民。1997 年 9 月，党的十五大首次使用"邓小平理论"概念，把邓小平理论确定为党的指导思想，强调要高举邓小平理论伟大旗帜，把建设有中国特色社会主义事业全面推向 21 世纪。1998 年 4 月，《中共中央宣传部、教育部关于普通高等学校开设〈邓小平理论概论〉课的通知》决定对高校"两课"课程设置进行调整，单独开

---

① 教育部思想政治教育工作司组编：《加强和改进大学生思想政治教育重要文献选编（1978—2014）》，知识产权出版社 2015 年版，第 113—116 页。

设“邓小平理论概论”课，并要求各高校从1998年秋季开始普遍开设此课程。[①] 1998年6月，《中共中央宣传部、教育部关于印发〈关于普通高等学校“两课”课程设置的规定及其实施工作的意见〉的通知》指出，积极贯彻落实党的十五大精神，进一步解决好邓小平理论“进教材、进课堂、进头脑”这一主要任务，明确了“邓小平理论概论”在高校各层次教学的学时、课程的内容、重难点问题、教学任务等相关问题作出了规定。[②] 这些具体而详细的规定和要求，形成了“思想政治理论课98方案”，切实推进了邓小平理论的“三进”工作，进一步推动着高校思想政治教育的改革与发展。

在邓小平理论“三进”工作的成功经验基础上，积极贯彻十六大精神，推动“三个代表”重要思想进课堂、进教材、进学生头脑，是进一步高质量地提升高校“两课”课程改革的新契机和新发展。2001年7月26日，《教育部关于普通高等学校“两课”教育教学中贯彻江泽民同志“七一”重要讲话精神的通知》指出，高校的一项重要政治任务是“认真学习、深刻领会、坚决贯彻《讲话》精神，特别是‘三个代表’重要思想”；“两课”教学要把贯彻和落实《讲话》精神作为一项重要的工作抓紧、抓实、抓好，积极推动“三个代表”重要思想“三进”工作。[③] 2002年，党的十六大胜利召开，将“三个代表”重要思想同马克思列宁主义、毛泽东思想、邓小平理论一道确立为党的指导思想，提出了新世纪新阶段党和国家的奋斗目标和行动纲领。2002年11月，《中共教育部党组关于教育战线认真学习贯彻党的十六大精神的通知》指出，认真学习贯彻十六大精神是教育战线当前和今后一个时期的首要政治任务，要抓紧做好高校“两课”各门课程贯彻十六大精神的教材修订、队伍培训等各项工作，积极开展以增强“两

---

① 教育部思想政治教育工作司组编：《加强和改进大学生思想政治教育重要文献选编（1978—2014）》，知识产权出版社2015年版，第176页。

② 教育部思想政治教育工作司组编：《加强和改进大学生思想政治教育重要文献选编（1978—2014）》，知识产权出版社2015年版，第181页。

③ 教育部思想政治教育工作司组编：《加强和改进大学生思想政治教育重要文献选编（1978—2014）》，知识产权出版社2015年版，第222页。

课”教育教学实效性为主题的“两课”教学改革试点，进一步推进“三个代表”重要思想“三进”工作。① 这些政策文件的制定为高校思想政治教育建设提出了更高的要求，为高校“两课”教育教学贯彻好十六大精神和“三个代表”重要思想奠定了基础，不断推动高校思想政治教育的改革与发展。

（四）不断拓展和创新高校思想政治教育途径

基于高校思想政治教育本身的系统性和复杂性，不断拓展教育的阵地、平台、载体，创新思想政治教育的方法途径是推动高校思想政治教育的改革与发展的应有之义。开展社会实践活动是大学生思想政治教育重要而有效的途径，对其指导思想、目标任务、实践内容、经费、制度机制等问题进行部署有利于实践活动的开展，从而提高大学生思想政治教育的成效。1992 年 6 月，中共中央办公厅、国务院办公厅转发了中宣部、国家教委、共青团中央《关于广泛深入持久地开展高等学校学生社会实践活动的意见》，要求按照“受教育、长才干、作贡献”的指导方针将大学生社会实践活动形成制度，列入高校的教育计划，并长期坚持下去。依靠地方各级党委、政府的领导，充分发挥各级党委宣传和教育工作部门、教育行政部门和共青团组织在社会实践活动中的作用，多渠道解决社会实践活动的经费问题，实现精心指导、组织社会实践活动的目标要求。② 在此基础上，1996 年 12 月，共青团中央、中共中央宣传部、国家教育委员会发布的《关于深入持久开展大学生社会实践活动的几点意见》指出，大学生社会实践活动的目标和任务就是要更好地为改革开放和现代化建设大局服务，为学生健康成长服务，为地方经济建设和社会发展的实际需求服务。《意见》强调要积极探索社会实践的形式，拓展其范围，逐步建立适应社会主义市场经济体制的社会实践活动的运行机制；要加强领导，健全和完

① 教育部思想政治教育工作司组编：《加强和改进大学生思想政治教育重要文献选编（1978—2014）》，知识产权出版社 2015 年版，第 241—243 页。

② 教育部思想政治教育工作司组编：《加强和改进大学生思想政治教育重要文献选编（1978—2014）》，知识产权出版社 2015 年版，第 122—124 页。

善社会实践活动的各项制度、措施，做好宣传、总结和表彰工作。[①] 加强教育与生产劳动相结合作为大学生社会实践活动的主要内容之一，是推进大学生素质教育的有效途径。1999 年 6 月，《中共中央、国务院关于深化教育改革，全面推进素质教育的决定》指出，高校要加强社会实践，组织学生参加科学研究、技术开发和推广活动以及社会服务活动，利用假期组织志愿者到城乡支工、支农、支医和支教。社会各方面要为实践活动的开展提供必要条件，加强校外劳动和社会实践基地的建设。[②] 这些政策文件的提出为大学生社会实践活动的深入开展和顺利进行提供了重要的指导思想和发展方向。

随着网络信息技术的迅速发展，互联网逐步成为高校师生获得知识和信息的重要渠道，为加强和改进高校的思想政治教育带来了新的机遇和挑战。需要扎实推进思想政治教育进网络，在马克思主义思想指导下，用正确积极健康的思想文化占领网络阵地，加强对网络全方位的建设和管理，从而推动高校思想政治教育的发展。1999 年 9 月，《中共中央关于加强和改进思想政治工作的若干意见》指出，要充分发挥报刊、广播、电视等新闻媒体思想政治教育重要渠道的作用，坚持党的领导和管理，加强互联网的信息分析，提高宣传质量。把群众性精神文明创建活动作为思想政治工作的重要载体，重视发挥文化的社会教育功能，注重运用先进典型影响和带动群众。[③] 2000 年 9 月，《教育部关于加强高等学校思想政治教育进网络工作的若干意见》提出，要增强用马克思主义占领高校思想文化阵地的政治意识，提高对思想政治教育进网络的重要性和紧迫性的认识；加强对思想政治教育进网络工作的领导，理顺管理体制，扎实推进思想政治教育进网络的各项工作；要根据教育环境和教育对象的变化情

---

① 教育部思想政治教育工作司组编：《加强和改进大学生思想政治教育重要文献选编（1978—2014）》，知识产权出版社 2015 年版，第 173—174 页。

② 教育部思想政治教育工作司组编：《加强和改进大学生思想政治教育重要文献选编（1978—2014）》，知识产权出版社 2015 年版，第 192 页。

③ 教育部思想政治教育工作司组编：《加强和改进大学生思想政治教育重要文献选编（1978—2014）》，知识产权出版社 2015 年版，第 198 页。

况，充分运用网络手段拓展思想政治教育的视野，用正确、积极、健康的思想文化占领网络阵地；要健全有关管理办法，加强对上网师生的自律教育；要对思想政治教育进网络工作所需要的人员编制和必要经费、设备等方面给予切实保障，规划论证技术方案，抓好落实和检查。①

加强大学生心理健康教育是新时期进一步加强和改进高校德育工作，全面推进素质教育，促进大学生实现全面发展的重要内容。2001 年 3 月，《教育部关于加强普通高等学校大学生心理健康教育工作的意见》指出，如何指导学生在观念、知识、能力、心理素质等方面尽快适应新要求是高校德育工作亟须研究和解决的重大课题。《意见》还明确了高校大学生心理健康教育工作的主要任务和内容，工作的原则、途径和方法，以及要求加强其队伍建设；加强领导，规范管理的内容。② 2002 年 4 月，教育部办公厅印发了《普通高等学校大学生心理健康教育工作实施纲要（试行）》的通知，切实推进大学生心理健康教育工作的进程。此外，2002 年 2 月，《教育部关于进一步加强高等学校学生公寓管理的若干意见》发布，有力地推动着高等学校后勤社会化的改革。上述政策文件的出台，丰富和拓展了高校思想政治教育的阵地、载体和途径，有效地推动高校思想政治教育的改革与发展，极大地增强了高校思想政治教育的实效性。

三、开拓与深化改革阶段（2002—2012 年）

随着新世纪国内外政治经济形势的复杂变化，在改革开放不断地攻坚、深化的过程中，高校思想政治教育面临着重大的机遇和挑战，以胡锦涛同志为总书记的党中央坚持科学发展观的指导思想，从中国特色社会主义事业长治久安的战略全局出发，站在“培养什么人、如何培养人”的

---

① 教育部思想政治教育工作司组编：《加强和改进大学生思想政治教育重要文献选编（1978—2014）》，知识产权出版社 2015 年版，第 213—214 页。

② 《中共中央、国务院关于深化教育改革全面推进素质教育的决定》《中国普通高等学校德育大纲（试行）》都明确提出心理健康教育是高校德育的重要组成部分，是促进大学生全面发展的重要途径和手段，应该加强学生的心理健康教育。参见教育部思想政治工作司组编：《加强和改进大学生思想政治教育重要文献选编（1978—2014）》，知识产权出版社 2015 年版，第 217 页。

战略高度,明确提出把立德树人作为教育的根本任务,提出要加强和改进大学生思想政治教育的问题,并对大学生思想政治教育作出了系统的战略部署,对加强和改进高校思想政治教育具有极其重要的指导意义。从党的十六大到十八大之前,我们可以将这一阶段概括为高校思想政治教育政策的积极开拓和科学发展阶段。

(一) 坚持科学发展观,推进高校思想政治教育的科学发展

科学发展观的提出,是我们党对社会主义现代化建设指导思想的新发展。它进一步明确了新世纪新阶段我国"要发展""为什么发展"和"怎样发展"的重大问题。这既是我们党执政经验与理论的全面深入总结,也是对马克思主义中国化理论成果的整体推进与全面创新。在教育事业方面,科学发展观为高校思想政治教育实现科学发展提供了明确的方向和思路。

坚持科学发展观,就是要坚持以人为本。在教育上,坚持育人为本、德育为先,把立德树人作为教育的根本任务,加强和改进学生思想政治工作,把社会主义核心价值体系融入国民教育全过程,引导学生树立正确的世界观、人生观、价值观、荣辱观,努力培养德智体美全面发展的社会主义建设者和接班人。党的十七大明确提出要落实教育优先发展的战略地位、推动教育事业科学发展、建设人力资源强国。这是党中央在新的历史时期和阶段为进一步实施科教兴国战略和人才强国战略提出的新的重大战略部署。2007 年 10 月,《中共教育部党组关于教育战线认真贯彻党的十七大精神的通知》明确指出,学习和贯彻党的十七大精神,"最根本的还是要更加自觉地坚持用科学发展观指导、推动教育优先发展战略地位的落实,指导教育改革发展的实践。"①十七大报告提出的关于教育的一系列重要的方针政策为进一步推动教育优先发展,把握教育发展规律、创新教育发展理念、转变教育发展方式、破解教育发展难题、提高教育发展质量和效益,建立健全保障教育优先发展的机制和制度,加强党的领导等

---

① 教育部思想政治教育工作司组编:《加强和改进大学生思想政治教育重要文献选编(1978—2014)》,知识产权出版社 2015 年版,第 364—365 页。

重大问题提供了指导思想和新的要求，有力地促进科学发展观的贯彻落实，推进教育事业的科学发展。

坚持科学发展观，就是要树立全面、协调、可持续发展观，促进经济社会和人的全面发展。实现人的全面发展是教育的出发点和落脚点，而相较于以往“德智体美劳全面发展”的目标，科学发展观指导下的“全面发展”更加体现了人与自然、人与社会、人与人之间协调统一、统筹发展、和谐共处之下的全面发展。这使得“人的全面发展”目标更加的立体、全面、科学、饱满，有利于促进人全面发展，全面提高人才质量。2008 年 5 月 3 日，胡锦涛在北京大学师生代表座谈会上发表重要讲话，提出了四点希望，努力造就高素质人才，要教育、引导广大学生在深入学习中国特色社会主义理论体系上狠下功夫，在提高综合素质上狠下功夫，在提高实践本领上狠下功夫，培养党和人民事业发展需要的优秀人才。随后，中共教育部党组发布了关于贯彻落实该讲话精神的通知，号召高校要认真制定学习计划，提出明确举措和要求，通过多种途径方法来学习、贯彻落实胡锦涛总书记重要讲话精神。①

坚持科学发展观，就是要坚持统筹教育事业的各方面要素，从全局出发，注重整体规划，切实推进高校思想政治教育的科学化和系统化。2004 年 8 月，《中共中央、国务院关于进一步加强和改进大学生思想政治教育的意见》（中发〔2004〕16 号）出台，系统全面地提出了关于大学生思想政治教育的重要战略地位，指导思想、基本原则、主要任务、课堂教学主渠道的主导作用、教育途径、党团建设、队伍建设、环境建设和组织领导九大方面的 30 个内容的具体指导意见。② 相较于以往，《意见》内容更加全面具体，呈现系统化和科学化的特点，是高校思想政治教育政策设计制定的里程碑式的文件。据统计，从 2004 年到 2009 年，围绕贯彻落实《中共中央、国务院关于进一步加强和改进大学生思想政治教育的意见》，有关部委

① 教育部思想政治教育工作司组编：《加强和改进大学生思想政治教育重要文献选编（1978—2014）》，知识产权出版社 2015 年版，第 370—371 页。

② 教育部思想政治教育工作司组编：《加强和改进大学生思想政治教育重要文献选编（1978—2014）》，知识产权出版社 2015 年版，第 266—270 页。

制定了30多个配套文件，极大地促进了这一时期思想政治教育政策的制定和落实。根据中发〔2004〕16号文件意见，要把思想政治教育融入大学生专业学习的各个环节，渗透到教学、科研和社会服务各个方面，可以看出在高校思想政治教育自身不断改革的同时，高校思想政治教育工作的整体合力正在形成。因此，中发〔2004〕16号文件及其配套文件的颁布和实施形成了较为系统化、科学化的高校思想政治教育政策体系，从制度设计上有力地推进了高校思想政治教育的创新发展。

这些重要讲话和政策文件的发布，为贯彻落实科学发展观统领教育事业的发展全局，坚持以人为本，全面、协调、可持续发展的理念和思路，促进经济社会和人的全面发展提供了理论遵循，将高校思想政治教育实现科学发展推向了新的历史高度。

（二）不断加强思想政治教育课程建设

高校思想政治理论课作为大学生思想政治教育的主渠道，是大学生的必修课，是帮助学生树立正确的世界观、人生观、价值观的重要途径，是社会主义大学的本质要求。为了“充分发挥课堂教学在大学生思想政治教育中的主导作用”，解决高校思想政治理论课实效性不强的问题，必须全面加强思想政治理论课的学科建设、课程建设。

2004年10月，《中共中央、国务院关于进一步加强和改进大学生思想政治教育的意见》出台，明确指出要按照充分体现当代马克思主义最新成果的要求，全面加强思想政治理论课的学科建设、课程建设、教材建设和教师队伍建设，进一步推动邓小平理论和“三个代表”重要思想的“三进”工作。《意见》强调，“要联系改革开放和社会主义现代化建设的实际，联系大学生的思想实际，把传授知识与思想教育结合起来，把系统教学与专题教育结合起来，把理论武装与实践育人结合起来，切实改革教学内容，改进教学方法，改善教学手段”①。作为中发〔2004〕16号文件的配套文件，2005年2月，《中共中央宣传部、教育部关于进一步加强和改

① 教育部思想政治教育工作司组编：《加强和改进大学生思想政治教育重要文献选编（1978—2014）》，知识产权出版社2015年版，第266页。

进高等学校思想政治理论课的意见》（教社政〔2005〕5 号）出台，要求全面把握和改进高校思想政治理论课的指导思想和总体要求，大力推进高校思想政治理论课的学科建设。《意见》指出，“设立马克思主义一级学科，开展马克思主义理论体系研究，开展马克思主义发展史、马克思主义中国化研究，开展思想政治教育研究，为推进党的思想理论建设和巩固马克思主义在高等学校教育教学中的指导地位，为加强高校思想政治理论课建设，培养思想政治教育工作队伍提供有力的学科支撑。”《意见》强调，要不断完善高校思想政治理论课的课程体系，“科学的课程设置是加强和改进思想政治理论课教育教学的基本环节”。要求抓紧组织编写高校思想政治理论课教材，改进思想政治理论课教育教学的方式方法，造就高素质的高校思想政治理论课教师队伍，加强和改进党对高校思想政治理论课的领导。① 同年 3 月 2 日，《〈中共中央宣传部、教育部关于进一步加强和改进高等学校思想政治理论课的意见〉实施方案》出台，推动了高校思想政治理论课的改革与发展。

2005 年 12 月 23 日，《国务院学位委员会和教育部关于调整增设马克思主义理论一级学科及所属二级学科的通知》发布，决定在《授予博士硕士学位和培养研究生的学科、专业目录》中增设马克思主义理论一级学科及所属二级学科，“思想政治教育”同“马克思主义基本原理”“马克思主义发展史”“马克思主义中国化研究”“国外马克思主义研究”一道成为马克思主义理论一级学科下设的 5 个二级学科中的一个（2008 年增设“中国近现代史基本问题研究”二级学科）。思想政治教育专业名称在本科、硕士、博士三个层次得到统一，思想政治教育的学科建设取得重要进展。②

（三）注重高校思想政治教育工作的标准、质量和实效

为了积极探索思想政治教育各项工作在不同的发展阶段的目标和使

---

① 教育部思想政治教育工作司组编：《加强和改进大学生思想政治教育重要文献选编（1978—2014）》，知识产权出版社 2015 年版，第 294 页。

② 教育部思想政治教育工作司组编：《加强和改进大学生思想政治教育重要文献选编（1978—2014）》，知识产权出版社 2015 年版，第 328 页。

命，更好地定位思想政治教育发展方向，制定高校思想政治工作的标准，注重其质量和实际效果，构建创新机制是进一步加强和改进高校思想政治教育在制定政策时把握的重点。这一时期，党和国家相关部门制定了《高等学校思想政治理论课建设标准（暂行）》《普通高等学校学生心理健康教育工作基本建设标准（试行）》《普通高等学校学生心理健康教育课程教学基本要求》《全国大学生思想政治教育工作测评体系（试行）》《普通本科学校创业教育教学基本要求（试行）》《教育部高校辅导员培训和研修基地建设与管理基本标准（试行）》《全国大学生思想政治教育工作测评体系（试行）》等文件，有力地加强高校思想政治教育工作标准的研究与建立。

在努力解决学生的实际问题环节，根据不同时期学生的实际情况，通过制定解决实际问题的文件来配合解决思想问题，作出相关规定。教育部同有关部门相继出台了《关于加强和改进高等学校校园文化建设的意见》等系列文件。这些文件的制定，进一步拓展了思想政治教育的载体和途径，充分体现出思想政治教育政策的连续性和可操作性。

（四）不断拓展创新高校思想政治教育有效途径

开展社会实践活动是高校思想政治教育的主要形式和有效途径，新时期的社会实践活动内容更加丰富深刻，效果更加显著。这要得益于相关政策的制定、完善和落实。2012 年教育部等七部门联合印发了《关于进一步加强高校实践育人工作的若干意见》，对系统开展社会实践活动进行了全面部署。在实践育人方面，坚持每年组织大中专学生开展科技、文化、卫生“三下乡”社会实践活动。在形势与政策教育环节，百余位省部级领导和一批道德模范、劳动模范走进高校为大学生作报告。① 在主题教育环节，围绕庆祝新中国成立 60 周年、建党 90 周年等重大主题，精心设计和广泛开展理论学习研讨、大型文艺活动、主题教育、先进典型宣传等宣传教育活动。教育部指导人民网、大学生杂志社组织评选“中国大学生年度人物”，组织举办了大学生先进典型巡回报告会。教育部、中

① 冯刚主编：《改革开放以来高校思想政治教育发展史》，人民出版社 2018 年版，第 9—10 页。

宣部、团中央有关部门于2009年、2010年连续组织了大学毕业生建功立业先进事迹报告团,赴北京、天津、上海、哈尔滨等地多所高校作了巡回报告。大力宣传表彰全国见义勇为舍己救人大学生英雄集体,组建先进事迹报告团,多次走进高校作巡回报告。这些活动在社会和校园里引起了强烈的共鸣,掀起了崇尚先进、学习先进、赶超先进的热潮。

重视校园文化建设是新时期加强和改进高校思想政治教育的重要方面。各高校通过开展多种形式的校园文化活动,形成蓬勃向上、文明和谐的校园文化氛围,这些体现社会主义特点、时代特征和学校特色的校园文化有力地增强了大学生思想政治教育的实效性。

提高大学生的心理健康素质,促进大学生思想政治素质、科学文化素质和身心素质协调发展,是大学生思想政治教育的目标所在。大学生思想政治教育必须与心理健康教育相结合,把心理健康教育纳入高校思想政治工作体系。《中共中央、国务院关于进一步加强和改进大学生思想政治教育的意见》把心理健康教育作为加强和改进大学生思想政治教育的一个重要方面,提出了明确要求,作出了相关部署。教育部等相关部门也出台了《普通高等学校学生心理健康教育工作基本建设标准》及《普通高等学校学生心理健康教育课程教学基本要求》,高校普遍设立了心理咨询师,积极开展心理咨询和心理辅导,建立健全心理危机干预机制。这些政策和措施极大地促进了大学生思想政治教育与心理健康教育的结合,有助于推进高校思想政治教育的改革与创新,更有助于解决学生的心理问题,提高他们的心理素质。以上这些环节和举措,切实推动着新形势下高校思想政治教育的不断改革和发展。

（五）大力加强高校思想政治教育工作队伍建设

思想政治教育工作队伍是大学生思想政治教育的组织保证,在新时期要不断完善高校思想政治教育工作队伍的选拔、培养和管理机制,大力加强其队伍建设。党的十六大以来,高校思想政治教育工作队伍建设不断加强,队伍素质得到明显提升。在辅导员队伍建设方面,先后发布了《教育部关于加强高等学校辅导员班主任队伍建设的意见》《中华人民共和国教育部令(第24号)普通高等学校辅导员队伍建设规定》《教育部办公厅印发〈2006—2010 年普通高等学校辅导员培训计划〉的通知》等多个文件,明确了辅导员队伍建设的重要性、迫切性和具体要求,不断完善相关制度和机制的建设。2007 年,教育部还组织召开了全国高校辅导员工作会议,推动了辅导员队伍建设。辅导员队伍呈现"双重身份(教师和干部)、双线晋升、双线管理"的格局,辅导员队伍的吸引力和稳定性大大提高。2008 年 9 月 23 日,《中共中央宣传部、教育部关于进一步加强高等学校思想政治理论课教师队伍建设的意见》指出,要把思想政治理论课教师队伍建设纳入教育事业发展和人才队伍建设的总体规划,加强领导,统筹安排,全面提高教师的思想政治素质和业务素质。

总之,这一时期,我们党制定大量文件加强了政策的指导,也加强工作督查促进文件贯彻落实,高校思想政治教育工作队伍建设呈现出逐步实现科学化、系统化和规范化的良好发展态势。

第三节　新时代高校思想政治教育政策的与时俱进

党的十八大以来,以习近平同志为核心的党中央,继承和发展了我们党重视思想政治教育的优良传统,站在推进伟大事业、建设伟大工程、进行伟大斗争、实现伟大梦想的高度,以培养中国特色社会主义合格建设者和可靠接班人,担当民族复兴大任的时代新人为目标,紧贴新形势下我国高等教育建设和发展的实际,提出了一系列将思想政治教育转化为高校发展优势的新理念和新方法,对新形势下加强和改进高校思想政治教育工作作出了一系列重大部署,推进高校思想政治教育理论和实践创新,取得了重大发展。

一、明确战略定位,培养时代新人

(一) 新时代高校思想政治教育是一项重大的政治任务和战略工程

在新时代,中国特色社会主义面临"千年未有之变局",面临着国际政治经济文化风云变幻的风险和内部矛盾冲突的社会转型挑战，其艰难险阻前所未有。党和国家事业的发展比以往任何时候，更加需要加强思想政治教育在新时代发挥其固根本、稳人心、培新人的保障作用。面对“中国该如何走向未来？在未来，中国该怎么办？”这一历史之问、人民之问、时代之问，党中央高度重视高校思想政治教育在新时代立德树人、高校建设、中国特色社会主义建设过程中的重要战略定位。

首先，高校思想政治教育事关中国特色社会主义事业的成败。这与以往的定位保持一致，但更加强调其重大战略性、时代性和紧迫性。2016年，习近平指出，“高等教育发展水平是一个国家发展水平和发展潜力的重要标志。实现中华民族伟大复兴，教育的地位和作用不可忽视。我们对高等教育的需要比以往任何时候都更加迫切，对科学知识和卓越人才的渴求比以往任何时候都更加强烈”。他强调，“高校思想政治工作关系高校培养什么样的人、如何培养人以及为谁培养人这个根本问题”，“实现中华民族伟大复兴”和“增强国家核心竞争力”，“就是要提高我国高等教育发展水平”。① 而高等教育水平主要体现在大学生成长成才上。2017年，习近平在考察中国政法大学时指出：“中国的未来属于青年，中华民族的未来也属于青年。青年一代的理想信念、精神状态、综合素质，是一个国家发展活力的重要体现，也是一个国家核心竞争力的重要因素。”②在青年一代的理想信念建立，良好的精神状态的形成过程中高校思想政治教育起着至关重要的作用。习近平强调：“青年的价值取向决定了未来整个社会的价值取向，而青年又处在价值观形成和确立的时期，抓好这一时期的价值观养成十分重要。这就像穿衣服扣扣子一样，如果第一粒扣子扣错了，剩余的扣子都会扣错。”③这些重要论述站在新时代的新高度，对高校思想政治教育作出的新的更高的战略定位，丰富和发展了对高校思想政治教育战略意义的理解和认识。

---

① 《习近平谈治国理政》第二卷，外文出版社2017年版，第376页。

② 《习近平关于青少年和共青团工作论述摘编》，中央文献出版社2017年版，第9页。

③ 《习近平谈治国理政》第一卷，外文出版社2018年版，第172页。

其次,高校思想政治教育是坚持和加强党对高校领导的重要途径。习近平在庆祝中国共产党成立95周年大会上指出:“中国特色社会主义最本质的特征是中国共产党领导,中国特色社会主义制度的最大优势是中国共产党领导。”①要实现党对高校的领导,关键在于高校思想政治教育贯彻落实党的路线、方针政策和精神。基于此,高校思想政治教育可以称得上是高校的“战略工程、固本工程和铸魂工程”②,它有力地实现了党对高校的领导,是坚持党的领导的重要途径。

最后,高水平的高校思想政治教育是建设“中国特色世界一流”大学的首要指标和鲜明特征。办好具有中国特色的世界一流大学是中国高水平大学的根本特征和发展方向,这是由中国历史文化和国情决定的。正如习近平所说:“我国有独特的历史、独特的文化、独特的国情,决定了我国必须走自己的高等教育发展道路,扎实办好中国特色社会主义高校。”③在这一过程中,高校的思想政治教育起到了“保证高校始终成为培养社会主义事业建设者和接班人的坚强阵地”的作用。因此,高水平的高校思想政治教育是衡量我国高校发展水平和质量的首要指标,是“中国特色世界一流”高校的标配和鲜明特征。这些论断把“立德树人”同“培养社会主义事业建设者和接班人”紧密结合起来,鲜明地揭示了高校教育的政治属性与战略要义,进一步丰富和发展了中国特色社会主义高校思想政治教育理论。

(二) 坚持以人民为中心,回归高校的立身之本

新时代的高校思想政治教育更加关注大学生成长成才全面发展的需求与期待,这深刻地体现了我们党坚持以人民为中心的基本方略,也是高校思想政治教育的根本要求。习近平强调,“要坚持把立德树人作为中心环节”④,高校的思想政治教育责无旁贷。人的自由全面发展是马克思

---

① 《习近平谈治国理政》第二卷,外文出版社2017年版,第43页。

② 张勇、张玲:《新时代高校思想政治教育创新研究》,中国社会科学出版社2019年版,第3页。

③ 《习近平谈治国理政》第二卷,外文出版社2017年版,第376页。

④ 《习近平谈治国理政》第二卷,外文出版社2017年版,第376页。

主义追求的根本价值目标,也是我国教育事业的理论基石,其核心内涵是人的德智体美劳各方面充分、自由、和谐的发展。从高校思想政治教育的本质来看,出发点和落脚点都在于人,其目标是促进大学生全面发展,培养出合格的社会主义建设者和接班人。要实现这一根本目标,就必须在坚持德育为先的同时,促进青年学生的德智体美劳全面发展,健康成长,并着力提高学生服务国家、服务人民的社会责任感,培育勇于探索创新的精神和善于解决问题的实践能力。习近平指出:"广大青年要坚持面向现代化、面向世界、面向未来,增强知识更新的紧迫感,如饥似渴学习,既扎实打牢基础知识又及时更新知识,既刻苦钻研理论又积极掌握技能,不断提高与时代发展和事业要求相适应的素质和能力。"①新时代高校思想政治教育将"以人为本""立德树人"内化为思想政治教育的主旋律,以教育人、引导人、关心人、帮助人为工作理念,使大学生充分发挥主观能动性去继承、实践社会所需的良好精神品格,全面提高综合素质。这生动地体现了我们党在以人民为中心的基点上推进高校思想政治教育的改革、创新与发展。

(三)努力培养担当民族复兴大任的时代新人

新时代高校思想政治教育发展革新的方向与新时代的社会发展目标息息相关。党的十九大报告绘制出中华民族伟大复兴的宏伟蓝图表明,当前高校培养的青年正是实现中华民族伟大复兴的目标的国家栋梁。换言之,新时代的大学生思想素质如何,直接关系到中华民族伟大复兴事业能否实现,决定中国特色社会主义事业的成败。十九大报告明确提出,"要以培养担当民族复兴大任的时代新人为着眼点"。这一目标充分地体现了"为人民服务,为中国共产党治国理政服务,为巩固和发展中国特色社会主义制度服务,为改革开放和社会主义现代化建设服务"②这四个方面的高度统一。2017 年 12 月,中共教育部党组印发了《高校思想政治工作质量提升工程实施纲要》的通知,系统地规划了推进新时代高校思

① 《习近平谈治国理政》第一卷,外文出版社 2018 年版,第 51 页。
② 《习近平谈治国理政》第二卷,外文出版社 2017 年版,第 377 页。

想政治教育工作的整体战略布局和实施要求。将新时代高校思想政治教育工作的总体目标落脚于“着力培养德智体美全面发展的社会主义建设者和接班人,着力培养担当民族复兴大任的时代新人”上,勾勒出了高校思想政治教育立德树人的系统工程图,为新时代高校思想政治教育的改革与发展指明了方向。

二、加强顶层设计,构建系统工程

(一) 加强高校思想政治教育的顶层设计

基于新时代高校思想政治教育的重大政治性、战略性和系统性的属性,高校思想政治教育必须加强高屋建瓴的顶层设计和系统谋划。2016年12月,习近平在全国高校思想政治工作会议上发表了重要讲话,对加强和改进新形势下高校思想政治工作提出了明确要求,作出重大部署。讲话精辟阐述了加强和改进新形势下高校思想政治工作的重大意义、目标定位、主要任务和基本要求,深刻回答了事关高等教育事业长远发展的一系列方向性重大问题,阐明了高校思想政治工作的系列重大理论和实践问题,具有很强的战略性、政治性、思想性和针对性,是加强和改进新形势下高校思想政治工作、办好中国特色社会主义高校的纲领性文件。2017年2月,中共中央、国务院印发《关于加强和改进新形势下高校思想政治工作的意见》,意见共分为七个部分,对加强和改进新形势下高校思想政治工作作出了战略安排,成为新时代加强和改进高校思想政治工作的行动指南。基于此,2017年12月,中共教育部党组印发了党组会议审议通过的《高校思想政治工作质量提升工程实施纲要》。《实施纲要》指出,高校思想政治教育工作的总体目标是:坚持习近平新时代中国特色社会主义思想为指导,紧密围绕统筹推进经济、政治、文化、社会建设和生态文明“五位一体”总体布局和协调推进“四个全面”战略布局。这就要求高校全面统筹办学治校各领域、教育教学各环节、人才培养各方面的育人资源和育人力量,一体化构建内容完善、标准健全、运行科学、保障有力、成效显著的高校思想政治工作体系,从而实现全员、全过程育人、全方位育人。这些纲领和文件充分地体现了党对思想政治教育的战略系统布局，为新时代高校思想政治教育革新发展构建出了“大思政”工作格局，全面推进了高校思想政治教育发展的科学化和系统化。

（二）加强“大思政”工作格局的构建

思想政治教育是系统的工程，“三全育人”是构建“大思政”工作格局的目标原则。它从不同维度确立坐标，共同为“大思政”工作格局的开展指明方向。“全员”强调参与人员的广泛性，在坚持和加强党的统一领导下，学校各个领域、环节、人才培养的各个方面的人员都能够和应当充当“大思政”格局的主体和客体，参与高校思想政治教育的全过程。在这个过程中，既要充分发挥高校党政干部和共青团干部、思想政治理论课教师、辅导员以及心理咨询教师等队伍的积极作用，也要发挥专业教师、管理教辅人员、后勤服务人员等力量的作用，形成合力，实现全员育人。“全程育人”注重从时间维度考量高校思想政治教育，强调思想政治教育工作持续性和全程性，即要将思想政治教育贯穿到大学生入学到毕业的全过程，根据不同年级学生的特点，认真设计规划不同阶段思想政治教育的工作重点和方法措施，提高大学生思想政治教育的针对性。同时，全程育人还具有全程考核的意思。大学生养成良好的道德品质需要长期的努力和坚持，需要对大学生思想政治素质进行持续性考察，做到学前考试与学后考试相结合，卷面考试与平时测试相结合，知识考查与素质考察相结合。“全方位育人”是从空间上考量高校的思想政治教育，强调拓展多维的育人空间，要求对大学生进行思想政治教育时将显性德育与隐性德育携手育人。“构建以社会主义核心价值观为引领的大中小幼一体化德育体系，学校、家庭和社会的教育有机结合的协同育人机制，全国、省级、学校三级协同联动机制，充分调动各方面育人资源，挖掘和运用各方面育人要素。”①同时全方位育人还包括让学生实现德智体美劳全面发展。大学教育的目标不是让学生被动接受知识和教育，而是要让学生充分发挥主观能动性，以学生个体为中心，以学生组织为载体去挖掘潜能，全面提高

① 冯刚主编：《改革开放以来高校思想政治教育发展史》，人民出版社2018年版，第27页。

综合素质。高校思想政治教育全面育人,要积极促进大学生实现德智体美劳全面发展,培养承担民族复兴大业的时代使命所需的综合素质。

十大育人体系的搭建是"大思政"工作格局的基本任务和主要内容。《实施纲要》强调,要"充分发挥课程、科研、实践、文化、网络、心理、管理、服务、资助、组织等方面工作的育人功能,挖掘育人要素,完善育人机制,优化评价激励,强化实施保障,切实构建十大育人体系",也就是把思想价值引领贯穿教育教学全过程和各环节,切实构建课程育人质量提升体系、科研育人质量提升体系、实践育人质量提升体系、文化育人质量提升体系、网络育人质量提升体系、心理育人质量提升体系、管理育人质量提升体系、服务育人质量提升体系、资助育人质量提升体系、组织育人质量提升体系。这十大育人提升体系,充分体现了大思政工作格局的系统设置,体现了"三全育人"的内涵和旨意,也体现了新时代党中央在加强和改进高校思想政治教育的高屋建瓴的系统设计和全局谋划,为高校培养大学生成为中国特色社会主义合格建设者和接班人奠定了深厚而科学的基础,开拓了新时代高校思想政治教育的新局面。

三、增强整体合力,推进纵深发展

习近平在全国高校思想政治工作会议上强调,"各级党委要把高校思想政治工作摆在重要位置,加强领导和指导,形成党委统一领导、各部门各方面齐抓共管的工作格局"①。这意味着党的组织既是高校思想政治教育的重要"战斗堡垒",也是辐射全局的"桥梁纽带",这就为形成高校思想政治教育整体合力、提升思想政治教育现代化水平和实效,提供了思路和方向。

(一)坚持党的领导,建立强有力的组织体系

中国共产党领导是中国特色社会主义最本质特征,是中国特色社会主义制度的最大优势。在办好人民认可、世界一流的中国特色社会主义大学进程中,始终坚持党的领导这一制度优势是新时代高校思想政治教

① 《习近平谈治国理政》第二卷,外文出版社 2017 年版,第 379 页。

育最鲜明的特色和本质体现。2016 年 12 月，习近平指出："办好我国高等教育，必须坚持党的领导，牢牢掌握党对高校工作的领导权，使高校成为坚持党的领导的坚强阵地。"①

首先，党委起到决定性的领导和组织作用。"高校党委对学校工作实行全面领导，承担管党治党、办学治校主体责任，把方向、管大局、作决策、保落实。"②党委领导下的校长负责制是中国特色社会主义大学制度的核心内容，是坚持党对高校领导的关键。党委领导下的校长制是一个不可分割的有机整体，必须坚持党委的领导核心地位，保证校长依法行政权（行使政权），建立健全党委统一领导、党政分工合作、协调运行的工作机制。2016 年 3 月，《中共教育部党组关于直属高校进一步贯彻落实党委领导下的校长负责制等若干事项的通知》发布，对党委领导下的校长负责制贯彻落实提出了具体的要求和规范，为增强和巩固新时代高校思想政治教育工作整体合力中的领导力和组织力提供了指导思想。

其次，建立严密而强有力的高校党组织体系是坚持党的领导、构建高校思想政治教育工作整体合力的重要途径和力量源泉。习近平指出："严密的组织体系，是马克思主义政党的优势所在、力量所在……只有党的各级组织都健全、都过硬，形成上下贯通、执行有力的严密组织体系，党的领导才能'如身使臂，如臂使指'。这就是新时代党的组织路线强调'以组织体系建设为重点'的道理所在。"③2018 年 5 月，中共教育部党组印发《关于高校党组织"对标争先"建设计划的实施意见》对高校党组建设的总体要求、主要任务、方法步骤、组织领导四个方面提出了实施意见，有力地推动了高校党建工作科学体系的完善，教育部党组、地方党委教育工作部门、高校党委、学校基层党组织"四级联动"的责任体系的健全，使党对高校的全面领导更加坚强有力。

最后，加强高校基层组织建设是党的生命力、凝聚力、战斗力与创造

① 《习近平谈治国理政》第二卷，外文出版社 2017 年版，第 379 页。
② 《习近平谈治国理政》第二卷，外文出版社 2017 年版，第 379 页。
③ 习近平：《贯彻落实新时代党的组织路线　不断把党建设得更加坚强有力》，《求是》2020 年第 15 期。

力的不竭源泉。相应地,《普通高等学校学生党建工作标准》(2017 年 3 月 1 日)、《关于加强新形势下高校教师党支部建设的意见》(2017 年 8 月 2 日)、《中共教育部党组关于高校教师党支部书记“双带头人”培育工程的实施意见》(2018 年 5 月 23 日)等文件先后印发,有效地健全和完善了基层党建制度。各地方党委教育工作部门指导地方高校开展述职评议考核工作,各地各高校将述职评议考核工作下沉到党支部,建立学校党委、院系党委(总支)、党支部“三级联动”党建工作机制,将党建工作主体责任压实到组织终端。高校党委教师工作部普遍设立,教师党支部书记“双带头人”培育、教师党员“双培养”有序推进。高校院系级党组织书记抓党建述职评议考核工作和基层党支部书记集中轮训成为常态,党建工作队伍不断壮大。2017 年 11 月 19 日,教育部在武汉东湖学院召开全国民办高校党建工作推进会,开展民办学校党建工作专项督查,加强民办高校党组织书记培训,有力促进党建工作薄弱环节不断补齐,把党要管党、从严治党落到实处,为办好中国特色社会主义大学提供源源不断的强大组织动力。

(二) 全面加强高校思想政治教育工作队伍建设

教师队伍建设是新时代高校思想政治教育不断改革和完善的关键,党和国家高度重视。2016 年 12 月,习近平在全国高校思想政治工作会议上指出:“要拓展选拔视野,抓好教育培训,强化实践锻炼,健全激励机制,整体推进高校党政干部和共青团干部、思想政治理论课教师和哲学社会科学课教师、辅导员班主任和心理咨询教师等队伍建设,保证这支队伍后继有人、源源不断。”①为推进高校思想政治教师专业化建设,2015 年 7 月,中宣部、教育部印发《普通高校思想政治理论课建设体系创新计划》,提出要坚持管理与激励并重,建设专兼结合、结构合理的思想政治理论课教学人才体系。2018 年 1 月,教育部又印发了《贯彻落实〈高校思想政治工作质量提升工程实施纲要〉部内分工方案》,进一步推动高校思想政治工作队伍建设。2019 年 3 月,习近平在思想政治理论课教师座谈会上强

① 《习近平谈治国理政》第二卷,外文出版社 2017 年版,第 380 页。

调:“办好思想政治理论课关键在教师……要配齐建强思政课专职教师队伍,建设专职为主、专兼结合、数量充足、素质优良的思政课教师队伍。”①2020年9月4日,教育部主办了2020教育金秋系列发布会,介绍了教师队伍建设进展成效、《中共中央国务院关于全面深化新时代教师队伍建设改革的意见》落实评估情况、“十三五”期间国家支持教师队伍建设有关工作、第36个教师节系列宣传庆祝活动安排,发布2020年全国教书育人楷模名单。围绕新时代教师队伍建设改革的政策及实效问题进行了审查,表彰先进,补齐短板,为切实推进新时代教师队伍建设注入了新的动力。

办好思政课,关键在教师,要充分发挥教师的积极性、主动性和创造性,做好老师。好老师不仅是先进思想文化的传播者,还要有坚定的共产主义理想信念,要做中国特色社会主义共同理想和中华民族伟大复兴中国梦的积极传播者,帮助学生筑梦、追梦、圆梦,让一代又一代年轻人都成为实现我们民族梦想的正能量;做好老师,要有道德情操,要有“捧着一颗心来,不带半根草去”的奉献精神,自觉坚守精神家园、坚守人格底线,带头弘扬社会主义道德和中华传统美德,以自己的模范行为影响和带动学生;做好老师,要有扎实学识,不仅要有胜任教学的专业知识,还要有广博的通用知识和宽阔的胸怀视野,要具备学习、处事、生活、育人多方面的智慧,能够在各个方面给学生以帮助和指导;做好老师,要有仁爱之心,把自己的温暖和情感倾注到每一个学生身上,用欣赏增强学生的信心,用信任树立学生的自尊,让每一个学生都健康成长,让每一个学生都享受成功的喜悦,要把教书育人、立德树人的责任体现到平凡、普通、细微的教学管理之中。正如习近平所说:“高校教师要坚持教育者先受教育,努力成为先进思想文化的传播者、党执政的坚定支持者,更好担起学生健康成长指导者和引路人的责任。要加强师德师风建设,坚持教书和育人相统一,坚持言传和身教相统一,坚持潜心问道和关注社会相统一,坚持学术自由和学

① 《习近平谈治国理政》第三卷,外文出版社2020年版,第330—331页。

术规范相统一，引导广大教师以德立身、以德立学、以德施教。”①习近平同北京师范大学师生代表座谈时的讲话中提到了“做好老师”要有理想信念、道德情操、扎实学识和仁爱之心。这些观点和论述为新时代高校思想政治教师队伍质量的提升确定了科学的理论指导和评价标准。

（三）全面提升思想政治理论课质量

思政课作为落实立德树人根本任务的关键课程，承担着培养合格的社会主义建设者和接班人的时代使命。只有办好思政课，才能及时用党的创新理论武装学生头脑，打牢学生成长成才的科学思想基础，全面贯彻新时代党的教育方针，落实立德树人的根本任务；只有办好思政课才能切实加强“四个自信”教育，培养担当民族复兴大任的时代新人。因此，我们党高度重视新时代思政课建设的全面提升和革新。

党的十八大以来，思想政治理论课建设在改进中不断加强，课堂教学状况显著改善，大学生学习思想政治理论课的获得感明显增强。2015 年 7 月，教育部实施普通高校思想政治理论课建设体系创新计划，整体推进教材、教师、教学等方面综合改革创新，重点建设一批教学、科研皆强的马克思主义学院，逐步构建重点突出、载体丰富、协同创新的思想政治理论课建设体系，努力把思想政治理论课建设成为学生真心喜爱、终身受益、毕生难忘的优秀课程。同年 9 月，教育部修订出台《高等学校思想政治理论课建设标准》，建立了 5 项一级指标、22 项二级指标、39 项三级指标体系。2017 年，教育部党组提出打一场提高高校思政课质量和水平的攻坚战，集中力量进行“思路攻坚、师资攻坚、教材攻坚、教法攻坚、机制攻坚”，组织开展了以领导带队调研、专家听课调研、校地特色调研、课题专项调研等多种形式的思政课建设情况大调研。同年 9 月，教育部制定了《高等学校马克思主义学院建设标准》，着力打造马克思主义理论教学、研究、宣传和人才培养的坚强阵地。2018 年 4 月，教育部研制了《新时代高校思想政治理论课教学工作基本要求》，坚持全流程管理，贯穿思想政治理论课课前、课中、课后各环节。与此同时，大力加强思想政治理论课

① 《习近平谈治国理政》第二卷，外文出版社 2017 年版，第 379 页。

教师队伍建设,构建三级教师培训体系启动实施“全国高校优秀中青年思想政治理论课教师择优资助计划”“高校思想政治理论课教师队伍后备人才培养专项支持计划”等工作,思想政治理论课教师队伍规模不断扩大,结构进一步优化,教学效果明显改善,大学生学习兴趣和满意程度得到提升,思想政治理论课建设的良好局面已经形成。

2019 年 3 月 18 日,习近平主持召开了学校思想政治理论课教师座谈会并发表重要讲话。这是我们党历史上是第一次由党的总书记亲自主持召开这个主题的会议,更是新中国教育史上具有里程碑意义的大事件。按照习近平总书记重要讲话精神,在中央教育工作领导小组部署推动下,深化学校思政课改革创新整体谋划、大步前进,取得了显著成效,开创了全新局面。2019 年 8 月,中共中央办公厅、国务院办公厅印发《关于深化新时代学校思想政治理论课改革创新的若干意见》,解决了一些长期想解决而没有解决的难题、规划了许多过去想办而没有办成的大事,引起热烈反响。不久,教育部和相关部门联合印发《关于加快构建高校思想政治工作体系的意见》《关于加强新时代中小学思想政治理论课教师队伍建设的意见》,颁布实施《新时代高等学校思想政治理论课教师队伍建设规定》,印发《高等学校课程思政建设指导纲要》,打出了政策落地见效“组合拳”。2019 年、2020 年教育部分别印发关于新时代高校思政课创优行动和深化新时代学校思政课改革创新先行试点等工作方案,突出年度工作主题,进一步形成稳扎稳打、层层递进的良好态势。

及时推动党的创新理论武装学生头脑,打牢学生成长成才的科学思想基础是思政课革新的方向。在这一时期,习近平新时代中国特色社会主义思想“三进”工作成效显著。推动党的创新理论全面贯穿、有机融入各门思政课,以高校思政课统编教材为范本,针对本专科、研究生各门思政课必修课,分别研制专题教学指南或教学建议,依托全国高校思政课教师网络集体备课平台发布海量优质教学资源,组织全国高校思政课教学指导委员会专家在线进行教学指导并答疑,定期组织高校思政课教师研讨交流教学共性问题,促进各门课程精准定位、差异衔接、合力育人。推动全国重点马克思主义学院所在高校率先全面开设“习近平新时代中国特色社会主义思想概论”课，深入研究教学目标、开课范围、师资配备、学分设置等规范要求，研制教学大纲（试用）。经过多轮试讲和完善，2020 年秋季学期，37 所全国重点马克思主义学院所在高校将全面开设“习近平新时代中国特色社会主义思想概论”课。开展习近平新时代中国特色社会主义思想大学习领航活动，通过大学生讲思政课、微电影大赛、夏令营等提升大学生对思政课的参与度和获得感。习近平指出，推动思想政治理论课改革创新，就是要不断增强思政课的思想性、理论性和亲和力、针对性，做到“八个相统一”：坚持政治性和学理性相统一、坚持价值性和知识性相统一、坚持建设性和批判性相统一、坚持理论性和实践性相统一、坚持统一性和多样性相统一、坚持主导性和主体性相统一、坚持灌输性和启发性相统一、坚持显性教育和隐性教育相统一。① 这“八个相统一”从思政课的政治属性、建设原则和教学方法者三个层面，深刻指出了走进学生内心的原则和方法，是思想政治理论课建设长期以来形成的一系列规律性认识和成功经验的科学概括，为科学的回答“培养什么人、为谁培养人、怎样培养人”这一根本问题提供了解决方略和路径，为新时代思想政治理论课的改革创新提供了基本遵循。

2020 年初新冠肺炎疫情暴发以后，以习近平同志为核心的党中央坚持以人民为中心、人民至上的价值理念，团结带领 14 亿中国人民上下齐心，团结协作，筑起同心战“疫”的坚固防线，快速有效地遏制住国内疫情的蔓延，挽救了人民的生命和财产，保证了人民的健康和幸福，更充分地体现了中国特色社会主义制度在面对危机时的制度优势，为思政课教学提供了鲜活生动的“教材”。在停课不停学的特殊阶段，思政课通过线上教学的方式，全面准确地及时地传播了全国各族人民在中国共产党领导下抗击疫情的英勇表现。2020 年 3 月 9 日，教育部与人民网联合组织“全国大学生同上一堂疫情防控思政大课”，邀请四位知名教授云授课，与大家共同研讨“疫情大考告诉了我们什么”“战‘疫’青年应该有怎样的责任和担当”。当时直播间有 5027.8 万人次观看，人民网的总访问量高

---

① 《习近平谈治国理政》第三卷，外文出版社 2020 年版，第 330—331 页。

达 1.25 亿次。这些鲜活的案例充分地展示了新时代“大思政”工作格局高校思想政治教育的系统性、联动性和实效性。大学生们真正地全程全方位地感受到党的科学思想，感受到中国特色社会主义制度的优势，感受到时代精神的召唤，感受到在新时代我们要继续坚定地跟党走，感受到肩负着民族复兴大任需要付诸行动，从而努力成为合格的中国特色社会主义建设者和接班人。

（四）不断健全立德树人体制机制

如果说“大思政”工作格局为高校思想政治教育搭建了一个全面的体系、骨架，那么来自四面八方的力量形成整体合力就是新鲜的血液。为了实现立德树人，把大学生培养成担负民族复兴的时代新人，更加需要能够让大思政工作格局运转的全面的教育机制和制度建设。2020 年 4 月 22 日，《教育部等八部门关于加快构建高校思想政治工作体系的意见》明确指出，构建高校思想政治工作的目标任务是：“健全立德树人体制机制，把立德树人融入思想道德、文化知识、社会实践教育各环节，贯通学科体系、教学体系、教材体系、管理体系，加快构建目标明确、内容完善、标准健全、运行科学、保障有力、成效显著的高校思想政治工作体系。”在指导思想和目标任务的指引下，《意见》从理论武装体系、学科教学体系、日常教育体系、管理服务体系、安全稳定体系、队伍建设体系、评估督导体系等方面 28 点内容对全面加快构建高校思想政治工作体系进行了系统的阐述，为高校思想政治教育体系化建设贯彻落实提供了重要的指导意见。

以管理服务体系为例，学校要提高管理服务的整体水平，建立健全服务育人的制度体系，宣传推广一些先进的管理服务育人的经验和典型做法，大力营造“治理有方、管理到位、风清气正的制度育人环境”。管理和服务要紧密围绕学生进行，以育人为出发点，切实做好日常管理和服务工作。要实施管理服务育人目标责任制，将管理、服务育人工作与学校中心工作同步部署、同步检查、同步考核，层层落实管理服务育人的责任、任务和目标。以问题为导向，不断完善规章制度体系，持续推动制度“废改立”工作，对学校的行政管理、教学管理、学生管理、群团组织建设、学生社区建设等规章制度进行查漏补缺，使管理服务育人制度化、规范化、全员化、全面化。在服务育人方面，侧重强调教辅部门和后勤部门扎实开展服务性工作，为师生创造出良好的工作、学习和生活环境，把党和国家对师生的尊重、关心和爱护“润物细无声”地全面地浸透于具体工作实践中。因此，管理服务育人要求加强人才队伍建设，通过强化培训、完善激励等方式，不断提高工作人员综合素质，增强育人活力。① 在整个过程中，要充分学习和利用新媒体新技术，搭建更多的、全面的育人平台，做到育人全面渗透。充分发挥社团平台、网络平台和实践平台的作用，充分发掘、展现、促进大学生自我教育的主观能动性，让大学生在实践中不断地检验自己的所学所知所感所想，有利于将大学生思想政治教育“内化于心、外化于行”，做到知行合一。

总之，在以习近平同志为核心的党中央的领导下，“以习近平新时代中国特色社会主义思想为指导，全面贯彻党的教育方针，坚持和加强党的全面领导，坚持社会主义办学方向，以立德树人为根本，以理想信念教育为核心，以培育和践行社会主义核心价值观为主线，以建立完善全员、全程、全方位的体制机制为关键，全面提升高校思想政治工作质量”的目标任务指导下，新时代高校思想政治教育体系构建正在逐步完善，并取得了显著的成效，呈现出全面加强、全面创新、全面发展的全新气象。

---

① 张勇、张玲：《新时代高校思想政治教育创新研究》，中国社会科学出版社 2019 年版，第 30 页。

第四章　中国共产党高校思想政治教育的内容方法

高校思想政治教育的内容，是由它所面临的形势、承担的任务和所处的历史时代所决定的，而科学的思想政治教育方法是确保思想政治教育有效性的关键。我国高校思想政治教育内容与方法的发展历程，既是用马克思主义基本理论教育青年和引导青年健康成长的历史，也是马克思主义思想政治教育理论不断走向成熟的历史，二者统一于我国高等教育的发展史中。

第一节　高校思想政治教育内容方法的形成和发展

十月革命一声炮响，给中国送来了马克思列宁主义。“十月革命帮助了全世界的也帮助了中国的先进分子，用无产阶级的宇宙观作为观察国家命运的工具，重新考虑自己的问题。”[①]在建党初期，高校思想政治教育处于萌芽阶段。1921 年 7 月中国共产党的诞生，中国人民从此有了坚强的领导核心，党的思想政治教育有了组织基础，由此思想政治教育正式发端，高校思想政治教育的内容与方法是在此基础上逐步初创、形成和发展起来的。

---

① 《毛泽东选集》第四卷，人民出版社 1991 年版，第 1471 页。

一、党的思想政治教育内容的初步确立

1840年鸦片战争以后,帝国主义列强不断侵略中国,中国逐步沦为半殖民地半封建国家。帝国主义一靠武力,二靠财力,对中国进行军事侵略、政治压迫和经济掠夺。五四运动后,中国的先进分子在中国需要变革和革新的方面已经达成了共识,但是在中国如何发生变化、向何处发生变化的问题上则存在着严重的分歧。这一时期,各个政治派别和各种思想潮流纷纷登台表演,他们从各自所代表的利益出发提出各自的解决中国问题的方案,发表各种政治言论。最终,马克思主义吸引先进分子,为党的创建准备思想条件,1921年思想政治教育伴随中国共产党的诞生而创立。到党的二大确立了思想政治教育的目标与对象,并初步确立了新民主主义革命时期思想政治教育的主要内容:加强马克思主义理论教育,对各界群众开展反帝反封建的革命纲领的教育。

(一)马克思学说的早期传入

19世纪末20世纪初,一部分先进的知识分子把马克思主义思想流派介绍到中国。在中国最早介绍西方社会主义思想的学者是资产阶级思想家梁启超。早在1896年,他研读了空想社会主义者贝拉米的《回头看》。在他主笔的《时务报》中,也登载过西班牙社会主义者的有关活动和德国社会党的有关情况。1898年,梁启超在《清议报》上发表《论强权》一文,指出西方资产阶级对劳动阶级施行强权必将导致"生计革命"不可避免。① 这篇文章被史学界认为是中国人最早议论社会主义的文章。

起初,梁启超对社会主义各种派别不够理解,对社会主义的要义也理解得很不准确。1902年10月发表的《干涉与放任》一文中,他用"干涉"与"放任"来解释中央集权和自由竞争,并进一步用"干涉"来解释社会主义。他写道:"而自由竞争之趋势,乃至兼并盛行,富者益富,贫者益贫,于是近世所谓社会主义者出而代之。社会主义者,其外形若纯主放任,其内质实主干涉也。将合人群使如一机器然,有总机以扭结而旋掣之,而于

① 梁启超:《自由书》,吉林出版集团2012年版,第69页。

不平等中求平等。”[①]他还进一步认为:“社会主义其必将磅礴于二十世纪也明矣。故曰:二十世纪为干涉主义全胜时代也……窃计治今日之中国,其当操干涉主义者十之七,当操放任主义者十之三。”[②]由此可见,其时梁启超对社会主义的确切含义并不完全理解。但他认为社会主义是在不平等中求平等,并希望中国行七分社会主义(今天的说法就是以社会主义为主体)还是很有意义的。在稍后的《进化论革命者颉德之学说》一文里,提到了马克思(译为麦喀士),称其为“社会主义之泰斗”。据现有资料考证,梁启超是最早在文字上向国人介绍马克思的中国人。

在当时的中国,介绍和翻译马克思主义的思想流派除了资产阶级改良派,还有资产阶级革命派、无政府主义、国家社会主义等。早期各学派对马克思主义的介绍是片面和零星的。介绍者由于自身的阶级立场、翻译水平和理解程度的原因,不理解马克思主义的实质,当然也从根本上谈不上信仰马克思主义。这是十月革命前马克思主义未能在中国广泛传播的重要因素之一。但是经过辛亥革命和新文化运动的洗礼,中国社会出现了一批具有初步共产主义思想的知识分子,为中国共产党思想政治教育的创立准备了条件。

(二) 先进知识分子传播马克思主义

十月革命胜利后,马克思主义开始在中国广泛传播。受十月革命的影响,五四时期中国早期的先进知识分子在对各种外来“主义”和学说进行比较和反复思考后,开始向马克思主义的立场转变,进而系统地介绍和传播马克思主义,促成了陈独秀、李大钊、毛泽东、赵世炎、蔡和森和周恩来等中国先进知识分子群体的形成,这就为马克思主义在更大范围内的传播和发展奠定了基础。在中国共产党成立前,马克思主义在中国传播的主要方式和手段有以下几种形式:

1. 创办刊物,宣传马克思主义

刊物是思想政治教育的载体,是五四时期传播马克思主义的重要阵

---

① 梁启超:《自由书》,吉林出版集团 2012 年版,第 184 页。

② 梁启超:《自由书》,吉林出版集团 2012 年版,第 184 页。

地。李大钊是传播马克思主义的先驱,他与陈独秀创办的《每周评论》,以及为《新青年》撰写的《我的马克思主义观》,系统阐述了马克思主义的三大组成部分,即唯物史观、政治经济学和科学社会主义理论,成为系统宣传马克思主义的标志,使人们对马克思主义有了全面的认识。在早期的马克思主义传播中,毛泽东注意把马克思主义普遍真理与中国革命的具体实践相结合。1919 年 7 月他主编的以湖南学生联合会名义出版的《湘江评论》,积极宣传马克思列宁主义和反帝反封建的思想。当时全国各地其他初步具有共产主义思想的知识分子,也在不同程度地传播和宣传马克思主义。

2. 组织团体,研究马克思主义

早在 1918 年 4 月,毛泽东和蔡和森、何叔衡等发起成立了新民学会。1920 年,毛泽东要求学会必须坚持以马克思列宁主义为旗帜,并和学会成员集体讨论世界局势和国家大事,研究马克思主义理论和俄国革命经验。李大钊于 1920 年 3 月在北京组织成立了"北京大学马克思学说研究会",把一批进步青年团结在周围,在研究中国社会问题的基础上,宣传马克思主义。稍后毛泽东在长沙创办"文化书社",周恩来在天津创办"觉悟社",从事专题研究,发表主张;此外,赵世炎、邓中夏、王尽美等人亦组织相关学会学社研究和传播马克思主义,并鼓励早期的马克思主义者走向工厂和街头宣传马克思主义,扩大马克思主义影响。

3. 出版译著,传播马克思主义

从五四时期到中国共产党成立前夕,各地报刊宣传介绍马克思恩格斯著作的中译文本就多达八种,其中陈望道翻译的《共产党宣言》,是我国的第一个中文的马克思著作全译本。各地出版的马克思、恩格斯译著为国人学习和了解马克思主义提供了便利,一批年轻的先进知识分子成长为马克思主义者,为马克思主义同中国工人运动的日益结合,为中国共产党的创立做好了思想上和干部上的准备,由此也奠定了高校思想政治教育的初步理论基础。①

---

① 王树荫主编:《中国共产党思想政治教育史》,中国人民大学出版社 2016 年版,第 9 页。

（三）思想政治教育内容与方法的创立

1921 年 7 月中国共产党第一次全国代表大会的召开标志着中国共产党的正式成立。党的一大通过的第一个决议对党的宣传工作的规定，是思想政治教育开创的具体标志。决议提出党的宣传教育的基本任务：要大力宣传马克思主义，以马克思主义武装工人、知识分子和各界群众；各地党组织要根据本地的实际情况出版报纸、刊物和各种通俗宣传品，通过各种形式宣传马克思主义；任何出版物都必须接受党的领导，遵循党的原则、政策和决议，无论中央或者地方的出版物，都不得刊登违背党的方针、政策和决议的文章。

党的二大于 1922 年 7 月召开。大会结合当时中国的社会经济状况指出：中国的革命是反帝反封建的民族民主革命，是资产阶级民主主义性质的革命；党的最高纲领是实现社会主义、共产主义，党的最低纲领是打倒军阀，推翻国际帝国主义的压迫，统一中国，建立真正的民主共和国。反帝反封建民主革命纲领的提出，是确定思想政治教育内容的理论遵循和价值指引。大会还提出，要实现反帝反封建的目标，必须组成包括工人阶级、农民阶级和小资产阶级的民主主义的联合阵线，并提出了依靠和发动群众的方法。

由此可见，在中国共产党创立初期，思想政治教育的内容是围绕反帝反封建，以传播马克思主义理论为中心来展开的。

二、围绕革命斗争形势开展思想政治教育

从中国共产党成立到新中国成立前，高校思想政治教育内容的形成和发展是在一系列的思想政治教育活动中体现出来的。

党的一大、二大不仅从理论上明确了党的思想政治教育原则、目标、任务和对象，还规定了宣传纪律，强调要加强对宣传的组织领导，确定坚持以马克思主义为指导，结合革命斗争形势进行反帝反封建的宣传内容，并派遣大批党员到各地对工人进行宣传教育活动，为实现新民主主义革命任务服务。

（一）国民革命时期，围绕国共合作开展思想政治教育

在中国共产党成立前，尽管中国人民同外国侵略者和封建专制统治者曾经进行了长期艰苦卓绝的斗争，但是中国的半殖民地半封建程度却进一步加深。对此，胡绳认为，这些斗争存在两个根本性的弱点：一是没有认清革命的对象，不能团结真正的朋友以攻击真正的敌人；二是没有广泛地发动群众。[①] 因此，中国共产党成立后就把领导工人运动作为自己的首要任务和中心工作，在党的有效领导和组织下，工人运动在 1922 年 1 月到 1923 年 2 月形成了高潮。但是作为第一次工人运动高潮标志的京汉铁路工人大罢工，最后遭到了北洋军阀政府的残酷镇压，此后工人运动被迫进入低潮。这次斗争的失败，使党认识到，中国革命的敌人即帝国主义和反动军阀的力量异常强大，要取得革命的胜利，仅仅依靠工人阶级一支力量是远远不够的，还必须团结一切可以团结的力量，争取一切可能的同盟军，结成广泛的反帝反封建的革命统一战线。在共产国际的支持和帮助下，中国共产党通过广泛的思想政治教育，实现了国共两党的第一次合作。

1. 统一认识，为国共两党合作奠定思想基础

在当时，有些人对与孙中山领导的国民党以什么样的方式实现合作有很多顾虑。最初党的二大提出“党外合作”，但是孙中山从国民党的角度出发，希望共产党员、青年团员以个人身份加入国民党，实行“党内合作”方式。中国共产党的大多数领导人不赞成“党内合作”，认为这样，中国共产党有可能会丧失自己的独立性。共产国际代表马林则提出要正视现实，接受孙中山的建议。于是中国共产党在全党进行了思想政治教育，统一了党的高级干部的认识，接受共产国际以党员个人身份加入国民党以实现国共合作的指示。1923 年 6 月，党的第三次全国代表大会对国共合作的方针和办法作出了正式的决定，并明确规定，在共产党员加入国民党时，中国共产党必须保持自己在政治上、思想上和组织上的独立性。这些规定从后来的历史发展来看是正确的。

---

① 胡绳主编：《中国共产党的七十年》，中共党史出版社 1991 年版，第 30—31 页。

2. 动员广大党员以个人身份加入国民党,促成国共合作的形成

党的三大后,国共合作的步伐加快,党的各级组织做了大量的思想政治教育工作,动员广大党员和革命群众加入国民党,积极组织并推动国民革命运动。1924 年 1 月,国民党第一次全国代表大会在广州召开。大会通过的《中国国民党第一次全国代表大会宣言》,赋予了三民主义反帝反封建和解决土地问题的内容,明确把联共政策写进国民党新党章,承认共产党员和共青团员以个人身份加入国民党。国民党一大的政治纲领和共产党在民主革命阶段的政治纲领的若干基本原则是一致的。国民党一大的召开,标志着国共合作的正式形成。

3. 周恩来在黄埔军校开展扎实的思想政治教育工作

第一次国共合作建立起革命统一战线后,周恩来、恽代英、萧楚女等共产党人在黄埔军校担任政治工作,尤其是周恩来担任政治部主任期间,重视马克思主义理论和党的宗旨教育,坚持进行以反帝反封建为中心的教育内容,研究中国的革命实际问题,为在军校建立和开展思想政治教育工作作出了巨大的贡献。

(1)进行三民主义和马克思主义理论教育

黄埔军校的思想政治教育内容体现了党的统一战线的特色,并兼顾了思想政治教育内容的层次性要求。《黄埔军校训令》指出:思想政治教育内容包括“社会主义、共产主义、马克思主义等书籍,以及表示同情于本党或赞成本党政策而极力援助本党之一切出版物,除责成政治部随时购置外,本校学生皆可购阅”①。因此,黄埔军校的思想政治教育内容既包括了马克思主义基本理论,也包括了孙中山的新三民主义思想和国民革命的常识。

(2)突出反对帝国主义、封建主义内容

教育学生明确中国革命的目的是要推翻帝国主义、封建军阀和贪官污吏的统治,建立起人民民主共和国。因此教育的课程内容专门安排了

① 广东革命历史博物馆编:《黄埔军校史料(1924—1927)》,广东人民出版社 1982 年版,第 79 页。

“国民革命概论”“帝国主义”“帝国主义侵略中国史”“各国革命史”等，传授民主革命的基本理论，培养师生的革命思想。“使广大群众明了帝国主义的罪恶。”①

(3)进行军民关系、革命纪律教育

黄埔军校把政治教育和军事训练提到同等重要的程度，强调为了实现革命的目标，必须严明革命纪律，密切军民关系。思想政治教育工作者不但要遵守统一的口号、宣传标语和传单，个人的言行也必须要有组织、有纪律。在教育内容安排上突出宣讲“党的组织问题”“本党宣言训令”“青年运动”“商民运动”“宣传煽动问题”等相关内容。

（二）土地革命时期，思想政治教育内容的艰辛探索

大革命失败后，中国共产党逐步认识到枪杆子的重要性，决心以武装的革命去反对武装的反革命，开展武装斗争和土地革命。党开始了重新探讨革命新道路的艰难历程，在这个漫漫的征程中，思想政治教育的地位和作用得到了确认，并形成了毛泽东关于思想政治教育的重要理论。

1. 正确认识大革命失败后的形势，坚定革命信念

蒋介石和汪精卫背叛革命后，在他们控制的国民党提出“宁可错杀一千，不可放过一人”的血腥口号下，国民党军警大肆屠杀共产党人和群众，致使党的领导人李大钊、陈延年、赵世炎等先后英勇牺牲。共产党组织遭到破坏，中共党员从 6 万多最后只剩下 1 万多人，部分民族资产阶级和小资产阶级背叛革命，中国革命形势发生了很大的变化，革命形势处于低潮时期。

在反革命势力甚嚣尘上之时、在国民党的白色恐怖之下、在党内外笼罩着的悲观失望情绪之中，部分人对中国革命的前途产生了怀疑和动摇。中国共产党人并没有被吓倒，反而开展了卓有成效的形势教育，帮助党内外群众正确认识大革命失败后的形势，鼓舞他们的革命斗志，坚定他们的革命信念，为新的革命高潮的到来做好准备。

---

① 李德芳、杨素稳、李辽宁主编：《中国共产党思想政治教育史料选辑》上册，武汉大学出版社 2019 年版，第 149 页。

这一时期形势教育的主要内容包括:一是教育全党和各界革命群众正确认识大革命失败后的中国社会和中国革命性质。虽然资产阶级已经背叛了革命,但中国地主阶级的土地私有制仍然存在,中国社会依然是半殖民地半封建社会,中国革命的性质也仍然是反帝反封建的资产阶级民主革命。二是教育全党和各界革命群众正确认识大革命失败后的革命形势。虽然革命处于低潮时期,当前面临的是敌强我弱、敌大我小的严峻形势,但革命低潮只是暂时的,引起革命的矛盾没有解决,新的革命高潮的到来是无法避免的。

2. 工农红军思想政治教育初创

大革命失败后,中国共产党领导和发动了南昌起义、秋收起义、广州起义等 100 多次武装暴动并创立了工农红军和农村革命根据地,中国革命由此进入土地革命时期。工农红军的思想政治教育也随之展开,思想政治教育也为工农红军的发展和壮大发挥了思想保证作用。

(1)红色政权理论的形成

井冈山革命根据地开辟后,为中国革命找到了通向胜利的唯一正确的道路,但是这条道路得到普遍认同却经历了曲折的过程。“左”倾错误的执行者坚持走城市中心的道路,拒绝在农村中建立革命根据地和革命政权,拒绝在农村做积蓄力量的艰苦工作,甚至一些人在困难和挫折面前,提出了“红旗到底打得多久”的疑问。毛泽东为了统一社会各界群众思想,提高他们的认识,解决各种思想问题,做了大量思想政治工作,并在 1928 年 10 月—1930 年 1 月间,先后发表了《中国的红色政权为什么能够存在?》《井冈山的斗争》《星星之火,可以燎原》等著作,从理论上回答了农村包围城市、武装夺取政权的道路问题,并形成了红色政权理论,即无产阶级领导下的武装斗争、土地革命和根据地建设,这就是通常所说的“工农武装割据”思想,也就是中国革命的正确道路。毛泽东的红色政权理论为思想政治教育的健康发展奠定了坚实基础。

(2)古田会议确立思想政治教育内容

随着红四军的不断发展壮大,由于众多的农民和小资产阶级成分的人士加入,党内出现了大量的非无产阶级思想,同时由于党的领导机关缺乏对党员的正确的路线教育,极大地妨碍了党的正确路线和决议的执行,影响了红军的发展,并进而影响中国革命的进程。为了解决上述思想问题,1929 年 12 月,红四军第九次党代表大会在福建上杭古田召开,通过了毛泽东为会议起草的古田会议决议。

决议的内容十分丰富,结合红四军的实际,阐明红军的性质、宗旨和任务,强调党对军队的绝对领导,要从思想上、政治上加强党和军队的建设,用马克思列宁主义克服各种非无产阶级思想。其中心思想是要用无产阶级思想建设党、建设红军。

3. 革命根据地高校思想政治教育内容的早期探索

党的革命斗争不仅需要大批政治和业务素质过硬的人才,而且更需要具有坚定革命信念的后备支撑力量。因此,当时各革命根据地加强了学员的思想政治教育。根据古田会议决议的精神,思想政治教育的内容要具有针对性,革命根据地高校开展了一系列思想政治教育活动。

(1)加强政治和社会发展史教育,突出政治性

苏维埃大学于 1932 年 8 月创办,由毛泽东担任校长,该校主要培养党和苏维埃政府的政治、经济、文化和教育等方面的革命干部。在思想政治教育方面,学校极为重视学员的思想政治素质,强调学员的学习必须坚持理论联系实际,要在社会实践中提高思想觉悟。1933 年组建的红军大学,是与苏维埃大学的军事部、政治部合并而成的,其主要任务是培养营、团以致军级的军事干部,该校政治教育的主要内容就包括了党的建设、社会发展史和红军的政治工作等内容。

(2)重视马克思主义理论和党的基本知识教育,突出思想性

对全体党员进行马克思主义理论和党的基本知识教育。中央党校、苏维埃大学、红军大学及各类型的党员干部训练班都设立了马克思主义理论课,编辑印发了普及马克思主义基本常识的系列教育读本,供学员学习使用。1933 年建立的马克思主义大学,其主要任务是培养党的高级干部,该校设有白区和苏区工作人员训练班,党团苏维埃、工会工作训练班、省委、省苏维埃和工会工作的高级干部训练班。马克思主义大学要求学员加强学习马克思列宁主义基本原理、党的建设和工人运动等相关内容,

学会运用辩证唯物主义和历史唯物主义观点分析中国的实际问题，开展思想政治工作。在革命根据地创办的其他各类专业学校，也要求学员加强马克思主义常识的学习，党的部分领导人也常去这些学校为学生讲思想政治教育的课程。张闻天在1932年11月发表的文章《论我们的宣传鼓动工作》中提出："宣传鼓动工作同时就是组织群众的工作。"①在此背景下，1933年4月正式成立了马克思主义研究会，组织党员系统学习研究马克思主义，分析讨论中国革命问题。这一时期，党的高校思想政治教育内容在萌芽中初步形成。

(3)重视劳动教育，培养劳动观念，突出战斗性

红军大学的学员除了学习马克思主义基本理论、党的建设和社会革命史等相关内容外，学校还要求学员要经常上前线积累作战经验，必须参加生产劳动，培养劳动观念和劳动习惯，密切军民关系。革命根据地的其他各级各类专业学校也非常重视劳动教育，经常组织学生参加生产劳动。

（三）抗日战争时期，高校思想政治教育内容基本形成

1931年九一八事变后，中日之间的民族矛盾上升，为了挽救民族危亡，中国共产党开展了卓有成效的抗日救亡宣传教育活动，促成了抗日民族统一战线的建立。中国共产党在抗日战争时期形成了以毛泽东为核心的党中央领导集体。党的思想政治教育理论与实践日趋成熟，为高校思想政治教育的顺利开展准备了条件。

1. 为建立抗日民族统一战线，开展抗日救亡的宣传教育

九一八事变后，中国共产党坚决主张对日抗战，在1931年9月20日发表的《为日本帝国主义强暴占领东三省事件宣言》中指出："反对日本帝国主义强占东三省！立刻撤退占领东三省的陆海空军！自动取消一切不平等条约！"②并在1933年10月发表《中国人民对日作战的具体纲领》，号召全体人民总动员、总武装；要联合一切日本帝国主义的敌人，反对日本帝国主义的侵略。1935年12月，中央政治局在陕北瓦窑堡召开

---

① 《建党以来重要文献选编(1921—1949)》第9册，中央文献出版社2011年版，第605页。

② 胡绳主编：《中国共产党的七十年》，中共党史出版社1991年版，第114页。

扩大会议，通过《中央关于目前政治形势与党的任务的决议》，确立了建立抗日民族统一战线的策略方针，开展了对党内的“左”倾关门主义思想的揭露和批判，统一了全党的思想认识，保证了党在抗日救亡运动中正确的路线方针政策的实施。党的思想政治教育为第二次国共合作的建立作出了贡献。

在民族危亡的关键时刻，中国共产党思想政治教育的首要任务是推动全民抗日运动的高涨。抗战时期高校思想政治教育，因解放区和国统区地域的不同，而在内容上各有自己的特点。

2. 国统区的高校思想政治教育内容围绕抗日民族统一战线展开

在抗日民族统一战线建立前，党在国统区的高校思想政治教育主要是通过各种秘密组织团结和教育群众，在各大中学校宣传抗日主张，推动抗日民族运动的高涨。1935 年，在党的领导下北平大中学校学生自治联合会成立，中共北平临时工作委员会召集相关学生组织，出版刊物，宣传抗日救国思想，并直接推动了一二・九运动的爆发。共青团中央在党的指示下发表了《为抗日救国告全国各校学生和各界青年同胞宣言》，号召青年到工人、农民、商民和军队中去，唤醒青年的救国觉悟，推动了全国抗日救亡运动的高涨，使党的抗日政策深入民心，为抗日民族统一战线的形成奠定了群众基础。

西安事变后不久，抗日民族统一战线形成，党在国统区高校的思想政治教育主要由北方局和南方局执行。刘少奇在主持北方局工作期间，强调指出，要正确认识中国共产党的抗日民族统一战线政策，要坚决与各党派和各界群众建立统一战线，但是共产党必须要保持自己的独立性，他批判了右倾投降主义和资产阶级改良主义思想，提高了高校学生和各界群众的思想觉悟和认识水平。

南方局高校思想政治教育的首要任务是统一战线工作。对党员干部的教育内容主要是进行党的建设、党的策略、党的工作、党的秘密性教育以及时事政策教育和革命气节教育，巩固了党在国统区的组织、提高了党组织的战斗力。对各民主党派、工商联和其他各界爱国人士则用正确的理论武装他们，避免用空洞抽象的世界观人生观和历史问题同他们争论，比如,毛泽东《在延安文艺座谈会上的讲话》发表后,南方局全文印发,分送各文化界人士学习,引导他们积极地同国民党顽固派作斗争,团结了一切可以团结的力量,为夺取抗日战争的胜利发挥了重要的作用。

3. 抗日根据地高校思想政治教育的内容

全民族抗战爆发后,中共中央作出重大部署,决定吸收大批革命青年到延安,为此在延安创办了抗日军政大学、陕北公学、鲁迅艺术学院、延安民族学院、延安大学、延安中国女子大学和中央青委主办的安吴青训班等革命学校,对大批爱国青年进行了全面而系统的思想政治教育。

(1)加强马克思主义理论、树立正确的世界观教育

中国共产党重视全党的马克思主义思想理论教育,要求根据地大学生学习马克思列宁主义基本原理,学习哲学、政治经济学、掌握辩证唯物主义和历史唯物主义基本理论,树立无产阶级世界观,掌握马克思主义的方法论。毛泽东在抗战时期发表的《矛盾论》《实践论》全面阐述了唯物辩证法的根本原则——对立统一规律,奠定唯物主义认识论基础,是高校思想政治教育的哲学理论基础。

(2)中国革命史和革命问题教育

中国共产党强调高校思想政治教育要为抗战服务,这就意味着学生必须清楚中国革命的目标、内容、对象以及革命的前途等。因此,高校要求学生必须学习中国问题、中国革命史、时事政策等相关内容。特别是全面抗战开始后,社会上出现"亡国论""速胜论"两种错误思想。毛泽东的《论持久战》从思想上、理论上武装了全党和全国人民,纠正了这两种错误思想,教育了广大人民群众和高校师生。

(3)军事教育和军事学习

中国人民抗日军事政治大学,简称"抗大",是在抗日战争时期由中国共产党创办的培养军事和政治干部的学校。"抗大"成立了专门培养军事干部的军事队,增加军事教育和军事学习的内容,在军事生活上提出了更严格的要求。抗大招收的青年来自全国各地,毛泽东为抗大的题词"一面学习、一面生产,克服困难,敌人丧胆",体现了当时解放区大学生学习和战斗生活的实况。上述学校的学生除了进行业务能力学习外,还

要学习政治常识、政治经济学、中国问题、战时政治工作、军事学、青年运动理论及历史、民众运动、游击战术、西北问题研究等相关科目,从中可以看出,思想政治理论课所占的比重较大。①

这些举措提高了高校学生的马克思主义理论素养和政治觉悟,也有利于促进他们业务能力和工作能力的提升。

（四） 解放战争时期,高校思想政治教育内容的逐步展开

解放战争时期,中国社会主要矛盾发生了变化,由中华民族和日本帝国主义之间的民族矛盾转变为中国人民与以蒋介石为首的国民党反动派之间的阶级矛盾。党的思想政治教育工作在形成最广泛的人民民主统一战线方面作出了重大的贡献。

1. 国统区高校思想政治教育以爱国主义为核心内容

解放战争时期,国统区高校的青年学生在中国共产党的领导下开展了声势浩大的爱国民主运动,它与国民党反动政府之间的斗争,形成了配合人民解放战争的第二条战线,国统区高校组织各种形式的学生运动,如抗暴运动、反饥饿、反内战运动,揭露和孤立了国民党反动派,使青年学生认清美蒋勾结损害中华民族根本利益的事实,激发了学生的爱国情感,引导学生成为坚强的共产主义战士,为中国革命的胜利作出了突出贡献。

2. 解放区高校思想政治教育以为人民服务的思想为主要内容

全面内战爆发后,国民党在国内军事上、经济力量上具有明显的优势,在国际上有美国政府的支持。中国共产党在此严峻形势下,对全党进行了坚决打败国民党信念的教育:打败蒋介石必然性教育、毛泽东的战略战术军事思想教育以及帝国主义和一切反动派都是纸老虎的教育。② 有效地克服了恐惧心理,鼓舞了全国人民的信心。

这一时期,高校思想政治教育的主要内容是进行马克思主义理论学习和时事政策学习,学习社会发展史,列宁主义概论,中国革命基本问题、

① 吴云才:《中国共产党抗日战争时期的青年思想政治教育》,《南阳理工学院学报》2014 年第 1 期。

② 彭承福主编:《思想政治教育史纲》,西南师范大学出版社 1993 年版,第 114—115 页。

《思想方法论》等著作，采取的方法是将理论学习与思想改造相结合。如东北军政大学、华北大学和各解放区的人民革命大学，都非常重视马克思主义和毛泽东思想的学习，通过理论教育和生产劳动相结合的方式，教育引导学员逐步确立为人民服务的思想，为中国革命培养了一大批优秀的军政干部。

三、高校思想政治教育方法的实践探索与初步形成

高校思想政治教育方法是指“高校思想政治教育者在进行思想政治教育过程之中所采用的思想方法和工作方法”①。高校思想政治教育取得实效，除教育内容对教育对象具有针对性，还需要通过采取有效的手段和方式来实现。在新民主主义革命时期，高校思想政治教育方法是从无到有，逐步形成和发展而来的。

（一）国民革命和土地革命时期思想政治教育方法的开拓性探索

中国共产党成立以后，对如何运用马克思主义基本原理并结合中国革命实际来解决中国的具体问题，进行了创造性的探索。国民革命和土地革命时期思想政治教育方法主要有以下内容：

1. 办刊物、出书籍、办学校，广泛宣传马克思主义

1922 年 1 月，社会主义青年团创办《先驱》，提出“努力研究中国客观的实际情形，而求得一最合宜的实际的解决中国问题的方案”，并把它当作“第一要务”。② 上海党组织出版《共产党》月刊介绍党的相关知识。开办学校，有组织地培养进步青年。1921 年毛泽东创办了湖南自修大学，传播马克思列宁主义思想，培养革命干部。湖南省委于 1923 年 11 月创办了湘江学校，毛泽东亲自给学员讲解马克思主义基本知识，指导他们运用马克思主义来研究中国的实际问题等。党在黄埔军校的思想政治教育方法主要是通过上课，举行政治演讲、政治讨论会、政治问答及政治测验等方式进行。

① 刘基主编：《高校思想政治教育论》，中国社会科学出版社 2006 年版，第 130 页。
② 胡绳主编：《中国共产党的七十年》，中共党史出版社 1991 年版，第 31 页。

2. 深入工农群众，把马克思主义普遍真理同中国的具体实际相结合

中国共产党成立后，建立了中国劳动组合书记部，中国共产党深入到工人农民里边，通过翔实数据和生动案例揭露中外资本家对工人的残酷剥削和压迫，帮助工人成立工会，以及介绍俄国十月革命的成功经验，号召工人群众向苏联工人阶级学习。对工人的思想政治教育方法得当，提高了工人阶级的思想政治觉悟。

党在二大以后，真正开始重视农民问题。因为在中国这样一个人口众多、经济文化落后的东方农业大国，怎么把马克思主义同中国的具体实际结合起来，夺取民主革命的胜利，宣传发动和组织农民就具有极其重要的意义。党通过举办农民运动讲习所等形式，建立农民协会，培训农民运动骨干，开展思想政治教育，并在理论和实践方面积累了丰富的农民教育经验，为后来革命战争的胜利奠定了深厚的群众基础。毛泽东在《在湖南农民运动考察报告》一文中，热情赞扬了当时党在农村的思想政治教育，他指出："政治宣传的普及乡村，全是共产党和农民协会的功绩。很简单的一些标语、图画和讲演，使得农民如同每个都进过一下子政治学校一样，收效非常之广而速。"①

3. 坚持说服教育等思想政治教育方法

古田会议决议提出了18种党内教育方法，主要包括党报、训练班、个别谈话批评、小组会、政治讨论会等，并提出了政治课教学的十大教授法：启发式（废止注入式）、由近及远、由浅入深、说话通俗化（新名词要释俗）、说话要明白、说话要有趣味、以姿势助说话、后次复习前次的概念、要提纲、干部班要用讨论式。② 决议还规定了早晚点名说话、集合讲话等相关要求。总之，要求思想政治教育坚持群众路线，在发扬民主的基础上，用说服教育来提高教育对象的觉悟；要反对主观主义，说服要有证据；要设法改善物质生活，加强组织纪律等。

（二）抗日战争时期高校思想政治教育方法的初步形成

抗日战争时期，中国共产党人系统总结了思想政治教育的历史经验，

---

① 《毛泽东选集》第一卷，人民出版社1991年版，第35页。

② 《毛泽东文集》第一卷，人民出版社1993年版，第103—107页。

确立了毛泽东思想在思想政治教育中的指导地位。与此同时，党在解放区和国统区高校也非常重视探索科学而有效的思想政治教育方法，确保了党的路线方针政策的贯彻落实。

抗战时期，为确保革命事业的成功，党的高校思想政治教育坚持以马克思主义为指导，结合中国革命实际和抗战的阶段性发展，围绕思想政治教育目标的实现，主要采取了以下方法：

1. 坚持实事求是这一思想政治教育的根本方法

实事求是是马克思主义理论的精髓，是中国共产党的思想路线，也是高校思想政治教育根本的思想方法和工作方法。毛泽东在抗日战争时期明确界定了“实事求是”的科学内涵：“‘实事’就是客观存在着的一切事物，‘是’就是客观事物的内部联系，即规律性，‘求’就是我们去研究。”① 思想政治教育要学会运用实事求是的方法，才能使主观认识与客观实际相符合，才能正确把握学生的思想状况和思想转化规律，引导他们形成符合社会要求的价值观，为革命胜利服务。

2. 坚持群众路线的方法

党的群众路线是以马克思主义唯物史观作为理论依据，是党的根本工作路线和生命线，是做好高校思想政治教育的重要保证。思想政治教育要坚持“从群众中来，到群众中去，把党的正确主张变为群众的自觉行动”。抗日战争时期，中国共产党非常重视关注青年、重视青年、关心青年，把青年大学生作为思想政治教育的重点对象，坚持一般号召和个别指导相结合的原则，相信依靠人民群众能战胜一切艰难困苦，并最终取得革命的胜利。

3. 坚持矛盾分析和阶级分析方法

矛盾分析法在唯物辩证法方法论体系中居于核心地位，是根本的认识方法。世界上的一切事物都存在着矛盾，而不同事物的矛盾则又是具体且特殊的。“要善于去观察和分析各种事物的矛盾的运动，并根据这

① 《毛泽东选集》第三卷，人民出版社 1991 年版，第 801 页。

种分析,指出解决矛盾的方法。”①“用马克思主义的基本观点,即阶级分析的方法,作几次周密的调查,乃是了解情况的最基本的方法。”②在抗战时期,中国共产党分析国统区和解放区的不同实际情况制定了不同的工作方法。

4. 典型教育、宣传鼓动、说服教育、分类指导等多种形式相结合的具体方法

典型教育是运用典型的人或物的案例,来启发教育人们的方法。正面的先进的榜样力量是无穷的,具有说服力、感染力和号召力。抗战时期毛泽东将白求恩作为正面典型加以宣传弘扬,肯定其“毫不利己、专门利人”的高尚道德情操;讴歌张思德“全心全意为人民服务”的崇高精神境界,鼓舞和激励了高校师生的革命热情,为抗战的胜利作出了应有的贡献。党在国统区高校强调“勤学、勤业、勤交友”,讲究工作方法,坚持以平等、亲切、谦虚的态度以理服人,开展自我批评作表率,扩大了党的影响,增强了思想政治教育的有效性。

(三) 解放战争时期高校思想政治教育方法的发展

解放战争时期,高校思想政治教育方法在继承优良传统的基础上有了进一步的发展,中国共产党制定了针对国统区青年大学生思想政治教育的有效方针和策略。在高校思想政治教育的形式方面则坚持对大学生进行以爱国主义为核心的主旋律教育。面对敌人的破坏和干涉,在中国共产党的领导下,先进大学生群众组织通过办壁报、板报、宣传单和标语等为武器,向当时的国民党反动政府宣战,他们深入工厂、农村和军队等开展助工、助农和助学活动,激发了国人的斗争精神,配合了主战场的作战,确保了党的中心任务的有效完成。

1. 重视理论教育与生产劳动相结合

理论联系实际是党的一项优良作风,解放战争时期,党中央要求东北军政大学、华北大学和各解放区的人民革命大学,要坚持把理论教育和社

---

① 《毛泽东选集》第一卷,人民出版社 1991 年版,第 304 页。

② 《毛泽东选集》第三卷,人民出版社 1991 年版,第 789 页。

会生产劳动相结合，让广大师生在学习和生产实践中进行思想改造，切实树立为人民服务的人生观。

2. 贴标语、发布告等多样的宣传方法

通过宣传，组织师生下乡宣传和参加土改工作，召开群众性大会，加深对土改必要性的认识，从而转变其思想。同时还采用贴标语、发布告等形式，采用民主讨论的方法，通过忆苦思甜，宣传阶级观念，进行群众动员，提高他们的思想觉悟和认识水平。

3. 国统区高校思想政治教育坚持灵活应变、公开和秘密相结合的方法

国统区逐渐形成了以学生为主体的反对蒋介石统治的第二条战线，由于特殊的环境和党的工作性质的要求，所以国统区的高校思想政治教育注重公开性和秘密性相结合的原则，以确保工作的有效性。党中央在国统区以灵活多变的手段实现了目标。周恩来指出："无论反动派如何疯狂镇压，只要我党能有清醒的头脑，灵活的策略，并坚决依靠广大群众，而不犯冒险主义错误，我们是一定能够对付反动派的进攻，保持并发展自己的阵地的。"①

除此以外，在解放战争时期还重视维护青年学生的根本利益，高校思想政治教育把解决大学生的思想问题和解决大学生的实际问题结合起来，强调针对青年大学生的身心特点来加强思想政治教育工作。

第二节　高校思想政治教育内容方法的基础奠定和曲折发展

从新中国成立初期到"文革"前，是高校思想政治教育的基础奠定和曲折发展时期。高校思想政治教育的主要内容有两个方面：一是强调马克思主义的世界观、人生观和价值观教育；二是结合党的总路线、总任务

① 《周恩来选集》上卷，人民出版社 1980 年版，第 312 页。

进行形势与政策教育。思想政治教育方法主要是围绕各种重大社会事件,将现实性的思想教育与群众教育相结合,充分发挥青年团组织的作用,加强课外实践活动等方式进行。

一、新中国成立初期以马克思主义理论、形势与任务教育为主要内容

新中国成立初期,中国共产党和中国人民面临着复杂的形势和严峻的考验,这种考验,既有军事上、经济上、外交上的,也有共产党自身建设方面的。1949 年 3 月,在党的七届二中全会上,毛泽东谈到了国家建设、党的建设等方面面临的形势,他指出共产党"夺取全国胜利,这只是万里长征走完了第一步"①,党首先加强党风建设,迎接执政考验。从 1949 年 10 月新中国成立到 1956 年社会主义改造基本完成这个阶段,高校思想政治教育的主要任务是为巩固政权和社会主义制度的确立服务的。

在新民主主义教育向社会主义教育的转变过程中,高校思想政治教育的主要内容是围绕党和国家面临的形势、任务而展开的,一方面大力批驳旧的教育思想观念,加强马克思主义理论、毛泽东思想的教育,清除旧社会遗留的坏思想和坏习惯,使教育对象脱离境内外反动派的影响;另一方面积极开展爱国主义、集体主义和国际主义教育,有力推动了土地革命、抗美援朝、"三反""五反"等政治运动的顺利进行,保证了党的路线、方针、政策的贯彻落实和各项工作的顺利开展。

(一)批驳旧的教育思想观念,树立为人民服务的思想

新中国成立初期,国内意识形态斗争复杂艰巨,高校思想政治教育面临着无产阶级思想、民族资产阶级和小资产阶级思想以及封建残余思想并存,唯物主义与唯心主义、辩证法和形而上学的对立等问题。思想文化领域的革命与反革命、先进与落后、进步与守旧、科学与谬误的斗争也形势严峻。这一时期,党和国家针对从社会主义革命向社会主义建设这一

---

① 《毛泽东选集》第四卷,人民出版社 1991 年版,第 1438 页。

过渡时期的特点，出台了一系列文件，为高校思想政治教育内容和方法的进一步发展奠定了基础。如表 4-1 所示。

表 4-1　新中国成立初期党关于高校思想政治教育的相关文件

时间	文件	出台单位
1950 年 10 月 13 日	《关于加强对学校政治思想教育的领导的指示》	教育部
1951 年 2 月 25 日	《关于健全各级宣传机构和加强党的宣传教育工作的指示》	中共中央
1951 年 3 月 20 日	《关于加强理论教育的决定的通知》	中共中央
1951 年 9 月 12 日	《关于挑选适当人员担任大中学校的政治课教员的指示》	中共中央
1952 年 9 月 1 日	《关于培养高等、中等学校马克思列宁主义理论师资的指示》	中共中央
1955 年 3 月 1 日	《关于宣传唯物主义思想批判资产阶级唯心主义思想的指示》	中共中央

1. 引导知识分子加强自我教育，树立革命立场

新中国成立初期，高校思想政治教育的重点对象之一是知识分子。对知识分子首先强调以自我教育为中心的思想改造运动。这种自我教育强调以正面教育为主，目的是树立革命的立场、观点和态度。1950 年 6 月，毛泽东在《不要四面出击》中指出，“对知识分子，要办各种训练班，办军政大学、革命大学，要使用他们，同时对他们进行教育和改造。”①关于用什么内容来教育改造知识分子这一问题，刘少奇指出：“必须用马列主义的观点和方法去教育人民，而不是用其他任何观点和方法去教育人民。……我们要肃清帝国主义思想、封建主义思想，批评一切非无产阶级的思想，这样才能确立马列主义——工人阶级思想的领导权。”②随后，从教育界逐渐扩展到整个知识界，发展为全国规模的知识分子思想改造运动。通过较为系统的马克思主义学习和自我教育运动，广大知识分子基本清除了反动的政治思想，逐步树立了为人民服务的思想，1956 年周恩

① 《毛泽东文集》第六卷，人民出版社 1999 年版，第 74 页。

② 《建国以来重要文献选编》第 2 册，中央文献出版社 1992 年版，第 292—293 页。

来提出，他们中的绝大部分成为工人阶级的一部分。知识分子的教育形式还包括组织学习文件材料，以马克思列宁主义为指导，检查帝国主义、封建主义和官僚资本主义以及资产阶级的错误思想，对形而上学和唯心主义进行批判。

2. 批判唯心主义和形而上学，确立马列主义、毛泽东思想的指导地位

中国共产党认为，对知识分子的思想改造仅靠正面教育的方式是不够的，还必须注意思想斗争。在当时意识形态领域中，唯心主义和形而上学也在很大程度上存在。刘少奇指出："在党内，只承认一种思想是合法的，就是无产阶级思想，马列主义。"①"对许多旧观点，特别是封建观点，要从思想上、理论上批驳它。例如迷信问题、命运问题等，过去解释不对的，要用新的观点去解释，要用马列主义的观点，辩证唯物论和历史唯物论的观点来解释，把旧的观点驳掉。"②

（二）结合抗美援朝运动，开展爱国主义和国际主义教育

当我国人民为争取财政经济状况根本好转，恢复国民经济的时候，1950 年 6 月，朝鲜战争爆发了。为了使高校广大师生明确抗美援朝、保家卫国的重大意义、消除一些人对战争的恐惧思想，激发爱国主义和国际主义的热忱，党在全国范围内开展了影响深远的爱国主义和国际主义教育。

抗美援朝开始后，党中央多次发出指示，号召全国各族人民拥护、声援保家卫国的战争。1950 年 7 月、8 月《人民教育》相继发表了"开展抗美援朝的政治教育""继续开展与深入学校教育中抗美援朝的思想政治教育"的社论，在全国范围内开展抗美援朝的思想政治教育动员，激发青年的爱国热忱，并在感性的基础上建立起坚强的理性认知和必胜的信念。毛泽东在 1950 年 10 月 8 日发布了《关于组成中国人民志愿军的命令》，明确了志愿军入朝作战的政治目的，要求人们认识到抗美援朝是代表正

① 《建国以来重要文献选编》第 2 册，中央文献出版社 1992 年版，第 301 页。
② 《建国以来重要文献选编》第 2 册，中央文献出版社 1992 年版，第 301 页。

义的行动，教育广大人民群众对此要有清醒的认识，即抗击美帝侵略、支援朝鲜是中国人民履行的国际主义义务，是为了维护世界和平。1951年10月，周恩来在政协一届三中全会作报告时强调要在全国继续普及和深入进行爱国主义教育。在党中央指示和号召下，全国各大媒体通过多种形式和专题，宣传抗美援朝的重大意义。全国各地的高校党组织通过形势报告会、时事学习、座谈会等在高校师生中进行深入的爱国主义和国际主义的教育。通过教育，使广大高校师生认识到了抗美援朝的重大意义，提高了他们的爱国主义和国际主义觉悟，清除了部分人中存在的崇美、亲美、恐美思想，增强了民族自信心和自豪感。

（三）反对资产阶级腐朽思想，加强共产主义思想道德教育

新中国成立后，毛泽东、周恩来等党和国家领导人非常重视青年的共产主义道德教育，他们发表了许多重要讲话，作出了许多重要指示。1951年7月13日，周恩来在政务院会议上指出，“有些青年从社会上沾染了一些坏习惯，学校青年团应该注意帮助矫正。”1953年，毛泽东在接见中国新民主主义青年团第二次全国代表大会主席团时强调指出，“善于围绕党的中心任务，照顾青年特点，组织和教育广大青年群众。”①1954年11月14日，人民日报发表《努力培养青年一代的共产主义道德》一文，指出为了不断提高青年的共产主义觉悟，清除资产阶级腐朽思想对青年的影响，应该帮助青年在原则问题上明辨是非，划清界限。要教育青年在日常生活中发扬集体主义精神，要克服自私心理，继承中华民族勤劳俭朴的传统美德，要培养青年忠诚老实的品质和创造精神。②

可见，自新中国成立到1956年社会主义改造基本完成的这七年，高校思想政治教育内容的设置是围绕党和国家的中心任务来进行的，其主要内容包括马克思列宁主义基础理论教育、形势与任务的教育、围绕各项政治活动开展的爱国主义和国际主义的教育。思想政治教育的方法则主

① 《毛泽东邓小平江泽民论青少年和青少年工作》，中国青年出版社2003年版，第96页。

② 李德芳、杨素稳、李辽宁主编：《中国共产党思想政治教育史料选辑》下册，武汉大学出版社2019年版，第52—54页。

要包括现实性的思想教育、群众性的思想教育、发挥团组织的作用以及大力改进课外活动等。

二、高校思想政治教育内容与方法的曲折发展

从1956年社会主义改造的完成到"文革"爆发前的这十年是全面建设社会主义时期。这一时期,由于社会主义制度已经确立,如何建设社会主义,是中国共产党面临的全新课题。党领导全国各族人民在这个过程中进行了艰辛的探索,但是由于缺乏足够的思想、理论的准备,又没有现成的模式可以借鉴,只能根据革命战争年代形成的马克思主义基本原理和中国实际相结合的原则,总结自己经验,借鉴国外社会主义国家的建设经验,在实践中逐步探索前进。这一时期,高校思想政治教育的制度化、社会化全面实现。但由于党的指导思想上的两个趋向,使高校思想政治教育也存在着积极和消极、正确和错误两种趋向,在曲折中发展前进,高校思想政治教育的内容和方法也受此影响。一方面,高校思想政治教育围绕社会主义建设与发展,强调理论联系实际,通过整风运动、社会调查和学习榜样等形式,开展形势与政策教育等,确保了高校思想政治教育服务社会的作用;另一方面,受"左"倾错误思想的影响,思想政治教育的作用被无限夸大,高校思想政治教育的理论学习、说服教育、启发诱导等方法被政治运动和政治批判所取代,意识形态领域两类不同性质的矛盾被混淆,高校思想政治教育的内容和方法步入了"以阶级斗争为纲"和无情打击的错误之中。

(一)高校思想政治教育内容和方法的确定

十年探索时期,为了调动全国各族人民建设社会主义的积极性,毛泽东发表了《关于正确处理人民内部矛盾的问题》,奠定了思想政治教育的理论基础,也为高校思想政治教育的内容和方法指明了方向和遵循的路径。这一时期,党关于高校思想政治教育的相关文件如表4-2所示。

表 4-2　社会主义建设曲折发展时期党关于高校思想政治教育的相关文件

时间	文件	出台单位
1957 年 11 月 1 日	《对中央宣传部关于设立社会主义教育课程的报告的批示》	中共中央
1961 年 9 月	《教育部直属高等学校暂行工作条例（草案）》（即“高教六十条”）	中共中央
1964 年 9 月 11 日	《关于组织高等学校文科师生参加社会主义教育运动的通知》	中共中央、国务院
1964 年 9 月 14 日	《关于改进高等学校、中等学校政治理论课的意见》	中宣部、教育部党组
1964 年 10 月 11 日	《批转关于高、中等学校政治理论课工作会议的两个文件》	中共中央
1965 年 7 月 25 日	《关于组织高等院校、科学研究和文化单位的干部参加农村社会主义教育运动的通知》	中共中央
1971 年 8 月 13 日	《全国教育工作会议纪要》	中共中央

1. 以社会主义教育作为高校思想政治教育的核心内容

在毛泽东发表的《论十大关系》和《关于正确处理人民内部矛盾的问题》的报告中，提出了正确解决人民内部矛盾的方法，要采取“团结—批评—团结”的方针，调动一切积极因素建设社会主义。1957 年 11 月 1 日，《中共中央对中央宣传部关于设立社会主义教育课程的报告的批示》强调，“高等学校和中级以上的党校，现在都有必要设立社会主义教育的课程，以便改造知识分子的旧思想，提高学员的社会主义觉悟。”①1961 年 9 月，党中央发布了《教育部直属高等学校暂行工作条例（草案）》（即“高教六十条”），条例规定“高等学校的基本任务是贯彻执行共产党的教育方针，培养为社会主义建设所需要的各种专门人才”。《条例》还强调了高等学校思想政治教育的主要内容是宣传马克思列宁主义、毛泽东思想，宣传党的路线、方针、政策，不断提高他们的思想政治觉悟和道德品质。

① 《中共中央文件选集（1949 年 10 月—1966 年 5 月）》第 26 册，人民出版社 2013 年版，第 351 页。

进入全面建设社会主义时期后，党的工作重心转向经济建设，高校思想政治教育也必须为经济建设服务。毛泽东在《工作方法六十条（草案）》中说，要注意把政治和经济统一起来，要把社会主义教育与党和国家的中心工作有机结合，强调"不注意思想和政治，成天忙于事务，那会成为迷失方向的经济家和技术家，很危险"①。高校是为社会主义建设培养合格人才的地方，只有做好高校师生的思想政治教育工作，才能调动他们建设社会主义建设的积极性。高校知识分子在"百花齐放、百家争鸣"的方针作用下，他们的政治立场和政治思想发生了根本变化，特别是经过新中国建设初期的七年革命斗争的实践考验，进一步提高了他们的政治思想觉悟。

2. 说服教育成为高校师生社会主义教育的主要方法

毛泽东发表的《关于正确处理人民内部矛盾的问题》的讲话中，明确提出解决人们思想问题只能用说服教育的方法，而不能用强迫压制的方法。他说："凡属于思想性质的问题，凡属于人民内部的争论问题，只能用民主的方法去解决，只能用讨论的方法、批评的方法、说服教育的方法去解决，而不能用强制的、压服的方法去解决。"②因为思想政治教育主要是解决师生的思想认识问题，解决思想认识问题只能采取摆事实、讲道理，以理服人的方法才行。运用说服教育法时，还要注意采取引导的方法，要引导师生参加各种政治活动，比如当时高校党组织运用忆苦思甜，激发师生对中国共产党、对社会主义的深厚感情，从而提高了师生热爱党、热爱社会主义的思想觉悟。

3. 进行革命传统教育、共产主义理想教育和学先进树新风的活动

20 世纪 60 年代初，高校思想政治教育为配合国民经济进行调整、改进，广泛开展了传统教育、共产主义理想教育和向英雄模范人物学习的活动。

为克服因"大跃进"导致的国民经济暂时困难产生的思想混乱，党组织

---

① 《毛泽东文集》第七卷，人民出版社 1999 年版，第 351 页。

② 《毛泽东文集》第七卷，人民出版社 1999 年版，第 209 页。

力量向广大人民群众进行了艰苦奋斗、发奋图强的革命传统教育。青年是这次革命传统教育的重点对象。这次教育活动于 1960 年冬最早从陕西青年中开始，学习的主要内容是继承发扬艰苦奋斗的延安精神，然后发展到上海、山西，两地的青年们都结合本地的红色精神传统进行了革命传统教育。到 1960 年 11 月，全国各地高校都广泛开展了“继承发扬延安作风”的教育，并围绕“延安作风对青年的成长有什么意义”进行了主题讨论，大学生在讨论中对延安作风有了清醒的认识，并坚定了建设社会主义的信念。

与此同时，党组织还在广大青年中开展了共产主义理想教育，用共产主义理想教育青年，鼓励全国各族青年要把今天的社会主义建设和明天的共产主义理想结合起来，在日常工作中对前途有清醒的认识，要辛勤工作，勤劳俭朴，与党同心同德，共同渡过当前的难关。

伴随着国民经济的调整，高校思想政治教育迈向了新的台阶，1963 年 2 月，团中央发出通知，在全国青少年中广泛开展“学雷锋”的教育活动。

（二）思想政治教育内容与方法的“左”倾错误

在开始全面建设社会主义的时候，由于党的指导思想“左”倾思想的发展，高校思想政治教育的内容和方法产生了偏差和失误。反右派斗争扩大化、“大跃进”，使高校思想政治教育内容和方法偏离了正确的方向。

中共中央于 1957 年 4 月 27 日发出了《关于整风运动的指示》，决定在全党进行一次正确处理人民内部矛盾为主题，以克服和纠正党内存在的官僚主义、宗派主义和主观主义为主要内容的整风运动，并发动群众向党提出意见和建议，帮助共产党整风。但是，在这个过程中，有极少数右派分子，趁机散布反党反社会主义的言论，向共产党和社会主义制度发起进攻。于是党决定发动人民群众对右派进行反击，对右派分子的反党反社会主义思潮进行批判。这种反击是正当的，也是必要的。但是，反右派斗争被严重扩大化了，把大量的人民内部矛盾当成敌我矛盾来处理，把善意的批评建议视为右派的进攻。以“阶级斗争”取代“团结—批评—团结”，把高校一大批知识分子划为右派，给国家和民族带来很大的不幸。“大跃进”运动开始后，“左”倾思想在各个行业都占据了上风。思想政治教育领域则提出了“政治挂帅”“兴无灭资”；高校也要“插红旗”“拔白旗”,各种唯心主义、主观主义的口号泛滥。

在这样的背景下,高校思想政治教育的内容不是向师生传授马克思主义理论,宣传共产主义思想,而是开展所谓“两个阶级”“两条路线”的斗争,用所谓的“大鸣、大放、大字报、大辩论”的形式取代正确的说服教育的方式。

(三)“文革”时期,高校思想政治教育内容和方法的严重失误

“无产阶级专政下继续革命”的理论是“文化大革命”的指导思想,其核心思想是指在无产阶级专政下,革命的根本问题仍然是政权问题。这一理论强调用马克思主义的对立统一规律来观察社会主义社会,认为在社会主义社会还存在着阶级、阶级矛盾和阶级斗争,存在着社会主义和资本主义两条道路的斗争,存在着资本主义复辟的危险性,党内一小撮走资本主义的当权派,就是资产阶级的代理人。因此,无产阶级专政的中心任务是进行一个阶级推翻另一个阶级的大革命,把被走资派篡夺了的权力重新夺回来,以便巩固无产阶级专政,其方法就是开展无产阶级“文化大革命”。无产阶级“文化大革命”在思想政治领域中的根本纲领及任务就是要斗私批修。

“文革”时期,高校思想政治教育的内容和方法就是贯彻这一指导思想的结果,主要表现为“踢开党委闹革命”;突出政治,批判“物质刺激”,把加强思想政治教育同物质利益对立,以搞政治运动作为中心任务;将毛泽东思想凝固化、庸俗化,鼓吹“毛主席的书是最高指示”;等等。思想政治教育的方法主要是采取批判斗争,采用“大鸣、大放、大字报、大辩论”等所谓的“大民主”方法,来解决师生的思想认识问题,严重破坏了实事求是的根本方法,破坏了中国共产党思想政治教育的优良传统,给党和国家带来了巨大的损失。

第三节　高校思想政治教育内容方法的拨乱反正和新发展

从“文化大革命”结束到1982年党的十二大的召开,经过拨乱反正,

中国共产党重新恢复和确立了实事求是的思想路线，实现了工作重心向经济建设的转移，中国进入了改革开放的新时期。高校思想政治教育也从极左思想的影响中逐渐解放出来，恢复了优良传统。

从国际的视角来看，改革开放以来，整个世界的格局发生了大的变化和调整，和平与发展成为时代主题。这一时期，世界社会主义运动出现了严重曲折，西方资本主义世界也出现了种种新情况，世界格局朝着多极化发展，经济全球化、各国之间综合国力竞争日趋激烈。中国共产党带领全国各族人民开创了中国特色社会主义伟大事业，自身也已经“从一个领导人民为夺取全国政权而奋斗的党，转变为一个领导人民掌握全国政权并长期执政的党；已经从一个受到外部封锁和实行计划经济条件下领导国家建设的党，转变为一个在对外开放和发展社会主义市场经济条件下领导国家建设的党”①。在这样的国内外时代进程中，我国高校思想政治教育的内容也与时俱进，不断更新与发展。我们从以下几个具体历史阶段进行剖析。

一、恢复马克思主义基本理论和共产主义道德教育

这一时期，党和国家高度重视高校思想政治教育，相继颁布和制定了一系列的相关文件，如表 4-3 所示。

表 4-3　党的十一届三中全会到十四大期间关于高校思想政治教育的相关文件

时间	文件	出台单位
1980 年 4 月 29 日	《关于加强高等学校学生思想政治工作的意见》	教育部、共青团中央
1984 年 9 月 4 日	《关于加强和改进高等院校马列主义理论教育的若干规定》	中央宣传部、教育部
1985 年 8 月 1 日	《关于改革学校思想品德和政治理论课程教学的通知》	中共中央
1986 年 9 月 28 日	《关于社会主义精神文明建设指导方针的决议》	中共中央

① 习近平：《改革开放 30 年党的建设回顾与思考》，《学习时报》2008 年 9 月 8 日。

续表

时间	文件	出台单位
1987 年 1 月 28 日	《关于当前反对资产阶级自由化若干问题的通知》	中共中央
1987 年 5 月 29 日	《关于改进和加强高层学校思想政治工作的决定》	中共中央
1987 年 11 月 20 日	《关于高等学校思想政治教育课程建设的意见》	教育部

（一）党在思想政治教育领域的拨乱反正，为恢复高校马克思主义理论教育准备了条件

1978 年 12 月，党的十一届三中全会决定把全党工作的重点转移到社会主义现代化建设上来，并确立了实事求是的思想路线，全面恢复了党的实事求是的优良传统。思想政治教育领域的拨乱反正，一是思想政治教育的民主原则和疏导方针重新得到恢复；二是提倡不同思想观点可以通过讨论来分辨是非，提出“三不主义”，即“不打棍子，不抓辫子，不扣帽子”，为思想解放和群众自我教育提供了较为宽松的环境；三是重申马克思主义的物质利益原则，在思想政治教育过程中强调要将精神鼓励和物质激励结合起来，将提高思想政治觉悟同解决具体困难结合起来，同搞好经济工作和业务能力结合起来。

总之，这些做法，对新的历史背景下发挥思想政治教育对经济建设的保证作用、增强思想政治教育的实效性起到了良好的推动作用，为高校思想政治教育的顺利开展提供了有利的条件。

（二）学习掌握马克思主义基本理论

关于思想政治教育的内容，邓小平指出：“学习什么？根本的是要学习马列主义、毛泽东思想”①。为此，必须要正确地理解和把握马克思主义。马克思主义是科学的世界观和方法论，也是中国共产党人实现自身历史使命的基本原则和理论依据。一方面，深入学习和准确把握马克思主义是党推动社会全面发展进步的内在要求，是大学生科学理性认识世

① 《邓小平文选》第二卷，人民出版社 1994 年版，第 153 页。

界、分析世界，进行正确行为选择的内在要求。只有在掌握马克思主义理论的基础上，才能提高大学生正确运用基本原则和基本方法去探索解决面临的政治、经济、社会乃至文化等基本问题的能力。另一方面，大学生树立远大理想也是马克思主义信仰教育的主要内容。马克思主义既是一种科学理论，同时又是一种科学信仰。邓小平曾经指出，"马克思主义的另一个名词就是共产主义"①。对马克思主义的信仰，是中国共产党的一大政治优势，是党领导人民认识、改造世界，推动革命、建设和改革开放不断发展进步的精神动力。在新时代建设社会主义的背景下，坚定马克思主义信仰，掌握马克思主义方法论精髓，都只有通过有效的马克思主义理论教育才能达成目标。

毛泽东思想是马克思列宁主义在中国的运用和发展，是被实践证明了的关于中国革命和建设的正确的理论原则和经验总结。它是实现中国革命胜利的理论武器，是建设中国特色社会主义的理论渊源，是实现中华民族振兴的精神动力，因此，必须加强毛泽东思想教育。邓小平指出："马克思主义理论从来不是教条，而是行动的指南。它要求人们根据它的基本原则和基本方法，不断结合变化着的实际，探索解决新问题的答案，从而也发展马克思主义理论本身。"②"马列主义、毛泽东思想的基本原则，我们任何时候都不能违背。"③当今的大学生正处于世界观、人生观、价值观成熟的关键时期，对他们进行思想政治教育，当然首先是马列主义、毛泽东思想的教育。

（三）服务经济中心工作，开展党的社会主义初级阶段基本路线的教育

党的十三大系统阐述了社会主义初级阶段理论和党在社会主义初级阶段的基本路线，主要内容是"一个中心、两个基本点"，即"以经济建设为中心，坚持四项基本原则，坚持改革开放"。这是中国特色社会主义理论的核心和实质，它集中反映了党对中国特色社会主义建设规律的认识。

① 《邓小平文选》第三卷，人民出版社 1993 年版，第 137 页。
② 《邓小平年谱（1975—1997）》（下），中央文献出版社 2004 年版，第 1079 页。
③ 《邓小平文选》第二卷，人民出版社 1994 年版，第 114 页。

"党的基本路线要管一百年,要长治久安,就要靠这一条"①,而基本路线是否能坚持得住,则"要靠大家努力,特别是要教育后代"②。因此,要对大学生加强党的路线教育,其重点内容包括:中国共产党是走中国特色社会主义道路的领导力量,全国各族人民是依靠力量;中国特色社会主义的发展目标是建成富强、民主、文明的社会主义现代化强国;自力更生、艰苦创业是实现现代化建设的基本方针;中国特色社会主义的根本任务是大力发展生产力,以经济建设为中心;改革开放和坚持四项基本原则是社会主义现代化建设的外部条件和政治保证。

进行党的基本路线教育的核心内容是坚持"一个中心、两个基本点"不动摇。邓小平指出:"要坚持党的十一届三中全会以来的路线、方针、政策,关键是坚持'一个中心、两个基本点'。不坚持社会主义,不改革开放,不发展经济,不改善人民生活,只能是死路一条。基本路线要管一百年,动摇不得。"③要引导大学生深刻认识以经济建设为中心的重要性及现实意义:离开以经济建设为中心就可能逐步丧失我们的物质基础,使国家陷入危险的境地;理性认识改革开放是建设中国特色社会主义的必由之路和强国之路;改革是我国的第二次革命,是社会主义制度的自我完善和发展。同时还要进一步引导青年学生正确认识独立自主和对外开放的关系。

党的基本路线教育还包括坚持四项基本原则的教育。四项基本原则是我们的立国之本。"教育人民坚持四项基本原则,这就为我们事业的健康发展从根本上提供了保证。"④要实现现代化,必须在思想上、政治上坚定不移地坚持四项基本原则。"如果动摇了这四项基本原则中的任何一项,那就动摇了整个社会主义事业,整个现代化建设事业。"⑤

1977 年高考制度恢复后,一大批优秀青年进入大中专院校学习。

---

① 《邓小平年谱(1975—1997)》(下),中央文献出版社 2004 年版,第 1345 页。
② 《邓小平文选》第三卷,人民出版社 1993 年版,第 381 页。
③ 《邓小平年谱(1975—1997)》(下),中央文献出版社 2004 年版,第 1341 页。
④ 《邓小平文选》第三卷,人民出版社 1993 年版,第 202 页。
⑤ 《邓小平年谱(1975—1997)》(上),中央文献出版社 2004 年版,第 502 页。

由于他们见证了“四人帮”的倒行逆施，他们热爱祖国，学习刻苦，关心政治，思维活跃，拥护十一届三中全会的路线方针政策，主流是好的。但是由于“文革”的各种思想影响未彻底地消除，加之思想方法的简单化、绝对化、片面化，在社会一些错误思想理论和国外资产阶级思想的影响下，部分学生出现了怀疑四项基本原则的倾向和行为，极少数学生甚至鼓吹资产阶级的民主自由。如不迅速纠正高校中的这种错误思想倾向，会让更多学生丧失分辨是非的能力，影响社会的团结稳定，不利于培养政治上坚定的社会主义建设事业的接班人。因此，加强对大学生四项基本原则的教育，让他们清醒地认识到只有坚持四项基本原则，才能顺利实现现代化和维护安定团结的政治局面成为当时重要的政治任务。

围绕坚持四项基本原则的教育，邓小平还提出要反对资产阶级自由化，防止资本主义“和平演变”。要教育大学生正确认识和理解社会主义民主，认识资产阶级自由化与“和平演变”，其目的在于改变我国的社会主义制度，以资本主义的政治、经济、文化制度来取代中国的社会主义制度；在行动上要坚持以国家和人民利益至上，保障社会主义现代化建设和改革开放事业的顺利进行。与此同时，还要教育大学生知法、懂法、遵纪守法。

（四）纠正“左”倾错误，恢复党的思想政治教育优良传统

这一时期，恢复了思想政治教育的优良传统，创新了适应社会发展需要的方式方法，在高校思想政治教育方面主要体现为遵循基本原则，采取适合大学生思想特点的方式方法开展教育。

1. 坚持民主的原则，注重引导的方法

民主原则是党的群众路线的要求和体现，邓小平指出，“在党内和人民内部的政治生活中，只能采取民主手段，不能采取压制、打击的手段”①，“对于思想问题，无论如何不能用压服的办法，要真正实行‘双百’

---

① 《邓小平文选》第二卷，人民出版社 1994 年版，第 144 页。

方针"①。思想政治教育主要是解决学生的思想认识问题,如果缺乏民主,采取压制的方法,学生的思想问题就不会显现出来,就无法开展教育。因此,要突出以理服人,重视引导的作用。邓小平针对青年人的特点,就特别强调引导的作用,他认为,"一部分青年人对社会的某些现状不满,这不奇怪也不可怕,但是一定要注意引导,不好好引导就会害了他们"②,"学生闹事,要向他们讲清楚危害在哪里,这就不能对他们只用拍拍肩膀的办法。要把是非讲清楚,要把厉害讲清楚。……这才是对青年的爱护,对青年的真诚引导"③。

2. 坚持物质利益与精神鼓励相结合的原则,强调激励的方法

激励能够激发学生的主观动机,鼓励他们向着正确的目标而努力。高校的思想政治教育要重视激励的方法,调动大学生内在主体的自觉能动性,增强思想政治教育的实效性,在实践中要将物质激励与精神激励相结合。"人们为之奋斗的一切,都同他们的利益有关。"④物质鼓励是物质利益原则在思想政治教育工作中的具体运用。大学生思想政治教育也不例外。因此,高校运用奖助学金、贫困生补助等物质激励来激发学生的学习动力,同时运用优秀党团员、优秀学生干部等荣誉称号,从精神方面进行激励。坚持物质利益和精神利益的结合需要注意激励方式和内容的多样性。

二、开展马克思主义基本原理和爱国主义、集体主义、社会主义教育

党的十三届四中全会以来,形成了以江泽民同志为核心的党的第三代中央领导集体。这一时期,党和国家围绕高校思想政治教育相继颁布了一系列纲领性的文件,具体见表 4-4 所示。

---

① 《邓小平文选》第二卷,人民出版社 1994 年版,第 145 页。

② 《邓小平文选》第二卷,人民出版社 1994 年版,第 391 页。

③ 《邓小平文选》第三卷,人民出版社 1993 年版,第 199 页。

④ 《马克思恩格斯全集》第 1 卷,人民出版社 1995 年版,第 187 页。

表 4-4　党在十四大至十六大期间关于高校思想政治教育的相关文件

时间	文件	出台单位
1993 年 8 月 13 日	《关于新形势下加强和改进高等学校党的建设和思想政治工作的若干意见》	中组部、中宣部、国家教委
1994 年 8 月 23 日	《爱国主义教育实施纲要》	中共中央
1994 年 8 月 31 日	《关于进一步加强和改进学校德育工作的若干意见》	中共中央
1995 年 11 月 23 日	《中国普通高等学校德育大纲》	国家教委
1998 年 6 月 10 日	《关于普通高等学校“两课”课程设置的规定及其实施工作的意见》	中宣部、教育部

1995 年国家教委出台并实施的《中国普通高等学校德育大纲》，在构建高校思想政治教育的内容上翻开了新的一页。《大纲》再次明确了高校思想政治教育在继续坚持党的基本路线教育的同时，要突出爱国主义、集体主义、社会主义教育，同时涉及政治、思想、道德、法纪和心理教育等十个方面内容。1998 年中宣部、教育部《关于普通高等学校“两课”课程设置的规定及其实施工作的意见》，进一步完善丰富了“两课”的课程体系，体现了马克思列宁主义、毛泽东思想、邓小平理论一脉相承的关系。《意见》特别强调，“要以邓小平理论为中心内容，比较系统地进行马克思主义基本原理和爱国主义、集体主义、社会主义的教育”①。这一时期，高校思想政治教育不仅在内容上得到了充实和深化，而且课程体系更为系统、更为科学。

（一）加强邓小平理论和“三个代表”重要思想的教育

江泽民强调：“在当代中国，只有把马克思主义同当代中国实践和时代特征结合起来的邓小平理论，而没有别的理论能够解决社会主义的前途和命运问题。”②因此，新时期的思想政治教育要进行马克思主义、毛泽

---

①　教育部社会科学司组编：《普通高校思想政治理论课文献选编（1949—2008）》，中国人民大学出版社 2008 年版，第 183 页。

②　《江泽民文选》第二卷，人民出版社 2006 年版，第 9 页。

东思想特别是邓小平理论的教育。江泽民多次指出,“要始终不渝地用邓小平理论教育我们的人民,教育我们的青年”,“要编写建设有中国特色社会主义理论的教材,作为学校政治课的主要内容”,①要引导青年学生全面而准确地理解邓小平理论的科学体系,掌握其精神实质,筑牢青年的精神支柱。

进入新世纪以后,江泽民提出,必须高举邓小平理论的伟大旗帜,切实贯彻“三个代表”重要思想。“三个代表”重要思想是对马列主义、毛泽东思想、邓小平理论的继承和发展,是党必须长期坚持的指导思想。江泽民教导青年要“认真实践‘三个代表’要求,充分认识中国共产党是代表中国先进生产力的发展要求、代表中国先进文化的前进方向、代表中国最广大人民的根本利益的马克思主义政党,是与时俱进、开拓创新的党,坚定不移地跟党走”②。

(二) 坚持爱国主义、集体主义、社会主义教育

江泽民在不同场合多次提出,要加强对青年的爱国主义、集体主义、社会主义的教育,他指出:“爱国主义,始终是中国青年运动的旗帜”③,在当代爱国主义和爱社会主义在本质上是统一的,爱国主义、集体主义、社会主义教育是高校思想政治教育的灵魂。青年要把“胸怀祖国、服务人民”作为自己的座右铭。青少年要认真学习和了解祖国的历史和中华民族的优良传统,不断丰富爱国主义精神的内涵。尤其要了解中国的近现代史,了解新中国成立以前一百多年,无数中华仁人志士为国家独立、民族振兴所做的流血牺牲和丰功伟绩。在历史学习中进行爱国主义教育,培育青年的爱国热情,并把爱国情怀融进自己的学习和工作中,践行报效国家的行动。对青年的思想政治教育,要从他们实际的思想状况出发,坚持先进性要求和广泛性要求的有机结合。

(三) 坚持中华民族优良传统和艰苦奋斗精神的教育

中华民族在长期的历史发展进程中,发展和培育了许多优良传统和

---

① 《毛泽东邓小平江泽民论思想政治工作》,学习出版社 2000 年版,第 99 页。

② 《江泽民文选》第三卷,人民出版社 2006 年版,第 486 页。

③ 《江泽民文选》第三卷,人民出版社 2006 年版,第 482 页。

艰苦奋斗的精神品质,这是我们国家、民族发展的宝贵精神财富、前行的精神动力,是中国人民互助团结、不断奋进的强大精神支柱。高校思想政治教育要培养学生继承和弘扬中华民族的优良传统和艰苦奋斗的精神,鼓舞学生奋进的精神和斗志。江泽民强调:“希望青年们始终艰苦奋斗。……只有长期艰苦奋斗,民族复兴的伟大目标才能实现。艰苦能磨炼人,创业能造就人。青年只有顺应社会发展的潮流,把个人的前途命运与国家、民族的前途命运紧紧联系在一起,并为之奋斗不息,才能创造无悔的青春和取得毕生的成功。畏惧劳苦,贪图安逸,坐享其成,最终只能虚度年华。”①

（四）坚持传统有效的思想政治教育方法,不断创新

江泽民指出:“加强和改进思想政治工作,过去行之有效的好传统、好办法要坚持,更重要的是要适应新情况不断探索新的方式、方法、手段、机制。”②因此,对于青年的思想政治教育,他重视理论教育与自我教育的结合,提出充分运用网络媒体教育青年等一系列的方法。

一是强调理论教育与自我教育相结合。江泽民认为,思想政治理论课是对大学生进行思想政治教育的最主要方式,这种方法需要继续坚持和加强。高校必须要加强马克思主义理论、毛泽东思想特别是邓小平理论的教育,要坚持用马克思主义、毛泽东思想、邓小平理论武装大学生。此外,他希望所有高校学生能增强自我改造和自我教育的自觉性,培育正确的道德人格,形成与社会需求相符的道德情操和道德品质,否则“没有好的思想品德,也不可能把学到的知识真正奉献给祖国和人民,也就难以大有作为”。二是强调社会实践在大学生成长成才中的重要性。实践是马克思主义认识论的重要特征,也是高校思想政治教育的重要环节,是大学生成长成才的必要途径。江泽民认为,大学生“要健康成长,不仅要学习书本知识,而且要向社会实践学习,自觉地投身于火热的改革开放和现

① 《江泽民文选》第三卷,人民出版社 2006 年版,第 485—486 页。

② 《江泽民文选》第三卷,人民出版社 2006 年版,第 93 页。

代化建设实践”①。三是充分利用网络载体加强高校思想政治教育。网络对高校思想政治教育的影响具有两重性,它拉近了教育者和教育对象之间的距离,为高校思想政治教育提供了现代化的手段,但是网络内容鱼龙混杂也为高校思想政治教育带来了挑战。江泽民非常关心如何利用好网络载体加强高校思想政治教育,他强调思想政治教育的手段要注重科技含量,要主动抢占网络舆论阵地,“要重视和充分运用信息网络技术,使思想政治工作提高时效性、扩大覆盖面、增强影响力”②。

三、聚焦毛泽东思想、邓小平理论、“三个代表”重要思想和科学发展观中心内容

党的十六大将“三个代表”重要思想与马克思列宁主义、毛泽东思想、邓小平理论一起作为中国共产党的指导思想写入党章,并在2003年3月写入宪法。党的十七大把科学发展观写入党章,党的十八大把科学发展观确立为党的指导思想。我国高校思想政治教育的内容,随着党和国家指导思想的不断发展,与时俱进,及时将马克思主义中国化的最新理论成果纳入教育内容,高校思想政治理论课的课程体系进一步完善和充实,高校思想政治教育方法也有新的发展。

这一时期相继出台的高校思想政治教育相关文件如表4-5所示。

表4-5 党的十六大到十八大期间关于高校思想政治教育的相关文件

时间	文件	出台单位
2003年2月12日	《进一步深化“三个代表”重要思想“三进”工作的通知》	教育部
2004年8月26日	《关于进一步加强和改进大学生思想政治教育的意见》	中共中央、国务院
2004年11月19日	《关于进一步加强高等学校学生形势与政策教育的通知》	中宣部、教育部

① 《江泽民论有中国特色社会主义(专题摘编)》,中央文献出版社2002年版,第418—419页。

② 《江泽民文选》第三卷,人民出版社2006年版,第94页。

续表

时间	文件	出台单位
2005年3月2日	《关于进一步加强和改进高等学校思想政治理论课的意见》	中宣部、教育部
2008年9月23日	《关于进一步加强高等学校思想政治理论课教师队伍建设的意见》	中宣部、教育部
2009年3月30日	《关于在高校思想政治理论课中开展科学发展观专题教育活动的通知》	教育部
2011年1月19日	《高等学校思想政治理论课建设标准(暂行)》	教育部
2012年1月10日	《关于进一步加强高校实践育人工作的若干意见》	教育部等部门

（一）以中国特色社会主义理论体系作为高校思想政治教育的指导思想，用党的理论创新成果教育青年

中国特色社会主义理论体系是一个有机统一的体系，是马克思主义中国化的理论成果，是培养社会主义合格建设者和可靠接班人的科学指导思想。《关于进一步加强和改进大学生思想政治教育的意见》中明确指出，"坚持以马克思列宁主义、毛泽东思想、邓小平理论和'三个代表'重要思想为指导，深入贯彻党的十六大精神，全面落实党的教育方针"①，这一指导思想是在继承马克思主义思想基础上的丰富和发展，并创造性提出了科学发展观、社会主义核心价值体系等重要思想，进而构建了科学的高校思想政治教育指导思想体系。胡锦涛指出："要从赢得青年、赢得未来的高度，抓好大学生的理论学习，深入推进马克思主义中国化最新成果进教材、进课堂、进头脑工作，让青年知识分子了解和相信党的理论，在广大青年中培养一大批坚定的马克思主义者。"②

（二）以理想信念教育为核心，以社会主义核心价值体系为中心内容

在高校思想政治教育内容方面，胡锦涛结合大学生成长成才与素质

① 《十六大以来重要文献选编》(中)，中央文献出版社2006年版，第179页。
② 《胡锦涛文选》第二卷，人民出版社2016年版，第528—529页。

教育，以及社会主义社会的人才目标要求，第一次提出教育的核心是要解决“培养什么人、怎样培养人的问题”。在对马克思主义思想政治教育内容继承的基础上，创新提出了高校思想政治教育内容体系，坚持“育人为本，德育为先”。他强调，围绕经济建设中心工作，在做好各项工作的基础上，要围绕理想信念、民族精神、公民道德等方面进行教育。

1. 以理想信念教育为核心，树立正确的世界观、人生观和价值观教育

胡锦涛特别重视青年的理想信念教育。他指出：“青年中思想问题的表现多种多样，说到底都是同理想信念有关。西方敌对势力对我国实施‘西化’‘分化’战略图谋的手法形形色色，说到底也都是企图动摇和改变青年一代的理想信念。抓住了理想信念教育，就抓住了青年思想政治工作的核心内容。”①这段话阐明了加强青年理想信念教育的重要性，指明了高校思想政治教育的方向。同时，他也明确提出了青年理想信念教育的核心内容，就是要从根本上加强马克思列宁主义、毛泽东思想特别是邓小平理论、“三个代表”重要思想的学习，要让青年从理论和实践相结合的层面去认识社会发展规律，牢固树立爱国主义、集体主义、社会主义信念，进一步坚定马克思主义的信仰和对党和政府的信任，筑牢青年的思想防线。

2. 以社会主义核心价值体系作为教育中心内容

核心价值体系是社会意识形态的主体和灵魂，在一个社会所有价值体系中处于统率和支配的作用，对社会意识和各种社会思潮具有引领的作用。党的十六届六中全会明确提出“建设社会主义核心价值体系”的重大命题。党的十七大报告进一步提出“建设社会主义核心价值体系，增强社会主义意识形态的吸引力和凝聚力。社会主义核心价值体系是社会主义意识形态的本质体现”②。社会主义核心价值体系包括马克思主义指导思想、中国特色社会主义共同理想、以爱国主义为核心的民族精神

---

① 胡锦涛：《在共青团十四届四中全会上的讲话》，《中国青年报》2000 年 12 月 20 日。

② 《胡锦涛文选》第二卷，人民出版社 2016 年版，第 639 页。

和以改革创新为核心的时代精神、以“八荣八耻”为主要内容的社会主义荣辱观。构建社会主义核心价值体系，既是对全党和全社会的要求，也是对高校思想政治教育的要求，更是对高校青年学生的期望和要求。要把社会主义核心价值体系作为中心内容有机融入高校思想政治教育的全过程，使之内化为青年学生的价值取向并自觉行动，从而促进大学生的健康成长和成才。

（三）坚持“五个结合”的思想政治教育方法

高校思想政治教育的主体是青年学生，这一群体的特点是思想活跃，可塑性强，因此高校思想政治教育不仅需要明确的目标和内容，而且为提高教育的实效性，还需要有针对性的教育方法。胡锦涛强调：“要注重贴近时代、贴近生活、贴近青年，运用青年易于接受的方式方法，采取青年喜闻乐见的形式和载体，把正确思想的灌输与积极的启发引导结合起来，把解决青年的思想问题和解决他们的实际问题结合起来，不断增强思想政治工作的针对性和实效性。”①党的十六大以来，党中央继承了思想政治教育方法的优良传统，坚持以人为本，主张“贴近实际、贴近生活、贴近群众”，在思想政治教育的方法方面进行了实践探索和理论概括，提出高校思想政治教育的“五个结合”的基本方法。

一是坚持教育与自我教育相结合。思想政治教育既要发挥学校教育的主要作用，还要充分调动大学生自身的积极性、主动性。二是坚持政治理论教育与社会实践相结合。既要重视课堂的理论教育，还要做好对大学生的引导，教育他们要深入社会主义现代化建设的实践，切实认识、了解社会，做好服务社会的工作。三是解决思想问题与解决实际问题相结合。既要以理服人，还要以情感人，要有同理心，要从换位思考的角度开展工作，解决思想问题与解决实际问题相结合，增强思想政治教育的实效性。四是坚持教育与管理相结合。要把思想政治教育融进学校的教育教学管理过程中，建立起自律与他律、激励和约束相结合的教育评估长效机

---

①　胡锦涛：《在共青团十四届四中全会上的讲话》，《中国青年报》2000 年 12 月 20 日。

制。五是继承优良传统与改革创新相结合。既要坚持长期以来党的思想政治教育的优良传统,又要解放思想、实事求是、与时俱进,积极探索新形势下青年学生思想政治教育的新途径和新方法。

这"五个结合"是以胡锦涛同志为总书记的党中央对党的思想政治教育方法的新发展,它既遵循了思想政治教育的基本规律,又符合青年大学生的思想实际,是党的思想政治教育理论的宝贵成果。

第四节　新时代高校思想政治教育内容方法的创新发展

党的十八大以来,以习近平同志为核心的党中央在充分发扬关于思想政治教育优良传统的基础上,高度重视高校思想政治教育在中国特色社会主义建设全局中的地位和作用,提出了一系列新理念、新思想、新观点,系统回答了关于思想政治教育工作的方向性、根本性、全局性、战略性的问题,为做好新时代的高校思想政治教育工作提供了行动指南,也为新时代高校思想政治教育的内容和方法提供了根本遵循。

进入新时代以来,以习近平同志为核心的党中央高度重视高校思想政治教育,从思想政治理论课的课程设置和教学方法的要求、教师队伍建设、高校马克思主义学院建设标准等方面相继出台了系列文件(如表4-6所示),高校思想政治教育内容得到了进一步的充实、完善、发展,思想政治教育方法也在新形势下不断创新和发展。

表4-6　党的十八大以来关于高校思想政治教育的相关文件

时间	文件	出台单位
2013年2月6日	《高校思想政治理论课贯彻党的十八大精神教学建议》	教育部
2013年5月4日	《关于加强和改进高校青年教师思想政治工作的若干意见》	中组部、中宣部、教育部

续表

时间	文件	出台单位
2015 年 7 月 27 日	《普通高校思想政治理论课建设体系创新计划》	中宣部、教育部
2017 年 2 月 27 日	《关于加强和改进新形势下高校思想政治工作的意见》	中共中央、国务院
2017 年 9 月 14 日	《高等学校马克思主义学院建设标准（2017 年版）》	教育部
2018 年 2 月 11 日	《教师教育振兴行动计划（2018—2022 年）》	教育部、国家发展改革委、财政部、人力资源社会保障部、中央编办
2018 年 4 月 12 日	《教育部关于加强新时代高校“形势与政策”课建设的若干意见》	教育部
2018 年 4 月 12 日	《新时代高校思想政治理论课教学工作基本要求》	教育部
2019 年 8 月 15 日	《关于深化新时代学校思想政治理论课改革创新的若干意见》	中共中央办公厅、国务院办公厅
2019 年 9 月 2 日	《“新时代高校思想政治理论课创优行动”工作方案》	教育部
2019 年 11 月 12 日	《新时代爱国主义教育实施纲要》	中共中央、国务院
2020 年 3 月 26 日	《关于全面加强新时代大中小学劳动教育的意见》	中共中央、国务院
2020 年 4 月 22 日	《教育部等八部门关于加快构建高效思想政治工作体系的意见》	教育部、中组部、中宣部等八部门

一、以习近平新时代中国特色社会主义思想作为中心内容

习近平新时代中国特色社会主义思想是对马克思主义的坚持、运用和发展，是马克思主义中国化的最新成果，是当代中国的马克思主义、21 世纪的马克思主义，是新时代中国共产党的思想旗帜和精神旗帜。习近平在推

进治国理政的进程中，把教育摆在了前所未有的战略地位，提出教育是“国之大计、党之大计”，把教育与国家的前途命运、党的前途命运紧密联系在一起。高校思想政治教育要以习近平新时代中国特色社会主义思想作为中心内容，狠抓落实。

（一）“革命理想高于天”，加强理想信念教育

理想信念是人生目标的体现，是人生发展的内在精神动力，体现了人的精神世界的核心，习近平指出，理想信念就是共产党人的精神之“钙”，高校思想政治教育要把理想信念教育放在首位。在当代中国，我们的最高理想就是实现共产主义，共同理想是建设中国特色社会主义，实现每个人自由而全面的发展。既为实现“中国梦”而努力奋斗，又要在实现“中国梦”的同时实现自己的个人理想。开展理想信念教育，就是要使青年大学生树立正确的世界观、人生观、价值观，引导学生不仅要提高自己的知识水平，增长实践能力，更要坚定科学、崇高的理想信念，明确自己的人生目标，担负起自己应尽的社会责任。“青年一代有理想、有本领、有担当，国家就有前途，民族就有希望。”①

（二）强调培育和践行社会主义核心价值观

价值观是人们关于价值本质的认识以及对人和事物的评价标准、评价原则和评价方法的观点的体系。价值观对人的行为起着规范和导向的作用，它与世界观、人生观是一致的，对社会的进步发展也起着积极的作用。青年学生处于价值观形成和确立的关键时期，也就是习近平所说的，青少年阶段是人生的“拔节孕穗期”，需要精心引导和栽培，要引导他们“人生的扣子从一开始就要扣好”②。社会主义核心价值观是对国家、社会、个人发展方向的高度概括，分别从国家、社会、个人层面体现当代的价值追求，解决了个人与国家、个人与社会、个人与个人之间的内在矛盾，是新时代中国特色社会主义的思想道德根基。要引导青年学生在学习过程中深化对核心价值观的理性认知，准确把握核心价值观的精神实质、基本

---

① 《习近平谈治国理政》第三卷，外文出版社 2020 年版，第 54 页。

② 《习近平谈治国理政》第一卷，外文出版社 2018 年版，第 172 页。

内容及实践要求，形成正确的价值观念，增强价值判断的能力，保持正确的政治方向，正确处理个人与社会和国家之间的关系，重视实践，真正把社会主义核心价值观付诸行动。

（三）重视优秀传统文化教育，凸显立德树人

中华民族优秀传统文化，是中华民族的"根"与"魂"，是中华民族的精神标识之一，是我们民族的血脉，是立德树人的文化底色和精神支柱。党的十八大以来，以习近平同志为核心的党中央从优秀传统文化的历史脉络，从深远的政治考量上，明确提出了教育的根本任务是"立德树人"，实现了新时代"立德"与"树人"的高度有机融合，为新时代的高校思想政治教育指明了方向。

1."立德树人"是中华民族文化优良传统的体现

我国传统文化推崇的人才培养逻辑是先成人，后成才，要成人必先立德。中华民族自古以来就有"立德树人"的优良传统和教育思想，"立德树人"是贯穿我国传统文化教育的一条主线。当今要实现"立德树人"根本任务，也必须吸取传统文化的精华，无论是立德，还是树人，都不能割裂传统，脱离母体文化的承载。传统文化孕育的基本精神、价值理念、育人方式方法都内在地包含着"立德树人"的宝贵智慧。要为新时代培养合格的社会主义建设者和接班人，既要重视立德，也要重视树人，立德在前，树人在后，立德是前提和基础，树人是目的和归宿。

2."立德树人"体现了中华民族传统教育思想的精华

中国古代教育思想的特征之一是伦理道德和教育的统一，强调修身养性和德性的养成。《礼记》所指"大学之道，在明明德，在亲民，在至于至善"，即是说教育的目的主要是弘扬德行，培养德才兼备、知行合一的人才。"立德树人"从个体、社会、国家三个层面展开，强调为国家、为人民、为民族作出应有的贡献，才是真正的人生价值，这一观念贯穿于传统文化发展的历史进程中。

党的十八大以来，习近平站在历史高度对"立德树人"作了深刻的分析和阐述，明确回答了在新时代我们应该怎样立德、怎样树人，以及立德和树人两者之间的关系等一系列问题，为新时代高校思想政治教育实现立德树人目标指明了前进的方向。习近平指出:所谓立德,即立大德、功德、私德,并要求要“明大德、守公德、严私德”①;所谓树人,就是培养德智体美劳全面发展的社会主义建设者和接班人。关于如何立德、怎么做人,习近平指出,德是首要的,是起方向作用的,“道德之于个人、之于社会,都具有基础性意义,做人做事第一位的是要崇德修身”②。关于立德和树人的关系,习近平指出为党育人、为国育才是统一的。“人无德不立,育人的根本在于立德。这是人才培养的辩证法”,要“以树人为核心,以立德为根本”。③ 因此,新时代立德树人思想是建立在对传统文化地位和作用的深刻认识上,是对优秀传统文化教育思想的传承和升华。

（四）开展知史爱党、知史爱国的“四史”教育

中国共产党自成立以来的一大优良传统就是从历史中吸取经验教训、汲取智慧和力量。党的十八大以来,习近平高度重视对历史的学习研究,强调指出:“历史是人类最好的老师”,“中国共产党的历史是一部丰富生动的教科书”,“要把学习贯彻党的创新理论作为思想武装的重中之重,同学习马克思主义基本原理贯通起来,同学习党史、新中国史、改革开放史、社会主义发展史结合起来,同新时代我们进行伟大斗争、建设伟大工程、推进伟大事业、实现伟大梦想的丰富实践联系起来,在学懂弄通做实上下苦功夫,在解放思想中统一思想,在深化认识中提高认识,切实增强贯彻落实的思想自觉和行动自觉”。④ 历史、现实、未来总是相通的,历史是过去的现实,现实是未来的历史,忘记历史就意味着背叛过去,就不知道前行的道路方向,我们党和国家的每一次发展进步都是在总结过去的经验上来成就,每一个个体人的发展也是站在前人的肩膀上。因此“以史为鉴可以知兴替”,高校思想政治教育加入党史、新中国史、改革开放史、社会主义发展史的内容,可以让青年学生牢记历史,清醒认识中国

---

① 习近平:《在北京大学师生座谈会上的讲话》,人民出版社 2018 年版,第 7 页。

② 《习近平谈治国理政》第一卷,外文出版社 2018 年版,第 173 页。

③ 习近平:《在北京大学师生座谈会上的讲话》,人民出版社 2018 年版,第 7 页。

④ 习近平:《在“不忘初心、牢记使命”主题教育总结大会上的讲话》,《求是》2020 年第 13 期。

共产党在领导人民推翻三座大山、争取人民解放过程中所起到的不可替代的作用,同时让他们明确只有中国共产党的领导才能带领全国各族人民实现从站起来、富起来到强起来的伟大转变,实现中华民族伟大复兴的中国梦,进而培育他们的爱党情怀和爱国热情,激发他们的民族自信心和自豪感,为投身伟大的社会主义建设而不懈奋斗。

二、以“八个相统一”为指导改进思想政治教育方法

2019 年 3 月 18 日,习近平在学校思想政治理论课教师座谈会上指出,推动思想政治理论课改革创新,要不断增强思政课的思想性、理论性和亲和力,并提出了思政课要坚持“政治性和学理性相统一、价值性和知识性相统一、建设性和批判性相统一、理论性和实践性相统一、统一性和多样性相统一、主导性和主体性相统一、灌输性和启发性相统一、显性教育和隐性教育相统一”的明确要求。这“八个相统一”既是对思想政治理论课长期以来教学规律的科学提炼和概括,也为新时代高校思想政治教育方法的创新提供了理论指导。新时代高校思想政治教育方法在理论和实践中不断创新发展。

(一)高校思想政治教育方法进一步丰富多样

作为新时代高校思想政治教育的对象,当代大学生是互联网时代的原住民,他们习惯于“指尖上的生活”、享受着“网络的便捷”、并青睐“虚拟化的表达”,喜欢“民主平等的交流”,这一代人有着独特的认知习惯、审美诉求和接受方式。因此,随着新时代教育对象的变化,思想政治教育方法也随之发生了深刻的变化,并在一定程度上做到了与时俱进,与“技”俱进,要赢得青年大学生,必须要适应网络发展,占领网络阵地,运用大数据实时掌握,精准分析,推动思想政治教育由单向灌输向双向互动、由抽象说教向形象感化转变。

这一时期,思想政治教育方法创新的一个突出特点表现为:传统思想政治教育方法与信息技术的融合。更多的教育者主动了解并适应网络和信息传播的特点,以及高校学生认知特点的新变化,通过线上线下发挥网络全域化的传播、转变思想政治教育话语方式,发动学生参与热点问题讨

论，进行导向化的塑造。另一方面，用好新媒体平台特别是主流媒体的学习平台，开展思想育人、文化育人等活动，满足学生的精神文化需求；组织学生创作和推送微课堂、微电影、微动漫、微广播、微阅读，丰富了思想政治教育形式；同时利用微博、微信、短视频等传播手段改进教育方式，运用新媒体技术激活教育课堂等，增强了高校思想政治教育的实效性。

（二）高校思想政治教育方法协同进一步强化

马克思指出："现在的社会不是坚实的结晶体，而是一个能够变化并且经常处于变化过程中的有机体。"①恩格斯指出："一个伟大的基本思想，即认为世界不是既成事物的集合体，而是过程的集合体。"②这是马克思主义过程论思想的集中阐释和经典表述，它认为事物的发展具有过程性，而过程在整体上又是彼此联系的，具有协同性。这一过程论思想为思想政治教育协同创新方法的构建提供了哲学依据。习近平指出："做好高校思想政治工作，要因事而化、因时而进、因势而新。""要用好课堂教学这个主渠道，思想政治理论课要坚持在改进中加强，提升思想政治教育亲和力和针对性，满足学生成长发展需求和期待，其他各门课都要守好一段渠、种好责任田，使各类课程与思想政治理论课同向同行，形成协同效应。"③过程的整体协同必然要求思想政治教育方法注重系统性。高校思想政治教育是一项既复杂又艰巨的系统工程，也必然要求坚持系统的方法，从整体出发，统筹兼顾，协调发展。因此，这就需要确保高校思想政治教育在总过程中处于整体运行有序的良好状态，也需要各个部门协同作战、各种方法互相配合，推动高校思想政治教育形成合力育人的长效机制。

（三）跨学科方法在思想政治教育中进一步广泛应用

新时代思想政治教育方法的创新还表现在跨学科方法的广泛应用，特别是心理学、管理学和社会学的方法在高校思想政治工作中被普遍采用。

---

① 《马克思恩格斯选集》第2卷，人民出版社2012年版，第84页。
② 《马克思恩格斯选集》第4卷，人民出版社2012年版，第250页。
③ 《习近平谈治国理政》第二卷，外文出版社2017年版，第378页。

心理学是马克思主义认识论的主要科学基础之一，思想政治教育吸收借鉴心理学的一般理论和方法有助于提升思想政治教育实效。习近平在2016年全国高校思想政治工作会议上强调，高校思想政治教育要“培育理性平和的健康心态，加强人文关怀和心理疏导”①。党的十九大报告进一步指出：“加强社会心理服务体系建设，培育自尊自信、理性平和、积极向上的社会心态。”②这说明了新时代党对加强和改进高校思想政治教育工作提出了新方向与新要求，面对信息网络化高速发展视域下大学生心理需求的多元化与思想观念的深层变化，要重视对学生的心理疏导，引导学生健康成长顺利成才。

行为科学是管理学中的一个主要流派，其在管理中重视对人的研究，激励人的积极性，对思想政治教育具有一定的参考价值。因此要确保思想政治教育的实效性，需要提升思想政治教育管理水平。2013年8月，习近平在全国宣传思想工作会议上提出了“把宣传思想工作同各个领域的行政管理、行业管理、社会管理更加紧密地结合起来”③的要求；2016年12月，习近平在全国高校思想政治工作会议上，进一步明确将“管理”要求细化至学风校风建设、师生党员队伍建设等方面；2017年12月教育部党组印发的《高校思想政治工作质量提升工程实施纲要》围绕思想政治教育质量问题构建了十大育人体系，其中课程育人、实践育人、网络育人、管理育人、资助育人等体系中明确提出了通过加强“管理”提升高校思想政治工作质量的要求。

社会学研究的是人的社会化问题，强调问题意识，与思想政治教育具有本质上的一致性。高校思想政治教育就是要帮助学生树立正确的世界观、人生观、价值观，明确自己的社会责任和行为规范，这其实就是学生的社会化。社会调查、统计分析等方法也是新时代思想政治教育普遍采用的方法。

---

① 《习近平谈治国理政》第二卷，外文出版社2017年版，第377页。
② 《习近平谈治国理政》第三卷，外文出版社2020年版，第38页。
③ 《习近平谈治国理政》第一卷，外文出版社2018年版，第156页。

第五章　中国共产党高校思想政治教育的学科建设

中国共产党自成立之日起，即表明自身鲜明的马克思主义属性。广泛地、有针对性地开展马克思主义理论教育和思想政治教育是党的政治优势和优良传统，重视思想政治教育是党带领人民推进革命、建设、改革实践，开辟中国特色社会主义事业新局面的重要武器。在百年发展历程中，党的思想政治教育工作不断深化，并在思想政治教育实践基础上推进理论创新，积累了丰富的思想政治教育经验，为思想政治教育学科的创设奠定了坚实基础。因此，思想政治教育学科的历史发展是思想政治教育实践逻辑与思想政治教育学科理论逻辑的统一，其学科化发展进程在实践基础上不断推进。时至今日，思想政治教育学科建设成就斐然，在学科理论构建、队伍发展、人才培养、制度设计等方面均取得显著进展。列宁指出："考察每个问题都要看某种现象在历史上怎样产生、在发展中经过了哪些主要阶段，并根据它的这种发展去考察这一事物现在是怎样的。"①梳理追溯思想政治教育学科发展的历史脉络，凝练总结学科发展进度，形成思想政治教育学科建设的一般性认识，对于更好把握学科未来发展趋势，推动思想政治教育学科深化发展具有重要意义。

① 《列宁全集》第37卷，人民出版社2017年版，第65页。

第一节　高校思想政治教育学科化的必要性和重要性

高校思想政治教育学科化进程的开启绝非一时兴起，其以十一届三中全会作出改革开放这一历史性决策为特殊的时代背景，是全面认识毛泽东思想体系科学内容及强化青年学生思想政治教育工作的现实呼唤；是继承、发扬党的思想政治教育优良传统，培育思想政治教育专门人才，促进其专业化、科学化发展内在诉求；同时，也是整合思想政治教育资源推动其持久长续发展的重要保障力量。

一、培育思想政治教育专门人才的客观需要

高校思想政治教育是党的思想政治教育工作全局的重要构成，党重视思想政治教育的优良传统在高等院校办学实践中得以继承及发扬。新民主主义革命时期，抗日军政大学等院校中已借鉴革命军队政治教育的做法，设立相应学时与课程要求。解放战争胜利后，中央从国民党政府接管了一批以西方教育模式为治学方向的高校，对其进行社会主义改革成为历史必然，为此，政治教育专业以师范院校为试点逐渐发展开来，为思想政治教育学科化发展奠定了重要基础。受"文革"期间极左思想的影响，部分思想政治教育工作者受到冲击，高校思想政治教育逐渐偏离科学的发展轨道。伴随十一届三中全会的召开及思想战线拨乱反正的开启，高校思想政治教育得以恢复重建。此时，思想政治教育人才需求与供给的不平衡状况凸显，高校思想政治教育工作专业人才匮乏。为有效解决这一发展瓶颈，思想政治教育实现学科化发展以有计划、有组织、有系统地培养大量专业人才得到关注。1982 年 11 月，时任中央书记处书记宋任穷指出，"要逐步形成一种观念：思想政治工作，党员教育工作，这是一门科学，是一门治党、治国的科学，在这个岗位上的几百万干部要努力钻研这个专业，造就大批思想政治工作专家，去完成新时期赋予

我们的任务”①。1983年中共中央批转的《国营企业职工思想政治工作纲要(试行)》也强调,中央和地方要筹办以培养思想政治工作的领导干部为目标的政治院校。现有的全国综合性大学、文科院校、各部委总局所属的大专院校,有条件的都要增设政治工作专业,以造就一大批思想政治工作能手,一大批精通思想政治工作的专家。思想政治教育专业人才培养诉求成为推动思想政治教育学科化发展的重要动力。同时,高校思想政治教育涉及根本,关涉全局与长远,高校发展方向关涉发展道路,关涉为谁培养人、培养什么样的人及如何培养人的这一根本问题。我国的国家属性决定了高等院校肩负着培养社会主义建设者和接班人的历史使命,因此,其必须坚持社会主义办学方向。社会主义方向是办好中国特色社会主义大学的基本保障。习近平指出,古今中外,每个国家都是按照自己的政治要求来培养人的,世界一流大学都是在服务自己国家发展中成长起来的。“高校是争夺青年、赢得未来的重要阵地,是科学研究和文化传承创新的重要源泉。思想政治教育要突出坚持和发展中国特色社会主义这条主线。”②总之,我国高等院校的社会主义性质对高校师生系统接受马克思主义理论教育提出了现实诉求,而高校思想政治教育学科化发展可为确保高等教育朝着社会主义方向前进提供专业人才支撑与保障。

二、促进思想政治教育专业化科学化的必然要求

在重视思想政治教育思维指导下,党在长期的革命与建设实践中形成了诸多富有成效的思想政治教育原则与方法,积累了丰富的思想政治教育实践经验。但从宏观上来看,此时的思想政治教育理论多是经验的扁平化总结,并没有从学科视角开展专业化、科学化的研究与探索。因此,这一时期的思想政治教育仍处于以经验形态为主的发展阶段。改革开放序幕的拉开推动思想政治教育科学化、专业化发展诉求急剧增长,思

---

① 中国思想政治工作研究会、中宣部思想政治工作研究所组织编写:《改革开放以来思想政治工作大事记》,中国人民大学出版社2007年版,第38页。

② 冯刚:《深化思想政治教育理论研究和实践创新 推动思想政治教育学科繁荣发展》,《思想教育研究》2015年第2期。

想政治教育的深化发展迫切需要在扬弃经验的同时实现经验的科学保留，在明确思想政治教育政治属性的同时，强化其科学性。与此同时，这一时期形成了思想政治教育科学化、专业化发展扎实的现实基础与浓厚的社会氛围。党的十一届三中全会后，思想政治教育科学化问题得到全国范围内的关注与讨论，邓小平强调，思想工作“是一项十分重大的任务，既是重大的政治任务，又是重大的理论任务。这决不是改头换面地抄袭旧书本所能完成的工作，而是要费尽革命思想家心血的崇高的创造性的科学工作”①。1980 年 5 月底，由第一机械工业部和全国机械工会联合召开的思想政治工作座谈会集中讨论了思想政治工作科学化议题，时任第一机械工业部副部长孙友余在讲话中指出，思想政治工作“要以我为主，认真总结我们固有的成功经验，使之系统化、理论化，吸收国外科学的、具有普遍规律性的东西，形成带有我们自己社会和民族特点的做人的思想工作的新学科”②。关于思想政治教育工作科学化的广泛讨论为思想政治教育学科建设奠定了坚实的思想基础，同时，思想政治教育学科化发展是提升思想政治教育科学性的重要推动力量。就其本质而言，学科是特定知识的专门化、类别化、规范化、系统化样态。思想政治教育实现学科化发展对于推动思想政治教育成为一门具有特定研究域与知识域的专门化学问，提升思想政治教育科学性、实效性意义重大。充分发挥思想政治教育工作教育、团结群众，武装全党的作用，实现思想政治教育科学发展，需要学科建设提供强大依托。“高校思想政治教育的科学化水平，体现在理论的系统性和实践的现代性。”③思想政治教育理论创新与实践创新相互依存并相互转化，其中，思想政治教育理论创新是以思想政治教育实践经验为基石的理性升华与理论抽象，思想政治教育实践是理论创新发展的动力源泉；思想政治教育理论创新成果为科学解读、解答实践课

① 《邓小平文选》第二卷，人民出版社 1994 年版，第 180 页。

② 孙友余、钱学森、费孝通、谭滔等：《论思想政治工作科学化》，山西人民出版社 1981 年版，第 30—31 页。

③ 冯刚、严帅：《新中国成立 70 年来高校思想政治教育的成就、经验与展望》，《教学与研究》2019 年第 9 期。

题提供理论支撑与方法指导。而思想政治教育学科化发展,尤其是学科概念、学科范畴、学科体系等的构建有助于更好地规范和引领思想政治教育理论与实践的深化发展。在学科化背景下,思想政治教育由经验形态为主导转化为以实践为基础的理论抽象占主导地位,思想政治教育成为由专业化、职业化的思想政治教育工作者遵循科学精神与规范,揭示、掌握与运用思想政治教育规律的一门专门化、职业化活动。从这一角度而言,学科建设是思想政治教育在理论体系构建、科学研究、实践应用等维度进行系统规划与建设,科学揭示与掌握思想政治教育规律的关键一环。学科化发展为思想政治教育实践提供着学理支撑,推动思想政治教育科学发展。

三、整合资源推动思想政治教育持续发展的动力保障

从学科发展角度来看,学科资源是一个综合范畴。思想政治教育资源是思想政治教育的重要构成,在思想政治教育活动中具有不可或缺性。自20世纪90年代至今,学界围绕思想政治教育资源内涵、特点、分类、开发利用等进行了较为深入的探讨。目前关于思想政治教育资源的界定学界尚未形成共识,其中"在阶级社会中,随着思想政治教育活动的开展而产生并不断丰富的,为思想政治教育活动所利用并对思想政治教育活动目标的实施产生重要作用的物质、精神因素的总和"①的思想政治教育资源"因素说"具有一定合理性得到较多认同。高校思想政治教育资源具有多样性,各种资源之间存在密切联系,形成了庞大而繁杂的思想政治教育资源系统。值得注意的是,高校思想政治教育资源本身并不能自然而然形成资源效益,其资源效益的取得建立在根据时代需求、实践需求及高等教育发展诉求、人才培养诉求等统筹规划加以运用的基础上。同时,各思想政治教育资源相互之间及与其他社会系统之间存在千丝万缕的联系,厘清各资源间矛盾关系,推进系统内外协调一致是实现思想政治教育资源效益的重要前提。因此,高校思想政治教育资源内部的系统规划、对

---

① 罗洪铁、董娅主编:《思想政治教育原理与方法基础理论研究》,人民出版社2005年版,第55页。

外的适应发展等均离不开资源的优化整合，推进高校思想政治教育资源整合是高校思想政治教育持续发展的关键所在。学科化发展是实现资源整合的必然选择。思想政治教育学科化建设推动思想政治教育资源的开发、利用、建设、配置等按照学科发展规律予以统筹，在资源的统筹整合下实现不同种类思想政治教育资源的优势互补，使高校思想政治教育更加适合高等教育发展及人才培养需求，提高高校思想政治教育资源的实效性，提升高校思想政治教育的系统性、科学性。同时，思想政治教育学科化助推思想政治教育全局性资源观的塑造，这种系统性的资源观重视资源的整体效能和长远发展。因此，思想政治教育学科化可为高校思想政治教育资源的有效利用提供长效保障，形成高校思想政治教育发展的内在动力。思想政治教育学科化的资源整合作用主要有以下两种呈现形式：一是灵活配置思想政治教育资源，提升资源效益。资源的科学合理配置是充分利用资源、发挥资源效益的基础。思想政治教育资源的有效配置，需利用科学技术知识统筹安排资源的层次问题。同时，在面对不同种类思想政治教育资源时，也需考虑各资源的综合配置利用问题。思想政治教育学科的设立推动从学科发展高度对各种思想政治教育资源进行调配与整合的实现，并根据实践发展及时调整思想政治教育资源开发与整合的力度与侧重点，系统规划和灵活配置思想政治教育资源，推进思想政治教育资源结构优化，从而实现思想政治教育资源效益的最大化。二是推动思想政治教育资源库的形成，促进思想政治教育的可持续发展。学科化不仅有利于资源的调配与整合，也推动着资源的共享。在思想政治教育学科化背景下，相对分散的高校思想政治教育资源集结成一个遵循学科发展规律与资源利用规律的思想政治教育资源库，在各层次、各类别思想政治教育资源共享中推动思想政治教育的可持续发展。

第二节　高校思想政治教育的学科化进程

中国共产党高校思想政治教育学科化发展立足于党的思想政治教育

实践,以改革开放为重要时间节点,以思想政治教育专业建设、学科设立为基本标识,从设立思想政治教育本科专业到思想政治教育硕士点及独立博士点的设立,思想政治教育学科化进程逐步推进。

一、学科设置前的历史积淀和实践探索

中国共产党是马克思主义政党,这是党自诞生之日起就亮明的鲜明底色。中国共产党素来重视马克思主义理论的宣传、教育,思想政治教育是党的优良传统。思想政治教育学科化前的历史积淀和实践探索可分为以下两个阶段:首先,1921 年中国共产党成立至 1978 年十一届三中全会召开前夕,思想政治教育实践及理论在积累中发展。党将马克思主义作为指导思想,将其作为武装头脑的关键武器。毛泽东指出,“马克思列宁主义是一切革命者都应该学习的科学”①。如前所言,注重马克思主义理论教育和思想政治教育是党成立后逐渐形成的优良传统。革命军队建立之初,即建立了思想政治工作系统,设立党代表,将支部建在连上,为思想政治教育学科的建立奠定了坚实的实践基础。新中国成立之后,为巩固新生人民政权,统一思想,迫切需要对党员、民众尤其是青年学生系统开展马克思主义理论教育,而如何科学、有效地开展理论教育是一个深入而专业的教育问题。在此背景下,政治教育专业进入高等院校学科与专业设置规划,各高校先后设立政治教育专业,如“北京师范大学于 1952 年率先在全国高校中开办政治教育专业并成立了政治教育系”②。此后,政治教育专业伴随高校发展不断深入推进,“文化大革命”期间遭受一定程度冲击。随着改革开放进程的开启,思想政治教育学科化发展凸显为新的重要命题,政治教育专业在实践中不断调整。1990 年,政治教育专业更名为政治与思想品德教育专业,专业原有的单一的政治教育功能延展到思想道德领域。1993 年其最终并入思想政治教育专业。其次,党的十一届三中全会召开之后,思想政治教育进入学科化讨论时期。“文化大革

① 《毛泽东选集》第三卷,人民出版社 1991 年版,第 852 页。

② 北京师范大学校史编写组编:《北京师范大学校史》,北京师范大学出版社 1984 年版,第 131 页。

命”结束后，思想上的拨乱反正任务繁重，为及时、有效回应这一时代课题，思想政治教育的科学化、学科化命题得到关注与讨论。“把中国共产党的思想政治工作当作一门科学来研究，是党的十一届三中全会以后正式提出来的，这不仅是对历史经验教训的深刻总结，同时也是对历史发展新要求的积极回应。”①叶剑英在1978年5月召开的全军政治工作会议的讲话中指出，要全面系统学习继承毛泽东关于革命军队政治工作的学说，并在新的历史条件下运用和发展。1979年6月15日召开的第一机械工业部电话会议“提出了思想政治工作要吸收现代科学成果，把它进一步提高，上升到理论，成为一门科学”②。1980年4月召开的全军各大单位政治部主任会议重申政治工作的生命线地位，时任中共中央政治局委员、人民解放军总政治部主任韦国清在讲话中指出：“政治工作也是一门科学，有其专门的知识。”③随后，第一机械工业部和全国机械工会联合召开了思想政治工作座谈会，时任第一机械工业部副部长孙友余在讲话中对学科名称进行了设想，提出“把社会主义制度下研究发挥人的积极性的这门科学叫作思想政治工作学”④。同年8月11日，《光明日报》刊发名为《思想政治工作也是一门科学》的署名文章明确指出，思想政治工作也是一门科学，而且是在团结全国人民向四个现代化进军中不可缺少的一门重要科学。该文揭开了思想政治工作科学化全国性大讨论的序幕，其后，《光明日报》专门开辟思想政治工作科学化讨论专栏，《人民日报》《解放军报》《工人日报》等也进行了系列报道。在思想政治工作科学化广泛讨论的基础上，其学科化命题被适时提出。1983年1月召开的新中国第一次全国职工思想政治工作会议明确了思想政治工作是一门治党、治国的科学定位。1983年6月20日，中宣部、中组部、全国总工会等

---

① 冯刚主编：《改革开放以来高校思想政治教育发展史》，人民出版社2018年版，第53页。

② 孙友余、钱学森、费孝通、谭滔等：《论思想政治工作科学化》，山西人民出版社1981年版，第27页。

③ 韦国清：《抓好党的建设加强政治工作》，《人民日报》1980年5月9日。

④ 孙友余、钱学森、费孝通、谭滔等：《论思想政治工作科学化》，山西人民出版社1981年版，第30页。

单位联合下发《国营企业职工思想政治工作纲要(试行)》指出,思想政治工作是科学性、政治性、政策性很强的工作,并对思想政治工作专门人才的培养提出了要求。同年8月,国家教委在中央党校组织召开了关于探讨设置思想政治教育专业的论证会,在这次会议上,15所高校的代表就设立思想政治教育专业达成共识,确立学科和专业名称分别为"思想政治教育学"和"思想政治教育专业",并讨论明确了思想政治教育专业的课程设置与教材编写等,为思想政治教育专业及学科的最终设立做了充分的准备工作。

二、思想政治教育专业创设与独立二级学科的设立

1984年高等院校思想政治教育专业的设立正式开启思想政治教育学科化创建进程。为适应新的历史时期思想政治教育的需要,在进行广泛科学化讨论及充分准备的基础上,1984年4月13日,教育部发出《关于在十二所院校设置思想政治教育专业的意见》,决定在部分高等学校设置思想政治教育专业,采取正规化的方法培养大专生、本科生和第二学士生等各种规格的思想政治工作专门人才。该《意见》批准南开大学、复旦大学、武汉大学、东北师范大学、陕西师范大学、华东师范大学、华中师范大学、西南师范学院、清华大学、北京钢铁学院、上海交通大学、大连工学院等12所院校增设思想政治教育专业,进行本科学制建设试点,这标志着思想政治教育专业的正式确立,也为思想政治教育学科建设提供了依托与保障。同年6月,教育部印发《关于在六所高等院校开办思想政治教育专业第二学士学位班的意见》,清华大学、北京钢铁学院、北京师范学院、大连工学院、西安交通大学、浙江大学等院校获批进行思想政治教育专业第二学士学位班招生工作。1987年5月,《中共中央关于改进和加强高等学校思想政治工作的决定》指出,"有关院校要认真办好思想政治教育专业,办好第二学士学位班,并创造条件培养这方面的硕士和博士研究生"①。随后,国家教委印发《关于思想政治教育专业培养硕士研究

① 《十二大以来重要文献选编》(下),人民出版社1988年版,第1420页。

生的实施意见》的通知，正式明确思想政治教育专业硕士研究生培养事项。1988 年 9 月，复旦大学、南开大学、武汉大学、清华大学、西安交通大学、浙江大学、华东师范大学、华中师范大学、大连工学院、北京钢铁学院等 10 所院校首批独立招收思想政治教育专业硕士研究生，思想政治教育学科与专业建设取得进一步发展。随着思想政治教育本科专业、第二学士学位、硕士学位的相继确立，学科博士学位建设事项提上日程。“博士点是学科建设的关键。”①1996 年，武汉大学与华中师范大学联合申报获批“马克思主义理论与思想政治教育”博士学位授权点。随后，中国人民大学“科学社会主义原理”博士点的“马克思主义原理”方向免于申请直接转为博士授权点，清华大学、北京科技大学、首都师范大学的博士点联合申请也获得审批。1997 年 6 月，国务院学位委员会和国家教委颁发的新修订版《授予博士、硕士学位和培养研究生的学科、专业目录》，正式将马克思主义理论教育和思想政治教育两个二级学科合并为“马克思主义理论与思想政治教育”二级学科，隶属于政治学一级学科。2001 年，马克思主义理论与思想政治教育获批国家重点学科。随后，中国人民大学、武汉大学、中山大学等成为首批“马克思主义理论与思想政治教育”国家重点学科设立单位。马克思主义理论教育与思想政治教育专业博士点及国家重点学科的建立为学科进一步深化发展创设了良好条件。2005 年，中央开始实施马克思主义理论研究和建设工程。同年 2 月印发的《中共中央宣传部、教育部关于进一步加强和改进高等学校思想政治理论课的意见》明确提出要设立“马克思主义一级学科”。是年 5 月，中共中央宣传部、教育部印发的《关于加强和改进高等学校哲学社会科学学科体系与教材体系建设的意见》中指出，“在一级学科中，设立马克思主义理论学科。”②2005 年 12 月 23 日，国务院学位委员会、教育部下发《关于调整增设马克思主义理论一级学科及所属二级学科的通知》，该文件正式决定

① 沈壮海主编：《思想政治教育发展报告 2014/2015》，高等教育出版社 2016 年版，第 11 页。

② 教育部思想政治教育工作司组编：《加强和改进大学生思想政治教育重要文献选编（1978—2014）》，知识产权出版社 2015 年版，第 322 页。

增设马克思主义理论一级学科及其所属二级学科,将马克思主义理论一级学科置于“法学”门类,下设马克思主义基本原理、马克思主义发展史、马克思主义中国化研究、国外马克思主义研究、思想政治教育。将政治学一级学科下的“马克思主义理论与思想政治教育”二级学科调整到马克思主义理论一级学科下,分别归入“马克思主义基本原理”和“思想政治教育”。马克思主义理论一级学科及其所属思想政治教育二级学科的设立,是思想政治教育学科发展史上重要的里程碑,其在进一步明晰思想政治教育学科归属的背景下,推动思想政治教育学科进入稳定、纵深发展轨道。

三、思想政治教育学科的深化发展

马克思主义理论一级学科及思想政治教育二级学科设立以后,思想政治教育学科进入深化发展期。这一时期,思想政治教育博士点、国家重点学科及博士后流动站建设获得新进展,国家出台系列政策为思想政治教育学科创新发展保驾护航。2006 年 1 月,国务院学位委员会下发《关于下达第十批博士和硕士学位授权学科、专业名单的通知》,《通知》指出到 2006 年 1 月,全国共有 34 个思想政治教育二级学科通过审核,成为新增思想政治教育博士点学科。2006 年 3 月召开的全国高等学校思想政治教育研究会学术委员会第二次会议围绕马克思主义理论学科层次、结构与师资建设、人才培育等议题进行了深入的研究讨论,为思想政治教育学科指明了发展方向。2008 年 4 月 2 日,国务院学位委员会、教育部下发《关于增设“中国近现代史基本问题研究”二级学科的通知》,规定在马克思主义理论一级学科下增设“中国近现代史基本问题研究”二级学科。2018 年增设“党的建设”二级学科。至此,马克思主义理论一级学科所属的二级学科达到七个,马克思主义理论一级学科内部各二级学科的学科定位、学科边界、研究内容、队伍建设等得以进一步明晰与规范,这对于推动思想政治教育学科深化发展意义重大。根据工作部署,马克思主义理论学科博士后流动站工作稳定推进,2007 年中国人民大学等 18 个单位,2009 年南京大学等 16 个单位先后获批博士后流动站。随着马克思主义理论一级学科及思想政治教育二级学科建设的逐步推进，2008 年，中国人民大学获批设立马克思主义理论一级国家重点学科，随后，中山大学、东北师范大学获批设立思想政治教育二级国家重点学科，武汉大学思想政治教育及中山大学、复旦大学马克思主义基本原理设立国家重点培育学科。国家重点学科的设立为思想政治教育学科提供了更宽阔的发展平台与空间。“马克思主义理论与思想政治教育由原来的二级学科上升为马克思主义理论一级学科，思想政治教育上升为独立的二级学科，并获得了思想政治教育博士点、国家重点学科和博士后流动站，学科建设获得了跨越性发展。”①

党的十八大以来，以习近平同志为核心的党中央高度重视高校思想政治教育工作，多次召开相关会议予以集中讨论部署，为学科深化发展提供了坚实的政策保障与方向引领。“党的十八大以来，以习近平同志为核心的党中央高度重视精神文明建设、意识形态工作和思想政治工作，在进行许多新的历史特点的伟大斗争中把思想政治教育提升到国家治理体系和治理能力现代化建设、全面从严治党的战略高度，上升为党的治国理政思想的重要内涵，极大地丰富了党的思想政治工作理论，为在新的历史条件下推进思想政治教育学科发展提供了强大的理论指导和科学的原则遵循。”②2013 年全国宣传工作会议召开，习近平在讲话中阐述了关涉宣传工作长远发展的系列重大理论与现实问题。2016 年 12 月在北京召开全国高校思想政治工作会议，习近平在讲话中指出，“高校思想政治工作关系高校培养什么样的人、如何培养人以及为谁培养人这个根本问题，要坚持把立德树人作为中心环节，把思想政治工作贯穿教育教学全过程”③。2018 年 8 月召开的全国宣传思想工作会议对新形势下宣传思想工作举旗帜、聚民心、育新人、兴文化、展形象的使命任务进行了系统阐述

① 冯刚、骆郁廷：《思想政治教育学科发展 30 年的回顾与展望》，《思想理论教育导刊》2014 年第 7 期。

② 黄蓉生：《新时代思想政治教育学科创新发展若干思考》，《思想理论教育导刊》2018 年第 3 期。

③ 《习近平谈治国理政》第二卷，人民出版社 2017 年版，第 376 页。

与战略部署。2019 年 3 月，学校思想政治理论课教师座谈会在京举行，习近平在讲话中强调："思想政治理论课是落实立德树人根本任务的关键课程。"①并指出思想政治理论课教师在办好思想政治理论课中的关键作用，要充分发挥教师的积极性、主动性、创造性，要以"政治强、情怀深、思维新、视野广、自律严、人格正"推进思想政治理论课实现"政治性和学理性、价值性和知识性、建设性和批判性、理论性和实践性、统一性和多样性、主导性和主体性、灌输性和启发性、显性教育和隐性教育"的八个相统一，上述系列论述为新时代思想政治教育学科及专业深入发展提供了基本遵循。

第三节　高校思想政治教育学科建设的主要成就

思想政治教育学科创建至今，学科建设实践逐步推进，并在实践发展中取得了系列建设成果，其集中体现为学科理论建设、学科队伍建设、学科人才培养及学科制度构建等方面。梳理、把握学科建设在上述诸方面的发展进展与成果，是明晰学科发展趋势、推动学科建设持续深化发展的题中之义。

一、学科理论建设的创新发展

学科理论是学科的关键构成，围绕学科特定研究对象开展专门化学术研究，并最终形成特定知识域是学科立身之本，也是学科始终保持旺盛生命力的重要基础。与其他人文社会学科相比，思想政治教育学科是一门较为年轻的新兴学科，其学科理论体系伴随思想政治教育实践的不断深入逐渐形成、发展及至完善，这一渐进发展过程是学科建设一般规律在思想政治教育领域的具体呈现。因此，对思想政治教育学科理论体系建

① 《习近平谈治国理政》第三卷，人民出版社 2020 年版，第 329 页。

设进程应以客观的、整体的、长远的眼光予以分析。思想政治教育学科设立之后，在国家相关政策支持及学者共同努力下，学科理论研究不断推进。学者们通过主持国家社科基金规划项目、教育科学规划项目、教育部人文社科规划项目及各省市社科规划项目的研究工作不断深化学科理论与实践问题研究，推出了系列学术研究成果，学科理论体系初步形成。一方面，学科理论框架基本建构。随着学科研究的逐步推进，关于思想政治教育学科的研究对象、理论基础、基本范畴与概念、原则与方法、基本规律等学科理论得到相当程度的阐发与探讨，逐渐形成了以思想政治教育原理、思想政治教育方法论、思想政治教育史、比较思想政治教育研究为主要内容的主干学科理论体系，搭建了学科基本理论构架。同时，随着思想政治教育交叉学科研究的推进，思想政治教育分支学科研究迅速发展，目前思想政治教育心理学、思想政治教育管理学等理论探讨已初具规模。另一方面，思想政治教育学科研究范式构建工作逐步推进。研究范式作为一种公认的模型或模式，为学界提供惯用的逻辑架构和理论体系，是学科规范发展、走向成熟的重要标志。以思想政治教育学科的设立为契机，学界围绕思想政治教育研究方式是什么，思想政治教育要构建什么样的研究范式以及如何构建科学高效的思想政治教育学研究范式展开深入研究，力求在遵循思想政治教育学科发展实践基础上，构建既反映马克思主义理论学科一般要求，又凸显思想政治教育二级学科自身属性的研究范式，实现一般与具体的统一。“近年来，随着思想政治教育学科归属的明晰及其发展阶段的推进，思想政治教育研究范式主要聚焦于社会哲学范式、人学范式、科学实践范式、文化范式等。其中，伴随马克思主义人学取向在思想政治教育学科的深入发展，思想政治教育研究范式中社会哲学范式与人学范式论争成为学界长期关注的研究点。”①学科研究范式的发展对思想政治教育学科理论框架、研究方式、范畴体系构建等具有重要的规范意义。

---

① 冯刚、张欣：《中国共产党百年思想政治教育史研究的经验与展望》，《重庆大学学报（社会科学版）》2020 年第 4 期。

二、学科队伍建设不断加强

学科队伍是学科建设中最活跃的因素，其素质高低、结构是否合理、管理是否科学，直接关涉学科建设质量，因此，队伍建设是学科建设的关键。高校思想政治教育学科队伍具有特殊性，其内容构成呈现多样性、层次性特征，总体而言，其主要包括思想政治教育专业课教师、思想政治理论课教师、日常思想政治教育工作者三部分，三者之间存在一定程度的交叉与渗透。通过回溯思想政治教育学科发展历程不难发现，思想政治教育学科队伍建设与专业化建设同向而行。在思想政治教育专业设立之后，思想政治教育工作专门人才的培养诉求日益提升。1987 年中共中央通过的《关于改进和加强高等学校思想政治工作的决定》指出，思想政治教育工作“必须有专职人员作为骨干，并且要培养和造就一批思想政治教育的专家、教授和理论家”①。为此，国家先后出台系列文件，如《国家教育委员会关于加强高等学校专职思想政治工作者正规培训的通知》（1990 年）、《中共教育部党组关于进一步加强高等学校学生思想政治工作队伍建设的若干意见》（2000 年）、《教育部关于加强高等学校辅导员班主任队伍建设的意见》（2005 年）、《教育部办公厅关于印发〈2006—2010 年普通高等学校辅导员培训计划〉的通知》（2006 年）、国务院学位委员会印发的《关于进一步加强高校马克思主义理论学科建设的意见》（2012 年）、《教育部关于印发〈普通高等学校思想政治理论课教师队伍培养规划（2013—2017）〉的通知》（2013 年）、中宣部、教育部印发《普通高校思想政治理论课建设体系创新计划》（2015 年）、教育部印发《新时代高校思想政治理论课教学工作基本要求》（2018 年）等，上述系列文件的出台为学科队伍的教育培训、组织管理等提供了方向指导与政策保障，有力推动了思想政治教育学科队伍建设进程。学科发展至今，队伍建设成绩显著，“逐渐培养、凝聚和形成了一批老、中、青相结合的学术和实践骨干，造就了一批有深厚的学术底蕴、深邃的学术眼光和深广的学术胸怀

① 《十二大以来重要文献选编》（下），人民出版社 1988 年版，第 1419 页。

的思想政治教育学科带头人,产生了一批学术新锐和中青年骨干。”①学科队伍的年龄结构、学历结构、职称结构等进一步优化,初步形成了老中青有机结合的梯队人才队伍。有学者对2017年北京高校1421名思想政治理论课专职教师的学历结构进行调研发现,“具有教授职称的有304人,具有副教授职称的教师有599人,具有讲师职称的教师有496人。具有高级职称的比例占到被调研教师总数的63.55%。”②

三、学科人才培养规模和质量提升

学科人才培养既是学科建设的重要使命,也是学科发展的一大标识。思想政治教育学科设立以来,系统化、正规化培养学科人才成为学科发展的重要命题。随着思想政治教育学科建设实践的推进,学科人才培养规模和质量不断提升。一方面,专业教材建设持续推进,不断夯实人才培养的现实基础。思想政治教育专业设立后,国家有关部门组织力量先后出版《思想政治教育学原理》《思想政治教育方法论》《党的思想政治教育史》《比较思想政治教育学》《思想政治教育经典著作导读》等12本教材,1994年第二套思想政治教育统编教材编写工作启动,并对本科生教材、研究生教材与必修课、选修课教材加以区分。此后,教材编写工作日益规范化、质量化发展,如2001年出版的《现代思想政治教育学》被指定为研究生教学用书和“十一五”国家级重点教材。近年来,思想政治教育学科专著、教材接续推新、成绩凸显。另一方面,人才培养要求深化发展,学科人才培养体系基本形成。学科人才培养要求在实践中逐步明晰化、规范化。2005年,国务院学位委员会、教育部印发《关于调整增设马克思主义理论一级学科及所属二级学科的通知》对研究生培养提出要“具有坚定的马克思主义信仰和社会主义信念,树立建设中国特色社会主义的共同

① 冯刚:《深化思想政治教育理论研究和实践创新 推动思想政治教育学科繁荣发展》,《思想教育研究》2015年第2期。

② 艾四林、吴潜涛主编:《北京高校马克思主义理论学科与思想政治教育理论课建设发展报告(2017)》,人民出版社2018年版,第5页。

理想;系统掌握马克思主义基本原理和中国化马克思主义理论”①。2012年6月,国务院学位委员会颁布《关于进一步加强高校马克思主义理论学科建设的意见》对学科人才培养方案提出规范指导,强调学科人才培养要处理好学科性质与研究特色、基础理论研究与现实问题研究、理论学习与理论应用、思想政治素质与业务素质的关系,为学科人才培养指明了方向。在学科人才培养要求明晰化的同时,人才培养体系逐渐形成。1984年12所院校获批招收思想政治教育专业本科生,1987年10所院校获批进行思想政治教育专业硕士研究生培养,1996年,“马克思主义理论与思想政治教育”博士学位授权点设立,2007年开启博士后流动站工作,形成了本科、硕士、博士、博士后流动站这一完整人才培养体系。人才培养规格层次、目标内容等不断深化与细化。此外,人才培养质量不断提升,培养质量集中体现为个体运用马克思主义立场、观点、方法分析、解决问题的研究能力与实践能力。有学者对北京高校马克思主义理论学科研究生学术活动的调研统计发现:“参加调研高校2017年毕业的博士研究生在读期间发表论文447篇,其中北大中文核心期刊论文157篇,CSSCI来源期刊论文87篇,其他期刊论文203篇。”“硕士研究生在读期间发表论文515篇,其中北大中文核心期刊论文49篇,CSSCI来源期刊论文41篇,其他期刊论文425篇。”②研究生的科学研究能力在实践中不断提升。

四、思想政治教育学科的制度建设持续推进

制度具有全局性、根本性、长远性意义,学科制度是学科专业发展的保障,也是学科化程度的衡量维度,制度建设是学科建设的重要构成。思想政治教育学科制度建设既遵循学科制度建设的一般规律,又具有鲜明的特殊性。思想政治教育学科制度大多是以国家政策法规的形式加以固定和保障的。“思想政治教育学科是与国家意志、意识形态、政治思想紧

---

① 教育部思想政治教育工作司组编:《加强和改进大学生思想政治教育重要文献选编(1978—2014)》,知识产权出版社2015年版,第334页。

② 艾四林、吴潜涛主编:《北京高校马克思主义理论学科与思想政治教育理论课建设发展报告(2017)》,人民出版社2018年版,第7页。

密相关的学科,必须借助政策和体制的力量确立学科的专业雏形和人才培养体制。……思想政治教育学科制度的一个基本特征就是以政策性和规范性制度起家,从党和国家的政策、法令中获得学科的合法性。"①在思想政治教育学科制度化建设实践中,教育部在1984年印发的《关于在十二所院校设置思想政治教育专业的意见》和《关于在高等学校举办思想政治教育本科班的意见》拉开了思想政治教育专业制度设置的序幕。随着思想政治教育实践的发展,1993年国家教育委员会印发《关于高等学校思想政治教育专业办学的意见》指出,从相关专业骨干教师、政工干部骨干中选调及从研究生、本科生中选留优秀毕业生充实教师队伍,采取校内与校外、在职与脱产、分散与集中的办法开展培训工作,强调青年教师先进行政治、业务和职业道德培训,参加实践锻炼后再担任教学工作,进一步完善了学科人才培养制度。2004年《中共中央、国务院关于进一步加强和改进大学生思想政治教育的意见》指出,"要建立健全与法律法规相协调、与高等教育全面发展相衔接、与大学生成长成才需要相适应的思想政治教育和管理的制度体系。"②明确提出完善大学生思想政治教育保障机制、建立思想政治教育管理制度体系这一命题。党的十八大以来,《普通高校思想政治理论课建设体系创新计划》(2015年)、《普通高等学校辅导员队伍建设规定》(2017年)、《新时代高校思想政治理论课教学工作基本要求》(2018年)等文件先后颁布,这些政策文件在规范学科发展的同时,也培育、塑造着学科制度意识。思想政治教育学科化建设以来,相关部门颁发一系列专门性规章制度、实施细则等配套文件,学科制度建设取得重要进展,高校思想政治教育制度、体制、机制建设不断调整、完善,在学科布局、课程建设、队伍建设、人才培养制度化建设方面稳定推进。一方面,学科建构在国家制度设计层面初步完成。国家明确规定了思想政治教育学作为二级学科的定位,2005年关于马克思主义理论一级学科及所属二级学科的政策规定,确立了思想政治教育学马克思主义理

① 宇文利:《论现代思想政治教育学的学科制度》,《思想教育研究》2012年第5期。

② 教育部思想政治教育工作司组编:《加强和改进大学生思想政治教育重要文献选编(1978—2014)》,知识产权出版社2015年版,第270页。

论一级学科下独立二级学科的定位,学科发展有了制度化保障。另一方面,具体制度建设方面成绩凸显。如在学科管理制度方面,2011 年通过的《高等学校思想政治理论课建设标准》强调思想政治教育学科教学与科研相整合、两者一体化发展的实体管理体制与机制,推动了学科教学科研管理制度的系统化发展进程。在学科知识应用体制机制建设方面,目前高等院校已初步建立起校党委统一领导、党政共管、学科专兼职队伍相结合、强化学生自我教育的领导体制与工作机制,思想政治教育学科系统的大格局已初步成型。

第四节 高校思想政治教育学科建设的发展趋势

回溯历史以展望未来,在对高校思想政治教育学科发展历程进行系统梳理,深刻把握思想政治教育学科建设进度的基础上,未来学科发展应主要从以下几个方面着力:立足思想政治教育实践,深化学科基础理论研究;加强学科建设与课程建设的衔接性,推动科研与教研并进;强化内涵发展,进一步提升学科发展质量;推进学科建设的协同创新,切实提升学科综合发展水平。

一、深化思想政治教育学科的基础理论研究

学科基础理论的建构与完善对学科发展而言意义重大。“基础理论是学科确立和发展的‘骨骼’和框架。深化思想政治教育基础理论研究,有助于推动思想政治教育学科建设的科学化。”①思想政治教育学科基础理论内涵丰富,其主要包括思想政治教育的要素、结构、功能、效果等。思想政治教育学科设立以来,基础理论研究取得重要进展,产生了系列理论

① 冯刚:《深化新时代思想政治教育基础理论研究》,《思想政治教育研究》2020 年第 1 期。

成果,但这些研究成果总体上遵循着学科设立初期理论研究设定的格局与程式。近年来,对思想政治教育本质与规律、主客体关系、研究范式等问题的研究虽时有争鸣与推进,但目前还没有实现质的飞跃。从思维方式角度来看,学科思维的欠缺或弱化,是学科边界泛化、学科研究对象模糊、学术研究进展难以实现质的突破的重要原因。学科思维是学科所特有的认识客观世界的思维方式与习性,贯穿于学科研究的各个方面。在学科实践中,正是以独有的学科思维聚焦研究对象,才形成专门的理论视野与知识域,学科思维是学科专门化、独立性的重要表征。思想政治教育学科思维是在科学认知思想政治教育学科属性的基础上,形成的对思想政治教育学科建设的一种思维认知方式,它包括对思想政治教育学科归属、学科边界、学科使命、学科规范等的系统性认识,这种系统性认知贯穿、规约并指导学科的整个理论架构和全部实践活动。如前所言,思想政治教育学科发展至今,在学界诸多研究者的共同努力下,以思想政治教育原理、思想政治教育方法论、思想政治教育史、比较思想政治教育等为主干的学科理论体系已初步形成,奠定了学科发展的坚实基础。但不可否认的是,学科理论体系内容尚有诸多亟待深化、细化研究的重要命题,关于学科内涵与外延、基本概念等尚未取得广泛共识,学科诸多基本理论问题如思想政治教育本质、思想政治教育规律、思想政治教育范畴等面临深化发展的重要任务。在此背景下,以专业化的学科思维打破基础理论研究固化倾向,推进学科基础理论研究进展,是学科创新发展的题中应有之义。立足于思想政治教育实践,以坚定的学科思维对学科基础理论问题开展攻坚研究。一方面,细化总体层面的基本理论研究,这里主要指关涉思想政治教育学科建设全局与长远发展的根本问题,如思想政治教育学科基本范畴、学科研究对象、学科理论渊源等。另一方面,深化具体层面的基本理论研究,如思想政治教育的原则与方法、矛盾与规律、过程与结构等。运用专业化的学科思维方式,对学科基本理论问题进行深化和再系统化,推进思想政治教育学科理论体系的发展与完善。

二、加强学科建设与课程建设的相互衔接

思想政治教育学科体系只有转化为课程体系、教材体系、教学体系等,学科专业人才的培养才能有所依托。因此,思想政治教育学科理论研究应与思想政治教育课程建设紧密结合,这里的课程主要是指高校思想政治理论课和思想政治教育专业课程。在高校思想政治理论课方面,马克思主义理论及所属二级学科与思想政治理论课之间虽非一一对应关系,但两者之间亦不可切割。思想政治教育学科设立之后,思想政治理论课逐渐纳入学科建设高度予以统筹考虑。改革开放以来,思想政治理论课的课程设置和学时安排以"85 方案""98 方案""05 方案"三次课程改革方案为轴心,不断调整变化。在其发展过程中,马克思主义理论一级学科及二级学科建设,为思想政治理论课提供学术基础和理论支撑,思想政治理论课的设置是学科理论成果转化为教学实践的重要保障。思想政治教育专业课程关涉学科人才的知识结构与研究方向,是学科发展落至实处的重要抓手,其包含本科生、硕士研究生、博士研究生三个层次。从学科发展进程来看,专业课程建设随着学科发展逐渐推进。1993 年 10 月,国家教委在《关于高等学校思想政治教育专业办学的意见》中重新规定了思想政治教育专业课程设置,并对思想政治教育专业硕士研究生课程做了范围界定。1999 年 4 月,国务院学位办和教育部研究生办共同编写的《授予博士硕士学位和培养研究生的学科专业简介》,详细介绍了思想政治教育专业硕士研究生课程设置。2005 年国务院学位委员会、教育部印发的《关于调整增设马克思主义理论一级学科及所属二级学科的通知》对思想政治教育专业研究生课程设置方案进行了具体规定。思想政治教育专业课程发展至今,成果凸显。但目前部分院校在专业课程的具体设置方面,"因人设课"现象并未根除,思想政治教育学科核心课程地位没有充分彰显。科学把握学科与课程关系的关键是正确认识学术研究与课程教学的关系。从内涵上来看,学术研究强调把实践经验上升为一般性认识,侧重于揭示和运用思想政治教育的本质及规律,为学科课程教学和其他思想政治教育实践活动提供学理支撑。教学活动则以系统性灌输马克思主义理论为价值导向,侧重引导学生对马克思主义理论"真学"

"真信""真用"。新时代背景下,推进思想政治教育学科创新发展即要充分发挥学科发展对课程建设的引领作用,课程发展对学科建设的补益功能,学术研究面向课程教学、支撑课程教学,课程教学服务于学术研究、推动学术研究,实现学术研究与课程教学的双向互动,在学科与课程的有机衔接中推动思想政治教育学科教研并进。

三、提升学科内涵发展质量

学科发展过程是质与量辩证统一的动态过程,学科发展既是量的增长,也是质的提升,两者统一于学科发展实践。思想政治教育学科设立以来,学科规模急剧扩张,量的增长发展迅速。如学科在本科专业的开设、硕博点的设立、教师队伍数量、研究成果产出等方面均具有其他人文社会学科的比较优势,从总体上来看,思想政治教育学科规模扩张的历史任务已基本完成,学科深化发展的规模基础已初步形成。这既是学科持续发展的重要前提与保障,也是学科建设的成就显现。在实现量的积累的基础上,致力于质的提升是事物发展规律的客观要求。因此,现阶段聚焦质量提升成为思想政治教育学科科学化发展面临的时代课题。为积极应对这一课题,思想政治教育学科须坚持并深化内涵式发展道路。学科建设质的提升是学科内涵式发展的必然要求,学科质量的提升是一个缓慢的内涵发展的过程。思想政治教育学科内涵发展强调:"思想政治教育学科内部各个要素及其结构的优化并以此促进整体的质的发展,这种发展符合思想政治教育学科的本质要求,遵循思想政治教育学科的发展规律,从而能够进一步提升思想政治教育学科的整体实力,确保思想政治教育学科实现更加长远的发展。"①提升思想政治教育学科内涵发展质量是一项关涉诸多要素的系统工程。从学科内涵式发展的本质来看,以下两个方面为其主要着力点。首先,提升学术研究水平。学术研究是学科建设的关键,学术研究能力是学科队伍建设与人才培养的内容构成,也是学科

① 冯刚主编:《改革开放以来高校思想政治教育发展史》,人民出版社 2018 年版,第 79 页。

结构不断优化的推动力量与重要标识。因此,学术研究水平的提升对于学科建设其他各方面工作意义重大。唯有紧抓学术研究,推出高质量、高水平研究成果,思想政治教育学科才能在学科之林中始终保持生命力与成长力。其次,强化学科管理制度建设。不断提升学科发展的规范性、科学性是学科内涵式发展的题中之义,强化学科管理制度建设是学科规范发展的必要举措。为此,应加强学科点的组织、评估与督导,建立健全思想政治教育学科评估体系。通过富有实效的学科评估与管理,不断优化学科结构,推动思想政治教育学科发展模式由粗放型发展转向精细化、精深化发展。

四、强化思想政治教育学科的协同整合发展

思想政治教育学科是在马克思主义理论指导下综合运用多学科理论,系统总结思想政治教育实践经验的基础上建立的,其本身即是跨学科的产物,学科创设之初便具有鲜明的交叉学科属性。同时,思想政治教育关涉诸多要素,无论是理论研究抑或实际应用,都需要多学科的互动协作。因此,"思想政治教育学科要实现自身的不断发展创新,就必须主动适应学科交叉的发展趋势,吸收借鉴多学科的知识和方法,整合学科交叉的优势。"①通过多学科的互动协作,在学科整合中寻找解决问题的最佳方案。跨学科不是对其他学科知识与方法的单方面移植或借鉴,而是在不同学科的互动协作中产生解决问题的新知识、新方法,即通过整合获取新知。整合是学科间内在的融合创新,通过深层融合以产生新的生长点。思想政治教育学科的整合发展包含学科理论的系统性、学科发展过程的协同性、学科发展指向的全面性与长远性,这意味着思想政治教育学科深化发展要综合运用多学科知识、整合协调各方面力量。为此,要强化协同创新理念。理念创新具有先导性,思想政治教育学科的协同创新始于学科协同发展理念的树立与强化。因此,在思想政治教育学科发展实践中,

① 冯刚、曾永平:《学科交叉视野下思想政治教育创新发展的特点与趋势——基于2017年学科交叉与思想政治教育研究成果的分析》,《思想政治教育研究》2018年第1期。

坚定以开放性、系统性、科学性思维把握学科属性、定位、边界等基本问题。要推进协同创新平台建设。增强思想政治教育学科点的多向联动，进一步完善学科交流空间，以各学科点的协同创新推动平台创新。要加强协同创新队伍建设。人才是协同创新的保障力量，因此，推进思想政治教育学科协同创新应着力提升思想政治教育队伍协同创新能力。其中，思想政治教育理论队伍与实践工作队伍两者间的协同尤其值得关注。在思想政治教育学科实践中，要不断探索创新理论队伍参与思想政治教育实践的方式、方法，提升实践工作队伍参与理论研究的素养与能力，促进两支队伍在学科发展中进行有效互动。此外，思想政治教育具体进程呈现出鲜明的综合性、系统性特征。一方面，思想政治教育学科建设各参与要素如专业建设、课程建设、队伍建设、人才培养等是一个相互联系、协同共进的整体；另一方面，思想政治教育理论研究与实践应用之间也具有协同性，学科理论成果只有用于指导思想政治工作实践，理论的实践价值才得以显现，实践工作经验在进行理论提升与抽象的基础上，才能转化为具有普遍指导意义的一般性认识。就思想政治教育学科而言，学科整合发展即是在多学科视野下深挖思想政治教育学科内部诸要素及其与外部要素的内在关系与本质界定，推动学科间的协同联动和整体配合。因此，推动思想政治教育学科创新发展要着眼于整体与全局，充分发挥协同力量和整合效应。

第六章　中国共产党高校思想政治理论课的课程体系

高校思想政治理论课是巩固马克思主义在意识形态领域指导地位、落实立德树人根本任务、培养社会主义建设者和接班人的关键课程。回顾中国共产党建党百年高校思政课建设的发展历程,总结高校思政课建设的基本经验,把握其改革创新的发展大势,是新时代进一步加强和改进高校思政课建设的迫切需要。

第一节　新民主主义革命时期思想政治教育课程的初创与探索

高校思想政治教育课程的产生和发展与高等教育有着不可分割的共生关系。新民主主义革命时期,高等教育的历史使命是为取得革命的胜利而服务。“在当时的战争条件下,革命根据地的学校主要以干部教育为主,培养党、政、军干部。”①高校思想政治教育课程正是在培养党政军干部的过程中逐渐发展起来的。

---

① 顾明远:《从新民主主义教育到社会主义教育——纪念中国共产党成立 90 周年》,《教育研究》2011 年第 7 期。

一、中国共产党初创时期对思想政治教育的探索

从党的创立到国共合作的北伐战争时期，中国共产党还处于幼年时期，此时对马克思主义的了解不够深入，理论修养也不够高，还没有出现严格意义上的思想政治教育课程，教育内容更多是散见在中国共产党先进知识分子的文章、讲话或创办的刊物中。由于党在成立初期面临传播马克思列宁主义和发动工农革命的历史任务，因此，这一时期较多使用宣传工作概念代指思想政治教育实践①，主要以翻译马克思主义的著作、阐述他们对马克思主义的理解为主，在传播介绍马克思主义的同时，也对民众起到了很大的教育引领作用。

1924 年国共的第一次合作，不仅为共产党领导工农运动、推动革命高潮的到来创造了有利条件，也为在军队中开展思想政治教育创造了有利条件。这一时期根据反帝反封建的民主革命纲领，一批优秀的党员骨干分子将党的思想政治教育建立与开展起来。共产党人将中国共产党的路线、方针与政策融合在了他们主持或参与制定的上海大学、黄埔军校和国民革命军的思想政治教育的方针、条例、规定中。中国共产党不论是在国民党创办的上海大学和黄埔军校，还是在自己创办的西安中山军事学校，都开设了专门提高思想政治素质的政治教育课程。

（一）上海大学开设马克思主义理论教育的课程

上海大学是中国共产党领导下的一所革命高等学校，创办于 1922 年，其前身为私立东南高等师范专科学校，后因五四运动的影响，该校学生强烈要求改革校政，几经周折，聘请了国民党人于右任担任校长。在国共第一次合作期间，于右任校长多数时间忙于国民党的政治活动，无暇顾及校务，故学校事务多由中国共产党人士处理。1923 年 9 月，增设社会学系，中共党员瞿秋白任系主任，主要培养领导工人运动的骨干，实际代表了上海大学的革命方向。② 教学内容上，重点进行马克思主义基本理论的教育，主要开设的课程多以社会问题为主，比如，“社会学”“社会运

① 冯刚、张欣：《中国共产党百年思想政治教育史研究的经验与展望》，《重庆大学学报（社会科学版）》2020 年第 4 期。

② 黄美珍、石源华、张云：《上海大学史略》，《复旦大学学报》1981 年第 2 期。

动史”“社会思想史”“政治学大纲”“政治学史”“政治史”等。此外，授课教师大多数是中共早期的政治革命家和有影响力的马克思主义学者，如瞿秋白、蔡和森、任弼时、陈望道、杨贤江等。

（二）黄埔军校《政治教育大纲草案》明确规定开设政治教育课程

黄埔军校的一大特色就是采取军事与政治并重的教育方针，强调通过政治课对学员进行政治教育和政治训练，使学员彻底了解中国革命。在国共第一次合作时期，国民党训令明确规定：“关于社会主义、共产主义、马克思主义等书籍，以及同情于本党或赞成本党政策而极力援助本党之一切出版物，除责成政治部随时购置外，本校学生皆可购阅。”①国共的合作，为中国共产党传播马克思主义带来契机。当时的黄埔军校无论是国民革命军还是国民军的政治教育均是由中共党员或者国民党的左派分子承担，政治教育内容主要以反帝反封建为主，以分析研究中国革命的实际问题来传授革命的基本理论，培养师生的革命理想，树立对农工运动的正确态度，使他们不仅要知道枪要怎么放，还要清楚枪向什么人放。

1926 年 10 月，军校颁布了由熊雄主持制定的《政治教育大纲草案》，对军校的政治教育目的、内容、方法进行了详细规定，特别值得一提的是，明确规定开设“三民主义”“中国国民党史”“总理学说”“国民革命概论”“帝国主义侵略史”“中国政治经济状况”“中国社会组织”“苏联研究”“社会主义运动”“经济学概要”“政治学概要”“农村问题研究”“农民运动”“职工运动”等 26 门政治课程②。北伐军占领武汉后，武汉国民政府建立武汉中央军事政治学校培养革命军队的军事和政治干部，当时的政治科确定了学习科目及编写讲义人员，其中有李汉俊编写的《三民主义总纲》，李达编写的《社会科学概论》，周恩来的《中国最近社会运动》《军队中政治工作实施方法》，邓演达的《国民革命军历史及战史》《国民革命军之军事政治组织》，恽代英的《中国国民党宣传政纲及决议案》，李立三

---

① 广东革命历史博物馆编：《黄埔军校史料（1924—1927）》，广东人民出版社 1982 年版，第 79 页。

② 广东革命历史博物馆编：《黄埔军校史料（1924—1927）》，广东人民出版社 1982 年版，第 192—198 页。

的《国际职工运动》和毛泽东的《中国农民问题》等。这些内容既有三民主义，也有共产主义，对不同党派、学派的思想理论也兼容并蓄，体现了统一战线的特点。这些课程使全校师生了解政治常识，增强革命信念，明确国民革命的目的是打倒帝国主义、军阀和贪官污吏，革命的方法是发动民众和严守纪律。在教师讲授的同时，每周组织一至两次政治演讲或讨论，并以此评定和统计学生成绩。孙中山、廖仲恺、何香凝、毛泽东、澎湃、吴玉章、刘少奇、张太雷等国民党、共产党要人和鲁迅等社会名流都到军校作演讲。

（三）中山军事学校开设提高军队干部思想政治素质的政治类课程

中国共产党在帮助国民军开展思想政治教育的同时，也十分重视对中国共产党军队干部的培养。1927 年 3 月，在中共陕甘区委的支持和帮助下，国民军联军驻陕总部为培养政治军事革命人才，在西安北院门创办了西安中山军事学校。史可轩兼任校长，李林任副校长兼教务主任，邓希贤（邓小平）任政治部主任，许权中任总队长。主要训练营、连、排军官，学校招收学员 700 余人，分为 3 个大队，采用军事与政治并重、理论与实际结合的教学方针。从学校领导到教员，大多数为共产党员，从队长到学员，大部分都是党团员和积极分子。苏联顾问乌斯曼诺夫、赛夫林等也担任了教学工作。开设了“社会主义概论”“共产主义 ABC”“国家与革命”“神圣劳工”“中国革命史”等课程，创办了《中山日报》和《中山画报》，学校中的革命气氛十分浓厚，被誉为“北方黄埔”或“第二黄埔”。

这一时期为了让士兵成长为为中国独立而奋斗的战士，围绕反帝反封建、中国近代外交之辱、军阀官僚之腐、工农之苦、苏联革命之壮、新三民主义之新开设了系列思想政治教育类课程，虽然使思想政治教育向正规化迈出了重要一步，为之后中国共产党独立领导的人民军队进行思想政治教育奠定了重要基础，但还没有从内容之间的内在理论逻辑去建构课程，在一定程度上影响了课程的科学性和理论性。

二、土地革命时期的思想政治教育课程

大革命失败后，中国共产党的组织系统受到了严重的破坏，所领导的

工人运动与革命斗争处于低迷时期，党的思想理论教育工作一度陷于停顿状态。摆在党面前的一个重要的任务就是如何在革命低潮中迎来高潮，实现革命的转变。党的思想政治教育的策略为了实现这个转变，在开展土地革命和武装斗争的实践中，为了推进思想政治教育的系统化和制度化，提出了"生命线"理论，形成了"长征精神"，为中国共产党思想政治教育奠定了良好的发展基础。尤其是《古田会议决议》等思想政治教育文献，虽然没有明确提出军队思想政治教育开设的课程，但其对思想政治教育重要性的定位和对思想政治教育内容的规定却给后续思想政治教育课程的发展指明了方向。

土地革命时期，中国共产党开办了大批干部学校，比如，在中央革命根据地创办的苏维埃大学、马克思共产主义大学、中央农业学校、中央列宁师范学校、中央教育干部学校等干部学校和其他干部训练班，为革命和根据地建设培养各种人才。在这些学校中，为了提高学员的思想政治觉悟都开设了相关的思想政治教育课程，或直接称为政治课。如马克思共产主义大学的初级班和高级班的课程设置中，都开设有马克思列宁主义基本原理、党的建设、工人运动等课程。江西省工农民主政府在 1933 年 8 月 31 日公布的第四号命令《创办江西省苏维埃干部学校计划书》中指出"在目前尖锐的紧张的开展革命形势之下，培养成千上万的工农干部，来加强苏维埃，特别是边区、新区苏维埃对革命战争的领导，使各方面工作都得到胜利的开展，是目前伟大而迫切的任务。省苏维埃为解决这一任务，坚决创办江西省苏维埃干部学校。"江西省苏维埃干部学校为了培养根据地所需要的各种干部人才，开办了土地干部班、国民经济班、财政干部班、文化教育干部班、内务干部班、劳动干部班、工农检查干部班及裁判干部班等，课程设置有政治课、专修课和常识课三项。政治课包括"'五次围剿'和工农群众的任务、共产党、青年团、苏维埃土地问题、劳动问题、经济问题、红军问题、地方武装问题、肃反问题、职工会、少先队、儿童团等"，由于当时物质条件非常艰苦，政治课的内容主要是围绕着党的建设、中国革命问题和革命战争最基本必要的政治常识，此时的政治课还没有按照理论体系来建构课程体系。常识课包括"地理、自然、算术、唱歌、体操等”。政治课和常识课进行大班教学或分成两三组教学。专修课的教学内容按照各班性质规定，进行分班教学。

三、全面抗战时期的干部思想政治教育课程

卢沟桥事变爆发，中国全民族抗战开始。以实现中华民族伟大复兴为历史使命的中国共产党始终坚持全面抗战的路线，在对民众开展全面抗战路线的宣传教育、党员干部的思想政治教育、人民军队的思想政治教育、知识分子的思想政治教育工作中取得了突出的成就，尤其是干部思想政治教育课程设置为建立系统化的课程奠定了基础。

毛泽东指出：“政治路线确定之后，干部就是决定的因素”①。刘少奇1937年5月在延安举行的苏区党代表会议上指出，“过去我们的干部，特别是有经验的干部大批牺牲，我们要在最短期内补救这个缺陷”②。因此，在全面抗战时期，中国共产党非常重视干部教育，把培养教育干部作为党的重要战略任务。这一时期干部教育主要有在职教育和学校教育两种。

（一）依据在职干部文化差异学习不同课程

中央尤其重视在职干部的教育。1942年2月中央政治局通过的《中共中央关于在职干部教育的决定》指出：“在目前条件下，干部教育工作，在全部教育工作中的比重，应该是第一位的。而在职干部教育工作，在全部干部教育工作中的比重，又应该是第一位的。”③在《中共中央关于干部学习的指示》中，强调“在职干部则依其水准及其他具体条件来选择学习科目”④。据此，中共中央将在职干部分为四类，并规定了每类干部应学习的课程。

---

① 《毛泽东选集》第二卷，人民出版社1991年版，第526页。

② 《刘少奇选集》上卷，人民出版社1981年版，第78页。

③ 《中共中央文件选集（1941—1942）》第13册，中共中央党校出版社1991年版，第347页。

④ 《建党以来重要文献选编（1921—1949）》第17册，中央文献出版社2011年版，第1页。

表 6-1 在职干部的分类及学习课程①

在职干部类型	主要学习课程
有相当文化理论水准的老干部	联共党史、马列主义、政治经济学、哲学
文化水准较低的老干部	文化课与中国问题同时并进,然后转入甲类课程。但文化课必须达到能自由阅读书报
有相当文化水准的新干部	学习中国革命与中国共产党(党建)、中国问题,完成后转入甲类课程
工农出身的新干部	文化课与党建同时并进,文化课须达到能阅读书报,党建课程学完后则学习中国问题

(二) 围绕马克思主义理论常识开设思想政治教育课程

面对干部数量少、素质不高的局面,党中央认识到,要"增加抗战力量的工作和方法很多,然而其中最好最有效的办法是办学校,培养抗日干部"②。1940 年毛泽东进一步指出,"每个根据地都要尽可能地开办大规模的干部学校"③。为此,党中央一方面进一步完善原有的干部学校,另一方面又十分重视创建各级干部学校。直属中央的有中国人民抗日军事政治大学、中共中央党校、陕北公学、鲁迅艺术学校、马列学院(后改为马列研究院④)、中国女子大学、中国医科大学、延安自然科学院等 14 所学校;隶属陕甘宁边区举办的有中共西北局党校、边区行政学院、青年干部训练班、泽东青年干部学校、延安大学等 9 所学校;华北有华北联合大学、中共北方局党校、抗大一、二、六、七分校等 9 所学校;华中有新四军教导总队、华中局党校、苏中公学等 14 所学校;华南有琼崖抗日公学等 5 所学校;此外还有与国民党合作开办的一批干部培训班。整个抗战时期,陕甘宁边区、各抗日根据地和中央直属的干部学校共有 60 多所。在抗日战争时期随着中国共产党在解放区创办的干部学校的增加,党在干部学校思

① 周谷平主编:《马克思主义教育思想的中国化历程——选择·融合·发展》,浙江大学出版社 2008 年版,第 284 页。

② 《八路军军政杂志》1939 年第 1 卷第 4 期,第 35 页。

③ 《毛泽东选集》第二卷,人民出版社 1991 年版,第 769 页。

④ 张耀灿:《中国共产党思想政治教育史》,高等教育出版社 2006 年版,第 138 页。

想理论教育的课程设置也不断得到丰富和完善，以抗日军政大学、陕北公学和中央党校为代表。

抗日军政大学（简称抗大）原为中国工农红军大学，1933年11月在江西瑞金成立，1936年6月在陕北瓦窑堡改名为抗日红军大学，1937年1月更名为中国人民抗日军事政治大学。抗大从1936年到1945年的9年办学期间，总校共培训了8期干部，创办了12所分校、5所陆军中学和1所附设中学。抗大是中国共产党领导下培养军事干部的学校，面对来自五湖四海，文化程度、阶级出身和社会经历都有很大差异的青年学生，为了把他们培养造就成抗日民族解放战争的坚强骨干，中国共产党坚持用马克思主义理论武装他们的头脑，围绕政治教育、思想教育、理论教育和业务与文化教育四个方面设置了"马克思主义基本理论""政治经济学""抗日民族统一战线""民运工作""中国问题""中国革命运动史"等思想政治教育课程，不断克服学员头脑中的各种非无产阶级思想，提高他们的政治觉悟，使他们逐步树立了共产主义世界观。

陕北公学初办时课程以抗战需要为原则，课程比重是三分军事七分政治，倡导"四育"教育理念，即革命政治教育、民众运动和政治工作教育、军事教育和劳动教育，其中革命政治教育居于首位，主要的课程设有社会科学概论、抗日民族统一战线与民众工作、游击战争与军事知识、时事演讲等。后来由于学生人数的急剧增多，陕北公学于1938年在关中设立分校。次年3月，总校迁至关中与分校合并。学校除设立训练班继续培养群众运动的干部外，增设大学部与研究部。其中大学部主要任务是培养行政、民运和文化工作的较高级干部，学习期限一年。课程设置比其初创时期进一步丰富，主要课程有政治经济学、中国革命运动史、世界革命运动史、哲学、科学社会主义、三民主义研究、中国革命的基本问题等，这对培养具有高水平理论素质的干部人才发挥了重要作用。

表 6-2　陕北公学开设的课程表①

<table>
<tr><th>课程类型</th><th>课程名称</th><th>教育形式</th></tr>
<tr><td rowspan="12">革命政治教育</td><td>社会科学概论</td><td rowspan="12">时事政治报告
党课</td></tr>
<tr><td>抗日民族统一战线</td></tr>
<tr><td>中国革命运动史</td></tr>
<tr><td>马列主义</td></tr>
<tr><td>政治经济学</td></tr>
<tr><td>中国问题</td></tr>
<tr><td>辩证唯物主义</td></tr>
<tr><td>世界革命运动史</td></tr>
<tr><td>科学社会主义</td></tr>
<tr><td>三民主义研究</td></tr>
<tr><td>世界政治</td></tr>
<tr><td>战区政治工作</td></tr>
<tr><td>民众运动和政府工作教育</td><td>民众政治运动的理论与经验</td><td>社会实践</td></tr>
<tr><td rowspan="3">军事教育</td><td>游击战争</td><td rowspan="3">军事训练
军事生活管理</td></tr>
<tr><td>步兵战术</td></tr>
<tr><td>特种战斗教育</td></tr>
<tr><td>劳动教育</td><td></td><td>建校劳动
农业生产劳动</td></tr>
</table>

中央党校作为培养党的政治、军事、文化干部的规模宏大的学校，毛泽东非常重视，亲自担任校长。特别是1942年整风运动开始后，学员进学校就参加整风学习，学习内容是整风运动的文件，主要有毛泽东的《改造我们的学习》《整顿党的作风》《反对党八股》《在延安文艺座谈会上的讲话》《在陕甘宁边区参议会上的演说》《〈农村调查〉的序言和跋》等以及《中共中央关于在职干部教育的决定》等。学员在领会贯通文件的精

① 资料来源于中国人民大学校史馆。

神实质后，以文件为武器，从思想和工作方面进行检查，从而达到发扬和巩固成绩，揭发和纠正缺点及错误的目的，切实整顿学风、党风、文风，改造思想，改进工作，团结干部，团结全党的目的。中央党校对干部进行思想教育的良好范例为以后党的教育工作积累了丰富的经验。这一时期，解放区其他干部学校在课程设置上也转到以学习整风文件主要是毛泽东思想著作的学习中。

为了提高干部教育的质量，中共中央在1939年2月专门成立了由张闻天任部长，李维汉任副部长的干部教育部，从1940年至1942年，中共中央、中央军委、军委总政治部相继发出《中共中央关于延安干部学校的决定》等一系列干部教育的文件。这些文件规定了干部教育的方针、内容和措施，对这一时期干部教育起到了重要的指导作用。

这些课程的主要内容有四个方面：

1. 思想教育。思想教育是干部队伍建设的法宝。早在土地革命时期，毛泽东就提出要从思想上建党，用无产阶级思想改造和克服非无产阶级思想的理论。抗战时期毛泽东提出："掌握思想政治教育，是团结全党进行伟大政治斗争的中心环节。如果这个任务不解决，党的一切政治任务是不能完成的。"①这一时期，干部的思想教育主要包括三个方面：一是确立马克思主义世界观，端正思想路线，强调一切从实际出发，理论联系实际，反对主观主义，特别是教条主义。二是党的宗旨教育，解决为什么人服务的根本问题，使党员干部真正在思想上入党。毛泽东指出："全心全意地为人民服务，一刻也不脱离群众；一切从人民的利益出发，而不是从个人或小集团的利益出发；向人民负责和向党的领导机关负责的一致性，这些就是我们的出发点。"②对非党干部，虽然可以不强迫他们放弃原有的阶级立场，但需要在有领导的前提下进行思想教育，"应对他们进行彻底人生观教育，把为剥削阶级服务的、个人主义的，以及所谓超阶级的人生观与无产阶级为人民大众服务的马列主义的人生观严格对立起来，

① 《毛泽东选集》第三卷，人民出版社1991年版，第1094页。

② 《毛泽东选集》第三卷，人民出版社1991年版，第1094—1095页。

不允许在这个基本问题上含糊”①。三是提高自我修养,使干部成为忠诚纯洁的楷模。

2. 政治教育。讲政治是中国共产党一贯坚持的重大原则,党始终把提高干部的政治觉悟,坚定其正确的政治方向放在首位。一是阶级教育。中央强调在抗战时期虽然民族矛盾成为社会的主要矛盾,但在国民党蒋介石反共本质不会变的前提下,阶级矛盾是不可忽视的,阶级教育显得更加重要。1943 年 10 月,中共中央专门发出了《关于阶级教育的通知》,要求对各级干部毫不放松地有系统地进行阶级教育②。二是政策和策略教育。政策和策略教育是指在对党员干部教育时要详细阐述抗日民族统一战线政策和各项具体政策。毛泽东在《论政策》中批评有些干部“不明白党在目前时期的政策应当和土地革命时期的政策有重大的区别”③,中央也一再发文指示,“必须在干部纠正那种普遍轻视策略学习”的观点,要“把策略教育列入干部教育的正式课程,并作为成绩考核的重要标准”④。三是时事教育。通过召开时事报告会、看报读刊等讲解时事,引导干部及时了解国际、国内重要事件和战争进展等一系列重大问题。毛泽东等领导同志经常到抗大、陕北公学、中央党校等学校作时事和形势报告,深受学员好评。

3. 理论教育。在全面抗战的环境下,由于诸多原因,党的干部队伍的理论修养是很不够的,为此,党中央高度重视干部的理论教育。毛泽东指出:“指导一个伟大的革命运动的政党,如果没有革命理论,没有历史知识,没有对于实际运动的深刻的了解,要取得胜利是不可能的。”⑤这一时期干部理论学习分为了政治科学、思想科学、经济科学和历史科学四大

① 《中共中央文件选集(1939—1940)》第 12 册,中共中央党校出版社 1991 年版,第 366 页。

② 《中共中央文件选集(1943—1944)》第 14 册,中共中央党校出版社 1992 年版,第 103 页。

③ 《毛泽东选集》第二卷,人民出版社 1991 年版,第 762 页。

④ 《中共中央文件选集(1936—1938)》第 11 册,中共中央党校出版社 1991 年版,第 516、432 页。

⑤ 《毛泽东选集》第二卷,人民出版社 1991 年版,第 533 页。

板块，注重理论联系实际。政治科学以马列主义战略策略的著作为理论材料，以党的奋斗发展史为实际材料；思想科学以马克思主义思想方法论为理论材料，以近百年中国思想发展史为实际材料；经济科学以政治经济学为理论材料，以近百年中国经济史为实际材料；历史科学以历史唯物主义为理论材料，以外国革命史和中国革命史为实际材料。

4. 业务教育与文化教育。针对当时许多干部文化水平不高的问题，中央强调“干部没有文化，没有知识，革命是不会成功的”，并多次重申，所有干部都必须进行业务学习，实行“做什么，学什么”，干部不论从事何工作，都“必须学会与精通自己的业务，这是第一个教育任务与学习任务”①。毛泽东也指出：“一个革命干部，必须能看能写，又有丰富的社会常识与自然常识，以为从事工作的基础与学习理论的基础，工作才有做好的希望，理论也才有学好的希望。”②在中央的要求下，许多干部开展了识字与读书的活动。党对干部业务与文化教育的加强，提高了广大干部的业务能力和文化水平，一大批业务精、政治强的高素质干部全面成长起来了。

四、解放战争时期的思想政治教育课程

解放战争时期是中国共产党领导的新民主主义革命和人民革命战争在全国取得胜利的时期。这一时期中国社会的主要矛盾已经转变为中国共产党为代表的人民大众与蒋介石集团为代表的大地主、大资产阶级之间的矛盾，集中表现为建立什么样国家的矛盾纷争。围绕着这个矛盾，中国共产党思想政治教育的主要任务是让全国人民明了中国所面临的两种命运、两种前途以及中国革命所要求的两种策略，在争取和平、准备战争和打赢战争中，中国共产党不论是在动员全国人民参加解放战争，还是激发广大指战员的士气、瓦解敌军，抑或是在党的自身建设等方面，思想政治教育都功不可没。

---

① 《中共中央文件选集（1939—1940）》第12册，中共中央党校出版社1991年版，第387页。

② 《毛泽东选集》第二卷，人民出版社1991年版，第387页。

（一）大学的建立促进了思想政治教育课程的发展

这一时期思想政治教育课程是随着各级各类大中学校的建立而逐步发展，尤其是一系列大学建立促进了思想政治教育课程的发展。如华北大学面向新解放区和国民党区的大中学生，学校共分政治训练班、教育学院、文艺学院和研究部四个院部，主要任务是把他们培养成为新中国的建设干部。其中政治训练班的主要任务是对入学的知识青年进行马列主义、毛泽东思想基本知识和中国共产党的纲领及政策等方面的教育，使其初步奠定革命的人生观。再如1946年1月，为了提高从国民党统治区和敌占区到抗日根据地来的知识青年的政治觉悟，根据中共中央中原局的决定，开办了中原民主建国大学。学生主要以党的七大文献、毛泽东的《论联合政府》和刘少奇的《修改党章的报告》为学习内容。又如1948年1月诞生于鄂豫边区的大洪山山麓的江汉公学，学员的学习内容包括革命基本理论知识、青年修养、形势和政策四个方面，思想政治教育方面的课程有“马克思主义概论”“社会发展史”“新民主主义论”“中国革命和中国共产党”“关于纠正党内的错误思想”“反对自由主义”“目前形势与任务”“将革命进行到底”及与国民党谈判的八条二十四款及土地改革政策等相关内容。

（二）思想政治教育课程为建立人民民主政权服务

解放战争时期，中国共产党的思想政治教育工作是围绕支援解放战争、肃清敌伪残余和国民党反动派恶劣影响，建立人民民主政权这个中心任务而展开的。为此，1946年12月陕甘宁边区颁布的《战时教育方案》指出“各级学校及一切社教组织亦应立即动员起来，发挥教育上的有生力量，直接或间接地为自卫战争服务”，提出了战时教育要按照“社会教育与学校教育相联系，时事教育与文化教育相配合，教育内容与战争生活相结合，根据不同地区采取不同的工作方式”的教育原则①，思想政治教育的重点内容是培养学生的“革命观点、群众观点、坚决勇敢及拥军尚武的精神”。根据中央的要求，工农业余教育以党的政策和时事政治教育

① 陈元晖：《老解放区教育简史》，教育科学出版社1981年版，第128页。

为主要内容,不断提高他们的阶级觉悟和政治热情。

新民主主义革命时期中国共产党的思想政治教育经历了一个由宣传马克思列宁主义基本理论逐步转变为将马克思主义与中国革命实际相结合的理论创新成果进行宣传教育的过程,在这个过程中,思想政治教育课程内容也由传播马克思主义基本理论到宣传党的革命方针政策的过程,这个过程始终以马克思主义基本理论为教育的主线,并随着革命的不断深入和革命阶段的转换而增添不同的教育内容,从而打上深深的时代的烙印。

第二节　社会主义革命和建设时期高校思想政治教育课程的探索

中华人民共和国成立后,党的工作中心由农村转到城市,思想政治教育的环境、对象和任务发生了根本的变化。中国共产党针对这些变化,在推进党和国家事业建设进程中,在全党和全社会展开了大规模的思想政治教育活动。在加强对自身思想政治教育建设的同时,中国共产党也对知识分子、个体农民、手工业者和私营工商业者成功进行思想政治教育,实现了对个体思想改造和社会变革有机结合起来的伟大创举。思想政治教育课程正是在这种背景下,随着高校的发展而发展。

一、社会主义改造时期高校思想政治教育课程体系的初步形成

1949 年 9 月 29 日,在通过的具有临时宪法性质的《中国人民政治协商会议共同纲领》中的第 41 条指出,“中华人民共和国的文化教育为新民主主义的,即民族的、科学的、大众的文化教育”,“培养国家建设人才、肃清封建的、买办的、法西斯主义的思想、发展为人民服务的思想”,①这一规定为新中国成立初期我国的文化教育事业指明了方向,为学校思想

① 《建国以来重要文献选编》第 1 册,中央文献出版社 1992 年版,第 10—11 页。

政治教育规定了基本内容。根据此规定，新政府建立以后，在公开废止国民党维护政权所设立的党化教育课程（如《公民》等）的基础上，开设了以毛泽东《新民主主义论》等为代表的一系列新的政治课程。

1949年10月8日，华北人民政府高等教育委员会最先颁布了《华北专科以上学校一九四九年度公共必修课过渡时期实施暂行办法》，该文件规定，各年级均开设政治必修课。第一学期开设《辩证唯物论》和《历史唯物论》（包括《社会发展史》），第二学期开设《新民主主义论》（包括《近代中国革命运动史》）。两学期所修的思想政治理论课课时均为每周3小时，共3个学分。随后在10月11日，又颁布了《各大学、专科学校、文法学院各系课程暂行规定》，指出：文、法、教育（师范）学院毕业班学生，在开设原有政治必修课的同时，增设《政治经济学》。然而，由于多方面的原因，当时各高校都没能按文件的规定开设《辩证唯物论》《历史唯物论》，而只开设了其中的《社会发展史》。① 对于教会大学政治课问题，中共中央也作出了具体指示。1950年8月19日，中央在《关于天主教、基督教问题的指示》中，明确指出："教会学校应遵守政府法令设政治课为必修课。"②

1949年11月，在中央人民政府教育部成立之后，教育被正式纳入了国家管理的范畴。为了确保人才培养的政治方向，教育部在11月召开了有关政治理论课的座谈会，总结新中国成立前高校思想政治理论课的经验，讨论新阶段高校开设政治理论课的重要性和相关改革方针，并在下发的《关于各校拟定1951年度教学计划时应注意的几项原则的指示》中，教育部特别强调政治课是各系科的基本课程，应着重于系统理论知识的讲授，同时有重点地结合实际来解决学生的思想问题。

1951年9月10日，教育部就政治课问题，发出《关于华北地区各高等学校1951年度上学期进行"辩证唯物论与历史唯物论"等课教学工作的指示》，指出：各高等学校必须重视政治理论课在"改造学生思想""培

① 何云庵：《大学生思想理论教育实效性研究》，四川大学出版社2008年版，第118页。

② 何东昌：《中华人民共和国重要教育文献》，海南出版社2000年版，第53页。

养科学的世界观、革命人生观”及全心全意为人民服务中的地位，应将思想政治课程作为业务课的重要组成部分。另外指出，为了避免以往把政治课与业务课对立起来的错误认识。该文件最后提出取消“政治课”这一名称，将《社会发展史》改为《辩证唯物论与历史唯物论》，与《新民主主义论》《政治经济学》一同作为独立的课程。1952 年 10 月 7 日，在总结新中国成立以来马克思主义政治理论课的经验基础上，为探索建立较为系统的课程体系，教育部发出了《关于全国高等学校开设马克思列宁主义、毛泽东思想课程的指示》。其中提出：

(1)综合性大学及财经艺术等学院应依照一、二、三年级的次序分别开设“新民主主义论”“政治经济学”及“辩证唯物论与历史唯物论”，工、农、医等专门学院依照一、二年级次序分别开设“新民主主义论”及“政治经济学”。

(2)三年制的专科学校开设课程及先后次序与工、农、医等专门学院相同，二年制的专科学校不修“政治经济学”，二年制的专修科第一年级及一年制的专修科均要求修“新民主主义论”，二年制以上财经性质的专科学校或专修科第一年级可同时开设“政治经济学”。

(3)各类型高等学校及专修科(一年制的专修科除外)自 1953 年度起开设“马列主义基础”，学习时数与“政治经济学”相同。

(4)“新民主主义论”“政治经济学”及“辩证唯物论与历史唯物论”各为一学年的课程，在讲授“新民主主义论”前两周或三周应增加关于“新民主主义论教学目的”的学习，以端正学生的学习态度。① 该指示从课程门数、教学时数及教学次序等方面，详细地规定了全国不同类型高校所开设的思想政治理论课课程，确立了“新民主主义论”“政治经济学”及“辩证唯物论与历史唯物论”成为我国高校思想政治教育课程的“老三门”，是我国高校思想政治理论课程体系基本形成的标志。

1953 年 2 月 7 日，中央人民政府教育部针对部分行政区教育主管机

① 教育部社会科学司：《普通高校思想政治理论课文献选编(1949—2008)》，中国人民大学出版社 2008 年版，第 13—14 页。

关及一些学校提出“关于‘马列主义基础在哪一年级开设’问题”的请示，下发了《关于确立马列主义基础自1953年度起为各类型高等学校及专修科(二年以上)二年级必修课程的通知》。该通知明确指出：各类型高等学校及专修科(一年的专修科除外)自1953年度起，有条件者即在二年级开设“马列主义基础”(136学时)，“政治经济学”改为三年以上各类型高等学校的三年级必修课程。同年6月17日，教育部考虑到高级中学已开设的“共同纲领”课程与“新民主主义论”存在“重复”的现象；同时“新民主主义论”经济部分与“政治经济学”的新民主主义经济部分也有“重复”现象，故而下发通知，决定把“新民主主义论”改为“中国革命史”。

1954年7月1日，教育部因专修科有不同的种类，如果按照《通知》统一执行，有许多问题，因而又对工、农、医科的专修科二年级开设政治理论课程，另外作了规定。①

1956年9月，教育部根据思想政治理论课程在高校开设的效果和8月召开的高校院长和教务长座谈会的精神，下发了《关于高等学校政治理论课程的规定(试行方案)》，再次对高等学校开设思想政治理论课程作了相关规定，确定普通高校的四门核心政治课程是“马列主义基础”“中国革命史”“政治经济学”“辩证唯物主义和历史唯物主义”，并具体明确规定了开设的门数、学时、顺序、讲授与课堂讨论的学时比例、考试与考查方式等，标志着高校思想政治教育理论课程进一步完善。

这一时期是我国从新民主主义向社会主义过渡的时期，高校思想政治教育理论课课程体系既借鉴了苏联的马克思主义理论体系，又结合了我国革命和建设的实际，从“老三门”到四门政治理论课程，初步形成了我国高校思想政治教育理论课的课程体系。

二、全面建设社会主义时期高校思想政治教育课程的发展

1956年，我国基本完成了社会主义改造，实现了由新民主主义社会

---

① 教育部社会科学司：《普通高校思想政治理论课文献选编(1949—2008)》，中国人民大学出版社2008年版，第16—18页。

向社会主义社会转变，中国进入了全面建设社会主义的历史阶段。但是如何建设社会主义，中国共产党没有现存的经验可借鉴，在探索的道路上出现了波折，与此相应，高校思想政治教育课程也出现了曲折的发展。

（一）“又红又专”教育目的对高校思想政治教育课程的影响

1956年至1957年国际国内形势的变化使毛泽东开始注意到学校教育中思想政治工作的薄弱，因此，他在《关于正确处理人民内部矛盾的问题》的讲话中特别强调：“现在需要加强思想政治工作。不论是知识分子，还是青年学生，都应该努力学习。除了学习专业之外，在思想上要有所进步，政治上也要有所进步，这就需要学习马克思主义，学习时事政治，没有正确的政治观点，就等于没有灵魂”，并提出，“我们的教育方针，应该使受教育者在德育、智育、体育几方面都得到发展，成为有社会主义觉悟的有文化的劳动者”。① 在这个讲话中毛泽东虽然没有明确提出“又红又专”的思想，但“又红又专”的核心内涵已经包含在内。1958年1月，毛泽东在《工作方法六十条（草案）》中再次指出，“红与专、政治与业务的关系，是两个对立物的统一，一定要批判不问政治的倾向，一定要反对空头政治家，另一方面要反对迷失方向的实际家。政治和经济的统一，政治和技术的统一，这是毫无疑义的，年年如此，永远如此。这就是又红又专”②。根据毛泽东的批示，为了培养又红又专的人才，在1957年12月，教育部和高等教育部就联合发布《关于在全国高等学校开设社会主义教育课程的指示》，不仅规定在全国高等学校各年级普遍开设“社会主义教育”课程，还规定这一课程的学习时间为一年，每周8个小时（课内不得少于四个小时）。要求全体学生和研究生必须毫无例外地参加学习。学习内容以毛泽东的《关于正确处理人民内部矛盾的问题》为主，同时阅读一些必要的马克思列宁主义经典著作、党的文件和其他文件；要求学习必须密切联系学生思想实际，用马列主义克服非马克思主义的立场、观点，用工人阶级的思想批判资产阶级和小资产阶级思想；结合学生平时的思

① 《毛泽东文集》第七卷，人民出版社1999年版，第226页。

② 《毛泽东文集》第七卷，人民出版社1999年版，第351页。

想、行动、表现进行综合考核。

（二）“大跃进”时期生产劳动成为高校思想政治教育课程的重要组成部分

1958 年 9 月，中共中央、国务院发布《关于教育工作的指示》，明确提出：“党的教育方针，是教育为无产阶级的政治服务，教育与生产劳动相结合。”至此，教育与生产劳动相结合被确立为我国教育方针的重要内容。在教育部召开的第四次全国教育行政会议中也要求各级各类学校要把劳动列入教学计划。在毛泽东、党中央的号召和全国“大跃进”的推动下，生产劳动作为一门重要课程在 1958 年进入学校课堂，全国各地高校大办工厂、农场，派师生到建设工地、农村去参加生产劳动，参加大炼钢铁运动。据浙江师院校报资料，在浙江师院制订的《1959—1963 年教育工作跃进纲要（草案）》中，就要求每个学生每年从事工农业生产劳动的时间不得少于三个月。劳动时间采取集中与分散、校内与校外、工业与农业相结合的形式。

把生产劳动作为高校思想政治教育课程的重要组成部分，虽然有助于大学生树立正确的革命观、群众观和人生观，深化他们对社会主义制度的认识，让他们更加热爱中国共产党，但片面强调教育与生产劳动的结合，参与过多的生产劳动，忽视了教育自身的发展规律，冲击了正常的教学秩序，严重影响了人才培养的质量。

（三）教育调整时期高校思想政治教育课程的平稳发展

“大跃进”运动给中国带来了重大损失，1961 年 1 月党的八届九中全会决定对国民经济实行“调整、巩固、充实、提高”的八字方针。就教育领域来说，中共中央认识到忽视教育质量的问题，在一定程度上开始纠正“左”倾错误。1958 年 3 月，国务院发布《关于全日制学校教学、劳动和生活安排的规定》，针对“大跃进”时期学生劳动时间过长的情况，对教学与劳动的时间比例作出了限定，初步体现了以课堂教学为主的方针。1961 年 4 月 8 日，中宣部和教育部联合下发《改进高等学校共同政治理论课程教学的意见》，提出高等学校共同开设的政治理论课程应包括马克思列宁主义基础理论和时事政策报告两大类，并要求依据学校的不同类型、不同年级、不同专业开设的思想政治教育课程要有所不同：本科层次的文科应开设中共党史、政治经济学、哲学；本科层次的理科要开设中共党史、马克思列宁主义概论；专科层次的文科开设中共党史、马克思列宁主义概论，理科开设马克思列宁主义概论。为了进一步提高教育质量，1961 年 9 月中共中央发布试行《教育部直属高校暂行工作条例》（简称“高教六十条”），明确指出：高等学校必须以教学为主，努力提高教学质量。生产劳动、科学研究、社会活动的时间，应该安排得当，以利教学，并对高校思想政治教育目标、任务和要求作了具体规定，要求马克思列宁主义基础理论课，理工科、文科分别占总学时的 10%、20%左右；时事政策报告课通常要求每月 6 学时左右①。

在 1957 年至 1966 年近 10 年的发展历程中，高校思想政治理论课程几经变化，在曲折中稳步向前，逐步构建了一整套以毛泽东思想为核心，以社会主义教育为中心的思想政治理论课程体系。

第三节　改革开放时期高校思想政治理论课程体系的重构与发展

“文革”中，在“左”倾思潮的影响下，特别是林彪、江青反革命集团的倒行逆施，党的思想政治教育的优良传统，思想政治教育的任务内容、原则方法、领导管理体制等被彻底破坏。1976 年 10 月粉碎“四人帮”之后，中国共产党针对长期形成的“左”的错误，特别是“文化大革命”所造成的严重恶果，进行了拨乱反正，纠正了“以阶级斗争为纲”的错误做法。十一届三中全会的胜利召开，中国共产党带领全国人民解放思想，冲破“左”的思想束缚，端正了党的指导思想，重新确立了马克思主义的思想路线、政治路线和组织路线，给我国的经济、政治、文化和思想的发展带来了新的生机。在这场伟大的历史转折中，党的思想政治教育优良传统逐

① 《建国以来重要文献选编》第 14 册，中央文献出版社 2011 年版，第 502—524 页。

渐得到恢复,高校思想政治教育课程也从恢复走向了科学化、系统化。

一、拨乱反正时期高校思想政治教育课程的恢复

1978 年,随着我国恢复高等学院招生,高校马克思主义理论课程如何设置成为当时亟待解决的问题。邓小平指出:“毫无疑问,学校应该永远把坚定正确的政治方向放在第一位。”①1978 年 4 月,教育部办公厅颁布《关于加强高等学校马列主义理论教育的意见》。《意见》将思想政治理论课正式命名为“马列主义理论课”,表明该课程是以马克思列宁主义和毛泽东思想为指导思想和理论基础的课,主要任务是系统对学生进行马克思主义基本理论教育。《意见》对高校开设的马克思主义理论课划出了大致的范围,规定:“今后高等学校应开设哲学、政治经济学和中共党史。理、工、农、医专业有条件的还应开设自然辩证法。文科应另加国际共产主义运动史。理工农医专业,是否开设国际共运史的课程,各校可以酌情处理。”②这一时期虽然规定了高校应该开设什么的思想政治教育课程,但同时也给高校给予了很大的自主权,这是高校思想政治理论课予以恢复的重要标志。

为了进一步提高高等教育质量,1978 年 6 月 8—29 日,教育部在武汉召开了文科教学工作座谈会,会议认为开设马列主义理论课程是社会主义高校区别于资本主义高等学校的重要标志之一,对培养又红又专的人才起着重要作用,因此,必须加强马列主义理论课的教育。座谈会后,教育部组织专家学者编写了“中国共产党史”“政治经济学”“辩证唯物主义历史唯物主义”“国际共产主义运动史”等四门课程的教学大纲。这一时期,高校开设的马克思主义理论课程大体与 20 世纪 60 年代初相同:一年级开设“中共党史”,二年级开设“政治经济学”,三年级开设“辩证唯物主义历史唯物主义”,文科四年级开设“国际共产主义运动史”。

改革开放后,在与西方资本主义国家的交流学习过程中,我国高校思

---

① 《邓小平文选》第二卷,人民出版社 1994 年版,第 104 页。

② 教育部社会科学司:《普通高校思想政治理论课文献选编(1949—2008)》,中国人民大学出版社 2008 年版,第 71—72 页。

想政治教育工作受到了很大挑战。教育部在认真听取各方意见的基础上,遵照党中央的指示,在汲取新中国成立三十年来正反两方面的经验与教训之后,于1980年7月,制定了《改进和加强高等学校马列主义课程的试行办法》。该办法对马列主义理论课的地位、任务、教学大纲、教学方法与环节、教师队伍建设等问题提出了要求,可以说,该文件是新时期马克思主义理论课程重建的起点。对高校的思想政治教育课程、学时作了如下规定:

"根据现有条件,全国高校本科开设中共党史、政治经济学、哲学。文科专业加开国际共产主义运动史,也可试开科学社会主义。可根据专业性质和学制长短确定教学(包括教授和讨论)时数。理、工、农、医等专业的三门课,全学年实际教学时数一般不少于70学时;文科专业的四门课,全学年实际教学时数一般不少于105学时。……马列主义课教学与自习的时间以一比一为原则,自习时间应列入课程表。二年制专科开设一至二门马列主义课,三年制专科开设二至三门马列主义课。课程门类由各校根据专业性质自定。"①

在对大学生加强马克思主义理论教育的同时,许多高校针对改革开放新形势下学生的世界观、人生观形成中存在的问题,开设了人生观和道德修养的相关课程。在总结相关高校经验基础上,1982年10月,教育部下发了《关于在高等学校逐步开设共产主义思想品德课的通知》。同年9月12日,教育部又印发《关于在高等学校开设共产主义思想品德课的若干规定》,对这门课任务、内容、教学原则、成绩考核、师资队伍及教学机构等作出具体的要求。

综上可见,这一时期我国高校思想政治理论课程已经逐步形成了以马克思主义理论教育为核心,学生思想品德教育为重要补充的课程体系。

二、思政课改革的"85方案"

党的十二大提出了建设有中国特色的社会主义的指导思想,第一次

---

① 教育部社会科学司:《普通高校思想政治理论课文献选编(1949—2008)》,中国人民大学出版社2008年版,第87页。

把教育、科学提到了经济社会发展的战略重点地位，并提出建设社会主义精神文明的战略方针。为了适应我国社会主义现代化建设的需要，配合改革开放对人才培养的新要求，在总结新中国成立以来马克思主义理论课的经验教训的基础上，1984 年 9 月，中央宣传部、教育部下发了《关于加强和改进高等院校马列主义理论教育的若干规定》，在肯定了高校思想政治教育课程在恢复重建取得成绩的同时，指出高等院校马列主义理论教育还不能适应社会主义现代化建设的需要，在理论联系实际、课程设置、教学方法和师资队伍方面还存在不少问题，要求着手准备在全国高等院校增设“中国社会主义建设基本问题”这一课程，并对马列主义公共课的教学时数等作了详细规定。该文件被认为是改革开放新时期思想政治理论课程建设的新起点。

1985 年 8 月 1 日，中共中央颁发了改革开放以来首个全面部署学校思想品德和政治理论课程建设的文件，即《关于改革学校思想品德和政治理论课程教学的通知》。该《通知》部署了从小学阶段直到大学研究生阶段的思想品德和政治理论课的主要内容和要求，提出应对我国现行的以马克思主义为指导的思想品德和政治理论课的课程设置、教学内容和教学方法，进行认真改革。《通知》强调必须紧密联系青少年在不同时期的思想、知识、特点，引导他们逐步树立正确的世界观和人生观。对于高校思想政治教育课程明确要求进行以中国革命史为中心的历史教育，使学生了解中国走上社会主义道路是历史发展的必然选择；进行马克思主义的基本理论教育，培养学生掌握和运用马克思主义的立场、观点和方法对各种历史现象，特别是对社会思潮进行鉴别和分析的能力；进行中国社会主义建设和改革的理论、政策和实际知识的教育，使学生了解中国人民正在进行伟大的事业；进行世界的政治经济和国际关系基础知识教育，帮助学生开阔视野，使他们在对外开放的环境中有坚定的政治立场和较强的社会适应能力。①

---

① 教育部社会科学司：《普通高校思想政治理论课文献选编（1949—2008）》，中国人民大学出版社 2008 年版，第 107 页。

为了更好地贯彻中共中央的《通知》精神，1986 年 3 月 20 日，国家教育委员会发出了《关于在高等学校进一步贯彻〈中共中央关于改革学校思想品德和政治理论课程教学的通知〉的意见》（简称“85 方案”），确定高校思想政治理论课为四门，即“中国革命史”（由“中共党史”演变而来）、“中国社会主义建设”、“马克思主义原理”、“世界政治经济和国际关系”（在文科系中开设）。同时，该《意见》还提出应开设思想品德教育（包括职业道德教育）、身心健康教育和就业准备教育等课程。高校思想政治理论课和思想教育课程被简称为“两课”。

为了提高思想教育课程的教育质量，1987 年 10 月国家教育委员会下发了《关于高等学校思想教育课程建设的意见》，指出“针对学生普遍关心的形势、政策、人生、理想、道德、民主、法制等问题，有计划地开设一些思想教育课程，在时间上、制度上加以保证是必要的”①，规定高校设置五门思想教育课程，把形势与政策、法律基础设为必修课，在学生思想修养、人生哲理、职业道德可以因校制宜地选择性开设。

“85 方案”在继承拨乱反正时期高校思想政治教育课程建设成果的同时，推陈出新，既坚持了以马克思主义理论和毛泽东思想为核心，又应对时代的挑战，引导大学生对社会主义现代化建设进行新思考，有效地帮助学生解决面临的各种问题和矛盾，体现了高校思想政治课建设历程中的继承性和发展性。

三、思政课改革的“98 方案”

1992 年，邓小平在视察南方时发表的一系列重要讲话，成为党的十四大会议的主题，这标志着改革开放和社会主义现代化建设进入了一个新的发展阶段。随后中共中央要求在“两课”教学中，要以“邓小平同志建设中国特色社会主义理论为中心内容，进一步加强马克思主义理论教育”。

---

① 教育部社会科学司：《普通高校思想政治理论课文献选编（1949—2008）》，中国人民大学出版社 2008 年版，第 132 页。

1997年9月，党的十五大召开，江泽民作了题为《高举邓小平理论伟大旗帜，把建设中国特色社会主义事业全面推向21世纪》的报告，指出："邓小平理论是当代中国的马克思主义，是马克思主义在中国发展的新阶段。"①正式将邓小平理论确立为党的指导思想，其对社会主义现代化建设事业的指导地位也被正式确认。邓小平理论作为"当代中国的马克思主义"，也与时俱进地成为高校马克思主义理论课程教学的重要内容。

与此同时，尽管高校思想政治理论课程在"85方案"的建设和实施过程中取得了可喜的成绩，但随着时代的发展和国内外环境的变化，此方案的课程体系在具体的教学实践中的一些矛盾和问题日益暴露。如何正确地引导大学生树立马克思主义世界观、人生观、价值观，如何正确认识社会主义市场经济体制带来的影响，对高校思想政治理论课建设提出了新的挑战和要求。在这样的背景下，国家教育委员会下发了一系列文件，不断推进高校思想政治教育课程的改革。

（一）"98方案"中的课程设置

1991年8月3日，国家教育委员会下发《关于加强和改进高等学校马克思主义理论教育的若干意见》，提出马克思主义理论教育任务和教学内容改革、课时调整等意见。同年8月13日，中共中央组织部、中共中央宣传部、国家教育委员会三部门联合下发了《关于新形势下加强和改进高等学校党的建设和思想政治工作的若干意见》，提出了进一步贯彻理论联系实际的方针和"少而精""要管用"的原则，深入进行"两课"教学改革。1994年8月31日，中共中央又出台了《关于进一步加强和改进学校德育工作的若干意见》，对新时期加强学校德育工作提出了25条意见，重点强调以建设中国特色社会主义理论教育作为高校马克思主义理论教育的中心内容。

中共中央和教育主管部门根据时代发展要求，在总结一系列文件推进过程中的经验后，在1998年6月10日，中宣部、教育部印发《关于普通高等学校"两课"课程设置的规定及其实施工作的意见》，对普通高校"两

① 《江泽民文选》第二卷，人民出版社2006年版，第9页。

课”课程设置及其实施工作提出了具体的意见,即“98 方案”。这是中共中央宣传部和教育部对普通学校马克思主义理论课和思想品德课课程设置方案的简称。其具体课程设置及教学时数,详见表 6-3 和表 6-4。①

表 6-3　普通本科院校思想政治理论课程设置及教学时数一览表

课程类别	课程名称	教学时数
马克思主义理论课	马克思主义哲学原理	54
	马克思主义政治经济学原理	36(文科类)/40(理工类)
	毛泽东思想概论	54(文科类)//36(理工类)
	邓小平理论概论	70
思想品德课	法律基础	34
	思想道德修养	51

表 6-4　普通专科院校思想政治理论课程设置及教学时数一览表

课程类别	课程名称	教学时数	
		二年制	三年制
马克思主义理论课	马克思主义哲学原理	36	50
	邓小平理论概论	64	60
	毛泽东思想概论		40
思想品德课	法律基础	28	28
	思想道德修养	40	40

(二)“98 方案”的主要特色

“98 方案”的课程体系凸显了三大特色:

一是确立了思想政治理论课是大学生思想政治教育的主渠道和主阵地。在中共中央宣传部和教育部印发的《关于普通高等学校“两课”课程

① 教育部社会科学司:《普通高校思想政治理论课文献选编(1949—2008)》,中国人民大学出版社 2008 年版,第 182—184 页。

设置的规定及其实施工作的意见》的通知中明确指出，普通高等学校开设的“两课”是对大学生系统进行思想政治教育的主渠道和主阵地，在培养他们成为社会主义事业的建设者和接班人方面有重要作用。这是对“两课”的功能与开设价值的充分肯定。

二是增设“邓小平理论概论”课程突出了思想政治教育课程的时代性。“98 方案”强调在思想政治理论课教学中把邓小平理论作为思想政治理论课的中心内容，增设了“邓小平理论概论”课程，强调了要抓好邓小平理论“进教材、进课堂、进头脑”的三进工作。

三是课程体系的重组突出了马克思主义理论的连续性。“98 方案”中将“马克思主义原理”课程分为了“马克思主义哲学原理”和“马克思主义政治经济学原理”，将“中国革命史”调整为“毛泽东思想概论”，同时又增设“邓小平理论概论”，其目的是让学生充分了解从毛泽东思想到邓小平理论的发展逻辑，引导学生认识马克思主义理论同中国革命和社会主义建设实际相结合而产生的两大理论成果的一脉相承的关系。

（三）“98 方案”在实践中的不断发展

“98 方案”在实施过程中，坚持与时俱进，不断充实新的教学内容，使之更加适应新形势新任务的要求。

2001 年 7 月，江泽民在庆祝建党 80 周年大会上发表了重要讲话，全面阐述了“三个代表”重要思想，深刻回答了在新的历史条件下加强和改进党的建设需要解决的重大问题。2002 年，党的十六大把“三个代表”重要思想同马克思列宁主义、毛泽东思想、邓小平理论一并确立为中国共产党要长期坚持的指导思想，写入了中国共产党章程。为了更好地贯彻党的十六大精神，教育部在 2003 年 2 月下发了《关于进一步深化“三个代表”重要思想“三进”工作的通知》，将“邓小平理论概论”调整为“邓小平理论和‘三个代表’重要思想概论”，并鼓励有条件的高校单独开设“三个代表”重要思想概论课程。

四、思政课改革的“05 方案”

党的十六大以来，以胡锦涛同志为总书记的党中央，在继承和发展邓小平理论,贯彻落实“三个代表”重要思想的同时,大力推进中国特色社会主义理论体系的创新,进一步丰富和发展了马克思主义中国化的理论。2003 年中国共产党十六届三中全会,胡锦涛发表了关于科学发展观的重要讲话,明确提出要坚持以人为本,树立全面、协调、可持续的发展观,促进经济社会和人的全面发展。2004 年初,中共中央下发《关于进一步繁荣发展哲学社会科学的意见》,全面阐明了新阶段繁荣发展哲学社会科学的指导方针、目标任务及重大举措,作出了实施“马克思主义理论研究和建设工程”的重大决策。根据胡锦涛在《关于高校公共理论课教学情况的调研报告》的重要批示,在广泛调查和深入研究的基础上,中共中央、国务院在 2004 年 8 月颁发了《关于进一步加强和改进大学生思想政治教育的意见》,提出“面对新形势、新情况,学校思想政治理论课还存在实效性不强”①的问题,并指出要在充分体现马克思主义最新成果的基础上,按照“两个联系”“三个结合”的原则对思想政治理论课进行改革。2005 年 1 月,在全国加强和改进大学生思想政治教育工作会议上,胡锦涛从国家战略和民族复兴的高度,对新时期思想政治理论课的改革和建设提出新要求。2005 年 2 月,为贯彻中共中央、国务院《关于进一步加强和改进大学生思想政治教育的意见》文件的精神,中宣部、教育部又下发《关于进一步加强和改进高等学校思想政治理论课的意见》,该意见从学科建设、课程体系设置、教材建设、教学的方式和方法、教师队伍建设以及领导体制等方面提出了高校思想政治教育课程改革的措施。在两个意见的直接指引下,中共中央宣传部、教育部制定了《〈关于进一步加强和改进高等学校思想政治理论课的意见〉的实施方案》,即高校思想政治理论课改革的“05 方案”。

(一)“05 方案”的课程设置

“05 方案”将“两课”正式更名为“高等学校思想政治理论课”,并出台了新的课程设置方案和具体意见(见表 6-5)。

---

① 教育部社会科学司:《普通高校思想政治理论课文献选编(1949—2008)》,中国人民大学出版社 2008 年版,第 203 页。

表 6-5 “05 方案”普通高校思想政治理论课程设置一览表①

层次	课程名称	学分	课程属性
本科（4 年制）	马克思主义基本原理	3	必修
	毛泽东思想、邓小平理论和“三个代表”重要思想概论	6	必修
	中国近现代史纲要	2	必修
	思想道德修养与法律基础	3	必修
	形势与政策	2	选修
	世界政治经济与关系	2	选修
专科（三年制）	毛泽东思想、邓小平理论和“三个代表”重要思想概论	4	必修
	思想道德修养与法律基础	3	必修
	形势与政策	1	选修

“05 方案”中将马克思主义哲学原理、马克思主义政治经济学原理合并，并加上科学社会主义的内容，组成了马克思主义基本原理；将毛泽东思想概论、邓小平理论概论两门课程合并，并加上“三个代表”重要思想的内容，组成毛泽东思想、邓小平理论和“三个代表”重要思想概论课程；将思想道德修养、法律基础两门课程合并为思想道德修养与法律基础一门课程。增加必修课“中国近现代史纲要”和选修课“形势与政策”。

“05 方案”的课程设置，在吸收“98 方案”优点的基础上，仍以马克思主义基本原理为理论基础，以马克思主义中国化的理论成果为中心内容，并结合改革开放中我国社会主义现代化建设的发展和当代大学生思想状况，进一步完善了思想政治理论课课程体系，是“基于其内在逻辑路线，即从基本原理到基本原理发展、再到基本原理运用的思路生成，突出了理论、现实和历史这三者的结合”②，体现了课程建设的系统性和科学性。

---

① 《十六大以来重要文献选编》（中），中央文献出版社 2006 年版，第 177—191 页。

② 顾海良：《高校思想政治理论课程建设研究》，经济科学出版社 2009 年版，第 96 页。

（二）“05 方案”的主要特点

“05 方案”在“98 方案”的基础上作了许多调整，体现出了许多新的特点。

一是课程体系更加系统完善。“05 方案”中的“马克思主义基本原理”主要对学生进行马克思主义世界观和方法论的教育，帮助学生形成学习和掌握马克思主义中国化的历史和现实的理论基础。“毛泽东思想、邓小平理论和‘三个代表’重要思想概论”，增强了大学生对马克思主义与中国革命和建设实际相结合取得的理论成果的深刻认识和理解。“中国近现代史纲要”引导学生从历史的角度去理解中国为什么选择马克思主义，选择中国共产党，选择社会主义道路。“思想道德修养与法律基础”重在对学生进行马克思主义人生观、价值观、道德观和法制观的教育。四门必修课程构成了严密的课程体系，把马克思主义理论教育、中国特色社会主义理论教育、历史教育及价值观教育有机结合起来，实现了课程内容和教育功能的互补。四门课程既各自独立，又相互联系，共同构成完整的思想政治理论课程体系。形势与政策、当代世界政治与经济两门选修课，也发挥了很好的补充作用。“05 方案”从系统论的角度，对马克思主义理论、马克思主义中国化的两大理论成果及思想道德教育、法律知识进行了优化组合，克服以往课程的冗繁、内容重复的现象。这样既突出了马克思主义的学科性，又体现了思想政治理论的科学性，较好地把学科建设和思想政治理论教育教学进行了有机的统一。

二是更加凸显了课程的时代性和现实性。“05 方案”基于新时期党和国家的发展新需要与当代大学生思想的现实需求，以马克思主义理论和中国特色社会主义理论为核心，立足国情，结合改革开放和中国特色社会主义的发展实际，将马克思主义理论中国化的最新成果及时反映到课程体系中。通过设置具有时代精神和时代特色的课程，如“毛泽东思想、邓小平理论和‘三个代表’重要思想概论”，在帮助学生掌握马克思主义基本原理的同时，深入理解了中国特色社会主义理论的科学体系和核心要义，对于坚定大学生的“四个自信”具有重要的现实意义。

（三）“05 方案”在实践中的新发展

2007 年 10 月，胡锦涛在党的第十七次全国代表大会上对科学发展观进行了科学的概括和深刻的阐述，他指出：“科学发展观，第一要义是发展，核心是以人为本，基本要求是全面协调可持续，根本方法是统筹兼顾。”①科学发展观是同马克思主义、毛泽东思想、邓小平理论和“三个代表”重要思想一脉相承又与时俱进的科学理论，是中国特色社会主义理论体系中继邓小平理论、“三个代表”重要思想之后的又一新的理论成果。党的十七大指出，中国特色社会主义理论体系，就是包括邓小平理论、“三个代表”重要思想以及科学发展观等重大战略思想的科学理论体系。这个理论体系凝结了几代中国共产党人带领中国人民不懈探索实践的智慧和心血。党的十八大正式将科学发展观确立为中国共产党的指导思想，并将科学发展观写入了党章。

为贯彻落实党的十七大精神，2008 年 8 月教育部办公厅下发了《关于将高校思想政治理论课“毛泽东思想、邓小平理论和‘三个代表’重要思想概论”课程名称调整为“毛泽东思想和中国特色社会主义理论体系概论”的通知》，提出为适应课程名称变化，中宣部、教育部将对教材进行重新修订。

第四节　新时代高校思想政治理论课程的创新发展

党的十八大以来，以习近平同志为核心的党中央全面深化改革，中国特色社会主义进入新时代，在实现中华民族伟大复兴的中国梦进程中，高校思想政治理论课也进入了新的历史发展阶段。习近平更是针对国际国内形势和高校思想政治理论课出现的新变化，围绕着办好高校思政课提出了一系列新思想新理论，从宏观和微观的层面揭示了办好高校思政课应然逻辑，为办好新时代高校思想政治理论课，提供了重要理论基础和价

① 《十七大以来重要文献选编》（上），中央文献出版社 2009 年版，第 70 页。

值遵循。

为深入贯彻落实习近平新时代中国特色社会主义思想和党的十九大精神，落实习近平总书记关于教育的重要论述，特别是在学校思想政治理论课教师座谈会上的重要讲话精神，2019年8月中共中央办公厅、国务院办公厅印发《关于深化新时代学校思想政治理论课改革创新的若干意见》，从思想政治理论课的课程体系、教师队伍建设、课程的实效性和课程的领导方面提出了具体的要求，强调要加强以习近平新时代中国特色社会主义思想为核心内容的思想政治理论课课程群的建设。在保持思想政治理论课必修课程设置相对稳定基础上，结合高校特点，形成必修课加选修课的课程体系。全国重点马克思主义学院率先全面开设“习近平新时代中国特色社会主义思想概论”课。博士阶段开设“中国马克思主义与当代”，硕士阶段开设“中国特色社会主义理论与实践研究”，本科阶段开设“马克思主义基本原理概论”“毛泽东思想和中国特色社会主义理论体系概论”“中国近现代史纲要”“思想道德修养与法律基础”“形势与政策”，专科阶段开设“毛泽东思想和中国特色社会主义理论体系概论”“思想道德修养与法律基础”“形势与政策”等必修课。

为了更好地落实中共中央办公厅、国务院办公厅印发《关于深化新时代学校思想政治理论课改革创新的若干意见》，2019年9月，中共教育部党组下发《“新时代高校思想政治理论课创优行动”工作方案》，进一步强调要发挥高校思想政治理论课在全面推动习近平新时代中国特色社会主义思想“三进”主渠道的作用，坚持用习近平新时代中国特色社会主义思想铸魂育人。为了稳步推进新时代高校思想政治理论课程的改革创新，2020年3月教育部办公厅又印发了《深化新时代学校思想政治理论课改革创新先行试点工作方案》。这一系列政策极大地推动了高校思想政治理论课程的发展。

一、落实立德树人根本任务的关键课程

党的十八大以来，党中央先后召开了全国高校思想政治工作会议、全国教育大会、学校思想政治理论课教师座谈会并制定系列相关文件，党和

国家对高校思想政治理论课程的重视达到了历史新高度。

教育是根据社会的要求和人身心发展规律来培养人的社会实践活动。政治、经济和文化是社会大系统的重要组成部分,他们从不同的层面对人才培养提出不同的要求,而培养什么样的人、如何培养人、为谁培养人是教育必须首先要面对的根本问题。习近平在2016年全国高校思想政治工作会议上,从实现中华民族伟大复兴梦、坚持和发展新时代中国特色社会主义和决胜全面建成小康社会的高度,指出,“我国高等教育发展方向要同我国发展的现实目标和未来方向紧密联系在一起,为人民服务,为中国共产党治国理政服务,为巩固和发展中国特色社会主义制度服务,为改革开放和社会主义现代化建设服务”①。在2019年3月学校思想政治理论课教师座谈会上,习近平再次明确指出:“必须培养一代又一代拥护中国共产党领导和我国社会主义制度、立志为中国特色社会主义事业奋斗终身的有用人才。在这个根本问题上,必须旗帜鲜明、毫不含糊。”②这些重要论述很好地回答了高等教育“培养什么样的人、如何培养人和为谁培养人”的根本问题,进一步明确了高校培养的是社会主义事业的建设者和接班人,为落实高校立德树人根本任务指明了方向,也为高校思想政治理论课改革创新提供了价值遵循。

2018年,教育部印发的《新时代高校思想政治理论课教学工作基本要求》指出,高校思想政治理论课是推动大学生政治社会化,促进大学生政治认同的灵魂课程,是巩固马克思主义在高校意识形态领域指导地位、坚持社会主义办学方向的重要阵地,是全面贯彻落实党的教育方针的主渠道。这一性质决定了高校思想政治理论课在解决教育“三培养”根本问题上具有特殊的价值。培养“德智体美劳全面发展的社会主义建设者和接班人”,“培养担当民族复兴大任的时代新人”,是高校思想政治理论课程的根本任务,也是其育人性的本质特征。

① 《习近平谈治国理政》第二卷,外文出版社2017年版,第376—377页。

② 《习近平谈治国理政》第三卷,外文出版社2020年版,第328—329页。

二、课程体系的系统性与科学性更加凸显

新时代高校思想政治理论课程体系，强调要以习近平新时代中国特色社会主义思想为核心，建设思想性、科学性和可读性相统一的立体化的思想政治理论课体系，课程的系统性和科学性更强。主要表现在三个方面：

一是课程总体要求上，提出各学段在课程目标、课程体系、内容建设等方面的具体要求和着力点，强调根据大中小学学生的发展规律，循序渐进、螺旋上升地开设思政课，为各学段精准施策、相互配合，解决教学内容简单重复，不断增强思政课的思想性、理论性和亲和力、针对性。

二是课程体系方面，提出加强以习近平新时代中国特色社会主义思想为核心内容的高校思想政治理论课课程群建设，全国重点马克思主义学院率先全面开设"习近平新时代中国特色社会主义思想概论"课，各高校要重点围绕习近平新时代中国特色社会主义思想，党史、国史、改革开放史、社会主义发展史，宪法法律，中华优秀传统文化等设定课程模块，开设系列选择性必修课程，构建思政课"必修课+选修课"的课程体系。

三是课程内容方面，进一步明确要坚持用习近平新时代中国特色社会主义思想铸魂育人，以政治认同、家国情怀、道德修养、法治意识、文化素养为重点，以爱党、爱国、爱社会主义、爱人民、爱集体为主线，坚持爱国和爱党爱社会主义相统一，系统开展马克思主义理论教育，系统进行中国特色社会主义和中国梦教育、社会主义核心价值观教育、法治教育、劳动教育、心理健康教育、中华优秀传统文化教育。

三、"课程思政"与"思政课程"的同向同行

在 2019 年 3 月学校思想政治理论课教师座谈会上，习近平指出："要用好课堂教学这个主渠道……各门课程要守好一段渠，种好责任田，使各类课程与思想政治理论课同向同行，形成协同效应。"①为深入贯彻落实习近平总书记关于教育的重要论述和全国教育大会精神，教育部 2020 年

① 《习近平谈治国理政》第二卷，外文出版社 2017 年版，第 378 页。

5月下发了《高等学校课程思政建设指导纲要》，要求把思想政治教育贯穿人才培养体系，紧紧抓住教师队伍“主力军”、课程建设“主战场”、课堂教学“主渠道”，让所有高校、所有教师、所有课程都承担好育人责任，守好一段渠、种好责任田，使各类课程与思政课程同向同行，将显性教育和隐性教育相统一，形成协同效应，构建全员全程全方位育人大格局。《纲要》要求根据课程的类型，对公共基础课程、专业教育课程和实践类课程等科学设计课程思政的教学体系。同时明确提出专业课程是课程思政建设的基本载体，要结合文学、历史学、哲学、经济学、管理学、法学、教育学、理学、工学类专业特点分类推进课程思政建设，要深入梳理专业课教学内容，结合不同课程特点、思维方法和价值理念，深入挖掘课程思政元素，有机融入课程教学，达到润物无声的育人效果。《纲要》还要求将课程思政融入课堂教学建设全过程。课程思政的推进，进一步明确了在新时代，培养能够承担中华民族伟大复兴重任的中流砥柱，这是我国高等教育的基本方向，强化课程思政建设，坚持立德树人是大学对国家的政治责任。

四、全面提升高校思想政治理论课教育质量

党的十八大以来，习近平从党和国家事业发展的高度出发，深刻阐述了办好思政课的重大意义和实施策略。在全国高校思想政治工作会议上，习近平指出：“要用好课堂教学这个主渠道，思想政治理论课要坚持在改进中加强，提升思想政治教育亲和力和针对性，满足学生成长发展需求和期待”①，并明确提出了推动思政课改革创新的“八个相统一”，从宏观和微观的层面揭示了办好高校思政课应然逻辑，为新时代高校思想政治理论课的守正与创新提供了重要的理论基础和逻辑遵循。

为深入贯彻落实习近平总书记关于教育的重要论述和全国教育大会精神，提升高校思想政治理论课的教学质量，教育部发了一系列文件。2015年9月中共中央宣传部、教育部印发《普通高校思想政治理论课建设创新计划》，强调要不断改善思想政治理论课教学状况，坚持不懈地推

① 《习近平谈治国理政》第二卷，外文出版社2017年版，第378页。

动中国特色社会主义理论体系进教材、进课堂、进头脑，培育推广理论联系实际、富有吸引力感染力的多种教学方法，努力把思想政治理论课建设成为学生真心喜爱、终身受益、毕生难忘的优秀课程。

2017 年 5 月教育部印发了《高校思想政治理论课教学质量年专项工作总体方案》，将 2017 年定为“高校思想政治理论课教学质量年”，强调以教材、教师、教学建设为突破口，在“师资攻坚”“教材攻坚”“教法攻坚”三方面力争取得明显成效，努力使思政课“有虚有实、有棱有角、有情有义、有滋有味”，大力提升学生对思政课的获得感。

2018 年 4 月，教育部颁布了《新时代高校思想政治理论课教学工作基本要求》，明确了高校思想政治理论课在新时代的指导思想和提升高校思想政治理论课教学质量的基本原则及具体步骤。

2019 年 8 月中共中央办公厅、国务院办公厅印发《关于深化新时代学校思想政治理论课改革创新的若干意见》，进一步强调要通过加强马克思主义学科建设、加大思政课教研工作力度、切实加强思政课课题研究和成果交流、全面提升高校马克思主义学院建设水平等方面，不断增强思政课的思想性、理论性和亲和力、针对性。

这一系列文件紧紧围绕坚持和发展中国特色社会主义这条主线，用马克思主义理论中国化的最新成果，即习近平新时代中国特色社会主义思想铸魂育人，在增强“四个意识”和“四个自信”上下功夫，强调通过不断提升思想政治理论课程的教育质量，深刻阐明“马克思主义为什么行”“中国共产党为什么能”“中国特色社会主义为什么好”，从而进一步坚定学生对马克思主义的信仰、对社会主义和共产主义的信念、对实现中华民族伟大复兴中国梦的信心，为学生形成正确的世界观、人生观、价值观奠定坚实基础。

第七章　中国共产党高校的实践育人

实践育人是高校开展思想政治教育、提高大学生实践能力、增强大学生社会责任感的重要方式，也是高校全面落实党的教育方针，大力提高高等教育质量的必然要求。

中国共产党自诞生以来，在百年发展历程中，始终高度重视实践育人工作，强调教育要与生产劳动相结合，坚持理论学习与社会实践相统一。本章将在梳理我们党成立以来高校实践育人的探索历程、政策演变及重大事件基础上，总结分析高校实践育人的经验启示及历史规律。

第一节　新民主主义革命时期的高校实践育人及演进

马克思主义实践观认为，实践是人们为满足一定需要而进行的探索物质世界和能动改造物质世界的活动。实践是人类社会特有的现象，是人类所特有的本质活动，是人的存在方式。实践创造了人类生存和发展的基本条件，创造出社会意识和社会关系等人之为人的一切特征。中国共产党成立以来就注重发挥实践在教育人、塑造人中的独特作用。在新民主主义革命时期的各个阶段，坚持教育与生产劳动、革命实践、工农运动相结合的实践育人道路，为中国革命事业培养了一大批具有较高马克思主义理论水平和思想政治觉悟的人才和干部。

一、建党初期以救国救亡、工读结合为主题引导学生投身社会实践

中国共产党成立前后，在青年学生中宣传、普及马克思主义，引导学生开展反帝反军阀运动、救国运动，组织学生走进工厂，深入农村，推动工农运动，思想政治教育实践育人也由此发轫。1919 年 5 月 4 日，北京大学等在京高校的数千名大学生在天安门集会，高呼“外争国权，内惩国贼”的口号，举行示威游行，反对签订巴黎和约，反对帝国主义。次日，北京学生联合会成立，向全国通电呼吁，于是震动全中国的声势浩大的“五四”反帝爱国运动由此展开。这是一次由大学生发起和参加的大规模的伟大社会实践和斗争。在这次运动中，具有初步共产主义思想的知识分子起了积极的领导和组织作用。运动至 6 月初转入新的阶段，即大批青年学生和知识分子走出城市，深入工厂，深入农村，深入到工农群众中去，使学生运动与工农运动结合起来，形成了全国范围的革命运动。

“五四”时期，“劳工神圣”口号经北京大学校长蔡元培提出后，得到全国各界的积极响应，尤其是引起了先进知识分子对劳工问题、社会问题的关注。工读主义由此在进步青年中产生广泛影响。国内工读互助运动和留法勤工俭学运动同时展开。两股力量互相作用、互相影响，共同汇聚成工读运动的大潮。① 大批进步青年为探求解决之道，走入民间，“与劳工为伍”，开展深入的社会调查，做起了教育工人、引导工人、组织工人的实际工作。在这一过程中，他们将从《共产党宣言》《资本论》等马克思主义经典著作中接受的概念、观点和学说转化为自己的思考，并与中国的劳工问题结合起来，尝试解释、解决中国的社会问题。

留法勤工俭学运动形成于辛亥革命时期，1917 年前后形成规模，五四运动以后达到高潮。留法勤工俭学运动以“勤于做工，俭以求学，以进劳动者之智识”为宗旨。中国留学生到法国后，由于自费留学费用很高，除少数官派的留学生外，绝大多数中国学子都是半工半读。有的先工后学，有的先学后工，有的边工边读，绝大多数都加入了“留法勤工俭学

① 文大稷：《当代大学生实践教育研究——基于思想政治教育视域》，华中师范大学博士学位论文，2014 年。

会”,互帮互助。他们在进入工厂后完全以普通劳动者的姿态和法国工人或华工一起劳动。每天 8 小时工作后还要补习法文或学习工艺。此外,经过五四运动洗礼的留法勤工俭学学生中的先进分子,发扬五四爱国精神,在欧洲大陆,同样与中外反动派进行了英勇斗争,如开展争取“生存权”“求学权”的“二二八”运动、开展反对中法秘密借款运动、开展占领里昂中法大学的斗争等。这让留学生们能广泛接触、考察资本主义社会的实际,接触工人群众,研究工人运动、研究社会主义思潮和马克思主义。

中国共产党成立以后,在《决议》《纲领》等文件中对思想政治教育的性质、原则、任务、内容、形式等作了比较明确的规定,与此相适应,学校实践活动主要是围绕党初创时期的中心工作——动员组织劳工运动来开展。在中国劳动组合书记部的号召下,各地党员和先进知识分子放下架子,走到工农群众中去,在宣传中受教育,在实践中受锻炼,不断改造自己,提高觉悟,坚定了对共产主义的信念。这一时期,党创立了湖南自修大学、上海大学、平民女校、湘江学校、广州宣传员养成所等学校,作为训练党团骨干和培养进步青年的基地。这些学校的学生、学员深入工厂、铁路和矿山,深入参与到 1921 年至 1923 年香港海员大罢工、安源路矿工人大罢工、开滦煤矿工人(大)罢工、京汉铁路工人总罢工等实际革命斗争中,为第一次工运高潮的宣传发动作出了贡献。

总之,中国共产党成立前后的救国救亡、工读运动、工人运动作为中国革命史上一场深刻而广泛的社会实践运动,不仅促进了马克思主义在中国的传播和与中国实际相结合,为中国共产党、中国革命培养了重要骨干和领导力量,也推动了对新社会新教育的探索,实践育人开启初创时期。就工读主义而言,其关于工读结合的主张,虽然带有空想主义的色彩,但其中也不乏值得借鉴的合理成分。如主张“工学结合”,互相促进,学用一致,掌握生产知识和技术;以勤工为手段,解决学费问题,以达俭学的目的;提倡勤俭苦学的学风,进行劳动教育;等等。这些主张既是对半殖民地半封建社会及其教育的批判,也是对新教育的探索,对实践育人具有启示意义。但想通过勤工俭学运动来改造社会是行不通的。

二、大革命时期围绕工农运动和革命斗争引导学生开展社会实践

大革命时期,中国共产党在上海大学、黄埔军校、农民运动讲习所等学校宣传普及马克思主义,进行革命形势、革命任务教育,为中国革命事业培养起一批优秀的军事人才和农运干部,也促进了思想政治教育实践育人的发展。

上海大学作为中国共产党领导下的一所革命高等学校,具有良好的校风和学习氛围,大多数学生具有正确的思想意识和较高的政治觉悟,除了通过上课来学习革命理论之外,还关心政治形势的发展。面对当时北伐军的进展形势,几乎每天都有学生参与讨论。读报纸、读《向导》、读《新青年》更是普遍现象。特别是高年级的学生,不仅汲取书本和课堂上的知识,而且还从革命实践中去加强锻炼,边干边学、边学边干,从而学到真本领。通过读书会、研究会、实践锻炼等形式,克服"搬着教科书背"的缺点,让学生自动地以其所知科学方法即刻应用到实际生活上去,让学生不再过着书房里的"少爷生活"。①

黄埔军校作为大革命时期国共合作创办的著名军事学校,共产党人主持或参与制定了黄埔军校和国民革命军平时与战时的思想政治教育的方针、条例、制度、规定等,其中体现了中国共产党的路线、方针和政策,马列主义与孙中山的新三民主义是宣传、教育的主要内容。② 为贯彻孙中山提出的"要创造革命军,来挽救中国的危亡"这一办学宗旨,黄埔军校采用军事与政治并重、理论与实践结合的办学方针,以培养军事与政治人才,并且建立了相应的机构。在政治教育、军事教育方面,中国共产党非常重视实践教育、实践锻炼。一是将讲授与学生讲演、讨论、实践、考核结合起来,定期邀请社会知名人士到校进行演讲,其中彭湃的《海陆丰运动之成绩》、邓中夏的《省港罢工之经过》等场场爆满,深受学生欢迎。二是开展别开生面的政治讨论会。周恩来经常亲自参加、主持讨论,学生对各种问题可自由发表意见,气氛非常活跃。政治部还编印了《政治问答

① 胡婷:《新民主主义革命时期党领导下的高校学生管理》,《安徽工业大学学报(社科版)》2013 年第 6 期。

② 王树荫:《中国共产党思想政治教育史》,高等教育出版社 2018 年版,第 29 页。

集》,供学生学习参考。三是鼓励学生深入到群众中去,广泛发动和组织群众。1926年11月,李富春在《最近之政治状况及北伐胜利条件》的报告中指出,要永远保持军队切实与人民合作的优点,使之成为真正的人民武装,要通过宣传教育,发动民众支援战争。四是注重军事操练和演习,并根据当时形势,随时参加实战。军校师生积极支援广东的工人运动和农民运动,积极参加反帝反封建的革命斗争,先后参加平定广州商团叛乱、第一次东征、平定滇桂军阀叛乱和第二次东征,对统一广东、巩固革命根据地作出了重大贡献。

农民运动讲习所是大革命时期国共两党合作创办的培养农民运动骨干的学校。农讲所的课程以研究中国革命的基本问题——农民土地问题、政权问题和武装斗争问题为中心,在对学员的教育中,贯彻理论联系实际的原则,十分重视理论教学与社会调查、参加实际斗争的有机结合。如组织学员到农民运动和农民自卫军搞得好的地方参观学习。在学员中组织"农民问题研究会",出版《农民问题丛刊》,调查农村的实际问题,如地租率、田赋、抗租减租、地主财富的来源、团防的情形、兵祸及其影响、农村组织状况、妇女的地位等诸多专题。此外,还组织两次实习,分别到韶州(曲江)农村和海丰农村实习,参观农民协会,深入农民家庭访贫问苦,学习当地农民运动的经验。学员毕业以后,深入各地农村开展农民运动,组织农民自卫军,对推动全国农民运动的迅猛发展,对组织广大农民开展轰轰烈烈的反帝反封建农村大革命,作出了重大贡献,也为第二次国内革命战争时期中国共产党领导的农村游击战争播下了革命种子。

总之,大革命时期,中国共产党领导的高等学校打破了旧大学的传统,坚持以马列主义为指导,坚持教育为革命的政治斗争服务,坚持理论联系实际,在办学方向、学生管理、教学内容等方面,都有其显著特点,为我国无产阶级教育制度和思想政治教育实践育人积累了宝贵经验。

三、土地革命时期通过理论与实际相结合提高实践教育效果

土地革命时期,思想政治教育理论体系得以形成,中国共产党在各根据地创立的党政干部学校实践育人工作也取得了长足的进步。马克思共

产主义学校和苏维埃大学是中央苏区党政干部教育的“双星”，均因革命形势的发展而生，共同构成中央苏区时期办学功能、定位既有交叉又有互补的干部教育培养重要阵地。马克思共产主义学校的骨干课程包括党的建设、苏维埃建设、军事斗争理论和经验、工人运动、中共党史、西方革命史、历史、地理、自然科学常识等。在搞好理论教学的同时，学校还经常开展学术讲演，组织学生到其他单位听学术报告。例如，组织学生参加董必武和张闻天主讲的《巴黎公社》《中华苏维埃政权的现在与未来》的学术报告，组织过学生到全总执行局、红军学校俱乐部，听唐开元、博古所作的《劳动法》《目前红军建设中的几个基本问题》的报告。

诞生于土地革命战争时期、中国共产党局部执政条件下的苏维埃大学，实行理论与实践相结合的教学原则，以举办适应现实需要为主、提高干部素质（能力）为主的培训班为基本教学形式。学校按普通班和特别工作班两个层次招生，坚持学用结合、学以致用，提倡自力更生，艰苦奋斗，自己动手，丰衣足食。其中普通班为预科班性质，主要是针对一些文化程度较低的工农干部先期进行文化补习；特别工作班在专业上起初设有土地、国民经济、财政、工农检察、教育、内务、劳动和司法八个班，后根据需要又增设了外交、粮食两个班。在课程设置上，“包括苏维埃工作的理论、实际问题和实习三项，其中的百分比例按照修业时间长短和环境需要来决定”。苏维埃大学在不到一年的短暂而光荣的办学历程中，先后招生 1500 余人，为苏区各级苏维埃政权培养输送了大批拥有较强专业素养的急需人才，其自力更生、艰苦创业、雷厉风行、讲求效率、理论联系实际、服务革命战争的优良传统，对学校实践教育、实践育人提供了宝贵的启示。

土地革命时期的红军学校，其教育方针、教学原则也全部围绕建设苏区，提升红军战斗力，以服务于军事斗争这个中心任务。前委书记毛泽东提出：红军学校要直接为战斗服务，要理论联系实际，要在战争中学习战争。为此，红军学校制定了从战争和部队的实际出发，理论联系实际，学以致用的教育方针，还制定了切合实用、少讲多做、少课堂多野外的教学原则。如作为红军学校代表的红军大学教学上坚持教育内容与战斗实际相结合，阶级教育与党性锻炼、前方与后方相结合的原则。教育训练从实际出发，少而精，理论与实际并重，注重提高学员的军政素质。教育训练的内容主要包括政治教育、军事教育和文化教育三个方面。① 学习期间，学员们还经常参加生产劳动，红军大学的校舍都是学员们自己建造起来的。校内还附有园圃、畜牧场、碾坊等供课余劳动之用。在农忙时节如在春耕、秋收和夏季防汛期间，学员们都积极参与其中，帮助当地群众。通过这些劳动，不但有助于培养学员的劳动观点和劳动习惯，并且密切了学校和群众的关系。

这一时期党在根据地创建的马克思共产主义学校、苏维埃大学和红军大学等高等院校中，坚持革命理想教育与纪律教育、理论教育与军事教育有机结合，通过明晰的办学思路、独具一格的培养模式和理论与实践相结合的教育手段，对学员进行马克思列宁主义理论教育和党的基本路线教育，为土地革命和根据地建设培养了大批具有较高马克思主义理论水平和思想政治觉悟的军事、政治人才。

四、抗日战争时期在生产劳动和革命斗争中开展实践育人

抗日战争时期，中国共产党在解放区先后扩大和新办了中央党校、抗日军政大学、陕北公学、鲁迅艺术学院、延安马列学院、延安大学等十余所新型高等学校，高校思想政治教育工作获得了较大发展，并逐步走上了系统化、正规化的发展轨道。这一时期党的高校思想政治教育紧紧围绕抗日救国的时代主题，对广大青年学生进行马克思主义理论教育、抗日民族统一战线教育和独立自主原则教育，其间提出的"教育为人民服务""教育与生产劳动相结合""教育走群众路线""教育从实际出发"等主张，对高校思想政治教育实践育人产生了重要影响。

为了贯彻落实教育与生产劳动相结合的方针，各类高校思想政治教育工作都提倡有计划地组织青年学生深入农村开展社会调查、宣传革命

① 高世琦：《中国共产党干部教育世纪历程》，党建读物出版社 2013 年版，第 21—23 页。

理论、组织群众运动；要求学生参加军事训练、土地改革、生产劳动等革命活动。例如，中共中央党校成为依照毛泽东《改造我们的学习》的精神，培养高级领导干部和对广大党员进行马列主义教育的主要学校，毛泽东亲自担任校长。1942 年 2 月 1 日，毛泽东关于《整顿党的作风》的著名演讲就是在党校开学典礼上作的，从这里揭开了全党整风运动的序幕。党校坚持以马列主义基本原理同中国革命实际相结合的教育方针为指导，坚持学习理论与改造思想相结合，坚持教学与生产劳动相结合，坚持学习理论和做群众工作相结合，培养了大批党政军领导骨干和理论工作者，为党领导新民主主义革命和社会主义革命的胜利提供了有力的保证。

抗日军政大学坚持"教育为抗战服务"的总方针和"坚定正确的政治方向，艰苦朴素的工作作风，灵活机动的战略战术"的教育方针，以"团结、紧张、严肃、活泼"为校风，实行"少而精""理论联系实际""教育与生产劳动相结合"等教学原则，要求教学中必须做到"四化"：原则化，即坚持原则；中国化，即一切问题不能脱离中国实际；通俗化，讲课用事实说明问题，用群众常用常见的语言；具体化，把问题与一定时间、条件联系起来讲解，不能把理论看成是孤立的条文。要求学员要深入下层，重视实际工作锻炼，反对轻视实际工作经验，教育他们接近工农，为工农服务，反对看不起工农的思想。一些中央领导人都到延安抗大去讲课、作报告。毛泽东的《论反对日本帝国主义的策略》《中国革命战争的战略问题》《实践论》《矛盾论》等著作都是首先在抗大讲的。① 抗大的学员除了有组织地到工厂、农村进行实习和考察，参加"自己动手，丰衣足食"的大生产运动等实践活动之外，还参加各种抗日救亡活动、整风运动以及各种课余活动。这些活动寓教于行，丰富了教育教学活动，密切了学员与社会的联系。

延安大学积极响应毛泽东提出的"一面学习，一面生产""丰衣足食，为改善物质生活而斗争"的号召，发扬艰苦奋斗、自力更生的革命精神，

---

① 文大稷：《当代大学生实践教育研究——基于思想政治教育视域》，华中师范大学博士学位论文，2014 年。

积极参加集体生产、个体生产和合作生产，实现了延安大学的半自给。陕北公学有计划地组织学员参加抗日救亡工作，鼓励学生走出校园，走进农村、地方政府，开展政权工作、统一战线工作和群众运动等。鲁迅艺术学院学员则深入部队、农村开展文艺宣传活动，创造出了许多源于群众反映群众生活深受群众喜爱的文艺作品，如《白毛女》《兄妹开荒》《黄河大合唱》等。在国统区高校，党也十分重视鼓励青年学生走出校园投身革命，引导青年学生运动走与革命实践、工农运动相结合的道路。如一二·九运动中，在党的组织领导下，北平、天津的青年大学生500余人组成了“平津南下扩大宣传团”，用演讲、文艺演出的形式宣传抗日救亡，帮助农民建立起抗日救亡组织。广大青年学生在宣传活动中自身心灵受到了洗礼，并逐步认识到民主革命、人民解放的巨大力量就蕴藏在工农群众中。

总之，坚持与生产劳动、革命实践、工农运动相结合的实践育人道路，一方面很好地丰富了青年学生的实践经验，另一方面也使青年学生对不同历史时期的社会现状、阶级关系及革命发展趋势有了更深刻的认识，对马克思主义理论、党的路线、方针、政策有了更好的理解，从而增强了青年学生的民族使命感、责任感，激发了他们投身革命、救国救民的革命热情。

五、解放战争和土地改革时期开展多样化教育实践活动

解放战争时期，党领导解放区军民进行解放战争，指示解放区的教育工作必须服务于解放战争和土地改革。陕甘宁边区于1946年12月10日颁布的《战时教育方案》提出“目前教育工作的中心任务是配合军事、政治、经济、群众运动等工作，争取人民自卫战争的胜利”。“各级学校及一切社教组织亦应立即动员起来，发挥教育上的有生力量直接或间接地为自卫战争服务。一切教育工作者都应成为保卫边区的宣传员与组织者。”《方案》还提出了战时教育的实施原则，即“社会教育与学校教育相联系、时事教育与文化教育相配合、教育内容与战争生活相结合，根据不同地区采取不同的工作方式。”①为此，解放区的各级各类学校，响应号

① 陈元晖：《老解放区教育简史》，教育科学出版社1981年版，第128页。

召，积极开展各种形式的战时教育。为了配合战争的需要，在理化、自然和卫生等课还添授了防空防毒、急救看护、熬硝炼磺等知识，在体育课中加授军事训练，学习侦察、通讯、站岗、放哨、埋地雷、掷炸弹等军事技能。教育师生具备作战能力，必要时能够参加战斗。华北解放区中等以上学校的教育内容也都增授了有关军事斗争的知识，很多学校还把体育课改为军事课，进行分散、转移、投弹、射击等演习。由于战争的需要，大批师生还参加了后勤工作、地方工作。有的学校还组织了战地服务团或宣传队，直接担负战地勤务或战争动员工作，为解放战争作出了巨大的贡献，并使自己在战争实践中得到了锻炼。①

这一时期，中国共产党在各大解放区建立了多所人民革命大学，如华北人民革命大学、西北人民革命大学、湖北人民革命大学、华东人民革命大学等。人民解放军各大军区及野战军，也以原来的抗大分校或随营干部学校为基础，先后成立军事政治学校、军事政治大学及一些专业技术学校。人民革命大学和军政大学思想政治教育工作的中心任务是号召学生积极投身并支援推翻国民党反动统治的解放战争，为解放全中国和建设新中国培养了大批政治、经济、文化等各方面工作所需要的高级人才。华北人民革命大学在教育方针上提出“以历史唯物主义为中心，结合学生思想实际，把学校作为‘思想战场’或‘政治工场’，系统地进行马列主义最基本的理论与思想教育”。华北人民革命大学课程设置“少而精”，主要分为“教育计划与教学方法，世界观与人生观”“社会发展史”“中国革命理论与政策”三个连贯的课程教学阶段，并根据需要添加若干辅助性课程、社会活动和娱乐活动，如认购公债、评选劳动模范、放电影、办舞会、排演话剧等。

西北人民革命大学在习仲勋和中共中央西北局、西北军政委员会的高度重视和正确领导下，继承和发扬它的前身院校延安大学实事求是、艰苦朴素的革命校风，逐步树立起“忠诚老实、实事求是、团结互助、艰苦朴

① 周耀宏：《中国共产党新民主主义革命时期思想理论教育研究》，武汉大学博士学位论文，2011 年。

素”的独特校风，始终坚持“一切围绕教学”为主导的正确办学方针，要求学校一切工作的最终目的都是为了把学生教好，使学生学好。同时，西北人民革命大学继承了延安大学培养青年知识分子的教育经验，继续坚持延安时期的理论联系实际的教学方式，并进一步总结出团结教育改造知识分子和留用人员的新鲜经验。① 湖北人民革命大学始终坚持一切课内课外活动，一切组织活动，都是为了使学员达到跟着共产党走，服从组织分配，忠诚地为人民服务三项基本要求。教学中注重理论联系实际，先预习单元资料，然后听报告、漫谈、分组讨论，最后总结等五个步骤，由浅入深，正面启发，达到了理论教学共同提高的良好效果。理论教学之外，学校重视组织学生参加校内外实践活动、社会活动，如各期学员要到社会上参加游行示威活动、土改、肃反、“三反”“五反”等社会运动，去锻炼自己，提高阶级觉悟和工作方法，从而也不断改造自己。平时也有建校劳动和轮流帮厨，以培养艰苦朴素的工作和生活作风。学校业余生活也是丰富多彩的，如成立文工团、跳秧歌舞、传唱革命歌曲、早晨的跑步和队列军事训练等。

人民革命大学这些实践育人的经验不仅为革命事业培养了一批干部，引导大多数学员走上建设新中国的道路，而且卓有成效的实践育人工作也纳入新中国高等教育的教学体系，成为中国共产党马克思主义理论教育的重要历史遗产。②

第二节　社会主义革命和建设时期高校实践育人的探索

新中国成立以来，党和国家对高校思想政治教育实践育人的认识在曲折中前进，在实践上也历经了一个由被动实践向主动实践、由认知社会向服务社会、由改造思想向全面提升大学生素质的转变过程。新中国成

① 袁武振：《习仲勋与西北人民革命大学》，《人民论坛·学术前沿》2015 年第 3 期。

② 吴起民、汪云生：《“革命熔炉”是怎样炼成的——华北人民革命大学马列主义教学经验研究》，《党史研究与教学》2017 年第 4 期。

立之初，我们将大学生社会实践活动作为思想政治教育的有益补充列入教学计划。20世纪50年代后期，随着政治运动扩大化，大学生社会实践出现偏差，其地位和作用被盲目拔高。

一、新中国成立之初大学生社会实践正式纳入国家教学计划

新中国成立之初，我国政治、经济、教育等各领域、各方面处于百废待兴的局面，高等教育亟须除旧布新。在中国共产党的领导下，我国高等院校进行了规模较大的教育改革，并开展了一系列重视“教育与生产劳动、社会实践相结合”的实践育人活动。1949年12月，全国教育工作会议召开，教育部部长马叙伦阐述了新民主主义教育的总方针，他说：“新中国的教育应该是反映新中国的政治经济，作为巩固与发展人民民主专政的一种斗争工具的新教育。”钱俊瑞副部长就高校思想政治教育的目的、原则和方法等作了明确说明，并强调：“这种学习应当与自己参加劳动生产、参加群众斗争、参观解放军或工厂等活动结合起来。”①这个讲话对当时教育系统的思想政治教育起了很好的指导作用，也对高校实践育人产生了积极影响。1950年6月，第一届全国高等教育会议召开，会议首先明确规定了新中国高等教育的方针和任务，这就是“以理论与实际一致的方法，培养具有高度文化水平掌握现代科学和技术的成就，全心全意为人民服务的高级建设人才，并准备和开始吸收具备入学条件的工农干部与工农青年进我们的高等学校，以培养工农出身的新型知识分子，加入国家建设的行列”②。

1950年10月，教育部《关于高等学校政治课教学方针、组织与方法的几项原则》将大学生社会实践活动正式纳入教学计划，借以提升政治理论课教育教学的实效。随着党在过渡时期总路线的确定，对高校人才提出了新的要求，为适应当时经济社会发展，高教部从1953年9月到1954年11月，分别就不同性质的高校，例如综合大学、政法类、医学、财

① 《新华月报(1950年合订本)》(2)，1950年，第986—987页。

② 王金香：《论第一次全国高等教育会议的历史功绩》，见《纪念〈教育史研究〉创刊二十周年论文集》，第9集。

经类、农林学校，有针对性地开展了不同专业的高校工作会议，大会通过讨论确定了不同性质高校各自不同的培养目标。各大会议最终目的是：确立理论教育与实践活动相结合、大学生全面自由发展与术业有专攻相结合的教育目标，培养出能够从事各种社会建设事业的专家人才。1956年1月，在北京召开了关于知识分子问题会议，周恩来总理作了题为《关于知识分子问题》的报告，有针对性地提出了继续帮助知识分子进行自我改造的主要途径，主要包括三方面：一是经过社会生活的观察和实践，二是经过他们自己的业务的实践，三是经过一般的理论学习。报告不仅鼓舞了广大知识分子和高校学生，而且为高校思想政治教育实践活动的开展指明了方向。

这一阶段，为了贯彻落实党中央、国务院关于"教育与生产劳动相结合"的方针、政策，高校思想政治教育实践育人工作根据国际国内形势发展的需要，密切结合在全国范围展开的土地改革、镇压反革命、抗美援朝、"三反""五反"、全民扫盲等政治运动和社会实践展开，实践育人作为高等学校思想政治教育的有益补充，在教学计划上得以确立，活动形式上也作出了诸多有益探索。①

二、全面建设社会主义时期呈现出以生产劳动为主的实践育人特点

从党的八大一次会议到"文化大革命"前夕的十年，是党领导我国社会主义建设在探索中曲折发展的十年。由于我们缺乏社会主义建设经验，对我国所处的社会主义发展阶段的基本问题认识不足，加之对国内外形势的判断出现失误，因而导致八大所制定的正确路线、方针、政策未能得到很好的贯彻落实，对高校思想政治教育造成了比较大的干扰和破坏。

1957年3月12日，毛泽东在中国共产党全国宣传工作会议上说，"教育必须为无产阶级政治服务，必须同生产劳动相结合。劳动人民要知识化，知识分子要劳动化，彻底打破教育与生产劳动相互分离的局

① 张艳：《新中国成立以来大学生社会实践活动的历史发展》，《中国青年研究》2011年第6期。

面。”1958年9月，党中央、国务院发布的《关于教育工作指示》明确地把“教育必须为无产阶级政治服务，教育必须同生产劳动相结合”定为教育方针的重要内容。提出勤工俭学、半工半读是体现教育方针的一项根本措施，要求各级各类学校把劳动必须列入教学计划，组织学生参加生产劳动，“在一切学校中，必须把生产劳动列为正式课程”。但当时高校片面理解了这一方针，仅把教育与生产劳动“简单相加”，把师生参加体力劳动和在劳动中改造思想放在第一位。其突出的表现就是大学生在实践中劳动安排过多，使许多理论课荒废，如为配合“大跃进”、人民公社，学生曾一度被下放农村、工厂，进行劳动生产和大炼钢铁运动，破坏了正常的教学秩序，对教育事业的发展和学生的成长都造成了不良影响。①

面对这种偏差，1961年9月，中共中央发布试行《教育部直属高等学校暂行工作条例(草案)》(简称“高教六十条”)。“高教六十条”强调：“必须正确处理教学工作与生产劳动、科学研究、社会活动之间的关系。生产劳动、科学研究、社会活动的时间应该安排得当，以利教学。”1964年4月，中共中央在批转共青团中央书记处《关于组织城市知识青年参加农村社会主义建设的报告》中指出：1964年将动员和安置80多万知识青年到农村去落户，参加农业生产劳动。9月，中共中央、国务院发出《关于组织高等学校文科师生参加社会主义教育运动的通知》，要求组织好广大师生在伟大的群众革命运动中接受教育和锻炼。广大青年和学校师生到农村后，与农民群众同吃、同住、同劳动，访贫问苦，忆苦思甜，与群众促膝谈心，接受村史家史教育，思想觉悟有了较大提高，更加热爱党，热爱社会主义制度，学到了许多在学校书本上学不到的东西，对理论联系实际的必要性和重要性等都有了更为深刻的认识。②

总之，在全面建设社会主义时期，高校思想政治教育进行了全面、艰辛的探索，提出的“教育为无产阶级政治服务，教育与生产劳动相结合”的方针，基本符合我国教育的实际，在社会主义竞赛中出现的积极上进的

① 文霞：《建国以来我国高校实践育人的理论与实践研究》，陕西师范大学硕士学位论文，2013年。

② 王树荫：《中国共产党思想政治教育史》，高等教育出版社2018年版，第191页。

氛围以及一度出现的良好校风、学风和社会风气，对我国高校实践育人的发展都起到了积极的作用。但受到不断发展的“左”的思想的影响，高校实践育人存在着忽视教育自身的发展规律、严重脱离实际的现象，如大搞现场教学，而轻视课堂教学，片面强调在生产劳动中改造思想，师生参加劳动和社会活动过多、时间过长等，打乱了教学秩序，影响了教学质量，破坏了高校实践教育、实践育人的优良传统。

在“文化大革命”十年期间，强调“教育与生产劳动相结合”，广大青年知识分子在农村和边疆经受锻炼和磨砺，有利于丰富实践经验，更好掌握理论知识，培养实践能力；有利于树立正确的劳动观念，培养热爱劳动的情感，有利于改造世界观和提高政治觉悟；也为开发和振兴祖国的内地和不发达地区作出了贡献，这些是应该予以肯定的。但由于受“左”倾思想影响和林彪、“四人帮”反革命集团的误导，“教育与生产劳动相结合”的认识与实践发生了很大偏差，高校的“实践育人”演化为违反高等教育规律的极端行为：过于强调生产劳动在改造人们政治思想上的作用，把教育与生产劳动相结合主要作为改造资产阶级思想的工具，忽视了其对提高劳动者素质的作用；在生产劳动与理论知识学习的关系上，过于强调劳动，用生产劳动代替理论知识的学习，让教育完全融入生产劳动和社会生活中去。而且把生产劳动狭隘地理解为体力劳动，认为劳动形式越原始，劳动条件越艰苦，劳动强度越大，对于改造思想、净化灵魂的作用越大。从根本上割裂了高等教育、社会实践与青年成才的关系，违背了教育发展和学生身心发展规律，高校社会实践活动发展缓慢，甚至出现倒退、混乱的状态。

第三节　改革开放时期高校实践育人的创新发展

从新中国成立到改革开放，高校大学生社会实践，主要是结合时代主题来开展，形式比较单一。改革开放之后，党和国家高度重视大学生社会实践，它也逐渐由最初大学生自发组织、规模较小、内容相对单一的短期活动，发展成为上至中宣部、教育部、团中央等顶层设计，下至高校党委、校长负责，学生大规模广泛参与的重要工作。尤其是随着党中央、国务院以及教育部等相关重要文件的颁布，对实践教育教学学分、学时作出了明确规定，实践育人逐步纳入了高校全体学生的育人体系中。

一、大学生社会实践由自发转向统一组织实施

粉碎“四人帮”之后，我们党针对长期形成的“左”的错误，特别是“文化大革命”造成的严重后果，进行了拨乱反正。1977 年 10 月，国务院批转了教育部《关于 1977 年高等学校招生工作意见》的报告，高校正常教育教学和大学生思想政治教育得到恢复，大学生社会实践活动重新焕发出生机和活力。1978 年 12 月，党的十一届三中全会以后，高考制度得到恢复，高等教育开始重新走上正轨，进入了新中国成立以来新的历史发展时期，党的教育方针随之进行了及时调整，高校也总结了“文革”中片面强调生产劳动，强行将脑力劳动和体力劳动相分离、将教育教学和生产劳动相分离的教训。但是，在总结过去教训的过程中，又出现了过分强调课堂教学、理论教育的重要性，而忽视实践活动开展的倾向。为此，邓小平在教育部召开的全国教育工作会议上指出：“各级各类学校对学生参加什么样的劳动，怎样下厂下乡，花多少时间，怎样同教学密切结合都要有恰当的安排。更重要的是整个教育事业必须同国民经济发展的要求相适应。”①这就重新确立了实践活动的重要地位并对大学生的实践能力培养提出了更高要求。

1980 年，清华大学学生提出了“振兴中华，从我做起，从现在做起”的励志口号；1981 年北京大学学子喊出“团结起来，振兴中华”的响亮口号。这些倡议在全国大学生中引起了强烈反响。许多学校因势利导，从开展“学雷锋，送温暖”活动入手，引导学生把思想付诸实践并逐步将这一活动从校园扩展到社会。1982 年 3 月，我国开展第一个“文明礼貌月”活动，北京、上海、辽宁等地大学生纷纷走上街头，开展了“人民送我上大

① 《邓小平文选》第二卷，人民出版社 1994 年版，第 107 页。

学,我献知识为人民”的咨询服务活动。1983 年 3 月,首都 64 所高校数万名学生开展了大规模的法律咨询、医疗服务、理发修车等咨询服务活动。1983 年 10 月,团中央、全国学联向各地高校共青团和学生会发出《纪念“一二·九”运动 48 周年,开展“社会实践周”的通知》,得到了各地、各高校团组织、学生会的积极响应,也是第一次正式提出“大学生社会实践”的概念,从而将高校实践育人以大学生社会实践的形式确定下来。1984 年 5 月,团中央在辽宁省召开首次“大学生社会实践现场观摩经验交流会”。时任团中央书记处第一书记胡锦涛在会上对大学生社会实践提出了“受教育、长才干、做贡献”的指导方针。这一指导方针的提出明确了大学生社会实践的意义和价值,进而有力推动了大学生社会实践活动的全面开展。从 1984 年到 1986 年,中宣部、国家教委、团中央先后又下发了《关于高等学校学生参加生产劳动的若干规定》等相关文件,对大学开展生产劳动、社会实践作了明确规定。

这一时期,由于实践育人得到各地党政领导机关、教育行政部门和高校的重视、支持,一些地方开始建立大学生社会实践基地,先后以“社会实践周”“社会实践建设营”等形式开展有组织、大规模的社会实践活动,社会实践由自发开展转向有组织实施,由部分高校开展转向更大范围推广。

二、高校社会实践逐渐规模化制度化

随着改革开放步伐的加快,改革的美好前景激发了大学生走向社会、了解社会、参与改革的热情与活力。在这一阶段,虽“实践育人”这一概念还未明确提出,但是实践育人已成为高校思想政治工作的共识,高校开始有组织地大规模开展以服务社会为主要形式的社会实践活动,并将业务实习、军事训练和公益劳动、生产劳动纳入教学计划,建立社会实践基地,助力学生在实践锻炼中成长成才。

1987 年 5 月,中共中央颁布了《关于改进和加强高等学校思想政治工作的决定》,强调:“青年学生只有在学习科学文化知识的同时,积极参加社会实践,更多地了解国情,了解社会主义建设和改革的实际,了解群众的思想感情，才能树立起为社会主义祖国而献身的信念、逐步锻炼成为有用的人才。”为贯彻和落实中央精神，1987 年 6 月，国家教委、共青团中央联合下发了《关于广泛组织高等学校学生参加社会实践活动的意见》，进一步规范和明确了大学生社会实践活动的地位、内容、组织程序及保障措施等，指出：“组织高校学生参加社会实践活动的目的，是让学生接触社会，了解实际，向工农学习，向实践学习，并在力所能及的范围内运用自己所学的知识为社会服务。”①同年 8 月，共青团中央正式将大学生社会实践确定为改进和加强高校团组织思想政治工作的重要内容和方法，为高校开展大学生社会实践活动提供了理论和实践指导。

1987 年以后，党和政府有关部门进一步加强了对高校社会实践的组织和指导，大学生社会实践得以全面发展。1992 年 6 月，中宣部、国家教委、共青团中央联合下发《关于广泛深入持久地开展高等学校学生社会实践活动的意见》，这是改革开放后大学生社会实践全面推进的标志性文件。1993 年 12 月，共青团十三届二中全会通过了《在建立社会主义市场经济体制进程中我国青年工作战略发展规划》，规划中提出实施“跨世纪青年文明工程”和“跨世纪青年人才工程”。其中，两个重点工程“大学生科技文化服务”活动和“青年志愿者”活动发展迅速，逐渐发展成为大学生社会实践活动的主要形式，并延续至今。② 1996 年 12 月，中宣部、国家教委、共青团中央联合下发《关于深入持久开展大学生社会实践活动的几点意见》，提出探索开展社会实践活动的有效形式。

1999 年对大学生社会实践发展历程来讲，是具有承上启下意义的一年。1999 年 6 月，党中央、国务院召开第三次全国教育工作会议，江泽民在开幕式上强调：“事实已经充分说明，‘象牙塔’式的教育，不能适应当今时代的需要。教育同经济、科技、社会实践越来越紧密的结合，正在成

---

① 教育部思想政治教育工作司：《加强和改进大学生思想政治教育重要文献选编（1978—2014）》，知识产权出版社 2015 年版，第 79 页。

② 冯刚主编：《改革开放以来高校思想政治教育发展史》，人民出版社 2018 年版，第 236—237 页。

为推动科技进步和经济、社会发展的重要力量。”①1999 年 6 月，党中央、国务院作出了实施西部大开发的重大战略决策，为大学生社会实践提供了更加广阔的空间。2001 年开始，各省市大中专学生社会实践以“实践‘三个代表’，弘扬民族精神”为主题，重点组建党员大学生“三个代表”重要思想实践服务团、大学生“生态保护”大型调查服务团，如针对西部地区生态环境现状，开展“走近母亲河，保护母亲河”调研活动。2004 年参加大学生志愿服务西部计划的志愿者总数达到 1 万多名，活动主题口号是“到西部去、到基层去、到祖国和人民最需要的地方去”。②

这一阶段，高校社会实践工作成为高等教育的有机组成部分，实践活动的主题非常鲜明，呈现出规模化、项目化、长期化、制度化的特点，形成了一批“学生欢迎、双向受益”的优秀实践项目。各高校开始注重探索社会实践育人的长效机制，在组织领导、内容形式和层次水平上都有了明显提升。

三、逐步建立高校实践育人的长效机制

2004 年至 2012 年党的十八大召开之前，是高校实践育人的开拓创新阶段，“实践育人”这一概念在这一阶段明确提出。2004 年中共中央、国务院出台了《关于进一步加强和改进大学生思想政治教育的意见》，提出，社会实践是大学生思想政治教育的重要环节，对于促进大学生了解社会、了解国情，增长才干、奉献社会，锻炼毅力、培养品格，增强社会责任感具有不可替代的作用。要建立大学生社会实践保障体系，探索实践育人的长效机制。此后，国家相关部委出台一系列有关加强大学生社会实践的政策文件，极大地推动了学生社会实践的规范化发展，社会实践逐步纳入学校教育教学总体规划和教学大纲。

2005 年 1 月，教育部《关于进一步加强高等学校本科教学工作的若

① 《十五大以来重要文献选编》(中)，人民出版社 2001 年版，第 882—883 页。

② 冯刚主编:《改革开放以来高校思想政治教育发展史》，人民出版社 2018 年版，第 237—238 页。

干意见》指出："要切实加强实验、实习、社会实践、毕业设计（论文）等实践教学环节，保障各环节的实践和效果，不得降低要求。"2005 年 2 月，中共中央宣传部、中央文明办、教育部、共青团中央又联合下发了《关于进一步加强和改进大学生社会实践的意见》，《意见》在中央 16 号文件的基础上，提出了许多新观念、新举措。2009 年，教育部下发《关于深入推进学生志愿服务活动的意见》，要求各高校深入开展各种形式的志愿服务活动，搭建学生志愿服务的平台。2010 年 5 月 5 日，国务院总理温家宝主持召开国务院常务会议，审议并通过《国家中长期教育改革和发展规划纲要（2010—2020 年）》。《纲要》指出要把教学与生产劳动、社会实践相结合，同时把促进人的全面发展、适应社会需要作为科学教育质量的根本标准。为了全面总结高校实践育人的工作经验，2011 年 9 月教育部在重庆市召开了以实践育人为主题的工作经验交流大会，这就为各高校在新形势下切实推进实践育人工作提供了参考和借鉴，推动实践育人工作再上新台阶。

2012 年 1 月，教育部等 7 个部门联合下发《关于进一步加强高校实践育人工作的若干意见》，强调实践育人关乎学生服务国家、服务人民社会责任感的增强，关乎创新精神的培养，关乎实践能力的提升，明确指出"实践教学、军事训练、社会实践活动是实践育人的主要形式……社会调查、生产劳动、志愿服务、公益活动、科技发明和勤工助学等社会实践活动是实践育人的有效载体。各高校要把组织开展社会实践活动与组织课堂教学摆在同等重要的位置，与专业学习、就业创业等结合起来。"在这一纲领性文件的指导下，高校实践育人的总体规划、师资队伍建设、基地建设、组织领导都得到了深化提升。[①] 随后在 2012 年，中宣部、教育部印发的《全国大学生思想政治教育工作测评体系（试行）》，将实践育人列为高校思想政治工作的重要考核指标，也是高校十大育人体系之一。

总之，2004 年至 2012 年党的十八大之前的高校实践育人在继承中

① 冯刚主编：《改革开放以来高校思想政治教育发展史》，人民出版社 2018 年版，第 240 页。

改革,在改革中创新,先后出台多个指导性文件,开展了“共建家园迎奥运,改革开放伴成长”“红色之旅”等主题鲜明的社会实践活动,引导大学生宣传实践党的十六大、十七大精神,在服务新农村建设、支援抗震救灾、投身奥运志愿服务实践中,深入贯彻落实科学发展观,参与共建社会主义和谐社会。

第四节　新时代高校实践育人的深化拓展

党的十八大胜利召开以来,中国特色社会主义进入新时代,以习近平同志为核心的党中央高度重视实践育人,高校实践育人体制机制不断完善,进入了新时代质量提升阶段,成为培育和践行社会主义核心价值观的有效途径。各地高校深入贯彻落实党的教育方针,坚持理论教育与实践养成相结合,注重丰富实践内容、创新实践形式、拓展实践平台、完善支持机制,教育引导学生既要“读万卷书”,又要“行万里路”,既多读“有字之书”,也多读“无字之书”,扎根中国大地了解国情民情,在实践中增长智慧才干,在艰苦奋斗中锤炼意志品质。

一、立足培育时代新人加强实践育人顶层设计

2012年11月,党的十八大强调:“全面实施素质教育,深化教育领域综合改革,着力提高教育质量,培养学生社会责任感、创新精神、实践能力。”“中国特色社会主义事业是面向未来的事业,需要一代又一代有志青年接续奋斗。全党都要关注青年、关心青年、关爱青年,倾听青年心声,鼓励青年成长,支持青年创业。广大青年要积极响应党的号召,树立正确的世界观、人生观、价值观,永远热爱我们伟大的祖国,永远热爱我们伟大的人民,永远热爱我们伟大的中华民族,在投身中国特色社会主义伟大事业中,让青春焕发出绚丽的光彩。”①党的十八大以后,实践育人被纳入培

① 《十八大以来重要文献选编》(上),中央文献出版社2014年版,第27、44页。

养社会主义建设者和接班人的总体要求之中，明确提出了新时代高校实践育人的目标任务，出台了一系列相关的指导性文件。当前，高校实践育人的组织机构已经形成了中央、省市、学校、院系四级负责制，它从宏观到中观再到微观，都对高校实践育人工作的开展进行了科学的设计与安排，这是新时代高校实践育人能够取得进展和实效的关键所在。

2017 年中共教育部党组印发《高校思想政治工作质量提升工程实施纲要》，明确提出要深入推进实践育人质量提升，整合各类实践资源，拓展实践平台，构建实践协同体系，教育引导师生在亲身参与中增强实践能力、树立家国情怀。2018 年 4 月，教育部印发的《新时代高校思想政治理论课教学工作基本要求》指出："实践教学作为课堂教学的延伸拓展，重在帮助学生巩固课堂学习效果，深化对教学重点难点问题的理解和掌握。要制定实践教学大纲，整合实践教学资源，拓展实践教学形式，注重实践教学效果。"2019 年 3 月，习近平主持召开学校思想政治理论课教师座谈会并发表重要讲话，指出：要"扎根中国大地办教育，同生产劳动和社会实践相结合，加快推进教育现代化、建设教育强国、办好人民满意的教育，努力培养担当民族复兴大任的时代新人，培养德智体美劳全面发展的社会主义建设者和接班人"。强调"要坚持理论性和实践性相统一，用科学理论培养人，重视思政课的实践性，把思政小课堂同社会大课堂结合起来，教育引导学生立鸿鹄志，做奋斗者"。① 2019 年 8 月，中共中央办公厅、国务院办公厅印发《关于深化新时代学校思想政治理论课改革创新的若干意见》，强调："坚持开门办思政课，推动思政课实践教学与学生社会实践活动、志愿服务活动结合，思政小课堂和社会大课堂结合，鼓励党政机关、企事业单位等就近与高校对接，挂牌建立思政课实践教学基地，完善思政课实践教学机制。"这些新的精神、新的要求，对新时代我国高校实践育人工作的深入开展提供了新的基本遵循，也意味着党和国家对高校实践育人工作赋予了新的历史使命。

① 《习近平谈治国理政》第三卷，外文出版社 2020 年版，第 328、331 页。

二、引导学生在实践中培育践行社会主义核心价值观

党的十八大强调:“社会主义核心价值体系是兴国之魂,决定着中国特色社会主义发展方向。要深入开展社会主义核心价值体系学习教育,用社会主义核心价值体系引领社会思潮、凝聚社会共识。”培育和践行社会主义核心价值观,重在实践,贵在行动。正如习近平指出:“道不可坐论,德不能空谈。于实处用力,从知行合一上下功夫,核心价值观才能内化为人们的精神追求,外化为人们的自觉行动。”[①]通过形式各样的实践活动,才能聚集青年学生践行社会主义核心价值观的强大力量,引导青年学生不断探求核心价值观的深刻内涵。

2013 年,中共中央办公厅印发的《关于培育和践行社会主义核心价值观的意见》明确指出,社会实践是社会主义核心价值观从小抓起、从学校抓起的重要抓手和有效途径,强调发挥社会实践的养成作用,完善实践教学体系,加强实践育人基地建设。2014 年,《中共教育部党组、共青团中央关于在各级各类学校推动培育和践行社会主义核心价值观长效机制建设的意见》指出:促进实践育人共同体的建立,实现实践育人规范化管理、常态化服务、品牌化培育、项目化配置、信息化支撑、社会化运作,深化对社会主义核心价值观的理解和认识。2017 年 10 月,在党的十九大上,以习近平同志为核心的党中央进一步提出新时代“必须坚持以人民为中心的发展思想,不断促进人的全面发展”;“要以培养担当民族复兴大任的时代新人为着眼点,强化对社会主义核心价值观的教育引导、实践养成、制度保障”;号召“广大青年要坚定理想信念,志存高远,脚踏实地,勇做时代的弄潮儿,在实现中国梦的生动实践中放飞青春梦想”。2020 年 3 月,中共中央、国务院印发的《关于全面加强新时代大中小学劳动教育的意见》指出:要“紧密结合经济社会发展变化和学生生活实际,积极探索具有中国特色的劳动教育模式,创新体制机制,注重教育实效,实现知行合一,促进学生形成正确的世界观、人生观、价值观”。为此,各地高校开

---

① 《习近平关于青少年和共青团工作论述摘要》,中央文献出版社 2017 年版,第 28 页。

展了“中国情”“践行中国梦”“理论政策宣讲团”“美丽中国实践活动”等命名的实践活动，主题鲜明，成为引导青年学生深入领会、树立和践行社会主义核心价值观的重要载体。

三、探索构建实践育人共同体

共同体的概念最早出现在德国社会学家滕尼斯1887年发表的《共同体与社会》一书中。“共同体”概念历经100多年的发展得到了新的扩展，已经在不同的话语体系与特殊语境中形成完全崭新的概念。一般而言，高校实践育人共同体是政府、高校、企业、社会各方面力量按照“目标共同、机制共建、资源共享、责任共担”原则围绕高校加强和改革实践教学、有效提升大学生社会责任感和实践能力所形成的各方面力量共同参与、共同发挥作用的结合体。

坚持整合各种资源，调动校内外各方面的积极性，推动构建政府、社会、学校和家庭协同联动的“实践育人共同体”，努力形成全社会关心、支持实践育人的良好局面，是新时代高校实践育人呈现的新趋势、发展的新成就。党的十八大以来，我国高校围绕“立德树人”这一根本任务的落实，通过组织实践教学、社会实践、创新创业、军事训练等不断加强实践育人工作，在活动组织、载体建设等方面取得了突出成绩。2014年教育部首次提出“建设高校实践育人共同体”目标，同年教育部、共青团中央又提出要以政府、高校、企业、社会为主体实施“高校实践育人共同体建设计划”。2017年12月，教育部制定的《高校思想政治工作质量提升工程实施纲要》提出：“完善支持机制，推动专业课实践教学、社会实践活动、创新创业教育、志愿服务、军事训练等载体有机融合，形成实践育人统筹推进工作格局，构建‘党委统筹部署、政府扎实推动、社会广泛参与、高校着力实施’的实践育人协同体系。”2019年8月，中共中央办公厅、国务院办公厅印发《关于深化新时代学校思想政治理论课改革创新的若干意见》强调：“坚持开门办思政课，推动思政课实践教学与学生社会实践活动、志愿服务活动结合，思政小课堂和社会大课堂结合，鼓励党政机关、企事业单位等就近与高校对接，挂牌建立思政课实践教学基地，完善思政课实践教学机制。”这就从战略高度对高校实践育人提出了新要求、明确了新任务。

四、高校实践育人的课程化、基地化建设

要从根本上解决高校实践育人参与面不广、随意性大的问题，课程化建设是一个必然的选择。为此，各地高校借鉴第一课堂建设思路，强化社会实践的课程化建设，开发出了一些科学精准、严谨规范的实践活动课程，并列入人才培养方案，纳入必修学分，为实现社会实践的规范管理和考核创造了条件。与此同时，思政课实践教学作为高校实践育人的主渠道、主阵地不断得到强化。2012 年下发的《教育部等部门关于进一步加强高校实践育人工作的若干意见》指出：“各高校要结合专业特点和人才培养要求，分类制订实践教学标准，增加实践教学比重，确保人文社会科学类本科专业不少于总学分（学时）的 15%、理工农医类本科专业不少于 25%、高职高专类专业不少于 50%，师范类学生教育实践不少于一个学期，专业学位硕士研究生不少于半年。”2015 年教育部印发的《高等学校思想政治理论课建设标准》提出：“实践教学纳入教学计划，统筹思想政治理论课各门课的实践教学、落实学分（本科 2 学分，专科 1 学分）、教学内容、指导教师和专项经费。实践教学覆盖全体学生，建立相对稳定的校外实践教学基地。”

为了保障高校实践育人拥有固定的教学场所、环境和可持续的教育条件，做到实践活动可控、可测、可持续，还需要拓展建立起稳定的、多元的实践基地。《教育部等部门关于进一步加强高校实践育人工作的若干意见》指出：“要积极联系爱国主义教育基地和国防教育基地、城市社区、农村乡镇、工矿企业、驻军部队、社会服务机构等，建立多种形式的社会实践活动基地，力争每个学校、每个院系、每个专业都有相对固定的基地。”2020 年 3 月，中共中央、国务院印发的《关于全面加强新时代大中小学劳动教育的意见》提出：要“大力拓展实践场所，满足各级各类学校多样化劳动实践需求。充分利用现有综合实践基地、青少年校外活动场所、职业院校和普通高等学校劳动实践场所，建立健全开放共享机制。”近年来，各地高校深化与地方政府、行业和相关单位的合作，建立起一批稳定的、高水平的社会实践活动基地，并精心选配社会实践活动基地的实践指导教师，进一步促进校地合作、协同育人，不断拓展实践育人的社会资源。

可见，进入新时代以来，高校实践育人得到党和国家的高度重视、全面认可，指导思想从教育与社会实践相结合的“识国情、受教育、长才干、做贡献”，逐渐提升到与人的全面发展相结合、与中华民族伟大复兴的中国梦相结合，引导大学生运用马克思主义立场观点方法观察、研究社会，在亲身参与和体验中增强社会责任感、提升实践能力、树立家国情怀，培育和践行社会主义核心价值观。

第五节　中国共产党高校实践育人的经验启示

中国共产党成立以来，高校实践育人伴随时代变迁、社会发展经历了从自发到协同、由单一到多元、由临时向长效的转变过程，认识程度不断深化、内容类型更加多元、工作机制日益规范，对促进高等教育发展，培养德智体美劳全面发展的社会主义建设者和接班人作出了重要贡献，取得了显著成效。总结高校实践育人历史发展的宝贵经验，探寻其蕴涵的思想政治教育育人规律和启示，才能在新的历史起点上推动实践育人守正创新，不断提高实践育人的科学化水平。

一、坚持以马克思主义为指导推进实践育人理论创新

思想是行动的先导，正确的思想会使人们采取正确的行动，而错误的思想必将会导致错误的行动。中国共产党成立以来，高校实践育人的发展历程充分说明，发挥高校实践育人的重要作用，实现高校实践育人的持续健康发展，必须坚持以马克思主义为根本指导。首先，坚持以马克思主义认识论为指导。马克思主义认识论认为，人的认识离不开实践，实践是认识的来源，是认识发展的动力，也是检验人们认识正确与否的唯一标准。马克思主义认识论从哲学高度阐述了实践教育的重要性，也对高校

实践育人具有重要的方法论意义。其次,坚持以马克思主义实践观为指导。马克思主义实践观认为,实践是人们为着满足一定需要而进行的能动地改造物质世界和探索物质世界的活动。实践是人类社会特有的现象,是人类所特有的本质活动,是人的存在方式。实践创造了人类生存和发展的基本条件,创造出社会意识和社会关系等人之为人的一切特征。人是在实践中存在与发展的,实践构成了人的基本存在方式。实践是主体和客体之间相互作用的过程。实践观不仅是马克思主义不断改变自己的形式以及丰富和发展自己理论内容的依据,也是评价社会进步的重要标尺,科学实践观对于指导高校实践育人的发展与进步具有重要价值。最后,坚持以马克思主义关于人的全面发展理论为指导。马克思主义关于人的全面发展理论,从社会实践出发理解人,把人看成现实的活生生的人,进而揭示了人的本质和人的全面发展的内涵,阐明了实现人的全面发展的条件,从而为科学地确定教育目的、方针提供了理论依据。

马克思主义是随着时代、实践和科学的发展而不断发展的思想理论体系。高校实践育人坚持以马克思主义为根本指导,更要以马克思主义中国化的最新成果为行动指南、基本遵循。毛泽东思想、邓小平理论、“三个代表”重要思想、科学发展观、习近平新时代中国特色社会主义思想,这些理论成果都是中国共产党人将马克思主义与中国具体实际、时代特征相结合的产物,是中国化的马克思主义,在我国革命、建设和改革的不同历史时期发挥了重要的指导作用。历史经验证明,什么时候我们能够坚持以马克思主义为指导,不断推进理论创新和实践创新,我们党的各项事业,包括思想政治教育工作,就能够不断取得发展和进步,否则就会遭遇挫折和失败。进入新时代,面对复杂形势、严峻挑战,要完成好高校思想政治教育实践育人的使命任务,就必须贯彻落实党的教育方针,推动马克思列宁主义、毛泽东思想、邓小平理论、“三个代表”重要思想、科学发展观、习近平新时代中国特色社会主义思想进教材、进课堂、进学生头脑,在解决培养什么样的人、怎样培养人、为谁培养人这个根本问题上发挥重要作用。在开启全面建设社会主义现代化国家新征程的时代背景下,更需要坚持用习近平新时代中国特色社会主义思想铸魂育人,引导广大学生在实践历练中增强“四个意识”、坚定“四个自信”、做到“两个维护”,自觉把个人的梦想融入中华民族伟大复兴中国梦之中,把个人的发展融入中国特色社会主义事业之中。

二、贯彻教育与生产劳动相结合的方针丰富实践育人理念

教育与生产劳动相结合是马克思主义教育思想的重要内容、基本原理。马克思在《资本论》中指出,未来教育是“生产劳动同智育和体育相结合,它不仅是提高社会生产的一种方法,而且是造就全面发展的人的唯一方法”①。列宁强调:“没有年轻一代的教育和生产劳动的结合,未来社会的理想是不能想象的:无论是脱离生产劳动的教学和教育,或是没有同时进行教学和教育的生产劳动,都不能达到现代技术水平和科学知识现状所要求的高度。”②中国共产党历来高度重视教育及其指导方针,各个时期党的领导人都对教育方针作出了重要论述,始终强调教育必须与生产劳动、社会实践相结合。早在 1934 年 1 月,毛泽东在第二次全国苏维埃代表大会的报告中就明确提出,苏维埃文化教育总方针“在于以共产主义的精神来教育广大的劳苦民众,在于使文化教育为革命战争与阶级斗争服务,在于使教育与劳动联系起来,在于使广大中国民众都成为享受文明幸福的人”③。新中国成立后,毛泽东依然坚持这一方针并赋予新的内容,将其概括为“教育必须为无产阶级政治服务,必须同生产劳动相结合”。④ 邓小平一贯主张教育必须与生产劳动相结合,反复强调在改革开放的时代背景下学生更应该多参加生产劳动。1978 年,邓小平在全国教育会议上提出:“为了培养社会主义建设需要的合格的人才,我们必须认真研究在新的条件下,如何更好地贯彻教育与生产劳动相结合的方针。”⑤江泽民也高度重视青年学生的实践活动。1992 年,江泽民与应届

① 《马克思恩格斯选集》第 2 卷,人民出版社 2012 年版,第 230 页。
② 《列宁全集》第 2 卷,人民出版社 2013 年版,第 463—464 页。
③ 《毛泽东同志论教育工作》,人民教育出版社 1958 年版,第 15 页。
④ 《建国以来重要文献选编》第十九册,中央文献出版社 1998 年版,第 68 页。
⑤ 《邓小平文选》第二卷,人民出版社 1994 年版,第 107 页。

高校毕业生代表座谈时，号召广大青年学生“坚持理论与实践相结合，坚持与工农群众相结合，把个人的前途同祖国的前途与命运紧密联系起来。实践证明，这是知识分子在祖国的建设和发展中，贡献自己的聪明才智，实现自己的理想和抱负，担负起历史使命的唯一正确道路”①。

进入新世纪，胡锦涛就实践育人也作出了一系列重要指示，强调：“要全面贯彻党的教育方针，坚持教育为社会主义现代化建设服务，为人民服务，与生产劳动和社会实践相结合，培养德智体美全面发展的社会主义建设者和接班人。”②党的十八大以来，以习近平同志为核心的党中央，继续坚持和发展党的教育方针，高度重视实践育人工作。习近平总书记关于教育的重要论述，立足基本国情，遵循教育规律，创造性地丰富了党的教育方针内涵。2012 年，党的十八大报告提出：“全面贯彻党的教育方针，坚持教育为社会主义现代化建设服务、为人民服务，把立德树人作为教育的根本任务，培养德智体美全面发展的社会主义建设者和接班人。”③对教育方针的内容进行了新的丰富和发展，提出了“把立德树人作为教育的根本任务”的要求。2015 年 12 月，全国人大常委会审议通过修改的《中华人民共和国教育法》，将教育方针规定为：“教育必须为社会主义现代化建设服务、为人民服务，必须与生产劳动和社会实践相结合，培养德、智、体、美等方面全面发展的社会主义建设者和接班人。”④这一规定，在教育基本途径中增加与“社会实践”相结合，在教育的目标上增加了美育方面的要求。这一规定，把党的教育方针通过法律形式转化为国家意志。习近平在作党的十九大报告时庄严宣告：“中国特色社会主义进入了新时代，这是我国发展新的历史方位。”⑤关于新时代党的教育方针，2019 年 3 月 18 日，习近平在主持召开学校思想政治理论课教师座谈

① 《毛泽东邓小平江泽民论教育》，中央文献出版社 2002 年版，第 227 页。

② 《十六大以来重要文献选编》（中），中央文献出版社 2006 年版，第 631 页。

③ 《十八大以来重要文献选编》（上），中央文献出版社 2014 年版，第 27 页。

④ 《中华人民共和国法律汇编（2015）》下册，人民出版社 2016 年版，第 887 页。

⑤ 《中国共产党第十九次全国代表大会文件汇编》，人民出版社 2017 年版，第 60 页。

会上强调，新时代贯彻党的教育方针，要坚持马克思主义指导地位，贯彻新时代中国特色社会主义思想，坚持社会主义办学方向，落实立德树人的根本任务，坚持教育为人民服务、为中国共产党治国理政服务、为巩固和发展中国特色社会主义制度服务、为改革开放和社会主义现代化建设服务，扎根中国大地办教育，同生产劳动和社会实践相结合，加快推进教育现代化、建设教育强国、办好人民满意的教育，努力培养担当民族复兴大任的时代新人，培养德智体美劳全面发展的社会主义建设者和接班人。习近平总书记的重要讲话明确提出了新时代我国社会主义教育事业的总方向和根本方针，为办好新时代中国特色社会主义教育指明了方向，也为实践育人提供了根本遵循。

三、结合社会发展要求培育德智体美劳全面发展的时代新人

纵观高校实践育人的发展历程，不难看出，中国共产党开展实践教育，推进实践育人，始终立足特定时代背景，紧密结合社会发展的现实需要，来确定实践活动的主题、内容及形式，以历练、培养符合时代发展要求的青年人才。新民主主义革命时期，“救亡与启蒙”成为时代的主题，挽救民族危亡，争取人民解放是社会矛盾的焦点和中心，这就决定了学生实践活动的主要内容只能是政治斗争。因此，以爱国主义为思想基础而表现出来的青年学生的斗争热情和强烈的革命精神，在社会实践中不断得到强化。大学生实践教育主要是塑造大学生的爱国主义情怀，培养大学生关心国家和民族兴亡的意识。在中国共产党及中国先进知识分子的领导下，新民主主义革命时期的大学生们发扬革命斗争传统，在救国、抗日、反对国民党独裁统治以及在参加生产劳动、阶级斗争和各种社会实践等活动中是积极主动的、卓有成效的。新中国成立以来，大学生社会实践活动每一阶段的发展都源于社会发展的新要求、新需要。新中国成立之初的大学生社会实践活动密切结合正在全国范围开展的政治运动，全面深入地进行划清敌我界限的阶级观点教育、爱国主义和国际主义教育，引导学生参加各项运动和社会实践，批判和肃清反对土改的思想、亲美崇美恐美的思想，树立与工农相结合的思想。改革开放以后，大学生社会实践活

动主要围绕增强改革开放意识，提高坚持党的基本路线的自觉性展开。20世纪90年代中期，改革开放深入进行，社会主义建设面临新形势和新任务，大学生社会实践的教育目标也变更为结合改革开放和现代化建设实际，在实践中深化对大学生的爱国主义、集体主义、社会主义教育和改革开放形势教育，帮助他们了解我国改革开放所取得的巨大成就，加深对党的基本路线以及党和政府所采取的一系列改革的方针、政策、措施的认识和理解，进一步增强支持改革、促进发展、维护稳定的自觉性和坚定性。新时期，国际国内形势发生深刻变化，我国经济社会发展面临新的机遇与挑战，大学生社会实践活动紧密结合社会发展，以了解社会、服务社会为主要内容，通过社会实践，深化对党的路线方针政策的认识，坚定走中国特色社会主义道路，实现中华民族伟大复兴的共同理想和信念，增强历史使命感和责任感。近几年，围绕促进和谐、举办奥运、抗震救灾、西部大开发等党和国家的重大战略任务所广泛开展的大学生志愿者、博士生服务团等活动用实际行动证明了大学生社会实践在满足社会需要、服务经济社会发展方面所具有的不可或缺的重要作用。①

进入中国特色社会主义新时代，高校实践育人聚焦时代主题，着重培养学生的爱国、奋斗、劳动精神。如聚焦防汛抗洪、脱贫攻坚、乡村振兴、全面小康、新中国成立70周年、疫情防控等重大事件主题，组织专项社会实践，培养大学生爱国精神；聚焦党史、新中国史、改革开放史、社会主义发展史，组织学生去博物馆、历史馆、名人纪念堂参观访问、调查研究，开展重走革命根据地、缅怀先烈活动，感受历史的波澜壮阔，培养大学生奋斗精神；聚焦劳动主题，组织大学生走出学校，积极参与劳动、掌握劳动技能、增强劳动感受、体会劳动艰辛，养成勤俭节约、踏实肯干、热爱劳动的品质，培养大学生劳动精神。

四、坚持理论教学与实践育人统一促进学生知行合一

辩证唯物主义认为认识与实践是辩证统一的关系，实践决定认识，是

① 张艳：《新中国成立以来大学生社会实践活动的历史发展》，《中国青年研究》2011年第6期。

认识的源泉和动力，也是认识的目的和归宿。认识又反作用于实践，正确的认识能指导和推动实践，错误的认识会延缓和阻碍实践。认识和实践的统一是科学地考察全部哲学以至人类历史的重要方法论原则。这一基本原理和重要方法，与中国传统文化对知与行关系的阐释有着许多相似相同之处。中国共产党在推进高校实践育人的各个历史时期，始终坚持实践第一的观点，强调认识和实践要相统一、理论必须联系实际，体现在高校实践育人中，就是在搞好高校理论教学的同时，注重结合理论教学开展丰富多彩的实践活动。"五四"时期，大批青年学生和知识分子走出城市，深入工厂，深入农村，深入到工农群众中去，使学生运动与工农运动结合起来，形成了全国范围的革命运动。这一时期的国内工读互助运动和留法勤工俭学运动共同体现了民主与科学的思想，主张人民大众的教育，劳心与劳力结合，教育与生产劳动结合等，对"五四"以后新教育运动有着深刻的影响。中国共产党成立以后，在革命、建设和改革的各个历史时期，始终强调，大学生除了学习专业知识外，必须走向社会，走到工农群众中去，同他们打成一片，将所学知识与生产劳动、社会实践相结合，转化为服务社会的本领。

习近平既坚持和发展马克思主义关于认识与实践关系的原理，也高度重视对中国传统知行观的创造性转化和创新性发展，并以此勉励广大青年要做到"学、思、用贯通，知、信、行统一"。党的十八大以来，习近平曾多次引经据典论及"知行合一"，仅针对青少年谈"知行合一"至少有6次。如，2014年5月4日，习近平在考察北京大学时勉励大学生："道不可坐论，德不能空谈。于实处用力，从知行合一上下功夫，核心价值观才能内化为人们的精神追求，外化为人们的自觉行动。"①2016年4月26日，在知识分子、劳动模范、青年代表座谈会上，习近平指出："所有知识要转化为能力，都必须躬身实践。要坚持知行合一，注重在实践中学真知、悟真谛，加强磨练、增长本领。"②2016年9月9日，习近平在北京市八

① 《习近平关于青少年和共青团工作论述摘要》，中央文献出版社2017年版，第28页。

② 《习近平关于青少年和共青团工作论述摘要》，中央文献出版社2017年版，第53页。

一学校考察时说："教育要注重以人为本、因材施教，注重学用相长、知行合一，着力培养学生的创新精神和实践能力。"①2018年5月2日，习近平在北京大学师生座谈会上指出：广大青年要"做到知行合一、以知促行、以行求知，正所谓'知者行之始，行者知之成'"②。广大青年在日常生活和学习工作中，坚守知行合一、格物致知，才能知其道，行有方。若将二者分离，只知而不行，则会只知其一不知其二，甚至导致言行不符，表里不一；若只行而不知，便会迷失方向，不知何处。

五、立足大学生思想变化实际满足成长成才需求与期待

马克思指出："'思想'一旦离开'利益'，就一定会使自己出丑。"③每个时代的青年学生都具有各自时代的特点，也有着各自时代独特的需求和关切。在高校实践育人的发展过程中，中国共产党始终关注青年、支持青年，注重从青年学生的客观实际出发，满足青年学生的利益需求和价值关切，既从总体上理解青年学生的成长成才、全面发展需求，也从微观上把握青年学生的学习、就业、社交、婚恋、生活等现实需求和关切，引导青年学生在实践过程中找准方向，矢志奋斗。如改革开放初期，针对部分大学生在成长过程中对我国的基本国情和各项基本政策缺乏深入了解，对马克思主义基本原理一知半解，不能领会其精神实质，辨别是非能力、理论分析实际能力还不强；部分人轻视实践、轻视工农群众，过高估计自我等，这一时期大学生社会实践活动主要围绕"使学生接触社会，了解人民群众的思想感情和他们所进行的社会主义建设与改革的实践，培养为人民服务的思想，加强理论与实际的联系"来展开。再如进入21世纪以来，部分大学生受各种因素的影响，不同程度存在政治信仰迷茫、理想信念模糊、价值取向扭曲、社会责任感缺乏、艰苦奋斗精神弱化、劳动能力退化等问题，针对这一情况，新时期大学生社会实践活动密切联系大学生思想变

---

① 《习近平关于社会主义社会建设论述摘编》，中央文献出版社2017年版，第57页。

② 习近平：《在北京大学师生座谈会上的讲话》，人民出版社2018年版，第13页。

③ 《马克思恩格斯文集》第1卷，人民出版社2009年版，第286页。

化的实际，引导大学生走出校门、深入基层、深入群众、深入实际，开展教学实践、社会调查、志愿服务、公益活动等，在实践中受教育、长才干、做贡献。①

① 张艳：《新中国成立以来大学生社会实践活动的历史发展》，《中国青年研究》2011 年第 6 期。

第八章　中国共产党高校的文化育人

文化育人,一直是一个常谈常新的话题。何为文化?《周易》有云:“关乎天文,以察时变。观乎人文,以化成天下。”顾名思义,文化最本质的含义是“以文化人,以文育人”。文化育人总是在一定理念的指导下,通过各种潜移默化的教化手段,使受教者理解认同某种已经达成共识的正向价值,最终实现立德树人的目标追求。中国共产党从诞生以来,无论是在革命年代还是在社会主义建设和全面发展时期,都非常重视文化育人,重视文化对于青年学生的道德教化和价值引领作用。

第一节　新民主主义革命时期高校文化育人的探索与实践

马克思主义唯物史观认为,社会存在决定社会意识,一定社会所共有的理念和价值总是受到当时的社会客观条件影响,有着鲜明的时代特色。新民主主义革命时期,世界的主题就是战争与革命,中国共产党思想政治教育在这一时期具有浓厚的革命色彩,因而中国共产党在新民主主义革命时期的文化育人自然是以革命文化为核心,为党的民主革命培养优秀人才。

一、早期黄埔军校中革命思想的传播

中国共产党早期在高校学生中进行革命思想宣传的尝试开始于黄埔

军校。周恩来、聂荣臻等共产党员作为革命军队政治工作的开拓者，在黄埔军校广泛深入地传播革命思想，这也成为共产党早期文化育人的积极尝试，为之后党在延安陕甘宁边区高校中深入推进革命文化传播积累了大量理论与实践经验。

（一）重视组织领导，培育民主革命意识

黄埔军校成立初期，党就非常重视对学员的民主革命意识培养，从组织上、制度上加强领导。一是在军校中建立政治部，作为培养学生民主革命精神的指导机构。中国共产党先后派周恩来、邵力子、聂荣臻等人进入政治部参与其政治工作。周恩来曾担任政治部主任，在其任职期间，对政治部进行了机构调整，建立了一系列的政治工作制度，有助于开展革命教育。二是秘密成立中共黄埔军校特别支部，在军校内发展党员，发挥党组织和党员的核心作用，扩大党的政治宣传。

（二）出版刊物印制文集传播革命文化

周恩来等共产党员在黄埔军校工作期间，充分运用多种文化载体，积极推动革命文化的宣传。创办了《士兵之友》《壁报》《军事政治月刊》《革命画报》等刊物，编辑出版了《黄埔日刊》《中国军人》等报纸，发表大量革命理论文章，积极宣传民主革命主张。其中，《黄埔日刊》发行点3000多处，发行量达50000多份，受到军校学生和社会各界的一致好评。①《中国军人》主要针对国内外发生的大事开展讨论，公开表明进步青年的政治见解和革命主张。此外，还发行了《军友必读》《政治问答集》等小册子。军校印发的这些宣传品揭露了帝国主义和封建主义的罪行和必然灭亡的趋势，成为提高广大师生思想觉悟的主要阵地。

（三）组建学生社团，宣传革命思想

共产党在黄埔军校中组织青年建立学生社团，宣传革命思想，成为党在高等学校中组织学生自主传播革命思想的最早尝试。1924年，由第二期学生李劳工、周逸群、陈公培等出面发起，成立火星社，作为党的外围组

---

① 王茂胜：《中国共产党思想政治教育简史》，华中师范大学出版社2010年版，第50页。

织和团结革命军人的纽带，参加者主要是第二、三期的学生，这是军校第一个学生社团，后又整合构建中国青年军人联合会。军校学生以“不要钱，不要命，爱国家，爱百姓”的誓言相互勉励，并在校门口贴着“升官发财行往他处，贪生怕死勿入斯门”的对联和“革命者来”的横额，表明自己投身革命的决心。

（四）开展丰富多样的课外活动

军校组织学生利用文学艺术和娱乐活动，创造良好的育人环境。学生们每天唱着“以血洒花，以校为家，卧薪尝胆，努力建设中华”的校歌和“打倒列强，除军阀”的军歌，显示出一派朝气蓬勃的景象。军校组织了血花剧社，廖仲恺还为剧社成立题写了“先烈之血，主义之花”的锦旗。一年内，剧社在校内外演出 50 多场，剧目有《血泪潮》《还我自由》《黄花岗》《鸦片战争》《革命军来了》《联合战线》等。[①] 军校俱乐部把有兴趣参加活动的学生分为政治、经济、美术、戏剧等六个组，分别开展学术研究，陶冶情操，增强文化素养。

政治部时常组织学生开展讨论会，组织大家自由发表意见，针对各种时政问题展开讨论，从而促使大家具有民主革命的主动意识，提高研究政治问题及社会问题的兴趣及观察力。每次讨论以区队为单位，由知识经验丰富、善于演讲的 3 名学生组成主席团，另选 2 人担任记录，整个程序依《政治讨论会规则》进行。军校还设置政治问答箱，调动学员学习的积极性，提高其研究的兴趣。学生有问题可以写条投入箱中，每星期一政治教官定期开箱，比较集中的问题在课堂或校刊上统一作答，个别问题则利用间隙时间与其他机会分别解答。[②] 问答深入浅出，使学生及时掌握基本的政治常识和可操作性的政治本领。此外，军校还设置“革命博物馆”“总理室”等场所，向官兵进行革命传统教育，另外，军校还向学生颁发“革命军格言”“日课问答”和“毕业生誓词”等，配合日常和正规教育。这些形式多样、内容丰富的课外活动，大力提高了青年军人的革命觉悟，

---

① 张耀灿：《中国共产党思想政治教育史论》，高等教育出版社 2006 年版，第 50 页。

② 王树荫主编：《中国共产党思想政治教育史》，中国人民大学出版社 2011 年版，第 25 页。

充分激发了其革命热情。

二、延安时期陕甘宁边区高校以革命文化铸魂育人

延安时期,中国共产党通过开办各种干部学校,以马克思列宁主义、毛泽东思想为指导,以民主革命精神为核心,结合中国革命的具体实际,运用灵活的教育方式以文化人,为中国民主革命培养了一大批优秀人才。其中,抗日军政大学、陕北公学、鲁艺的文化育人模式最具有典型时代特色,也为当代高校文化育人提供了可资借鉴的宝贵经验。

(一)抗日军政大学的文化育人

1936年6月1日,在中国的西北角上产生了为民族革命战争而培养干部的抗日军政大学。抗大学员来自全国各地,包括了各种不同职业与阶级。为了民族解放,他们从四川、云南、贵州等地跋山涉水来到延安学习。在这个没有堂皇的校舍,没有足够经费的干部培训学校,全体师生的脸上总是浮着胜利的微笑,充满了革命的勇气和决心。这样的微笑,这样的信念,源自抗大因时制宜的文化育人形式。

抗大的文化育人具有三个特色:一是自由民主精神的发挥。虽然学校基础设施不健全,但是却给学生们开设了专门的思想碰撞的空间——墙报,以供学员公开发表言论。不管你属于任何政治党派,抱着怎样不同的政治见解或宗教信仰,只要是站在抗日立场,都可以自由提出来公开地研究讨论。学校还组建了同学会、救亡室等学生团体。这些团体由学生自己召集会议选举负责人,自由组织各种活动,学生们聚在一起阅读各种抗日论的书籍与报纸,发表抗日的言论著作。每个学员都有民主自由权利,学校不但不加以防范或压制,并且尽力赞助这些团体的活动。

二是教员、学员及事务人员的协同合作。教员经常审查自己教授的内容与方法,吸收学生对于自己教课的意见;在课外指导学生自习,参加学生的小组讨论会,在各种课外活动上,教员与学生完全打成一片;定期的教育检查会上常常有学生代表参加并提出意见。至于事务人员(通信员、卫兵、号兵、勤务员等),也并不是专门替教职学员烧水做饭的听差,他们也是为了革命而工作,也有识字、唱歌、读报、听时事

报告、组织游艺晚会的学习生活和娱乐生活。事务人员的教育由各队教职员分别负责进行。学校每有新的号召,全体教职人员及事务人员便一齐响应热烈的动员起来。这种和谐的校园风气,进一步激发了学员的革命热情。

三是丰富多彩的校园文化活动为学生的成长成才创造舞台。延安时期的物质条件非常匮乏,生活条件很艰苦。为丰富学生们的课余生活,培养乐观向上的生活态度和革命理想情操,学校组织了形式多样的校园文化活动。学员除了学习正规课程,还组织各种课外活动,诸如墙报、跳舞、话剧表演、音乐演出等。这些内容丰富的课外活动,有的是把军事政治原则具体地应用到实际生活中,有的是休养恢复体力,有的是锻炼团体纪律,有的是锻炼强健的身手。学员在抗大学习期间,拥有自己的团体组织——救亡室。救亡室不定期举行晚会,它不单是娱乐,也是一种教育。各队几乎每半月有一次愉快的晚会,在这里可以听到歌曲合唱或独唱,各种音乐,各地小调,谜语笑话,也可以看到话剧和魔术。第三期教职员与学员联合演出的剧目"血祭上海",第四期学员自己编排的京戏,在延安都是脍炙人口的。"血祭上海"的演出,后来竟成为鲁迅艺术学院成立的动因之一。此外,他们演出的话剧、歌剧,比较成功的如"台儿庄大胜利""火焰""反战潮"等,在延安轰动一时,为人称道。此外,学生们成立了专门研究歌咏和戏剧的团体,他们自己编唱大量歌曲,有名的"保边区""战斗""保西北"等都是比较流行的。这些社团活动成为抗大教育与学习的重要组成部分,丰富了学生的精神世界,激发了青年的乐观进取精神,对战时青年学生的身心健康成长起到了巨大的精神支撑作用。

(二) 陕北公学的文化育人

成立于1937年9月的陕北公学,是中国共产党在全面抗战爆发后创办的一所新型高等学校。1939年10月23日,毛泽东在陕北公学成立与开学纪念题词中说道:"要造就一大批人,这些人是革命的先锋队。这些人具有政治远见。这些人充满着斗争精神和牺牲精神。这些人是胸怀坦白的,忠诚的,积极的,正直的。这些人不谋私利,唯一的为着民族与社会的解放。"①这就为陕北公学指明了人才培养的方向。陕北公学从一开始，就始终围绕着培养脚踏实地扎根中国民主革命第一线的革命精神这一教育目标，全方位实施文化育人。

1. 重视革命理想信念教育

陕北公学是因抗战而生，创立的最初目的就是为了加强统一战线，为抗战培育输送优秀革命人才。陕北公学的学生来自社会不同的阶层，家庭出身和社会背景相对复杂。有的学员进校时，是满腔热血想要加入革命队伍，但是由于生长在富人之家，养成了养尊处优的脾气。为帮助学员树立坚定的政治立场，成为革命的先锋，陕北公学非常重视对学员进行革命理想信念教育。毛泽东、周恩来等领导人经常亲自到陕北公学的课堂为学员讲课，为革命事业培养人才。"通过讲授和研读马克思主义理论、中国革命史等，许多原本对马克思主义了解得很少甚至或完全不懂的学员，逐渐成长为有着坚定共产主义理想信念的战士"。② 不少学员初到陕北公学，身上的"少爷""小姐"气息不能一下去掉，但到毕业时，都具有严格的组织纪律性。

2. 坚持扎根群众的文化育人底线

与当时西南联大秉承的"精英化"人才培养目标和培养方式不同，陕北公学从办学之初，就始终坚持群众路线，紧扣"为人民服务"的根本教育宗旨，深入当地群众的生活实际，指导学生走进基层，开展系列丰富多彩、与时俱进的校外文化活动。

当时，学员们最积极参与的就是抗日剧目的创作和演出，其中比较突出的是陕北公学流动剧团。该剧团按照"为工农演出、向工农学习"的方针，与当地群众打成一片，根据群众讲述的生动素材，创作了《放下你的鞭子》《送郎上前线》等优秀剧目。为了让剧目更能够贴近当地老百姓，让大字不识的村民看得懂，喜欢看，他们常常采用当地方言演出。在扎根群众的实践中，学生们与群众建立了血肉联系，改变了知识青年

① 《毛泽东年谱(1893—1949)》中卷，中央文献出版社 2013 年版，第 34 页。

② 杨军红：《抗战初期陕北公学的思想政治教育工作及经验启示》，《贵州社会科学》2017 年第 6 期。

的气质。①

3. 优化校风学风

毛泽东在陕北公学第二期开学典礼上讲话中，明确指出了政治方向和工作作风对于中国共产党的重要性，他送给同学们两件礼物，第一件是坚定不移的政治方向，第二件是艰苦奋斗的工作作风。毛泽东还进一步提出了陕北公学应该教什么、学生应该学什么、怎么学的问题。"我们不在乎像其他学校那样照着书本一章一章地来上课，而在乎学习一种作风，一种方向。"②陕北公学孕育了艰苦奋斗的优良作风，使赴延安的青年在生活习惯及作风上实现了脱胎换骨，从而成为具有艰苦奋斗品质的一代青年。他们不但把这种艰苦奋斗的好作风带到抗日战场，对战胜日本帝国主义发挥了重要作用，而且带到了和平时期的各条战线，对新中国建设事业作出了重要贡献。

（三）为培养艺术人才的鲁迅艺术学院

1938 年的一·二八纪念日由抗大演出四幕话剧"血祭上海"，得到相当的成功，一连演了十天，博得热烈的欢迎。党中央感受到集中艺术工作者的力量的必要。经毛泽东、洛甫、成仿吾等一些艺术工作者商议，决定成立艺术学院。他们选了"鲁迅艺术学院"这个名字，是为了纪念伟大的文豪与艺术大师鲁迅先生。学校的基本目标是培养新中国成立的艺术人才。教师们站在进步的社会科学的观点研究艺术理论，创造中国的新技术，同时不放弃对中国过去艺术的探讨，并吸收旧艺术的优秀传统。这种方式表达了新民主主义革命时期，中国共产党对中国优秀传统文化的尊重。

总之，无论是抗日军政大学还是陕北公学，抑或鲁迅艺术学院，这些学校在文化育人上都充分体现了教育社会化，不是把学校孤立于现实社会之外的东西，使教育与社会脱节；而是学校与社会密切联系，在社会中

① 成仿吾：《战火中的大学：从陕北公学到人民大学的回顾》，人民出版社 2014 年版，第 95 页。

② 《毛泽东文集》第二卷，人民出版社 1993 年版，第 108 页。

起一种领导与推进的作用。

三、新民主主义革命时期文化育人的特点

从黄埔军校的革命思想宣传尝试，到抗大、陕北公学、鲁艺等陕甘宁边区高校的全面开展革命文化育人，中国共产党在民主革命时期为了中华民族的独立与解放斗争，培养了一批又一批革命人才。

（一）以救亡图存为目标的民族性

新民主主义革命时期的时代特征决定了高校文化育人的目标就是为民主革命培养政治立场坚定、理想信念崇高的革命者。因此，在民主革命的不同时期，中国共产党根据政治形势的需要和革命斗争的实际需求，有针对性地制定各个历史阶段的总路线和与之相适应的教育方针，并通过党的领导进行革命教育，为新民主主义革命输出优秀人才。“党的一大通过的纲领和决议，提出了思想理论教育的基本任务和最终目标：领导无产阶级进行革命斗争，推翻资产阶级的国家政权，实行无产阶级专政，消灭生产资料私有制，最终实现共产主义。党的二大提出了民主革命纲领，进一步明确了党在民主革命时期的革命目标和任务，为民主革命时期的思想理论教育指明了方向。”①与此相应，各个时期的文化育人也具有深刻的民族性特征，以救亡图存为目标，以革命文化为内容，对青年学生进行革命理想信念的教育，以期实现民主革命的胜利。

土地革命时期，中国共产党围绕扩大革命根据地、动员工农群众参军参战、反“围剿”斗争开展革命文化宣传教育，旨在扩大党的革命队伍；抗日战争时期，日本帝国主义大举入侵，中华民族到了生死存亡的关键时期。这一时期，以抗日军政大学、陕北公学等干部学校所遵循的《抗日救国十大纲领》指出：“必须实行‘抗日的教育政策’。这个政策是‘改变教育的旧制度，实行以抗日救国为目标的新制度、新课程’”。因此，文化育人的目标就是为了培养具有民族意识、具有胜利信心和斗争能力的干部，

① 周耀宏：《新民主主义革命时期党的思想理论教育研究》，人民出版社2015年版，第241页。

教育青年积极投入抗日战争成为爱国主义教育的主题。解放战争时期，推翻三座大山的革命需求，又使得这一时期的育人主题成为动员和组织青年参加解放战争，为民主与和平而奋斗。

（二）以马克思主义革命理论为指导的科学性

中国共产党的诞生，是在马克思主义理论指导下成立，是马克思主义中国化的成果。因此，在新民主主义革命时期，中国共产党非常重视对学生进行马克思主义革命理论教育。列宁曾指出："没有革命的理论，就不会有革命的运动"，"只有以先进理论为指南的党，才能实现先进战士的作用"。① 毛泽东认为，没有共产主义思想的宣传和学习，"不但不能引导中国革命到将来的社会主义阶段上去，而且也不能指导现时的民主革命达到胜利"②。无论是在黄埔军校，还是陕甘宁边区，共产党都非常重视马克思主义理论宣传教育。周恩来等人在主持和参与黄埔军校政治部工作期间，利用课堂教学，大力宣传马克思主义，宣传中国共产党的方针政策，开设了《苏联研究》《社会主义运动》《农民运动》等课程，利用政治理论课宣传革命理论，培植革命思想。土地革命时期，共产党在红军大学、苏维埃大学等干部学校继续开展卓有成效的革命理论教育，除了利用课堂、集会等公共场所对青年学生进行马克思主义理论教育外，还利用报纸、杂志、书籍、广播、墙报等多种形式进行宣传。同时，积极组织学生主动进行马克思主义理论和党的方针政策的自我教育，学生们通过演讲、广播宣传、讨论交流、戏剧唱歌等形式将理论融入内心，实现从外部理论灌输到内部的情感与价值内化。

在延安时期，中国共产党在领导中国革命的同时，也不断加强对学员进行马克思主义理论教育。1941 年 5 月，毛泽东作了《改造我们的学习》的报告，要求改造全党的学习方法和学习制度，倡导理论联系实际的学风，反对教条主义。随后，把马列学院改组为马列研究院，毛泽东作了题为《实事求是》的报告。

---

① 《列宁选集》第 1 卷，人民出版社 2012 年版，第 153、312 页。

② 《毛泽东选集》第二卷，人民出版社 1991 年版，第 706 页。

（三）有力践行“为人民服务”宗旨的大众性特征

如前所述，中国共产党在新民主主义革命时期的文化育人宗旨是为革命培养人才，而党的革命纲领中明确了要坚持群众路线，一切依靠人民，为人民服务。因此，党在新民主主义革命时期的高校文化育人也同样坚持以人民群众为中心的大众化原则。毛泽东指出：“什么叫做大众化呢？就是我们的文艺工作者的思想感情和工农兵大众的思想感情打成一片。”①

新民主主义革命时期，党的各类干部学校没有脱离人民群众，关起门来搞教育，而是通过各种社会活动促进学生与群众的阶级感情的融合。在黄埔军校，周恩来等人组织学生组成宣传队深入到工厂、农村，张贴标语，散发传单，发表讲演，召集群众大会组织文艺表演，赢得了广大群众的支持。在土改运动中，“学校还配合土改运动对学生进行思想政治教育，使学生在土改运动中了解了中国革命的基本问题，提高了对革命的认识，树立了为劳动人民服务的思想”②。各学校带领学生深入群众中间，进行广泛深入的革命宣传，教农民唱翻身的歌谣，办黑板报宣传土地改革故事，编写农民翻身的剧本。在解放战争中，学校经常利用课余时间带领学生到田间地头参加生产劳动，通过这些活动对学生进行群众观点和集体主义精神的培育，加强其组织性、纪律性的教育，养成艰苦奋斗的作风。

总体而言，党在新民主主义革命时期，以马克思列宁主义、毛泽东思想为指导，将文化育人与革命战争的实际需求相结合，体现了融民族性、科学性和大众性于一体的时代性特征，为新民主主义革命的人才培养作出了应有的贡献。

第二节　社会主义革命和建设时期高校文化育人的曲折发展

1949 年中华人民共和国成立，中华民族结束了被压迫被欺凌的屈辱

① 《毛泽东选集》第三卷，人民出版社 1991 年版，第 851 页。

② 王茂胜主编：《中国共产党思想政治教育简史》，华中师范大学出版社 2010 年版，第 116 页。

历史,中国人民终于站起来翻身做了主人。随着中国共产党执政地位的确立和巩固,为进一步掌握意识形态的领导权,全国范围内的思想政治教育也进入了新的历史阶段。在这一时期,为全面继承和发扬中国共产党的优良传统,为新中国的建设与发展培养优秀人才,全国高校在马克思主义毛泽东思想的指导下,开启了文化育人的新局面,为新生的人民政权巩固和发展提供了精神动力和舆论支持。然而,从 20 世纪 50 年代中期开始,受到"左"的错误思想影响,思想战线出现价值偏离,随后的十年"文革"更是让校园文化建设几乎停滞,高校文化育人在指导思想、育人原则、内容方法上走向误区,给高校思想政治教育蒙上了时代的阴影。

一、执政初期高校文化育人的积极探索

(一) 加强马克思主义理论教育,提高政治思想觉悟

新中国成立初期,刚刚经过战争洗礼成为执政党的中国共产党,其工作重心就是带领全国人民完成民主革命的遗留任务,实现新民主主义向社会主义的伟大历史转变。在这一历史过程中,党在全国范围内开展了对知识分子的思想改造运动,以夺取意识形态领导权,巩固新生人民政权。这样的历史使命,反映在高校思想政治教育领域,就是要对高校师生加强马克思主义理论教育,帮助他们摆脱封建主义思想文化的影响,帮助他们同资产阶级思想做斗争。

列宁曾说过:"知识分子和其他阶级相比占有独特的地位,就他们的社会关系、观点等等来说,在某种程度上接近于资产阶级;由于资本主义愈来愈剥夺他们的独立地位,把他们变成从属的雇佣者,使他们受到降低生活水平的威胁,这在某种程度上又使他们接近于雇佣工人。"①知识分子的两重性特征,使得他们的思想立场存在摇摆性。高校青年学生作为知识分子的重要组成部分,其思想立场同样具有这种不确定因素,这就需要以民族的、科学的理论帮助其坚定立场。党在新民主主义革命时期就非常重视马克思主义理论对知识分子的影响,新中国成立以后,更是将之

① 《列宁全集》第 4 卷,人民出版社 2013 年版,第 183 页。

作为获取意识形态革命成功的重要武器。为了帮助青年学生树立无产阶级世界观，全国各高校广泛开展以马克思主义为指导的社会发展史教育、劳动观念教育、阶级意识教育，对其旧思想进行彻底改造。

高校对学生进行马克思主义理论的教育并非单一的理论灌输，而是注重理论和实际的结合，通过各种讨论会、学生活动有针对性地启发同学们的自由思想，引导他们联系自己的思想实际认真检查各种问题，树立为人民服务、为社会主义服务的思想。1950 年 6 月，中央人民政府教育部在北京召开的第一次全国高等教育会议上，马叙伦指出："我们的高等学校的目的应该是以理论与实际一致的教育方法，培养具有高度文化水平，掌握现代科学技术的成就，全心全意为人民服务的高级建设人才"①。1956 年 8 月，高等教育部《关于高等学校政治理论课考试评分问题的意见》指出：学习马列主义理论的目的是为了使学生能够正确地应用这种理论去解决中国革命的实际问题，而不是为了书本上的各项原则的死记与背诵。所以，必须使学生学会区别马列主义的字句与马列主义的实质；必须使学生领会这种实质（不是望文生义，而是心知其意）；必须使学生学会善于应用这种实质于中国的具体环境，而抛开一切形式的空洞的学习。②

（二）爱国主义和国际主义教育并重

新中国成立伊始，受到以美国为首的国际敌对势力的遏制，这使得爱国主义有了新的时代内容。这一时期，各高校非常重视提高学生的社会主义觉悟，培养他们的爱国主义、国际主义和集体主义思想。面对抗美援朝这一伟大斗争，各高校通过多种方式在学生中深入开展抗美援朝的宣传教育。

一是将抗美援朝与学校的全面教育内容联系起来，对广大青年学生进行宣传教育。各高校将爱国主义和国际主义精神贯彻到各学科里，促

---

① 转引自冯刚、沈壮海：《中华人民共和国德育编年史》，中国人民大学出版社 2010 年版，第 13 页。

② 冯刚、沈壮海：《中华人民共和国德育编年史》，中国人民大学出版社 2010 年版，第 110 页。

使青年大学生具有新的爱国主义和国际主义精神,成为保卫世界和平的强大动力。1951 年 7 月 20—26 日,中华全国学生第十五届代表大会在北京举行,青年团中央书记处书记蒋南翔在会上作了题为《目前学生运动中的几个问题》的报告。他指出:“我们还要有计划地逐步推广爱国主义的思想教育,使全国每一学校的每一学生,都受到爱国主义的思想洗礼,还要提高爱国主义教育的思想内容,使爱国主义精神建筑在巩固的马列主义和毛泽东思想的基础之上,能够更深刻地启发广大学生的觉悟,更有力地把我国学生运动推向前进。”①

二是利用学生组织自发开展各种活动,实现自我教育。1950 年“一二·九”运动和“一二·一”运动纪念日期间,中国新民主主义青年团中央委员会、中华全国学生联合会联合发出通知,号召全国学生和学校中的青年团员,采用各种适当的方式进行广泛深入的宣传活动,纪念中国学生运动的这两个光荣节日,继承“一二·九”“一二·一”的光荣传统,发扬爱国主义精神,积极参加抗美援朝保家卫国的运动。这次纪念活动不但成为对于全体学生的一次生动实际的自我教育,而且成为加强国防建设的一个有力推动。1955 年,首都高等学校开展各种活动,纪念“一二·九”运动二十周年。在北京大学、中国人民大学、清华大学和北京师范大学的纪念会上,学生们演出了在“一二·九”时代的街头剧《放下你的鞭子》,以及反映二十年来人民进行斗争的情况和新中国成立后幸福生活的“诗歌联唱”等节目,大大激发了青年学生的爱国主义和国际主义热情。

(三) 宣传唯物主义、批判唯心主义深化理论认识

中国共产党作为无产阶级政党,从建党之初就始终坚持以马克思历史唯物主义和辩证唯物主义作为指导。因此,新中国成立后,为加强对青年学生的思想政治教育,各级教育部门要求高校把马克思主义的辩证唯物论和唯物史观贯彻到学校各科课程和实际生活的各方面去,以培养学

① 转引自冯刚、沈壮海主编:《中华人民共和国德育编年史》,中国人民大学出版社 2010 年版,第 32 页。

生能够独立地运用马克思主义的宇宙观去处理他们学习及日常生活问题的能力。

1949 年 10 月 8 日，华北人民政府高等教育委员会颁发的《华北专科以上学校一九四九年度公共必修课过渡时期实施暂行办法》规定：本年度一、二、三、四年级均必修“辩证唯物论与历史唯物论”（包括社会发展史）和“新民主主义论”（包括近代中国革命运动史）。本年度文、法、教育（或师范）学院毕业班学生必修“政治经济学”；二、三年级学生除特殊情况外，暂不修习。然而，由于多方面的原因，当时各高校都没能按文件的规定开设“辩证唯物论与历史唯物论”，而只开设了其中的“社会发展史”。11 日，华北人民政府高等教育委员会颁布《各大学、专科学校、文法学院各系课程暂行规定》，明确规定把“辩证唯物论与历史唯物论”（包括社会发展简史）、“新民主主义论”（包括近代中国革命史）、“政治经济学”等课程列为文学院、法学院的公共必修课。

20 世纪 50 年代初，在教育界宣传唯物主义、批判唯心主义的典型是针对电影《武训传》的批判以及对俞平伯的《红楼梦》研究和胡适思想的批判。1950 年 5 月 20 日，《人民日报》发表毛泽东撰写的社论《应当重视电影〈武训传〉的讨论》。在社论中，毛泽东以历史唯物主义观点批评了《武训传》以及赞扬《武训传》的文章所反映的唯心主义思想，号召全党展开关于电影《武训传》及其他有关武训的著作和论文的讨论，彻底澄清唯心主义的混乱思想。由此，全国上下开展了批判《武训传》及“武训精神”的运动，高校和文艺界成为这场运动的主战场。随后，在全国高校掀起了批判武训精神的风潮。

这场批判风潮，其初衷是在意识形态领域开展宣传唯物主义反对唯心主义的教育，有其积极的一面。通过讨论，青年学生认识到劳动人民贫困落后的根本原因不是没有文化，而是政治上、经济上受压迫、受剥削。被压迫人民要推翻封建的剥削制度，必须进行阶级斗争，不能等待反动统治阶级的恩赐。但不可否认，这次讨论和批判，也出现了不实事求是的做法，主要是混淆了学术问题和政治问题，将人民内部矛盾错误地归类为敌我矛盾，粗暴地伤害了一些文艺界的同志，对高校的文化氛围形成了一定的负面影响。

二、全面建设社会主义时期文化育人的曲折前进

在社会主义全面建设时期，社会主要矛盾是人民日益增长的物质文化需要同落后的社会生产之间的矛盾。高校文化育人作为思想政治教育的重要组成部分，其目标是通过校园文化建设、丰富的课外活动等方式引导学生树立与社会发展需要相适应的思想观念和道德素养，促进学生的自由而全面的发展。然而"无产阶级专政下继续革命"的理论，使得人们偏离了对社会主要矛盾的正确认识，以阶级斗争作为社会发展的重心，试图脱离社会生产力发展这个重要前提，建造一个纯而又纯的社会主义大厦。与之相应，高校文化育人的内容和形式也发生了偏离。

（一）对社会主要矛盾的误判使文化育人偏离方向

1957年反右斗争开始后，高校开始把阶级斗争教育作为文化育人的主要内容。各校党委根据中央"坚决地放、大胆地放、彻底地放"和"坚决地改、大胆地改、彻底地改"的精神，再次发动群众，掀起了一个鸣放和改进工作的热潮。用革命精神培养新的知识分子，革新和加强学校中的思想政治教育和劳动教育。1958年2月5—11日，教育部、民族事务委员会在北京联合召开第二次民族学院院长会议，讨论民族学院的教育方针、任务和进一步改进教学等问题。会议确定，民族学院的教育方针，应该是对学生进行阶级教育、马克思列宁主义民族观点的教育、社会主义爱国主义的政治思想教育、马列主义理论结合中国革命和建设经验的教育以及专业课程的教育。①

由于对阶级斗争、敌我矛盾的过度解读使文化育人失去了正确方向。当时中央认为，我国高等学校文科脱离实际的倾向十分严重，资产阶级和修正主义的思想影响相当普遍，有些单位的领导权不是掌握在无产阶级手里。为了使学生们在实际斗争中接受教育和锻炼，提高社会主义觉悟，

① 冯刚、沈壮海主编：《中华人民共和国德育编年史》，中国人民大学出版社2010年版，第129页。

进行世界观的改造，根据教育部的通知规定，高等学校文科师生都分批下去参加社会主义教育运动，主要是参加农村的“四清”运动。

（二）唯心史观的宣传导致文化育人出现价值偏离

马克思主义唯物史观认为，物质决定意识，世界的客观存在是判断人的主观意识正确与否的根本标准。在“文化大革命”开始以后，林彪、江青团伙肆意篡改马克思列宁主义和毛泽东思想有关物质与意识的辩证观点，刻意煽动个人崇拜的社会情绪，用唯心史观取代唯物史观，用唯心主义的先验论取代唯物主义的存在论。对领导人个人的盲目崇拜，实质是以主观唯心主义替代了马克思的历史唯物主义，这与毛泽东本人的思想是相违背的，更与我们党的指导思想相违背。在那样的特殊岁月里，这种倾向导致了青年学生的价值认识出现偏离，五四时期所主张的民主、科学的精神以及对真理的孜孜追求，一时间不复存在，这对这一时期的高校思想政治教育造成了不可磨灭的负面影响。

（三）大搞形式主义降低了文化育人的实效

部分高等学校和中等学校在学习毛泽东著作时推行“语录进课堂”“试卷引语录”，要“人人用，堂堂用”等简单化、形式主义的做法。部分高等学校师生学习毛泽东著作存在做法简单化的问题，采取强迫命令的办法来学习主席著作，结果事与愿违，把好事办坏。“文革”期间追求形式，不讲究实效搞形式主义的活动。而这一切都违背了高校文化育人的初衷，降低了育人实效。

第三节　改革开放时期高校文化育人的丰富发展

改革开放以来，随着中国社会经济的发展，国际国内形势的深刻变化，大学生思想政治教育面临严峻挑战。国际敌对势力与我国争夺下一代的斗争更加尖锐复杂，大学生面临着大量西方文化思潮和价值观念的冲击。与此同时，随着对外开放不断扩大，市场经济的纵深发展，利益分配的多元化，社会上各种错误思潮和腐朽思想文化对学生的思想冲击和影响力不可低估，一些大学生不同程度存在理想信念模糊，价值取向扭曲，社会责任感缺乏，精神意识淡化的倾向。有鉴于此，党和国家更加重视文化的力量，作为思想政治教育的重要内容之一，高校文化育人采取了多元化发展方式，从理念到实践实现了改革创新。

一、以艰苦奋斗的创业精神赋予文化育人时代内涵

十一届三中全会提出，经济工作是我国在新时期的工作重心。邓小平提出发展才是硬道理的论断。改革开放以来，全方位发展经济，提高综合国力，成为新的时代主题，培养合格的社会主义建设者，成为高校新的历史使命。面对这样的历史重任，高校文化育人的目标之一就是“要使学生懂得，艰苦奋斗是无产阶级的政治本色，我国要实现四化，必须继承老一辈的革命传统，大力发扬艰苦奋斗的创业精神”①。

20 世纪 70 年代末 80 年代初，共青团中央要求青年发扬五四的民主精神、科学精神和爱国主义精神，以天下为已任，以祖国繁荣富强为已任，紧紧跟上全党工作重点转移的步伐，人人争当新长征的突击手，为建设社会主义现代化强国作出贡献。1979 年，在沈阳和北京召开全国青年工作座谈会，要求在青年中广泛深入开展“争当长征突击手”活动，把青年们进一步动员、组织起来，使他们成为实现四个现代化的英勇突击队。② 全国各条战线掀起了争当长征突击手活动，各高校的基层团组织也加入这场活动中，开展创先进团支部活动，从实际出发，因事因地制宜，通过丰富多彩的活动，教育鼓励青年学生为社会主义精神文明和物质文明作出新贡献。这些教育活动取得了显著成效，有力促进青年学生树立艰苦奋斗的作风和为人民服务的爱国主义精神。

1981 年 2 月，全国总工会、共青团中央、全国学联等九个单位，联合向全国人民特别是青少年发出倡议，开展以讲文明、讲礼貌、讲卫生、讲秩

---

① 教育部思想政治教育工作司组编：《加强和改进大学生思想政治教育重要文献选编（1978—2014）》，知识产权出版社 2015 年版，第 6 页。

② 冯刚主编：《改革开放 40 年高校思想政治教育编年史（1978—2018）》，北京师范大学出版社 2019 年版，第 13 页。

序、讲道德和心灵美、语言美、行为美、环境美为主要内容的“五讲四美”文明礼貌活动。这些活动的发展，对于改革开放初期，在国民经济调整过程中，激励青年大学生树立同心同德克服困难，搞好社会主义四化建设的奋斗精神具有重要促进作用。

1983 年 5 月，郑州大学中文系七九级的学生和中国人民解放军高射炮兵学校十三中队学员联合向全国高校毕业生发出倡议书，表达了为祖国贡献青春的决心。他们表示，“为了报答党和人民的养育之恩，为了民族的强盛和中华的崛起，我们决心到基层去，到边疆去，到祖国最需要的地方去”①，这样的豪情壮志充分彰显了青年学生以振兴中华为己任的爱国主义精神。

二、校园文化建设提升文化育人质量

20 世纪 80 年代末 90 年代初，改革开放的加速发展催生了高等教育规模的迅速扩大。高校招生人数从 1981 年的 28 万人，增加到 1990 年的 60 万人，高校招生人数成倍增长。面对这样一个庞大的特殊群体如何进行思想引导，让其适应校园生活，顺利完成学业，并成为思想上、专业上品学兼优的高级人才，这对高校文化育人、提高学生思想素质提出了挑战。

（一）优化校园文化环境

1. 重视学术风气和良好文明教养的养成

1994 年中共中央发文，要求高校要重视校园文化建设，要大力开展学生喜闻乐见的丰富多彩、积极向上的学术、科技、体育、艺术和娱乐活动，建设以社会主义文化和优秀的民族文化为主体，健康生动的校园文化。要努力净化校园环境，抵制消极、腐朽思想的渗透和影响，抑制低俗文化趣味和非理性文化倾向，引导校园文化气氛向健康高雅方向发展。②1995 年国家教委颁布试行的《中国普通高等学校德育大纲》指出，高校德

① 冯刚主编：《改革开放 40 年高校思想政治教育编年史（1978—2018）》，北京师范大学出版社 2019 年版，第 54 页。

② 教育部思想政治教育工作司组编：《加强和改进大学生思想政治教育重要文献选编（1978—2014）》，知识产权出版社 2015 年版，第 146 页。

育途径之一是加强校园文化建设，优化育人环境，发挥环境的育人功能。要加强校风建设；开展各种文明健康的文化、科技和体育等活动；建设"文明、整洁、优美、有序"的校园环境；加强广播、影视、报栏、专刊等宣传舆论阵地的建设和管理，丰富精神生活，发挥正确的舆论导向和宣传教育工作；充分利用和发挥社会主义文化设施和大众传媒对德育的积极作用。①

2004 年中央关于进一步加强和改进大学生思想政治教育的意见指出，要大力建设校园文化，校园文化具有重要的育人功能，要建设体现社会主义特点的校园文化，形成优良的校风、教风和学风。大力加强大学生文化素质教育，开展丰富多彩、积极向上的学术、科技、体育、艺术和娱乐活动，把德育与智育、体育、美育有机结合起来，寓教育于文化活动之中。② 各高校纷纷响应号召，结合传统节日、重大事件和开学典礼毕业典礼等，开展特色鲜明、吸引力强的主题教育活动。在校园环境建设方面，也高度关注文化氛围的打造。一方面，重视校园环境的硬件设施建设，完善校园文化活动设施，建设好大学生活动中心。另一方面，大力加强校报、校刊、校内广播电视和学校出版社的建设，加强哲学社会科学研讨会、报告会、讲座的管理，坚决抵制各种有害文化和腐朽生活方式对大学生的侵蚀和影响。

2. 积极推进校园廉洁教育

随着改革开放的发展，社会上一部分人产生了"金钱至上论"的腐朽思想，一些领域出现贪污腐败现象，这对高校学生形成了一定的负面影响。为了让大学生认清腐败问题的实质，打造风清气正的校园文化环境，高校思想政治教育增添了校园廉洁教育的内容。2005 年教育部关于在大中小学开展廉洁教育试点工作的意见中指出，不断增强校园文化建设在大中小学开展廉洁教育试点工作中的育人功能。贯彻落实《教育部、

---

① 教育部思想政治教育工作司组编：《加强和改进大学生思想政治教育重要文献选编（1978—2014）》，知识产权出版社 2015 年版，第 158 页。

② 教育部思想政治教育工作司组编：《加强和改进大学生思想政治教育重要文献选编（1978—2014）》，知识产权出版社 2015 年版，第 267 页。

共青团中央关于加强高等学校校园文化建设的意见》，精心设计和组织开展内容丰富、形式新颖、吸引力强的主题宣传教育活动。不断加强校报校刊、校内广播电视、学校出版社、宣传橱窗等宣传阵地建设，寓廉洁教育于文化活动之中。充分发挥网络等新型媒体的重要作用，建设开通廉洁教育专题网页或网站，组织开展形式多样的网上廉洁教育活动。[①] 之后，各高校根据教育部文件要求，纷纷在各类社会实践活动中渗透廉洁教育的内容，把廉洁教育融入学生的学习生活之中，引导学生从具体事情抓起，从一言一行做起，培养良好的廉洁意识。学校团委积极引导和支持兴趣小组、学生社团等学生组织开展廉洁教育活动，进一步激发了学生的廉洁意识，增强了廉洁教育的效果。

3. 将社会主义荣辱观教育与校园文化融合

党的十六大以后，党中央非常重视社会风气的教育。2006 年 3 月 4 日，胡锦涛在参加全国政协十届四次会议民盟、民进界委员联组讨论时提出，要引导广大干部群众特别是青少年树立以八荣八耻为主要内容的社会主义荣辱观。社会主义荣辱观被评为 2006 年春夏中国主流报纸十大流行语之一。同年，教育部《关于学习贯彻胡锦涛同志讲话精神切实加强社会主义荣辱观教育的通知》中指出："要把社会主义荣辱观教育与校园文化建设结合起来。校园文化建设对树立和引领社会主义荣辱观具有重要的作用。校园文化建设要以社会主义荣辱观为导向，以建设优良的校风、教风、学风为核心，以优化、美化校园文化环境为重点，以丰富多彩、健康向上的校园文化活动为载体，推动形成厚重的校园文化积淀和清新的校园文明风尚，使学生在日常学习、生活中接受先进文化的熏陶和文明风尚的感染，在良好的校园人文、自然环境中陶冶情操，促进自我全面发展和健康成长。"[②]

---

① 教育部思想政治教育工作司组编：《加强和改进大学生思想政治教育重要文献选编（1978—2014）》，知识产权出版社 2015 年版，第 325 页。

② 教育部思想政治教育工作司组编：《加强和改进大学生思想政治教育重要文献选编（1978—2014）》，知识产权出版社 2015 年版，第 337 页。

（二）加强人文精神和科学精神教育

我国的科教兴国战略和《面向21世纪教育振兴行动计划》《中共中央、国务院关于深化教育改革全面推进素质教育的决定》提出了德、智、体、美相互渗透，协调发展，全面提高人才素质的要求。毫无疑问，迎接世界科学技术革命的挑战，要求我们必须加强大学生科技教育和人文精神教育，培养综合素质的高级人才。

1. 课程育人：选修、必修课程输入人文精神和科学精神

高校的教育最终是为社会经济、政治、文化建设服务，因此高校对人才的培养一定要适应社会建设的综合型人才需要。改革开放之后，科学发展趋于既高度分化又高度综合。在已经意识到学科设置不合理的情况下，各高校打破原有的教育模式，改革教育体制，逐步完善教学体系，优化课程的设置。改变过分专门化的学科分科，打破文理分家、理工分校的状况，有计划地对相关学科、专业进行整合，拓宽专业口径，扩充专业内涵。一是在专业建设上，鼓励"学生必须认真进行中国历史、地理、文学知识和政治知识的教育，没有这些知识的武装，人们的爱国主义、集体主义、社会主义思想难以确立起来的。"二是彻底改变重理工轻人文的状况，使大学生在学习专业知识的同时，更加注重人文学科的学习。三是在课程设置上，减少必修课，增加选修课，注重文理渗透，让文科生尽量掌握理工科的基础和思维方式，让理工科的学生尽可能接受人文学科教育。四是在学籍管理上，努力推行弹性学分制，鼓励学生文理交叉拿学分，以拓宽学生的知识面，使学生更多地受到科学文化和人文文化的教育。我们的教育内容不仅要适应科学技术知识的传播，还要顺应人的精神完善的需要。五是通过开展通识教育课程，进行博雅教育以提高大学生的人文素质，培养大学生的人文精神，各高校由过去的高度专门化普遍转向了"注重基础，淡化专业，因材施教，分流培养的新教育模式"，以及"宽口径、厚基础"的通识、通材教育。六是通过开设丰富多彩的公共选修课将人文精神也渗透在课程的教学过程之中，实现科学精神和人文精神的融通。

2. 实践育人：校内外实践活动践行人文精神和科学精神

大学生参加社会实践活动，是青年大学生健康成长的重要途径。

《中共中央关于改进和加强高等学校思想政治工作的决定》指出:“青年学生只有在学习科学文化知识的同时积极参加社会实践,更多了解国情,了解社会主义建设和改革实际,了解人民群众的思想感情,才能树立起为社会主义祖国而献身的信念,逐步锻炼成为有用人才。”1987 年 6 月《国家教委、共青团中央关于广泛组织高等学校学生参加社会实践活动的意见》和 1992 年 6 月中宣部、国家教委、共青团中央《关于广泛深入持久地开展高等学校学生社会实践活动的意见》都要求,高校将社会实践活动作为高等教育的一个重要组成部分,目的是让学生在“力所能及的范围内运用自己所学的知识为社会服务”①,鼓励学生在社会实践这种开放的学习环境中多渠道地获取知识,并将学到的知识加以综合应用于实践,促进他们形成积极的学习态度和良好的学习策略,培养创新精神和实践能力。

3. 榜样育人:先进典型的引导强化人文精神和科学精神

榜样教育法是思想政治教育中的重要方法。1983 年 7 月,中共中央宣传部、中共中央书记处研究室共同发出《关于加强爱国主义宣传教育的意见》认为,爱国主义宣传教育的内容、素材是非常广泛和丰富的,包括“宣传祖国的新貌和建设成就……宣传历代杰出的文艺家及其作品,宣传历代杰出的科学家及其贡献”。1990 年 7 月 30 日,江泽民、李鹏在中南海怀仁堂接见了参加国际奥林匹克数学、化学、物理、信息学竞赛的中国代表队队员,鼓励青年德智体全面发展。

（三）丰富校园文化活动

校园文化是一种群体性文化,是在校园这个特殊环境里,由全体“校园人”在长期的学习生活和工作生活中创造出来的,同时又无时无处不影响着校园文化主体的一种特殊文化。教育部、共青团中央在《关于加强和改进高等学校校园文化建设的意见》中指出:“高等学校校园文化是社会主义先进文化的重要组成部分。因此,加强校园文化建设,从战略和

① 教育部思想政治教育工作司组编:《加强和改进大学生思想政治教育重要文献选编(1978—2014)》,知识产权出版社 2015 年版,第 79 页。

全局的高度思考校园文化，对于推进高等教育改革发展、加强和改进大学生思想政治教育、全面提高大学生综合素质，具有十分重要的意义。”①

1. 丰富课余日常文化生活

党的十六大以后，随着我国高等教育的发展，高校学生自我教育的力度进一步加强。高校充分利用很多学生在入学前就具备的组织管理能力，调动学生积极性，积极开展学生喜闻乐见的丰富多彩、积极向上的学术、科技、体育、艺术和娱乐活动，建设以社会主义文化和优秀的民族文化为主体、健康生动的校园文化。1994 年 8 月，《中共中央关于进一步加强和改进学校德育工作的若干意见》提出，各高校要通过校园活动实现“努力净化校园环境、抵制消极腐朽思想的渗透和影响，抵制低俗文化趣味和非理性文化倾向，引导校园文化气氛向健康高雅方向发展”②。

2. 鼓励社团活动

各高校团委对学生社团进行有针对性的指导，鼓励他们成立各种社团组织，开展多种多样的适合青年特点的活动，寓思想教育于各种活动之中。一方面，大力支持和引导学生社团依据国家的法律法规，按照各自章程，独立自主地开展理论学习、学术科技、文化娱乐、社会实践、志愿服务、体育竞技等活动。各地高校根据实际情况，通过举办优秀社团评比展示、社团文化节、社团活动展演等方式，进一步丰富社团活动，扩大社团在学生中的影响，为学生社团发展注入活力、创造条件、搭建舞台、营造氛围；团中央和教育部定期组织社团开展交流活动，精选全国优秀社团进行表彰。另一方面，为了提升社团活动质量，学校多渠道加强对社团的指导。2005 年共青团中央和教育部联合发文，在学生社团发展过程中，要加强工作指导，把握正确方向。大力扶持理论学习型社团，热情鼓励学术科技型社团，正确引导兴趣爱好型社团，积极倡导社会公益型社团。要充分调动专业教师的积极性，选派有专场和责任心强的教师指导学生社团建设，

---

① 《教育部、共青团中央关于加强和改进高等学校校园文化建设的意见》，《中华人民共和国教育部公报》2005 年第 3 期。

② 教育部思想政治教育工作司组编：《加强和改进大学生思想政治教育重要文献选编（1978—2014）》，知识产权出版社 2015 年版，第 146 页。

并创造条件,提高社团指导教师的主动性、积极性、创造性和工作水平。①

3. 开展丰富多彩的院系班团活动

为了丰富学生的课余生活,高校开展了形式多样的有感染力的课外活动,包括举办讨论会、专题报告会、讲座以及文娱、体育活动,培养学生高尚的情操和广泛的知识兴趣。1987 年《中共中央关于改进和加强高等学校思想政治工作的决定》指出,高校要举办业余党校团校,马克思主义著作读书班,要鼓励和支持学生开展健康有益、丰富多彩的学术、文化、体育活动,把思想政治教育渗透到学生生活的各个方面。② 2001 年教育部关于加强高校大学生心理健康教育工作的意见中指出,要充分利用高等学校广播、电视、计算机网络、校刊、校报、橱窗、板报等宣传媒体,通过第二课堂活动,广泛宣传、普及心理健康知识,强化学生的参与意识,提高广大学生的兴趣。要通过加强校园文化建设,营造积极、健康、高雅的氛围,陶冶学生高尚的情操,促进其全面发展和健康成长。③

（四）推动校园网络文化发展,拓宽育人渠道

进入 21 世纪,随着信息化技术的发展,互联网作为信息传播的新媒体进入人们的生活世界,成为日常生活不可或缺的媒介之一。这对于高校校园文化建设既是机遇,又是挑战。一方面,电子化时代让一切信息交流更加通畅,缩小了人与人之间的距离。另一方面,网络的复杂化、虚拟化,又对高校大学生的思想观念和价值取向造成极大影响,如何适应网络时代青年身心成长的特点和实际需求,建设符合学生身心健康的校园文化是这一时期高校校园文化建设所面临的问题。

2000 年,教育部关于加强高等学校思想政治教育进网络工作的若干意见指出,要根据教育环境和教育对象的变化情况,充分运用网络手段拓展思

---

① 教育部思想政治教育工作司组编:《加强和改进大学生思想政治教育重要文献选编(1978—2014)》,知识产权出版社 2015 年版,第 285 页。

② 教育部思想政治教育工作司组编:《加强和改进大学生思想政治教育重要文献选编(1978—2014)》,知识产权出版社 2015 年版,第 72 页。

③ 教育部思想政治教育工作司组编:《加强和改进大学生思想政治教育重要文献选编(1978—2014)》,知识产权出版社 2015 年版,第 218 页。

想政治教育的视野,用正确、积极、健康的思想文化占领网络阵地。当代大学生在成长的环境、学习和生活的方式、接收信息的形式、思维方式等方面都发生和正在发生重大的变化。要根据这些新的变化,因地制宜,因时制宜,加强高校思想政治教育在方法、手段等方面的改革与创新。要通过思想政治教育进网络,开展丰富生动的形势与政策宣传教育;深化"两课"教学改革和邓小平理论"三进";及时了解师生的思想动态和关注的热点问题,有针对性地做好教育引导工作、纠正重大错误信息和批评错误言论等工作;宣传学校改革发展的成就和将要出台的重大改革措施,推进校务公开和决策民主;加强党建和团建工作;活跃学生课外生活和校园文化活动,弘扬主旋律,扶植正气;等等。各高校都要重点规划建设几个在师生中有吸引力、有影响的网站。①

教育部学习宣传贯彻党的十七届六中全会精神重点工作中指出,要加强和改进校园文化建设和管理。召开高校网络文化建设和管理工作座谈会。规划和建设好"中国大学生在线"网络,推动上海易班等区域性大学生网络社区建设,推进网上学生党建、社会实践、校园文化、心理健康等主题网站建设。开展优秀辅导员博客评选,不断丰富校园网络文化产品。加强校园网络舆情工作,进一步增强引导的针对性和实效性。开展文明上网教育,加强网络道德建设。加强校园网络信息安全管理,完善校园网开办 BBS 等交互式网站管理。②

这一时期,各高校充分利用校园网为大学生学习、生活提供服务,并建设了一系列融思想性、知识性、趣味性、服务性于一体的主题教育网站或网页,积极开展生动活泼的校园文化活动,形成网上网下文化育人的合力。

三、多方参与增强文化育人合力

高校文化育人涉及众多主体,从高校内部而言,包括团学组织、思想政治理论课教师、辅导员、学生干部;从外部而言,包含爱国主义教育基

---

① 教育部思想政治教育工作司组编:《加强和改进大学生思想政治教育重要文献选编(1978—2014)》,知识产权出版社 2015 年版,第 214 页。

② 教育部思想政治教育工作司组编:《加强和改进大学生思想政治教育重要文献选编(1978—2014)》,知识产权出版社 2015 年版,第 482 页。

地、企事业单位、教育行政部门等，这些教育主体都在高校文化育人中扮演着不可或缺的角色。因此，为提升高校文化育人的质量，实现以文化人、以文育人的目标，就需要整合各方面的教育资源，充分发挥各种教育主体的合力作用，共同推进校园文化建设。

（一）多部门协同合作的文化育人机制

文化育人是一项社会性的系统工程，需要打破校园文化育人壁垒，协同共青团组织、宣传部门和思想政治教育工作者，让他们成为学生的共同导师，共同提升青年大学生的文化审美和人文素养，在协同发展中不断提升文化育人的效果。

20 世纪 80 年代，全国自上而下开展多项文化育人活动，要求以学校为主体，各部门协同实施，以“合理”的精神和“统筹安排”“分工协作”的方法，保障育人效果。1981 年中宣部、教育部、文化部、卫生部、公安部等多部门联合发出通知，开展以讲文明、讲礼貌、讲卫生、讲秩序、讲道德和心灵美、语言美、行为美、环境美为主要内容的“五讲四美”文明礼貌活动，要求在人民群众中，特别是在青少年中继续进行共产主义道德教育，传承和发扬延安精神、解放初期的创业精神和雷锋精神。中央和地方的报刊、电台、电视台要加强文明礼貌的宣传报道，表彰这方面的好人好事；教育部门要把文明礼貌列为各类学校思想政治教育的一项重要内容，政治课要向青少年讲授道德修养和美学知识，并利用校会、班会有计划地开展这方面的教育活动。文化艺术领导部门要运用文学、戏剧、电影、音乐、美术、曲艺、舞蹈、摄影等形式，并责成群众艺术馆、文化馆（站）、院、电影放映队等企业、事业单位，宣传和倡导文明礼貌行为，把“五讲四美”教育搞得丰富多彩、生动活泼。卫生部门所属单位和医药院校，都要把“五讲四美”列为经常工作抓好，大力开展爱国卫生宣传，把讲卫生、防疾病和搞好环境美结合起来。公安部门要抓好对民警的文明礼貌教育，发挥基层派出所在“五讲四美”中的积极作用。① 在各部门的协同合作下，形成

---

① 教育部思想政治教育工作司组编：《加强和改进大学生思想政治教育重要文献选编（1978—2014）》，知识产权出版社 2015 年版，第 12 页。

了“五讲四美”文明礼貌教育的良好氛围。

1994 年，中共中央发布《爱国主义教育实施纲要》，要求全民共同开展青少年爱国主义教育。《纲要》指出，要把爱国主义教育贯穿到幼儿园直至大学的教学、育人全过程中去，特别要发挥好课堂教学主渠道作用。大、中、小学校都要积极开辟爱国主义教育的校外课堂，对学生进行直观、形象的教育。机关、企事业、乡村等基层单位，要教育广大青年牢固树立国家主人翁的责任感，把个人利益与国家的前途、命运联系起来，为国家多做贡献。城镇的街道居民委员会，农村的村民委员会，各级工会，共青团、妇联等人民团体，要重视发挥家庭在青少年教育中的特殊作用，把热爱祖国作为开展五好家庭、文明家庭活动和文明市（村）民教育的重要内容。①

（二）多渠道为青少年提供丰富多样的精神文化产品

为拓展文化育人载体，进一步加强对高校学生的思想引导，帮助广大青年学生树立远大的理想，提高道德水平和知识水平，全国各种文博基地、艺术团体、新闻传媒等文化建设队伍在党的领导下，加强与高校思想政治教育队伍协同合作，整合校内外资源，将反映国家主流意识形态的文化产品引入校园，推动校园文化建设的多元化发展，为青年大学生提供更多的精神产品。这一时期，文艺界创作了大量优秀电影、电视、音像作品，对青少年加强精神引导，从而对青少年进行潜移默化的教育。各级文化、影视主管部门积极提倡和扶持弘扬爱国主义精神的各类文艺作品的创作，在评奖、宣传等方面加强引导。各级出版主管部门纷纷对爱国主义教育图书的出版制订规划，针对不同读者群的年龄特点、文化层次和阅读需求有计划地组织出版教育读物，特别是组织出版了一批反映爱国主义主题的政治理论类、文艺类、知识类、历史类、文化类读物。

为加强高校大学生爱国主义教育，党中央明确指出：“各级党委政府要重视加强青少年活动场所的建设。文化馆、俱乐部要为青少年活动提

① 教育部思想政治教育工作司组编：《加强和改进大学生思想政治教育重要文献选编（1978—2014）》，知识产权出版社 2015 年版，第 41 页。

供方便条件。一是各地图书馆、博物馆要采取多种办法，吸引和提高青少年掌握知识的兴趣。二是利用各地的自然风光、文物古迹、名胜景点激起人们对我国壮丽河山和悠久历史文化的热爱之情。各旅游景点、自然保护区的导游讲解、文字说明、宣传材料都应包含爱国主义教育内容。各级旅游部门要特别注意树立导游人员的爱国主义宣传意识，加强这方面的教育和培训，充分发挥导游人员和旅游景点在爱国主义教育中的作用。”①在党中央的领导下，各教育行政部门、共青团组织运用爱国主义教育基地共同开展活动。各部门精心设计，周密组织，针对教育对象不同的年龄层次、心理特点、知识水平和接受能力，科学安排活动内容，注意思想性和艺术性、力求富有吸引力和感染力。

第四节　新时代高校文化育人的守正创新

新中国成立以来，中国人民在党的领导下，不断探索社会主义发展的正确道路。在社会主义建设与发展的历史进程中，中国共产党在理论总结与实践探索的基础上，形成了中国特色社会主义理论体系，作为社会主义建设各项事业的指导思想。“建设有中国特色社会主义，走的是一条与西方不同的现代化之路，是如同马克思所说的，跨越资本主义发展阶段的‘卡夫丁峡谷’，充分享受人类文明的一切优秀成果，从而避免资本主义制度的弊端和灾难，实现政治、经济、文化协调发展的现代化。”②进入新世纪，面对世界多元文化的交融与冲突，作为中国特色社会主义文化建设的重要组成部分，高校思想政治教育也遵循着其不同于西方文化精神的价值导向，高举中国特色社会主义伟大旗帜，牢牢把握中国先进文化的前进方向，走出一条不忘本来、吸收外来、面向未来的文化育人之路。

---

①　教育部思想政治教育工作司组编：《加强和改进大学生思想政治教育重要文献选编（1978—2014）》，知识产权出版社 2015 年版，第 41 页。

②　刘演林：《论有中国特色社会主义的大学文化精神》，《湘潭大学学报（社会科学版）》2000 年第 3 期。

一、新时代高校文化育人的理论与实践

（一）以社会主义核心价值观为文化育人的价值内核

文化从何而来？又因何而影响人的观念和认知？西方哲人认为是神意创造了诗性智慧，而这种智慧的积淀催生了文化。中国古代的思想家们则将文化产生归于圣人理想情怀。然而，马克思主义历史唯物主义的观点认为，文化产生的根源既不是神创，也不是圣人理想，而是人类的生产生活实践的产物。因此，文化并非抽象的存在，它具有时代属性和社会属性。社会主流文化，代表着与一定社会发展相适应的核心价值观，“核心价值观”是在一个国家、一个民族、一个社会中居于主导地位的，带有普遍适应性的看法与观点，它“承载着一个民族、一个国家的精神追求，体现着一个社会评判是非曲直的价值标准”①，受到全社会的共同认可，具有明显的主导性。因而文化从最初起，便具有明确的教化功能、认同功能和凝聚功能，让天下人有相同的知识体系、思维方式、价值观念、思想信仰和行为规范，形成强大的亲和力和凝聚力。

社会主义核心价值观是指人们对于社会主义价值的性质、构成、标准和评价的根本看法和总的观点，包含国家、社会、个人这三个层面的价值要求。这是党中央在探索中国特色社会主义建设的过程中，在继承中国优秀传统文化、创新革命文化、吸收国外优秀文化、立足当代中国发展的具体实际的内外条件下，从社会主义核心价值体系中凝练而出的符合当代中国发展需求的主观性、观念性的认识。大学文化育人，作为思想政治教育的途径之一，要以代表着社会主流价值的文化观念、文化载体、文化活动对学生进行价值塑造，因此要以核心价值观为价值内核和价值遵循。

党的十八大以来，高校致力于将思想引导和价值引领贯穿在整个育人过程中，以社会主义核心价值观为导向，实现对学生的价值引领和人格塑造，力求达到以文化人、以文育人的目标。2013 年 12 月，中共中央办公厅印发了《关于培育和践行社会主义核心价值观的意见》。《意见》强调：培育和践行社会主义核心价值观要从小抓起。坚持育人为本、德育为

① 《习近平谈治国理政》第一卷，外文出版社 2018 年版，第 168 页。

先，围绕立德树人的根本任务，把社会主义核心价值观纳入国民教育总体规划。高校要积极拓展青少年培育和践行社会主义核心价值观的有效途径，注重发挥社会实践的养成作用，完善实践教育教学体系，开发实践课程和活动课程，加强实践育人基地建设，打造大学生校外实践教育基地、高职实训基地、青少年社会实践活动基地，组织青少年参加形式多样的志愿服务，同时要求高校发挥校园文化的熏陶作用，加强学校报刊、广播电视、网络建设，完善校园文化活动设施，重视校园人文环境培育和周边环境整治，建设体现社会主义特点、时代特征的校园文化。① 中央的指导性意见，为高校培育和弘扬社会主义核心价值观指明了努力方向，为高校文化育人明确了价值准则和具体内容。全国各高校在党的领导下，围绕核心价值观全面开展文化育人活动。

一方面，坚持以社会主义核心价值观的理念为基本遵循，开展以课程教育为主线，以校园文化建设为支撑的主题鲜明、形式多样的教育实践活动，传播时代先进文化正能量，凝聚共同的价值取向。各类学校在核心价值观引领下开展校园文化建设，围绕社会主义核心价值观，针对国家、社会、个人三个层面的价值准则，通过主题宣讲、班团活动、知识竞赛、微电影拍摄、经典诵读等丰富多彩的校园文化活动加强对学生的价值引导，培育大学生的爱国主义精神，增强大学生的道路自信、理论自信、制度自信；利用网络新媒体的传播优势，结合大学生的思想实际，有针对性地进行社会主义核心价值观教育；紧扣爱国敬业诚信友善的价值标准，积极引导学生面对纷繁复杂的信息时代，善于甄别真善假恶，引领大学生坚定理想信念，促进大学生的自主成长与健康发展。

另一方面，将核心价值观的具体内容融入高校文化育人的具体教育内容体系中。2014 年 10 月，为促进高校有效落实立德树人根本任务，教育部、共青团中央印发《关于在各级各类学校推动培育和践行社会主义核心价值观长效机制建设的意见》，明确要求各类学校推动社会主义核

① 教育部思想政治教育工作司组编：《加强和改进大学生思想政治教育重要文献选编（1978—2014）》，知识产权出版社 2015 年版，第 644 页。

心价值观融入文化育人。一是创新主题教育活动形成校园文化品牌，组织学生结合自身经历，以文字、图片、视频、动漫等方式表达对社会主义核心价值观的理解感悟，深化“青年马克思主义者培养工程”，发挥大学生的骨干作用；二是在日常教育管理中积极融入中华优秀传统美德教育，组织大学生参与“道德模范进校园”“礼敬中华优秀传统文化”系列活动，通过各种文艺活动激励学生自觉践行社会主义核心价值观；三是打造一批校园文化经典作品，构建社会主义核心价值观文化资源库，通过高雅文化进校园、大学生艺术节等方式提升学生审美情趣和人文素质。① 教育部的系列规范性文件指导，为高校文化育人提供了具有中国特色社会主义鲜明特征的价值准则和行为依据。

（二）以实现中华民族伟大复兴的中国梦引领文化育人方向

2012 年 11 月 29 日，在国家博物馆参观《复兴之路》展览过程中，习近平正式提出中国梦。习近平定义“中国梦”——实现中华民族伟大复兴就是中华民族近代以来最伟大的梦想，而且满怀信心地表示这个梦想“一定能实现”。中国梦代表着一个多世纪以来中国人共同的梦想，蕴含着一代代中华儿女为之奋斗的民族文化基因。民族振兴、国家富强、人民幸福的价值内涵，包含了一个整体的价值系统和完整的目标体系，是高校思想政治教育的必然要求。在中国梦的引领下，高校文化育人被赋予了新的时代内涵，指明了以文化人、以文育人的发展方向。

1. 以中国梦唤醒文化认同，提升文化自信

随着经济全球化的发展，意识形态领域的竞争异常激烈。西方强权国家在通过经济和政治交流，控制着世界话语权的同时，将其文化和价值观渗透到不发达国家或地区，试图造成民族文化危机。新自由主义保留了甚至极端强化了个体价值与个人权利，在强调自由和人权的同时主张去国家化、去社会化；唯消费论则宣扬以自我为中心，以自我利益的实现消解公共利益的合理性，以追求财富最大化为人生最终目标，使人们沦为

---

① 教育部思想政治教育工作司组编：《加强和改进大学生思想政治教育重要文献选编（1978—2014）》，知识产权出版社 2015 年版，第 682 页。

金钱的奴隶。西方资本主义的价值输出，对部分青年大学生造成负面影响，他们渴望一夜成名、一日致富。个别学生对西方文化盲目崇拜，对中国传统文化以及社会主义先进文化保持怀疑甚至否定态度。为厘清当代学生的文化认知，促使其正确认识中国特色社会主义文化特质，提升文化自信，弘扬中国精神，在党中央的领导下，相关部门高度重视中国梦的文化内涵的发掘，围绕中国梦在青年学生中大力开展宣传教育活动。2013年1月31日，在国家互联网信息办公室、共青团中央的联合指导下，团中央网络影视中心、中国青年网主办了"我的中国梦——青春励志故事"网络文化活动，奏响了党的十八大后在互联网上引导全国青少年树立"三观三热爱"理想信念、践行伟大中国梦的青春序曲。该活动每周推出3个当代优秀青年典型的励志故事，中央主要新闻网站、地方重点新闻网站和主要商业网站在首页开设专栏，同步转载。除了线上活动以外，还开展了知识大赛、青春励志宣讲等丰富的线下活动。①

同年2月，教育部下发《关于在全国各级各类学校深入开展"我的中国梦"主题教育活动的通知》，要求各地和各级各类学校以组织开展"我的中国梦"征文大赛、组织开展"我的中国梦"主题宣讲、大力推进"我的中国梦"主题校园文化建设、扎实开展"我的中国梦"主题社会实践活动、组织开展"最美中国"主题摄影及微电影创作大赛、组织开展"我的梦·中国梦"为主题的网络文化和书信文化活动、大力培育选树学生先进典型为活动内容，加强领导，精心设计方案，认真组织实施，推动"我的中国梦"主题教育活动取得实效。②

高校以中国梦为主题开展的系列教育活动，有利于进一步提升大学生的理想信念。中国梦具有丰厚的文化底蕴和文化属性，实现中华民族伟大复兴，这样一个伟大梦想，表达了对中华民族几千年优秀传统文化的传承和继往开来，蕴含着坚定的文化自信。中国是世界文明古国之一，上

---

① 冯刚主编：《改革开放40年高校思想政治教育编年史（1978—2018）》，北京师范大学出版社2019年版，第488页。

② 冯刚主编：《改革开放40年高校思想政治教育编年史（1978—2018）》，北京师范大学出版社2019年版，第488页。

下五千年的华夏文明滋养了一代又一代中国人。中华民族曾经创造了璀璨的文明，为世界文明的发展作出了自己的贡献，这是我们引以为豪的历史。深挖中国梦的文化属性，将中国梦的美好愿景与文化育人相结合，有利于促使青年学生在对中华文化的认同中，树立文化自信，形成中华民族自立自强的精神品格，树立正确的世界观和人生观，树立为民族振兴而努力奋斗的理想信念和决心，在创造性转化、创新性发展中不断谱写中华文化新辉煌。

2. 以中国梦发挥文化激励作用，培育爱国情强国志报国行

文化是激励和凝聚国民精神的重要力量，党的十八大以来，高校为深入贯彻十八大精神，全面贯彻党的教育方针，高度重视中国梦的文化激励作用，将中国梦的宣传教育和大学生爱国主义教育深度融合，在实现中华民族伟大复兴中国梦的实践中培养爱国主义情怀，采取以梦育人、以文化人的方式推动高校爱国主义教育的开展，在青年学生中厚植以爱国主义为核心的民族精神和以改革创新为核心的时代精神，旨在培育学生的爱国情、强国志、报国行，激发大学生对国家对人民的热爱，让他们懂得取之于民、用之于民的道理，对祖国和人民心怀感恩。在大学生中普及以民族振兴、国家富强、人民幸福为深刻内涵的中国梦，激励青年大学生以国家利益集体利益为重，为了实现国家富强、人民幸福而努力学习，利用所学知识为中国特色社会主义建设事业作出应有的贡献。不再单一凭借传统的理论灌输教育，而是采用形式多样的教育方式发挥学生的主体作用，开展系列校园文化活动，激发学生的筑梦热情。

在教育部思政司的指导下，中国大学生在线以“传递青春梦想共话民族复兴”为主题，组织开展了我的中国梦百万大学生网上接力活动。通过网络凝聚大学生的青春正能量，激励广大学生践行青春梦想，为实现中国梦贡献力量。全国 70 多所高校十几万名大学生通过网络展示与中国梦、青春梦、报国梦和成才梦有关的图文及视频，制作体现各校特色的大学主题日活动专题页面，参与微博互动、微话题讨论，宣传展示中国大学生年度人物和全国高校辅导员年度人物的先进事迹，展示了广大学生播种梦想、点燃梦想的风采。

中国梦强调民族振兴、国家富强和人民幸福的科学内涵,大学生的前途和国家命运紧密相连,在高校开展中国梦的爱国主义教育活动,有利于青年学生将中国梦与个人梦的统一。每个人都有自己的梦想,都有自己对美好未来的憧憬。但是个人梦想实现的前提是民族复兴,国家富强。中国梦代表了中国人在建设小康社会和社会主义文明社会的共同梦想。习近平曾经用了三个好来说明国家、民族和个人的关系。从梦想对象中来揭示中国梦本质。"国家好,民族好,大家才会好"。这一句最简单、最朴实的话语,把国家、民族前途和个人理念有机地结合在一起,使大学生树立为中华民族的伟大梦想而奋斗的勇气和决心。

(三)以培养社会主义建设者和接班人为文化育人根本任务

以文化人、以文育人是文化固有的功能与使命,因而高校文化育人的落脚点在于育人,要解决的根本问题是以什么文化来育人,如何实现育人功能,育什么样的人。随着中国特色社会主义进入新时代,各种社会思潮交锋角逐,意识形态领域的斗争异常激烈,中西方文化的较量此起彼伏,受到多元文化的影响,青年大学生的功利化倾向日益明显,高校校园中的人文精神缺失,青年大学生理想信念弱化,价值观模糊。正如习近平指出的,青年正处于拔节孕穗期,需要有效引导,帮助他们扣好人生的第一粒扣子,如何培养德才兼备的新时代新青年,为社会主义建设培养接班人,成为新时代大学教育所面临的重大挑战。2017 年 10 月 18 日,习近平在中国共产党第十九次全国代表大会报告中指出,要全面贯彻党的教育方针,落实立德树人根本任务,发展素质教育,推进教育公平,培养德智体美全面发展的社会主义建设者和接班人。

学校是落实立德树人这一教育目标的责任主体,要充分发挥育人功能,在大学生成长成才过程中完成价值观培育、人格塑造和优化的根本任务。布迪厄的文化场域理论指出,"我将一个场域定义为位置间客观关系的一网络或一个形构,这些位置是经过客观限定的"。① 换言之,高校

① [法]布迪厄、[美]华康德:《实践与反思——反思社会学导引》,李猛、李康译,中央编译出版社 2004 年版,第 133—134 页。

人才培养的过程,就是要创造一种既设的文化场域,帮助青年学生认清自我,满足社会发展的现实需求,培养社会主义的建设者和接班人。这一过程,既需要通过显性的思想政治理论课程进行理论灌输和价值建构,更需要通过隐性的文化育人过程进行价值引导。2018 年 5 月 2 日,习近平在北京大学师生座谈会上讲话指出,要把立德树人的成效作为检验学校一切工作的根本标准,真正做到以文化人、以德育人,不断提高学生思想水平、政治觉悟、道德品质、文化素养,做到明大德、守公德、严私德,这就为高校文化育人指明了方向。一时间,各级各类高校采取各种文化育人的措施,以文化为切入点,通过文化传承、传播和创造,以润物细无声的方式,促进学生弘扬和践行社会主义核心价值观,提升文化素养和道德水平,为成为社会主义事业的建设者和接班人做准备。

（四） 以中国特色社会主义文化铸魂育人

习近平在党的十九大报告中强调,“文化是一个国家、一个民族的灵魂。文化兴国运兴,文化强民族强。没有高度的文化自信,没有文化的繁荣兴盛,就没有中华民族伟大复兴”,并指出,“中国特色社会主义文化,源自于中华民族五千多年文明历史所孕育的中华优秀传统文化,熔铸于党领导人民在革命、建设、改革中创造的革命文化和社会主义先进文化,植根于中国特色社会主义伟大实践”。① 对大学生进行思想政治教育,就是要充分挖掘中国优秀传统文化、革命文化、社会主义先进文化的育人功能。

1. 以中国优秀传统文化坚定大学生的文化自觉和文化自信

文化自觉这一概念,是著名社会学家费孝通 1997 年在北大社会学人类学研究所开办的第二届社会文化人类学高级研讨班上提出的命题。他认为文化自觉是反思传统文化、辨别借鉴西方先进文化的过程,是一种批判的实践、创造的实践过程。费孝通的“文化自觉论”首要之意便包含着对中华民族传统文化的自知与自省,通过反思传统,找寻其中对现代生存

① 习近平:《决胜全面建成小康社会 夺取新时代中国特色社会主义伟大胜利——在中国共产党第十九次全国代表大会上的讲话》,人民出版社 2017 年版,第 40—41 页。

有利的精神价值。"论及文化,通常指的是一个民族的整体生活方式及其价值系统,说得更明确些,它更多的应该是指人类的精神生产及其成果的结晶,包括知识、信仰、艺术、宗教、哲学、法律、道德等。"①作为文化认识论,文化自觉既是对自我文化和他者文化的自觉体认,又是指文化主体对自我的反思与自觉。它主要体现在三层含义:其一,在全球化背景下,为适应文化多元化的社会现实,需要准确理解本民族的传统文化,了解其内生性文化特质,正确对待其中的积极与消极因素,从中解析出有利于现代社会发展的成分,自美其美,推动本土文化的继承与发展;其二,以包容的文化胸襟正确诠释各种异质文化的理论和应用价值,从中找寻具有造福人类的普适性的文化因子,并将之与本土文化的精神价值相结合,实现美人之美、美美与共的和谐文化理念;其三,在对各种文化进行比较、鉴别、整合的基础上,自觉发挥文化主体性作用,实现文化创新,形成和而不同的文化合力,增强本民族文化的实力,推动文化转型与重建。

新中国成立以来,中国人的文化认识论经历了否定之否定的曲折过程,由五四时期的否定传统,试图彻底注入新思想,到革命年代对民族传统文化、民族性格的弘扬,再到"文革"时期对传统文化的盲目批判,使中国人一度在文化断层中迷失了自我。进入新时代,面对多元文化的冲击,中国共产党认识到,引导人们开启对中华民族传统文化的自觉、自省、自信,是构建先进的话语体系、思维方式和价值标准的重要前提。

2013 年,全国宣传工作会议在北京召开,习近平发表重要讲话指出,在全面对外开放的条件下做宣传思想工作,一项重要任务是引导人们更加全面客观地认识当代中国、看待外部世界,既要着力宣传阐释中国特色,又要积极借鉴人类文明创造的有益成果,要讲好中国故事,传播好中国声音。中央对宣传工作的定调,对高校积极有效开展传统文化教育,引导学生正确对待中国传统文化提供了理论依据。

2014 年,教育部印发《完善中华优秀传统文化教育指导纲要》,要求

① 刘海平主编:《文化自觉与文化认同:东亚视角》,上海外语教育出版社 2008 年版,第 34 页。

各类学校加强中华优秀传统文化教育。《纲要》明确要求各高校以提高学生对中华优秀传统文化的自主学习和探究能力为重点，培养学生的文化创新意识，增强学生传承弘扬中华优秀传统文化的责任感和使命感。深入学习中国古代思想文化的重要典籍，理解中华优秀传统文化的精髓，强化学生文化主体意识和文化创新意识；深刻认识中华优秀传统文化是中国特色社会主义植根的沃土，辩证看待中华优秀传统文化的当代价值。《纲要》对学校开展中华优秀传统文化教育明确具体工作重点。要求将中华优秀传统文化融入课程和教材体系，编写中华优秀传统文化普及读物，高等学校统一推广使用马克思主义理论研究和建设工程重点教材《中国文化概论》；要求充分发挥高校思想政治理论课的作用，以爱国主义教育为核心，深入挖掘中华优秀传统文化中蕴含的丰富思想政治教育资源，创新教学方法和手段，提升教学效果。同时，还要求高校利用校史馆、博物馆等场所开展传统文化教育，开展各种经典文化作品传播的主题活动丰富校园文化生活。

中华民族传统文化蕴藏着几千年来积淀而成的民族性格、信仰、情感、伦理，具有经久不衰的生命力，这些文化精髓是高校文化育人的重要载体。历代中国的思想家们无不主张对自身文化加以深刻反省和批判，通过文化实践实现历史文化的自觉担当，高校将中国优秀传统文化融入大学思想政治教育的系列举措，引导大学生在体验前辈“为天地立心，为生民立命，为往圣继绝学，为万世开太平”的豪情中增强了文化自信，也增强了大学生以中华民族复兴为己任的责任与担当意识。

2. 以革命文化锻造大学生艰苦奋斗、不怕牺牲的精神品质

中国共产党领导人民在革命、建设、改革中积累和形成了极为丰富的精神资源，锻造了革命精神，创造了革命文化，是中国特色社会主义文化的重要组成部分，发挥着巨大的精神动力作用。革命时期的红船精神、井冈山精神、长征精神、延安精神、西柏坡精神、三大战役精神等，建设时期的抗美援朝精神、大庆精神、大寨精神、“两弹一星”精神等，改革时期的小岗精神、载人航天精神、抗洪精神、改革开放精神等，这些精神，形成独特的文化风景线，放射出耀眼夺目的光芒，照亮中华民族伟大复兴的前进

之路。

革命精神构成革命文化的魂,它的内容极其丰富,包括坚定的理想信念、正确的政治方向、艰苦奋斗的工作作风、英雄主义的献身精神、百折不挠的革命意志等。这些伟大精神以文化的形态出现,必将在大学生的思想政治教育中发挥巨大作用,尤其可以弥补当代大学生比较缺乏的艰苦奋斗、不怕牺牲等精神。革命的文化与精神之所以能够铸魂育人,在新时代发挥巨大的精神价值,主要有以下几个方面的原因:第一,中国革命文化与精神作为中国革命事业的精神遗产和文化传承,将随着这一事业的发展而不断延伸。中国革命文化与精神是中国革命事业的一部分,只要这个事业在继续发展,这个精神就会继续存在并发挥自己的作用。第二,中国革命文化与精神的核心内容是当时革命实践的升华,不仅直接适用于革命时期,而且间接适用于建设和改革时期。因为精神文化一旦产生,就具有相对的独立性和超越性。中国革命文化与精神的基本内容,不论是坚定的理想信念、正确的政治方向,还是艰苦奋斗的工作作风、百折不挠的革命意志,都是当前需要青年大学生不断去发扬光大的。第三,中国革命文化与精神体现了人性的光辉一面,是人性中崇高精神的集中体现,具有超越时空的永恒价值。当代大学生生活在和平富足的时代,享受着充裕的物质生活,但也表现出对物质的过分欲望,享乐主义在一定范围内时有体现。因此,继承和发扬艰苦奋斗的革命精神就显得十分必要。加强大学生中国革命文化与精神的教育,充分发挥革命文化的育人功能,具有重要的当代价值,在当前有其重要的现实意义。

3. 以社会主义先进文化激励大学生最深层的精神追求

社会主义先进文化,是马克思主义基本原理与中国文化发展相结合而产生的文化形态,包括世界观、人生观、政治观、价值观、革命观和群众观等一系列的思想观点,集中体现了社会主义中国的思维能力、精神品格和文明素质,能够对新时代中国特色社会主义伟大事业提供思想保证、精神动力、凝聚力量和智力支持。社会主义先进文化能够激励青年大学生自身最深层的精神追求,在思想政治教育中发挥不可替代的作用。

第一,共产主义理想信念是社会主义先进文化的灵魂,能够激励大学生的坚定崇高信仰。中国共产党人在革命斗争过程中所表现出来的坚定革命信仰和共产主义理想信念,以及革命的大无畏精神,是社会主义先进文化的重要内容。革命先辈为追求自己的理想信仰而表现出的崇高精神品质,能够感召青年大学生为实现中国特色社会主义共同理想和共产主义远大理想而奋斗。习近平在谈到理想信念的重要性时指出:“理想信念就是共产党人精神上的‘钙’,没有理想信念,理想信念不坚定,精神上就会‘缺钙’,就会得‘软骨病’。”①青年大学生应该深入领会社会主义先进文化的精髓和灵魂,树立共产主义远大理想,坚定共产主义崇高信仰,防止精神之“钙”的缺失,努力使自己成为中国特色社会主义事业的建设者和接班人。

第二,家国情怀是社会主义先进文化的根本,能够强化大学生的责任担当意识。家国情怀是中华民族文化传统的重要价值观,经过岁月风霜的洗礼,历久弥新。优秀的中国共产党人始终怀有浓厚的家国情怀,在追求崇高的事业中不断激励他们甘于奉献,勇于牺牲。和平时期,保家卫国的历史使命相对弱化,而建设我们的美好家园却是十分重要的任务。青年大学生应该主动继承优良传统,怀揣家国情怀,接过先辈们的接力棒,努力学好本领,不断培养科学精神、创新精神、创业精神,积极投身于社会主义现代化建设的伟大事业中。

第三,实践品格是社会主义先进文化的重要体现,能够激励大学生广泛投身社会实践。勇于实践是马克思主义的重要精神品质,是社会主义先进文化的重要体现。大学阶段是青年人生发展的关键阶段,青年大学生不能将大好的光阴浪费在上网、打游戏等方面,而应该积极地投身社会实践,改造客观世界,同时改造自己的主观世界,在实践中体验创造的乐趣,追寻人生的真正价值。深入学习和领会社会主义先进文化的实践品格,有利于大学生积极思考人生的意义和价值,积极投身党领导和开创的宏伟事业。

---

① 《习近平谈治国理政》第一卷,外文出版社 2018 年版,第 15 页。

（五）与时俱进拓展文化育人载体

文化育人载体是指承载文化知识和信息并成为育人要素的物质构建或理念展示。文化育人载体随着时代的发展而发展,充分发挥各种文化育人载体的作用,提高学生思想政治教育的针对性和实效性,必须与时俱进,对文化育人载体进行优化重组,良性选择,使其育人的功能事半功倍。

1. 发挥课堂主渠道作用,塑造学生良好的思想政治品质

第一,突出思想政治理论课的核心地位,牢牢把握大学生成长成才的政治方向。思想政治理论课是对大学生进行马克思主义理论教育的主阵地,是开展大学生思想政治教育的显性课程,也是落实立德树人根本任务的关键课程。通过思想政治理论课,加强对大学生的世界观、人生观、价值观的教育,是新时代文化育人的重要体现。第二,突出综合素养课程和专业课程教学的育人导向,促使知识传授与价值观教育同频共振。大学生思想政治教育要围绕体制机制、课程设置、教师选聘以及教学方式等方面,强化综合素养课程和专业课程的政治方向和思想引领,突出综合素养课程和专业课程的文化育人价值。

2. 发挥思想政治教育基地文化育人载体的作用,培育学生的社会主义核心价值观

思想政治品质包含丰富的内涵,需要从各个方面进行熏陶培育。学生的成长是家庭、学校、企业、社会等多方面因素相互影响、共同培育的过程。各种德育基地如博物馆、纪念馆、文物旧址、革命圣地等,是文化育人重要载体,对于培育大学生社会主义核心价值观具有重要作用。

3. 合理利用新媒介载体作用,体现思想政治教育的时代感

“互联网+”时代的到来,改变了传统思想政治教育的思维定式,为新形势下开展大学生思想政治教育带来了机遇和挑战。通过网络媒介传播具有时代特色的社会主义先进文化,对大学生进行守正创新的文化教育,显得十分必要。要综合运用各种媒介手段,提升文化宣传教育的实效性。既要发挥诸如电视台、广播站、校报、橱窗、海报等传统媒介的作用,又要发挥校园网、微博、微信、移动客户端等新媒介的作用,体现思想政治教育的时代感,增强文化育人的实效性。

二、新时代高校文化育人的经验总结

进入中国特色社会主义新时代，高校文化育人形成中国特色社会主义的文化育人导向，以社会主义核心价值观为灵魂，坚持各美其美，美美与共的文化自觉，在实现中华民族伟大复兴中国梦的实践中厚植爱国主义情怀，在坚持和加强党的全面领导下实现育人目标，在吸收建党以来高校文化育人的经验和教训的基础上，实现了高校文化育人工作的创新发展，为中国共产党高校文化育人从理论与实践上积累了宝贵经验。

（一）坚持马克思主义为指导，增强文化育人的科学性

在经历了新民主主义革命时期以及新中国成立初期文化育人的实践探索，“文革”时期文化育人方向的价值偏离，到改革开放初期文化育人的制度重设这一曲折过程，中国共产党意识到，发挥文化育人对高校思想政治教育的价值塑造作用，使文化育人的效用最大化，就必须始终坚持马克思主义毛泽东思想的理论指导，以马克思主义的世界观和方法论引领文化育人的方向。

首先，坚持马克思主义历史唯物主义的观点，正确看待传统文化与新时代高校文化育人的关系。在中西文化冲突异常激烈的背景下，通过经典讲诵、高雅艺术进校园等形式丰富的宣传教育活动，引导青年学生全面客观地看待中国优秀传统文化。一方面，充分运用各种优秀传统文化经典作品，向学生宣传阐释中国几千年的悠久历史文明，让学生在生动活泼的文化体验中，自觉领悟中华文化积淀中所蕴含的中华民族最深沉的精神追求；通过宣传阐释中国优秀传统文化的基本要义，向学生讲清楚每个国家和民族的历史传统、文化基因、基本国情的差异，厚植爱国主义情怀。另一方面，针对西方文化，采取不回避不退让的态度，客观看待中西文化的差异。习近平多次指出：“独特的文化传统，独特的历史命运，独特的基本国情，注定了我们必然要走适合自己特点的发展道路，对我国传统文化，对国外的东西，要坚持古为今用、洋为中用，去粗取精、去伪存真，经过科学的扬弃后使之为我所用。”①高校借助各种文化传播手段，讲好中国

---

① 《习近平谈治国理政》第一卷，外文出版社 2018 年版，第 156 页。

故事，传播好中国声音，让青年学生了解中华民族的文化优势，教导青年学生既不崇洋媚外也不盲目排外，在理性对待外来文化的基础上，坚持不忘本来、吸收外来、面向未来的文化立场，从而自觉树立坚定的文化自信。

其次，运用马克思主义辩证唯物主义的观点，坚持用发展的眼光看待当前文化育人的时代背景和社会环境的变化。“明者因时而变，知者随世而制。”①面对信息化时代的人际交互的多元化，高校在坚持党对意识形态的绝对领导权的前提下，以立德树人为中心，把服务学生和教育引导学生相结合，把满足需求和提高学生的人文素养相结合，开展各种符合青年大学生认知需求、性格特征和心理成长规律，为大学生群体喜闻乐见的校园文化活动。

2013 年 1 月《中国教育报》报道，北京市委教育工委在新浪网开设了“首都百万师生微党课”微博，创新师生思想政治教育的形式。首都各高校师生积极参与，网上网下，校内校外掀起了学习宣传党的十八大精神的热潮。微博平台形式多样，内容丰富：“微讲堂”重在解读党的十八大报告，传递报告的核心内容；“微直播”把网上网下学习宣传活动相结合，及时分享精彩报告内容；“微展示”重在展示各高校学习活动，交流各高校学习宣传工作亮点；“微观天下”及时播发中央和领导重大活动新闻事件。这些活动在牢牢守住党的教育方针政策底线的基础上，弘扬主旋律，传播正能量，在不断壮大主流思想舆论的基础上，实现文化育人的理念创新、手段创新和评价体系创新。

（二）坚持党的全面领导，为文化育人目标的实现提供可靠保障

中国共产党自成立以来就非常重视文化的育人作用，尤其重视高校文化育人这一思想政治教育领域的重点工作。党政军民学，东西南北中，党是领导一切的。党的十八大以来，为全面实现中华民族的伟大复兴，党牢固树立阵地思想，从组织上、思想上加强对高校文化育人的领导作用。

1. 坚持党对高校文化育人的组织领导

党的十八大以来，随着中国特色社会主义的发展，我国的高等教育也

---

① 《习近平谈治国理政》第一卷，外文出版社 2018 年版，第 155 页。

进入一个大发展的时期，面对文化的多元，机遇与挑战并存。2013 年 8 月，在第 23 次教育部直属高校工作咨询委员会第 23 次全体会议上，刘延东指出，高校要完善内部治理结构，坚持和完善党委领导下的校长负责制，充分发挥学术组织作用，拓宽师生参与民主管理和监督的渠道，构建以大学章程为龙头的制度体系，深化人才培养、人事制度、科研及院系管理体制改革，增强高校健康发展的内生动力。在新的形势下，各高校党政领导围绕立德树人，从制度建设、程序规范、经费保障等方面统筹谋划，加强管理，为校园文化的建设与发展营造了良好的氛围，创造了良好的育人环境。同时，高校高度重视学生团学组织的先锋模范作用，对研究生会、学生会等学生组织加强工作指导，充分发挥他们在校园文化建设方面的作用。2014 年 1 月，共青团中央、教育部关于《中华全国学生联合会和研究生会建设的指导意见》强调："高校党委要将学生会和研究生会建设作为做好新形势下青年学生工作、促进学校建设发展的重要组成部分，摆上议事日程，纳入整体规划，在完善学校内部治理机构、服务学生成长成才等方面充分发挥学生会和研究生会的桥梁纽带作用。"①《意见》明确了高校学生组织的自我管理和自我教育功能，有利于进一步加强高校党委对校园文化建设的组织领导。

2. 坚持党对学校意识形态工作的领导权

当前党的工作重点是经济建设，而意识形态工作是党的一项极端重要的工作。中国特色社会主义进入新时代，国际国内形势愈发复杂，社会上各种思潮激烈交锋，作为走在思想最前沿的主阵地，高校也成为各种意识形态传播与交融的重要场所。青年大学生属于变动性较大的群体，他们有着自己的主张和见解，也坚持思想解放和自由，但由于涉世不深，面对纷繁复杂的舆论万象，其思想也很容易受一些负面因素的影响，个别学生会出现对国家的方针政策质疑，共产主义信念摇摆的倾向，因而牢牢抓住党对高校意识形态工作的领导权，有效地发挥党在高校的舆论引导作

① 冯刚主编：《改革开放 40 年高校思想政治教育编年史（1978—2018）》，北京师范大学出版社 2019 年版，第 511 页。

用，用正确的舆论来引导高校学生，是坚持文化育人正确方向的重要前提。

2013 年，《党建》杂志社作为中央党建刊物，主编并出版《力量中国》《给力中国》《聚焦中国》，就中国文化建设、文化研究、文化发展等问题进行理论研究，其中既有中央领导对社会主义文化大发展大繁荣的政策指导，又有地方政府领导就本地区文化建设问题的经验总结，集中体现了党对文化育人的高度重视和宏观设计，对高校弘扬主流价值和意识形态教育提供了精神动力和智力支持。

（三）坚持社会主义意识形态引领作用，保证文化育人的前进方向

习近平在党的十九大报告中指出："意识形态决定文化前进方向和发展道路。必须推进马克思主义中国化时代化大众化，建设具有强大凝聚力和引领力的社会主义意识形态，使全体人民在理想信念、价值理念、道德观念上紧紧团结在一起。"①新时代，对大学生进行思想政治教育，发挥社会主义先进文化的育人功能，必须以社会主义意识形态的价值导向为引领，确保文化前进方向和发展道路，才能坚定大学生的文化自信和意识形态自信，进一步维护意识形态安全。

1. 发挥社会主义意识形态影响和整合多元文化价值观的功能，增强大学生文化自信

以社会主义意识形态中的价值观影响和整合多元文化价值观，达到在价值认同基础上获得价值共识从而起到价值引领的目的，就能体现出意识形态决定文化前进方向和发展道路的作用。社会主义意识形态中的价值观主要表现为社会主义核心价值观。社会主义核心价值观是我国社会主义意识形态的本质、特点、根本内容在价值观上的集中体现和全面展示，也集中体现和全面展示了新时代的中国精神文化，凝聚着全体中国人民对于美好现实生活和美好未来向往的共同价值追求。加强大学生社会主义意识形态教育，特别是加强对于社会主义核心价值观的培育和践行，

① 习近平：《决胜全面建成小康社会　夺取新时代中国特色社会主义伟大胜利——在中国共产党第十九次全国代表大会上的讲话》，人民出版社 2017 年版，第 41 页。

有利于强化基于价值认同的价值共识,形成行为习惯,从而奠定主流文化价值观的思想根基,构筑好社会主义精神文化高地,增强大学生的文化自信。

2. 用社会主义意识形态抵制和批判错误的文化价值观,增强大学生的是非观念

以社会主义意识形态中的价值观抵制和批判错误的文化价值观,达到区分善恶、明辨是非、坚定信念、启迪智慧、传播真理的目的,发挥意识形态决定文化前进方向和发展道路的作用。真理与谬误是相比较而存在、相斗争而发展的。斗争是促进思想认识交流和追求真理的重要手段。意识形态阵地和思想文化阵地,社会主义的思想观念体系不去占领,错误的思想观念体系必然会去占领。特别是在信息化网络化高度发达的今天,更要注重网络意识形态工作,加强阵地建设和管理。新时代,要教育引导大学生注意区分政治原则问题、思想认识问题、学术观点问题,旗帜鲜明反对和抵制各种错误观点。

3. 发挥社会主义意识形态中文化软实力作用,增强大学生的民族责任感

社会主义意识形态是我国文化软实力的重要体现,它始终确保社会主义意识形态在国家精神文化价值体系中占据主导地位并发挥主导功能。文化软实力通过影响国民的人格塑造、理想信念确立、价值准则遵循、道德情操构建等精神文化层面的运作,达到决定社会风尚和影响民族素质、国家形象的效果,并潜移默化地转化为国家的综合竞争力。新时代,对大学生进行思想政治教育,就是要理直气壮教育引导大学生坚持社会主义意识形态的思想武装,主动承担推动社会主义文化繁荣兴盛的民族责任,提升社会主义中国的软实力竞争力,努力把我国建设成为社会主义文化强国。

(四)培育大学精神,彰显文化育人的文化内涵和文化力量

大学是大学生生活的时空场域,大学的一草一木,一物一窗,一人一事,都潜移默化地对大学生产生重要影响。大学精神是大学文化的重要组成部分,是大学文化的核心和灵魂。大学精神的培育,直接关系着大学

生的人生成长。落实大学精神培育的举措,是高校文化育人的重要一环,是彰显高校文化育人的文化内涵和文化力量的外在体现。

大学精神的载体大体可分为两大类:一类是传统的物质形态,包括体现办学特色的校园主体建筑,展示校园文化的园林景观,反映办学理念的箴言警句以及校训、校旗、校徽、校歌等;另一类是现代的媒介形态,主要是以互联网为传播媒介的相关理念展示,集中反映为网络收视终端的数字化声光电图像和语言文字信息。无论是传统的物质形态,还是现代的媒介形态,都是大学精神的具体呈现,潜移默化影响着大学生的思想和行为。

大学精神是大学教育价值取向的集中体现,是凝练学校办学理念、办学目标、办学特色、办学风貌的独特展示,大学通过营造独具特色的文化氛围,通过文化渗透塑造学生的良好思想品质,在大学生思想政治教育中发挥着独特的作用,主要表现在:一是校史文化传递。学校的发展史,往往是一部生动的艰苦创业史、改革创新史和文化发展史。例如,一组新旧校门的对比照片,能够反映学校变迁的历史、记录学校变化的痕迹,可以使学生感受到学校厚重的文化底蕴和自己应该承担的责任;一个展示教师风采的专栏,可以让学生领略教师教书育人的丰姿,引发学生对教师的尊敬和爱戴,有利于其在教师的教育引导下成长成才。利用校史展览室、荣誉陈列室等阵地向学生介绍学校的创业史和发展史,能够激励学生刻苦学习、立志成才。二是校情文化感知。让学生有目的地参观校园风貌、文化景观和先进的教学设施,可以使他们感受校园文化的新鲜与厚重,激发勤奋向上、锐意创新、逆境之中不畏艰难的壮志和热情;通过碑牌石刻、簇锦花坛、光电屏幕等手段综合展示学校文化,形成浓郁的文化景观,使之成为学生汲取精神营养的“氧吧”。三是校园活动体验。校园文化活动是陶冶学生情操的重要载体。举办文化艺术节、体育节、德育节等系列主题活动,能在学生中形成良好的人际关系和成长氛围,增强学生的凝聚力,最终使广大学生实现自我教育、自我管理、自我约束。

(五)结合时代发展需求发挥青年学生在文化育人中的主体作用

人是万物的尺度,文化育人的最终目标是通过特定文化所蕴含的精神去对受教育者进行价值引领。在这一过程中,教育者和受教育者互为主体,需要通过彼此接受的过程,才能达成共同的文化认知,最终实现育人目标。随着网络信息技术的发展,当代青年学生的心理特征更加复杂化,他们对信息的获取渠道更加多元化,不再满足于传统教育方式的单向度输出,而是表现出极为强烈的自我表现欲望。因而新形势下,高校文化育人就需要充分重视学生的文化主体性,在准确把握青年学生成长规律和心理特征的基础上,充分发挥其主体作用,通过各种渠道为他们搭建合理的自我教育空间和平台,促使他们在主动的文化实践中获得深刻的文化自省,从而实现精神的超越。

为满足青年学生的认知需求,针对其思想实际进行有的放矢的教育,近年来,各高校充分运用各种新媒体开展了大量校园文化活动。2013 年 1 月,由文汇报、人民网、中国大学生在线共同主办的"最美中国"大学生摄影及微电影创作大赛在上海交通大学颁奖,大赛历时近半年,参加人数上百万,记载了百万大学生寻找、记录"最美中国"的丰硕成果,激发了大学生寻找美、歌颂美的热情,积极营造了健康的网络文化氛围,青年大学生将自己对生活的体验与感悟用影视作品进行记录,为观众呈现了年轻一代的青春活力和对祖国大好河山的热爱。

2013 年 12 月,全国高校校园网站联盟在北京成立,教育部副部长杜玉波强调,各高校要以联盟成立为契机,主动开放本校优质网络资源,认真借鉴其他高校先进经验,培育具有学校特色的网络文化品牌。并要求联盟搭建全国高校校园网络资源共享、工作协助和信息交流平台,努力成为高校校园网络信息资源的集散库、思想文化的策源地和宣传舆论的风向标。

青年学生是一个敏感的群体,也是一个可塑性很强的群体,他们对新生事物的接受速度胜过年长一代,但是其对是非善恶、真假美丑的辨别能力又往往会受到外部世界的干扰。因此,高校文化育人需要在紧扣主流意识形态底线的基础上,把握学生的时代特征,密切关注学生的现实需求,有效运用网络时代的一些教育媒介,与时俱进、科学合理地改进教育方式,拓宽教育载体。

总体而言,进入新时代,高校文化育人的载体进一步得到了拓展,育人的形式更加丰富多样，实效性进一步加强。

三、新时代高校文化育人的发展展望

（一）兼容并蓄：多样性视觉下的文化坚守与文化自觉

人类社会发展进入21世纪以来，科技发展日新月异，社会生产力不断提高，世界各国联系更加紧密，相互依存日益加深。当此经济全球化时代，世界向多极化方向发展，文化呈现出多样化形态，并相互交流、相互借鉴。作为文化影响力越来越大的中国特色社会主义文化，必将为世界的发展作出新的贡献。

新时代，针对大学生的思想政治教育，在文化育人方面，就是要让青年大学生坚信中国特色社会主义文化能够为人类未来发展提供重要指引。中国特色社会主义文化，作为成熟开放的思想体系，始终关注人类和平开放发展，以构建人类命运共同体为己任，表现出超越民族与地域的思想特点。习近平深刻指出：当代人类也面临着许多突出的难题。“要解决这些难题，不仅需要运用人类今天发现和发展的智慧和力量，而且需要运用人类历史上积累和储存的智慧和力量。世界上一些有识之士认为，包括儒家思想在内的中国优秀传统文化中蕴藏着解决当代人类面临的难题的重要启示。”①习近平总书记的重要论述阐明了解决全球问题的根本之道，世界人民只有携手共进，互相支持，守望相助，才能正确解决人类面临的难题。中国有能力有信心在解决人类面临的难题方面发挥巨大的作用，中国特色社会主义文化始终是世界文化大家庭重要的一员，无论古今，都能为世界的和平开放发展作出应有的贡献。当代大学生，要秉承人类命运共同体理念，不断将中国文化中蕴含的“天下大同”“美美与共”的价值诉求，推向全世界，为中国向世界展示和平发展、多元对话的姿态，作出新贡献。要坚决反对西方“大国必霸”“文明冲突”的文化糟粕，为实现全人类广泛利益不懈努力。

---

① 习近平：《在纪念孔子诞辰2565周年国际学术研讨会暨国际儒学联合会第五届会员大会开幕会上的讲话》，人民出版社2014年版，第6页。

（二）与时俱进：传统文化的创造性转化和创新性发展

中华传统文化是巨大的思想宝库，既是中华儿女的精神养料，也是全人类的文化遗产。新时代，针对大学生的思想政治教育，在文化育人方面，就是要让青年大学生自觉继承和发展中华优秀传统文化，努力实现中华优秀传统文化的创造性转化、创新性发展。

“创造性转化、创新性发展”既是当代大学生正确对待中华优秀传统文化的科学态度，也是当代大学生应该承担的历史使命。当代大学生要坚持辩证地、发展地、全面地看待中华优秀传统文化，深刻领会“创造性转化、创新性发展”的科学内涵，努力推动中华优秀传统文化的健康发展。首先，要坚持马克思主义关于实践的标准，辩证继承中华优秀传统文化。继承发展中华优秀传统文化不能复古倒退，更不能照搬照抄。中华优秀传统文化想要重新“在场”，必须坚持实践标准，将自身发展与当代中国具体实践紧密结合，以时代与实践的问题激活中华优秀传统文化的文化生命。其次，新时代，青年大学生继承发展中华优秀传统文化，不是要照着讲，而是要接着讲，坚持创造性转化、创新性发展的基本方针，做到古为今用，使中华优秀传统文化成为维护社会稳定、培育时代精神、推动民族复兴的强大力量。最后，当代青年大学生继承发展中华优秀传统文化，要坚持文明互鉴、兼收并蓄基本原则。继承发展中华优秀传统文化不能故步自封，更不能敝帚自珍，必须以维护世界文明多样性为前提，互学互鉴，实现不同文明之间融会贯通。正是在这一过程中，中华优秀传统文化能够实现了自我升华，得到全世界更加广泛的认可。

（三）以人为本：增强文化育人的亲和力和针对性

以文化人、以文育人是思想政治教育的重要手段，以人为本是思想政治教育的根本原则。高校思想政治教育的对象是活生生的人，是那些具有强烈的主体意识、富有独立思考精神、善于接纳新生事物的大学生。高校要实现立德树人的根本任务，对大学生进行思想政治教育，在文化育人方面，必须坚持以人为本基本原则，增强文化育人的亲和力和针对性。

如何实现关于人的自由而全面发展、人的素质提升和健康成长，是马克思主义理论根本要解决的问题。针对大学生的思想政治教育尤其是在文化育人方面,必须要充满人文色彩,从关心人、爱护人、培育人的角度,促进大学生的全面发展,提升思想政治教育的亲和力和针对性。思想政治教育的亲和力就是思想政治教育的说服力、感召力和吸引力,也是思想政治教育的生命力;思想政治教育的针对性就是围绕思想政治教育对象的实际状况和实际需要而展开的,是从客观实际出发的思想政治教育。文化育人的亲和力建立在针对性的基础之上。文化育人只有具备针对性,始终从教育对象的客观实际出发,按照教育规律办事,才能深入教育对象的心理世界,产生亲和力的效果。只有将真理性与情感性、科学性与人文性、规律性和价值性紧密地结合在一起,形成富有哲理、富有情感和富有艺术的教育,才能使教育对象感到亲近,从心灵深处愿意接受并产生价值共识和价值认同,达到文化育人的最终效果。

第九章　中国共产党高校思想政治教育的管理

思想政治教育管理是指思想政治教育领导部门、主管机构及其人员，运用计划、组织、指挥、协调和控制等管理手段，对思想政治教育资源进行有效整合，以达到思想政治教育目的、完成思想政治教育任务的创造性活动过程①。自党成立以来，中国共产党以先进的马克思主义理论作武器，依托各高校党组织和青年团组织，在推动了革命事业的进程中积累了丰富的思想政治教育管理经验。新中国成立之后，高校思想政治教育管理工作经验与教训同在，发展与挫折交叉。特别是党的十一届三中全会的召开以及会前举行的中央工作会议，在恢复党的正确领导的过程中，高校思想政治教育管理在领导权、领导架构、方式方法、操作要求等方面快速运作起来，构建了高校思想政治教育管理的基本框架和逻辑原则。随着国内政府机构、体制机制、职能分工等不断改革，高校的思想政治教育管理架构作出了相应调整，构建了系统化的管理体制，增设了就业指导、心理咨询、资助管理、学业辅导、研究生思想政治教育等部门或机构，思想政治教育管理内涵愈加丰富。新时代以来，高校思想政治教育管理坚持正确方向，从“管理”走向“治理”，不断建立健全具有活力的内部治理机制。

---

① 陈万柏、张耀灿主编：《思想政治教育学原理》，高等教育出版社 2015 年版，第 268 页。

第一节　高校思想政治教育管理的发展历程

中国共产党高校思想政治教育管理立足于党的思想政治教育工作实践和自身实际情况，不断回应时代要求，历经前管理时期、曲折探索期、重建发展期等阶段，在探索中曲折发展，形成了具有时代特色的高校思想政治教育管理体制。

一、新中国成立前的高校思想政治教育管理探索（1921—1949 年）

1921—1949 年，新中国成立前的 28 年在人类历史的长河中只是一瞬间，但是，对于风雨飘摇的中国来说，是探索救国救民真理、开辟国家独立、民族复兴道路的重要时期。新中国成立前，中国共产党并没有高校教育教学管理权限，但这并不意味着毫无作为。无论是大革命时期，还是抗日战争时期，抑或解放战争时期，代表着历史正确前进方向的年轻的中国共产党，以先进的马克思主义理论作武器，依托各高校党组织和青年团组织，利用学生运动，都较好地契合了其在每一个历史时期制定的不同政策，进而推动了中国共产党革命事业的进程。

（一）依托青年组织积极宣传马列主义思想

在不同的历史时期，中国共产党始终能够根据革命需要不断制定新的政策。革命初期，学生群体的政治主张是随着国内政治局势变化而变化的，一个始终符合革命需要的青年组织才能对学生群体起到引领作用。中国共产党自成立以来，一直积极发挥利用民众力量，更是将青年学生群体视为重要的革命力量。1921 年 7 月，中国共产党成立后，在加强对青年团的领导方面拟定了具体的实施计划，要求“全国社会主义青年团必须在明年七月以前超过二千团员”，并要求各地党组织切实注意学生运动，对青年团组织的领导要“依新章从速进行”。① 九一八事变后，为了团

① 《建党以来重要文献选编（1921—1949）》第 1 册，中央文献出版社 2011 年版，第 47—48 页。

结更多的力量建立抗日民族统一战线，中共中央于 1936 年 11 月作出决定改造中国共产主义青年团①，使其成为广泛团结各界青年的组织。解放战争爆发后，面对迅速发展的革命形势和青年日益高涨的革命热情，中共中央决定试建中国新民主主义青年团，“团结教育整个青年的一代，以及更大地发挥青年群众在人民解放战争中与新民主主义国家建设中的积极性与创造性”②。

在国统区，党组织有计划地在各学校中开展积极稳妥的工作，先通过发展民先队和学联，后改为学生分会成员，再从中发展党员建立支部，并调动党员到重点学校加强力量，从而开辟了许多原属“空白”的学校。建党初期和大革命时期，中国共产党无论是在北方还是南方，各高校的党支部在组织联络制度方面都处于公开或半公开状态。土地革命时期至新中国成立，大中专院校党组织采取了单线联系的工作制度，在党员之间，实行个别联系。尽管学校的党组织屡遭破坏，但还是在尽可能的情况下，适时召开支部会议和党小组会议。另外，中国共产党对高校实行了特殊的领导制度。主要有由学校所在地的市委或区委直接领导、由中国共产党各级组织设立专门机构领导、由上级党组织委派专人负责联系领导等三种形式。

相对于国民党而言，中国共产党认识到学生既属于中间势力的一部分，也是未来中国建设的主要力量，号召学生在民族危亡之际有所担当和责任感，使自己正确判断形势，走在时代前列。从五四运动开始，每有大型学生运动都几乎有中国共产党力量的介入。中国共产党对学生运动的态度得到了学生的信任和支持，成为其在国统区与蒋介石斗争的第二条战线。

（二）延安时期陕甘宁边区高校思想政治教育管理实践的初步探索

在全面抗战之后生存空间和公共空间的急剧压缩和延安相对民主自

---

① 1925 年 1 月，中国社会主义青年团第三次全国代表大会召开，会上决定将中国社会主义青年团改名为中国共产主义青年团。

② 《建党以来重要文献选编（1921—1949）》第 26 册，中央文献出版社 2011 年版，第 2 页。

由氛围的大背景下，大批知识分子奔赴延安。阶级成分复杂、动机复杂、历史表现不一、政治立场和态度不尽相同的大批知识分子进入延安后，如何由“小资产阶级知识分子”改造为“无产阶级知识分子”，如何由“他者”转变为“自己人”，如何由“个人主义”至上形塑为“集体主义”的同盟者和伙伴，成为党在这一时期思想政治教育的重要而艰巨的任务。1932年7月21日，党中央《给苏区中央局及苏区闽赣两省委信》中写道：“政治工作不是附带的，而是红军的生命线。”①这是党在思想政治教育工作史上第一次确立了政治工作“生命线”的地位。1945年4月，毛泽东再次强调思想教育中心环节的地位。为了保证思想政治教育工作的顺利进行，中共中央陆续发布《中共中央关于干部学习的指示》等文件，保证了思想政治教育工作的有效开展。自1937年开始，党中央先后组建了中央党校、中国人民抗日军政大学（以下简称抗大）、陕北公学、鲁迅艺术学院、自然科学院等30余所干部学校。1943—1944年，延安大学、延安行政学院、鲁迅艺术文学院（1940年由鲁迅艺术学院改名）、自然科学院、民族学院、新文学干部等学校合并而成新的“延安大学”。延安大学是中国共产党创办新型正规化高等教育的开始，对新中国高等教育的发展产生了深刻影响。

经过八院校调整合并建制而成的延安大学，隶属于陕甘宁边区政府委员会，实行上级党组织领导下的校长负责制。学校实行校、院、系三级管理制度，行政系统与教育系统并立，实行校务自主管理。学校设党支部，院、系、班均设党的组织，以保障党的方针政策得以贯彻，保证学校教育计划得以完成。1947年2月，校党总支委员会通过《关于健全党的组织及今后工作方向的决议》，作出以下规定：支部不领导行政，行政也不领导支部，但两者应密切联系；支部对行政工作起保证作用；行政上应给支部以进行工作便利；支部与党员行政负责人有不同意见，不能解决的，应提到党的上级组织解决。② 这非常明确了党委对思想政治教育管理的

① 《中共中央文件选集（1932）》第8册，中央党校出版社1985年版，第269页。

② 王云风：《延安大学校史》，陕西人民教育出版社1994年版，第293页。

领导。这个时期高校的课程设置、教学内容等充分体现了党对思想政治教育工作的重视,毛泽东还亲自筹划的延安大学思想政治理论课,为新中国高校思想政治教育奠定了基础。延安大学思想政治教育管理充分发挥高校内的学生组织包括学生会、共青团的影响力,通过积极主动开展生产合作活动、文体活动、娱乐项目、互帮活动等,培养同学之间的团结互助精神,活跃同学们的思想和生活,锻炼个人的自治能力,从而在配合学校行政工作、完成学习和生产任务方面发挥了积极作用。

延安时期中国共产党遇到了前所未有的困难,党积极开辟多种渠道开展思想政治教育,为新民主主义革命的胜利提供了强大的思想支撑。发挥先进典型的示范引导作用成为该时期思想政治教育工作的重要方法,形成了鲜明的时代特色。党把发挥先进典型的示范引导作用与党的中心工作紧密地结合起来,塑造了一个又一个激励人们学习的榜样和典型。比如,在大生产运动中树立的吴满有、赵占魁等劳动模范;在抗日前线树立起了“尖刀连”“敢死队”等英雄团队;为了确保解放战争的伟大胜利,1946 年 12 月 16 日,《解放日报》发表了《普遍开展王克勤运动》的社论,树立起了王克勤等战斗英雄,“希望全解放区的军民,都能按照当前自己的条件,选择自己的典型,来普遍有力地推动这个运动”。这些典型的树立真正做到了目的性与时代性、先进性与广泛性的统一,具有可信度,富有亲和力,使人们乐于学习也敢于模仿。

二、新中国成立后高校思想政治教育管理的发展(1949—1978 年)

新中国成立初期,全党的中心任务就是带领全国人民顺利地实现从新民主主义向社会主义的伟大历史转变。党的工作重心的转移,对思想政治教育工作提出了新任务和新要求。一方面,党在不断总结历史经验的基础上,通过了《关于正确处理人民内部矛盾的问题》《工作方法六十条(草案)》等文件和会议精神对思想政治教育的内容、形式和原则等方面进行了新的探索和尝试,使党的思想政治教育不断向前发展;另一方面,由于复杂的国际形势,全国性反右派斗争、阶级斗争扩大化等“左”倾思想,使思想政治教育在某些方面出现失误。这一时期高校思想政治教育管理工作经验与教训同在，发展与挫折交叉。

（一）在摸索中形成高校思想政治教育管理机制

1. 初步搭建高校思想政治教育管理工作机构

1952年5月2日，中共中央发布《关于在高等学校中批判资产阶级思想和清理“中层”的指示》中提出进一步考虑在高等学校中建立革命的政治工作制度和机构，以便加强党的领导作用，巩固和扩大高等学校中马克思列宁主义思想的阵地；并建议将执行清理“中层”工作的机构（一般称学习委员会办公室）转变为属于经常性的“政治辅导员办公室”，用以管理全校的政治工作，包括领导思想学习、掌握教师学生政治情况、历史材料、主持毕业学生政治鉴定、领导全校教职员工社会活动等。1952年10月28日，教育部发布《关于在高等学校有重点的试行整治工作制度的指示》。正式要求各高校设立政治工作机构“政治辅导处”。政治辅导处设主任一人，辅导员若干人，在校长领导下进行工作；政治辅导处主任和副主任中至少应有一人为学校党委或总支书记，以便从党和行政两方面统一领导校内的各项政治工作；辅导员应挑选教师、学生中的优秀党员、团员充任，平均每300名左右的学生设政治辅导员1人。在工作人员配备上，要求各高校在一、二年级设政治辅导员或班主任，从专职的党政干部、政治理论课教师和其他青年教师中挑选有一定政治工作经验的人担任，同时，要逐步培养和配备一批专职的政治辅导员。1964年，中共中央批准高等教育部《关于加强高等学校政治工作和建立政治工作机构试点问题的报告》，报告提出，中共高等教育部党组改为党委制，直接领导直属高校党委，并在高校设立政治部作为校党委的工作机构。确定北京大学、清华大学为试点学校。建议在两三年内配齐班级的班级政治工作干部，其编制为平均每一百个学生至少配备一人。干部来源主要从高校毕业生中选留解决。另外，高校青年团在学校的中心工作是协助党和行政方面搞好学习，协助党搞好政治工作。根据当时全国高校参差不齐的办学条件和管理水平，这些措施使我国高校思想政治教育工作逐步走上正规化、制度化轨道。

在反右派斗争中，全国高等学校党委全面加强了对思想政治教育工作的领导。党委除了加强对政治教育原则上及组织上的领导外,还加强了对政治教育具体的业务上的领导。许多学校的党委书记和校院长都直接领导了政治课教研室的工作,并且亲自主讲政治课。这些措施,不但能彻底发挥加强党对马列主义教育的领导作用,对改进理论教育、克服教条主义的缺点、反对修正主义的倾向、提高教学质量都具有重大意义。

2. 形成具有时代特色的高校思想政治教育管理工作机制

新中国成立后,引导新青年尽快成长为具有高度社会主义觉悟的社会主义建设者,成为当时思想政治教育领域的重要内容。

爱国主义教育是思想政治教育的核心。抗美援朝战争伊始,党在全国范围内迅速掀起声势浩大的抗美援朝宣传教育热潮,全国爱国运动无论从规模还是内容上都是史无前例的。清华大学全体同学召开抗美援朝保家卫国晚叙会,中华全国学生联合会、中华全国民主青年联合总会、中国新民主主义青年团中央委员会等发表宣言,开展各类宣传活动,号召全中国学生继承“五四”“一二·九”以来光荣传统,为抗美援朝保家卫国的神圣任务斗争到底。北京青年学生组成宣传队、上街下乡,到工厂、农村去宣传,创作了大量以抗美援朝为内容的文艺作品;南京金陵大学举办“美帝侵略史料展览”,控诉美帝罪行;上海361所大中学校13.6万学生以他们的校徽点缀成“抗美援朝”字样赠给志愿军代表;……各大高校积极配合国家的总形势,根据中央文件精神,有计划地、有系统地进行以抗美援朝为具体内容的思想政治教育,提高了民族自尊心和自豪感,增强了打败美国侵略者的信心和决心,新生的人民政权得到了巩固。

思想改造是思想政治教育的关键。社会主义是人类历史上的一种崭新制度,人人需要学习和改造,而知识分子的“两重性”使其成为改造的主要对象。1951年9月起,京、津地区的20所高校3000多名教师,在党的领导下,开展了以改造思想、改革教育为目的的学习运动;随后,在全国教育界、文艺界和整个知识分子中相继展开了全国规模的学习运动。这场运动主要采取学文件、听报告、组织讨论、参加政治运动等方式,在学习马列主义、毛泽东思想与党的各项方针政策,提高思想改造自觉性的基础上,开展批评和自我批评,自觉清除落后思想的影响,树立为人民服务的思想，坚定走与工农相结合的道路，为社会主义服务。此外，还进行了组织清理工作，把混入知识分子队伍中的阶级敌人清查了出来。1966年底，中共中央、国务院发出《关于对大中学校革命师生进行短期军政训练的通知》，要求从现在起到1967年暑假，由解放军派出干部和战士分期分批对全国大中学校的师生，普遍进行一次短期（1—20天）的军政训练。1968年"三七指示"后军训要求在全国逐步推广。

典型教育是思想政治教育的重要方式。当时在青年榜样选树方面主要着眼于鼓舞士气，在广大青年中营造比、学、赶、帮的良好局面，齐心协力搞好社会主义建设。1962年8月15日，雷锋在执行运输任务时不幸殉职，年仅22岁。1963年3月5日，《人民日报》发表毛泽东"向雷锋同志学习"的题词。全国范围的"向雷锋同志学习"的活动迅速展开。这一学习活动具有生动、鲜明和尖锐的特点，是一个学习和宣传毛泽东思想的运动，一个广大群众性的自我教育运动。通过学雷锋活动，使道德文明在全社会得到普及，促进了社会主义新风尚的建立，特别是青少年思想道德风貌出现了一个新的良好开端。

（二）政治"左"倾错误对高校思想政治教育管理的巨大冲击

1957年反右派斗争以后，毛泽东对社会主义时期的阶级和阶级斗争以及党和国家的政治状况作了错误的分析和判断，把一定范围存在的阶级斗争扩大化和绝对化，认为无产阶级同资产阶级的矛盾仍然是我国社会的主要矛盾，混淆了两类不同性质的矛盾，把人民内部矛盾当成敌我矛盾，把思想问题说成是政治问题，把"大鸣、大放、大辩论、大字报"的"四大"方法引入到思想政治教育工作中来。经过庐山会议、八届十中全会，这一错误观点更加系统化、理论化，最终形成"无产阶级专政下继续革命"理论。政治"左"倾对高校思想政治教育管理造成错误引导，使思想政治教育偏离正确方向。

三、改革开放以来高校思想政治教育管理的重建发展（1978年至今）

1978年12月召开的党的十一届三中全会以及会前举行的中央工作

会议，实现了全国工作重心的转移，明确了对内改革、对外开放的政策。1978年4月22日，全国教育工作会议上，邓小平在讲话中提道，“学校应该永远把坚定正确的政治方向放在第一位”“学校要大力加强革命秩序和革命纪律”“教育事业必须同国民经济发展的要求相适应”等意见①，思想政治教育摆脱了过去“左”倾错误的束缚，党的优良传统逐渐得到了恢复。随着改革不断深入、市场经济的冲击及西方社会思潮的影响，高校大学生思想政治教育面临新形势、新变化和新挑战。为适应时代发展，各高校不断恢复和加强思想政治教育管理，在体制机制、工作架构、专业队伍等方面作了大量探索，为此后的管理工作的进一步发展提供了依据和参考。

（一）高校在恢复中健全思想政治教育管理基本架构

紧密围绕党的中心工作展开高校思想政治教育管理。自党的十一届三中全会之后，高校思想政治教育管理按照新时期的总路线和总任务，首先着眼于高校领导权和工作架构的确定。1977年，清华大学成立党委学生部，党委学生部的成立体现了高校思想政治教育管理的一些基本原则，一是党委对高校思想政治教育工作的直接领导，此后，高校思想政治教育管理的架构虽然不断调整，但始终坚持党委领导，作为党委职能部门设置的这一原则保留了下来。二是这一职能从党委整体工作中相对独立地设置，尊重学生教育管理存在着一定的规律和特点，为此后机构、队伍、学科的相对独立和专业发展奠定了基础。1977年11月6日，中共中央转发教育部党组《关于工宣队问题的请示报告》，批准工宣队撤出学校②。1978年4月13日，邓小平在同方毅、胡乔木、刘西尧、蒋南翔等商谈全国教育工作会议报告时指出，现在的中心问题是把各级教育领导班子配起来③。1978年10月，教育部发出《关于讨论和试行〈全国重点高等学校

① 《邓小平文选》第二卷，人民出版社1994年版，第104—107页。

② 冯刚、沈壮海主编：《中华人民共和国学校德育编年史》，中国人民大学出版社2010年版，第354页。

③ 冯刚、沈壮海主编：《中华人民共和国学校德育编年史》，中国人民大学出版社2010年版，第363页。

暂行工作条例〉(试行草案)的通知》,这一文件以1961年中共中央批准试行的《教育部直属高等学校暂行工作条例(草案)》为基础修订①,修订后的文件将此前“高等学校的领导制度,是党委领导下的以校长为首的校务委员会负责制”,改为“高等学校的领导体制实行党委领导下的校长分工责任制,系一级实行系党总支委员会制度(或分党委)领导下的系主任分工责任制,取消校务委员会,设立学术委员会”②。进一步明确了高校党委对思想政治教育管理的领导。随着改革的深入,当初由各部委各行业举办的高校回归教育系统,这一时期,为避免规划设计、政策安排、工作部署的条块分割,高校的领导体制受企业管理体制改革的影响,曾经一度试图推进党政分开,在领导体制上试行校长负责制,但在20世纪80年代末的政治风波后又逐渐恢复高校党委领导的架构。

坚强稳定的工作队伍是高校思想政治教育管理的关键。根据中央精神的指示,1980年《关于加强高等学校思想政治工作的意见》强调,加强学生的思想政治工作,必须建立一支坚强的、有战斗力的政治工作队伍。各高校逐步恢复组织建制,恢复人员配备,工作开始步入正轨。“先后设置了党委学生工作部,在教务处恢复或设置了学生科,还有的学校人事处参与学生工作(负责学生毕业分配),因而从机构、体制上使学生工作得到了组织保证和充实、加强。”③自此高校思想政治教育的两个主要工作系统基本成型,一是党委领导下的政治部、青年部、学生部等机构,在系一级则是设立政治辅导员或班主任。这一时期,对于辅导员主要采取专兼结合的方式,“政治辅导员都要既做学生思想政治工作,又要坚持业务学

① 1961年9月15日,中共中央批准试行《教育部直属高等学校暂行工作条例(草案)》(亦称“高校六十条”或“高教六十条”)。该条例系统总结了新中国成立以后我国高等教育正反两方面经验,规定了高等学校的方针、任务和有关政策,指出高等学校的基本任务是贯彻执行党的教育方针,培养为社会主义建设所需要的各种专门人才。条例共分十章(包括总则、教学工作、生产劳动、研究生培养工作、科学研究工作、教师和学生、物质设备和生活管理、思想政治工作、领导制度和行政组织、党的组织和党的工作)共60条。

② 傅颐:《六十年代初〈高教六十条〉的制定、试行及历史经验》,《中共党史研究》2006年第3期。

③ 张展:《高等学校学生工作机构必须改革》,《黑龙江高教研究》1983年第2期。

习,有条件的要坚持半脱产,担任一部分教学任务。政治辅导员可以适当轮换。”在政治辅导员工作要求上提出“思想政治工作不但要管红,而且要管专。红与专应该是统一的,只专不红,只红不专,都是不对的。高等学校师生的红,不但应该表现在政治思想方面,而且应该表现在他们教学和学习的实际行动中”①。如 1984 年 11 月 13 日,中宣部、教育部联合发出《关于加强高等学校思想政治工作队伍建设的意见》,提出高等学校的思想政治工作队伍试行专职和兼职相结合,并对专兼职人员的要求和来源、培训以及待遇提出了建议。② 1987 年 5 月《中共中央关于改进和加强高等学校思想政治工作的决定》中认可“双肩挑”做法,鼓励辅导员成长为“既能从事教学、科研工作、又能兼做思想政治工作的专家、教授”。20 世纪 90 年代,我国进入加快改革开放和现代化建设、发展社会主义市场经济的新的历史阶段,也对高校思想政治工作提出高要求。1993 年 8 月,中共中央组织部、中共中央宣传部、国家教育委员会《关于新形势下加强和改进高等学校党的建设和思想政治工作的若干意见》中要求,进一步加强政工干部队伍建设,鼓励他们在职攻读第二学位、硕士或博士学位,并解决职称和待遇问题。从此,高学历高素质的专职政工干部成为高校思想政治工作的亮点。

高校思想政治教育的另一个系统则是高校共青团系统。20 世纪 80 年代初期,高校党委主要负责学校整体工作,共青团及其指导的学生会、研究生会、学生社团等青年群众性组织承担了大学生教育管理服务的大量任务,同时也较早地配备了专职队伍。1991 年 5 月,共青团中央、中共国家教育委员会党组《关于加强高等学校共青团建设的意见》明确了“高校团干部是学生思想政治工作队伍的一支重要力量”,同时,根据学校规模对专职团干的编制,以及专职团干的待遇、定级、晋升等管理工作作出了要求。

---

① 教育部思想政治教育工作司组编:《加强和改进大学生思想政治教育重要文献选编(1978—2014)》,知识产权出版社 2015 年版,第 2 页。

② 教育部思想政治教育工作司组编:《加强和改进大学生思想政治教育重要文献选编(1978—2014)》,知识产权出版社 2015 年版,第 36 页。

（二）高校思想政治教育工作机制逐渐完善

党的十二大提出了建设有中国特色的社会主义的总的指导思想，第一次把教育、科学提到了经济发展的战略重点的地位，并提出建设社会主义精神文明战略方针，指出各级各类学校的教育工作者在建设社会主义精神文明中担负着特别重要的责任。这些对高校的思想政治教育提出了新的更高的要求。

倡导文明健康、积极向上的学习生活方式是高校思想政治教育管理的主要着力点。1981 年 2 月 25 日，全国总工会、共青团中央、全国妇联等单位向全国人民特别是青少年发出倡议，开展“五讲四美”文明礼貌活动。随后，北京市学联号召大专院校开展“文明宿舍”“文明教室”活动来具体落实。1979 年 3 月 1 日，共青团中央发出《关于在全国青年中开展“争当新长征突击手”活动的决定》，截止到 1981 年，全国已经涌现出 100 多万名新长征突击手。与此同时，大中小学所评选出“三好”学生，成为青年们身边的学习榜样。1982 年 2 月，教育部和共青团中央联合召开了新中国成立以来全国“三好”学生、优秀学生干部和先进集体代表会议①。进入新世纪，国际形势对培养和造就我国 21 世纪的一代新人提出了更加迫切的要求。面对新形势，中共中央、国务院作出了关于深化教育改革，全面推进素质教育的决定。

强化学生行为管理，完善学生行为准则是高校思想政治教育管理的强化措施。1982 年教育部颁发《高等学校学生守则（试行草案）》，1985 年中共中央出台《关于进一步加强青少年教育，预防青少年违法犯罪的通知》，1986 年高校开设“法律基础课”，1989 年《高等学校学生行为准则（试行）》强调加强党的领导、自觉遵纪守法、遵守校规校纪等方面内容，文件提出教师和职工应教书育人、服务育人、管理育人，学校依据《准则》对学生政治、思想和品德进行考核、鉴定②。1990 年 1 月 20 日，国家教委

① 冯刚、沈壮海主编：《中华人民共和国学校德育编年史》，中国人民大学出版社 2010 年版，第 460 页。

② 教育部思想政治教育工作司组编：《加强和改进大学生思想政治教育重要文献选编（1978—2014）》，知识产权出版社 2015 年版，第 93 页。

公布实施《普通高等学校学生管理规定》。《规定》分总则、学籍管理、课外活动、校园秩序、奖励与处分、附则等六章70条，推进了法律法规、校规校纪的贯彻落实。文件对学生自入学注册到毕业的学籍管理、学生社团、文娱体育、勤工俭学、社会活动、校园秩序的管理，学生应遵守的规则、行为规范等也作出了规定①。这些文件的出台使高校思想政治教育管理逐渐从倡导性走向规范性，强化依法依规教育管理学生。1990年国家教委发布《高等学校校园秩序管理若干规定》，在加强校园管理方面作出了细致规定要求②。有要求就有评估。1995年11月，国家教委颁布试行《中国普通高等学校德育大纲》，不但提出大学生德育目标、内容、原则和途径，更是要求学校要高度重视德育考评。

社会实践是高校思想政治教育管理的重要途径。1983年纪念"一二·九"运动48周年前夕，团中央、全国学联发起在全国大学生中开展"社会实践周"活动。1986年暑假，团中央、全国学联组织了"社会实践建设营"活动；1987年6月国家教委、共青团中央《关于广泛组织高等学校学生参加社会实践活动意见》，要求高校要把此项工作作为培养学生的一项重要工作来抓，教学、科研、后勤和思想政治工作等部门要共同成立学生社会实践活动领导小组进行统筹安排，并给予经费支持。这年暑假，全国100多万大中专学生参加"百县扶贫、学习社会"的社会实践活动。不但培养了大学生为民服务的思想，树立正确的世界观，同时对检验所学专业知识、完善知识结构也产生了良好效果。从此，各级共青团组织利用假期和课余时间组织学生走向社会，开展了"三下乡"等多种形式的实践活动，在拓展高校思想政治教育途径方面进行了积极探索。

另外，为了加强爱国主义、集体主义和国防教育，高校开始逐渐恢复军事训练，1981年12月31日，教育部、中国人民解放军总参谋部、总政治部联合发出《关于高等学校学生军事训练工作几个问题的通知》，通知要

---

① 冯刚、沈壮海主编：《中华人民共和国学校德育编年史》，中国人民大学出版社2010年版，第619页。

② 冯刚、沈壮海主编：《中华人民共和国学校德育编年史》，中国人民大学出版社2010年版，第638页。

求高等学校学生接受军事训练,时间不少于两周,一般在一二年级学生中进行①。从1985年9月开始在全国50多所高等院校进行学生军事训练试点②。1986年试点学校扩大到69所,另有320所院校按有关规定自行组织军事训练,参训学员约17万人,参训高校和学员各占全国比例约30%③。

第二节　高校思想政治教育管理的功能和特点

高校思想政治教育管理作为一种理论形态和特殊的社会管理实践活动,是指高校思想政治教育者依据思想政治教育的目的和发展规律,通过借助科学管理的各种功能,引导受教育者将一定社会的思想观念、政治观点、道德规范通过内外化过程自主建构思想品德素质,以便最大程度地发挥思想政治教育效率。同一切管理活动一样,高校思想政治教育管理是一种有程序的活动过程,它基本上是围绕着科学决策、制订计划、组织实施、监督检查、总结评估这一客观程序进行。

一、以育人为中心彰显教育性

高校思想政治教育管理与高校大学生思想政治教育之间辩证统一。一方面,两者的工作对象、工作性质和工作方法存在差别;另一方面,两者紧密联系、互为依存,其最终目的和行为主体存在一致性。思想政治教育的基本目标有三项,即培养社会主义思想品德,塑造社会主义理想人格和

---

① 冯刚、沈壮海主编:《中华人民共和国学校德育编年史》,中国人民大学出版社2010年版,第457页。

② 冯刚、沈壮海主编:《中华人民共和国学校德育编年史》,中国人民大学出版社2010年版,第512页。

③ 冯刚、沈壮海主编:《中华人民共和国学校德育编年史》,中国人民大学出版社2010年版,第537页。

引导积极正确的行为实践①。高校思想政治教育管理则是大学生思想政治教育目标得以实现的保障,其目的在于增强高校思想政治教育的有效性,促进大学生思想政治道德素质的发展。所以,与工厂企业、政府机关等机构、部门的管理不同,它必须是在遵循大学生思想政治教育客观规律的基础上,保证其总目标和根本任务的顺利实现,以提升高校思想政治教育的有序化、规范化和科学化水平。因此,高校思想政治教育管理应该也具有教育性,以实现管理育人。

在新中国初建面临内忧外患的困难时期,为了激发人民群众与党齐心协力克服时艰的积极性和主动性,教育主管部门围绕党的中心工作,部署了一系列思想政治教育工作,高校也在立足自身实际情况,不断回应社会主义建设要求,贯彻执行上级要求,围绕思想改造和又红又专人才培养目标,逐渐形成了具有时代特色的工作机制。党的十一届三中全会以后,"加强党对高校的全面领导"和"着力培养又红又专的专门人才"成为当时思想政治教育管理恢复秩序的基本遵循。党的十九大郑重宣示,中国共产党人的初心和使命,就是为中国人民谋幸福,为中华民族谋复兴。这个初心和使命具体落实到高等教育事业,就是落实和解决好"培养什么人、怎样培养人、为谁培养人"这一根本问题。在全国教育大会上,习近平强调指出:"培养什么人,是教育的首要问题。我国是中国共产党领导的社会主义国家,这就决定了我们的教育必须把培养社会主义建设者和接班人作为根本任务,培养一代又一代拥护中国共产党领导和我国社会主义制度、立志为中国特色社会主义奋斗终生的有用人才。这是教育工作的根本任务,也是教育现代化的方向目标。"②鉴于此,高校思想政治教育管理必须始终坚持遵循学生思想政治教育的规律以及新世纪学生的思想实际和思想发展规律,从学生思想政治教育决策、学生思想政治教育计划、学生思想政治教育内容、制订行为规范、建立规章制度等方面,循序渐

① 陈秉公:《思想政治教育学原理》,高等教育出版社 2006 年版,第 231 页。

② 教育部课题组编:《深入学习习近平关于教育的重要论述》,人民出版社 2019 年版,第 10 页。

进地对他们进行系统的无产阶级世界观、人生观和价值观的教育;进行爱国主义、集体主义和社会主义的教育;进行法律和纪律的教育;进行社会公德、职业道德、家庭美德的教育,实现立德树人的思想政治教育目标。

二、以特定时代环境为依托反映时代性

美国著名管理学家德鲁克说:“管理不只是一门学问,还应是一种文化,有自己的价值观、信仰、工具和语言。”[①]作为一种文化,高校思想政治教育管理深受时代环境的影响与制约,管理模式也会出现较大的差异。1949年10月1日,中央人民政府委员会召开第一次会议,接受《中央人民政治协商会议共同纲领》为政府的施政纲领。《纲领》第五章“文化教育政策”规定:中华人民共和国的文化教育为新民主主义的,即民族的、科学的、大众的文化教育。……人民政府应有计划有步骤地改革旧的教育制度、教育内容和教学法。有计划有步骤地实行普及教育,加强中等教育和高等教育,注重技术教育,加强劳动者的业余教育和在职干部教育,给青年知识分子和旧知识分子以革命的政治教育,以应革命工作和国家建设工作的广泛需要。[②] 新中国成立初期的思想教育密切联系政治运动进行,为政治运动服务。1957年反右派斗争以后,毛泽东对社会主义时期的阶级和阶级斗争以及党和国家的政治状况作了错误的分析和判断。政治“左”倾对高校思想政治教育管理造成错误引导,新中国成立以来逐渐探索形成的高校思想政治教育管理工作停摆。1980年4月29日,教育部、共青团中央联合发出《关于加强高等学校学生思想政治工作的意见》。《意见》指出我国高等学校的培养目标必须坚持又红又专的方向,使受教育者在德智体几方面都得到发展,成为有社会主义觉悟的专门人才。1983年9月9日,邓小平为北京景山学校题词:“教育要面向现代化,面向世界,面向未来”。1992年,邓小平发表南方谈话,充分肯定了改

① 转引自黄济、王策三主编:《现代教育论(第三版)》,人民教育出版社2012年版,第241页。

② 冯刚、沈壮海主编:《中华人民共和国学校德育编年史》,中国人民大学出版社2010年版,第1页。

革开放和社会主义市场经济的建立和完善，再次推进改革开放在各领域的实践。这一时期，大学生思想状况逐渐转向，从较多聚焦政治话题，转向更加注重自身发展，学生思想教育也更加人性化，经济状况、就业安排、心理健康、人际关系、学业发展、素质教育等议题在高校内频繁提出，客观上推动了高校思想政治教育管理从内容和形式上不断完善。从 1999 年开始，国家决定在原有高等教育招生计划的基础上进行扩招，当年高考招生增幅达到 42.6%①。2001 年，教育部出台新政策，允许 25 周岁以上公民参加高考，彻底放开高校招生的年龄限制。对于高校思想政治教育管理而言，国家政策的变化引发了三方面的变化。首先学生规模急剧增加，客观上要求完善高校思想政治教育专业队伍和工作体系；其次在校大学生诉求和发展趋向个性化和差异性，要求高校思想政治教育工作必须整合资源，形成协同合力开展教育工作；最后思想政治教育工作内容的不断细化和专业化，对原先相对扁平化的管理架构提出科层化的改革要求。

改革开放的过程中，政府机构开始精减人员，国有企业改制，国家接纳毕业生的口径相对收窄，原有大学生毕业"统包统分"和"包当干部"的就业制度开始调整，再加上 20 世纪 80 年代中后期国外一些高校和中国香港地区高校学生事务管理观念的引入，高校学生工作逐渐有了相对明确的工作思路和工作意识。② 学生工作部门的行政指令逐渐减弱，服务功能逐渐凸显，学生管理中学生事务管理的内涵不断丰富，最突出的表现是高校就业指导、心理咨询、学生资助部门的整体设置。这些机构的设置传递着高校在办学特色和育人目标方面的思想和导向，同时也成为评价高校思想政治教育的重要切入点。1996 年，国家教委等部门出台《高等学校收费管理暂行办法》明确了高校学生收费核算标准，各高校学费随之调整，在推动增加教育资助职能的同时，也在学生受教育者的传统身份中增加了购买教育服务的消费者内涵，高校思想政治教育继续开展价值引领的同时，更加注重对学生现实问题的回应。

---

① 董洪亮：《高校扩招：民所愿，国所需》，《人民日报》1999 年 9 月 11 日。

② 佘双好：《论高校学生工作体系的生成与发展》，《思想理论教育》2008 年第 19 期。

三、以校内外资源整合为基础体现融合性

高校思想政治教育管理是一门学科，也是一种艺术。它既有规律可循，又因人、因时、因地、因事而千变万化，是一种充满创造性的活动。从管理对象上看，高校思想政治教育管理是对思想政治教育工作中人、财、物、时间、空间和信息等资源的合理配置，而这些资源对于学校而言也是非常有限的，因此，高校思想政治教育管理工作者必须了解各种资源的属性及其在整体结构中的地位和作用，并按照一定的方式将其组合起来，使之最大限度地发挥作用，这是一件富有挑战性和创造性的工作。另外，从管理过程来看，高校思想政治教育管理是一种动态的开放性系统，在不同时代背景下，政府、社会和家庭各种不同理念和态度都会影响其发展；高校思想政治教育管理工作者、教育者和受教育者（大学生）不同的思想认识和利益追求，也会对其管理工作提出不同的要求。这些影响或要求有的是积极的，有的是消极的，在高校思想政治教育管理过程中所产生的作用是极其复杂的。毛泽东指出："思想政治工作，各个部门都要负责任。共产党应该管，青年团应该管，政府主管部门应该管，学校的校长教师更应该管。"①因此，高校思想政治教育管理必须具有正确的方向，整合资源，巩固合力育人的格局，创造性地开展工作。

1980 年《关于加强高等学校思想政治工作的意见》强调，加强学生的思想政治工作，必须建立一支坚强的、有战斗力的政治工作队伍。各高校逐步恢复组织建制，恢复人员配备，工作开始步入正轨。"先后设置了党委学生工作部，在教务处恢复或设置了学生科，还有的学校人事处参与学生工作（负责学生毕业分配），因而从机构、体制设置上使学生工作得到了组织保证和充实、加强。"②自此，高校思想政治教育管理两个主要工作系统基本成型，一是党委领导下的政治部、青年部、学生部等机构，在系一级则是设立政治辅导员或班主任；二是高校共青团系统，共青团及其指导的学生会、研究生会、学生社团等青年群众性组织承担了大学生教育管理

---

① 《毛泽东江泽民邓小平论教育》，中央文献出版社、人民教育出版社、北京师范大学出版社 1991 年版，第 65 页。

② 张展：《高等学校学生工作机构必须改革》，《黑龙江高教研究》1983 年第 2 期。

服务的大量任务。除了这两大主要工作系统之外，高校教育教学系统也发挥了强大的育人作用。各高校在充分发挥思想政治理论课主渠道作用的基础上，注重发挥其他课堂的育人作用，“思政课程”和“课程思政”同向同行，形成协同效应。

目前，课内课外、网上网下、学校家庭社会各方面开展大学生思想政治教育的平台载体、方法途径有效结合，辅导员、班主任、心理辅导教师等学生工作队伍的规模结构更加合理，与现代大学制度相衔接、与大学生成长成才需求相适应的高校思想政治工作制度体系更加完备，多元参与、多方协同的大学生思想政治教育质量评价和保障体系更加完善。习近平强调：“要把立德树人融入思想道德教育、文化知识教育、社会实践教育各环节，贯穿基础教育、职业教育、高等教育各领域，学科体系、教学体系、教材体系、管理体系要围绕这个目标来设计，教师要围绕这个目标来教，学生要围绕这个目标来学。”①这是对立德树人作为我国教育发展基本方略的深刻阐释，进一步细化了“知识传授与思想价值引领”相结合的要求，把思想政治工作贯穿教育教学全过程，努力实现全员育人、全程育人、全方位育人。

第三节　高校思想政治教育管理的经验展望

伴随着改革和开放的深入，中央和地方两级教育系统的调整基本完成，全国高校处于两级系统管理之下，思想政治教育管理体制相对一致。创造性地开展思想政治教育管理工作既是推进高等教育一体化发展的内在要求，也是高校思想政治教育走向管理科学化的时代要求。在此过程中，高校思想政治教育管理始终坚持正确的政治方向，紧紧围绕“立德树人”这个根本任务，在实践中发展，在探索中前进，形成了许多宝贵经验和规律性认识。

---

① 教育部课题组编：《深入学习习近平关于教育的论述》，人民出版社 2019 年版，第 106 页。

一、坚持党的领导，把好正确方向

高校思想政治教育管理工作事关办什么样的大学、怎样办大学的根本问题，事关我们培养的人究竟走什么路、跟谁走的问题，这就决定了高校思想政治工作本质特征具有鲜明的意识形态性，体现了党的思想政治工作的鲜明政治属性和政治立场。高校思想政治工作是一项重大的政治任务和战略工程，必须坚持党的领导，使高校成为坚持党的领导的坚强阵地。改革开放以来，高校作为培养中国特色社会主义合格建设和可靠接班人的重要力量，始终不渝地坚持“两手抓、两手都要硬”的战略方针，切实把党对高校工作的领导权落到办学育人全过程。2014年，中共中央办公厅印发《关于坚持和完善普通高等学校党委领导下的校长负责制的实施意见》，从十个方面细致阐释了高校党委如何做学校的领导核心，对党委和行政议事决策机制、协调运行机制、组织领导建设等方面作出具体要求。在高校思想政治教育方面，各地各高校始终高举马克思主义的旗帜，确立了思想政治工作“生命线”的地位，着重强调“坚持正确的政治方向”，深化教师员工“对党委领导下的校长负责制的理解和认同，增强坚持和完善这一制度的自觉性和坚定性”。

坚持马克思主义指导地位，坚定自觉地在思想上、政治上、行动上同党中央保持一致，坚持贯彻中央精神，自觉维护党中央权威。始终注重高校领导、党员和干部队伍建设，增强政治意识、大局意识、核心意识、看齐意识，聚焦重点难点热点问题，解决突出问题，及时掌握大学生的思想动态，采取针对性的措施。早在1980年7月7日，教育部《关于改进和加强高等学校马列主义课的试行办法》要求高校的马列主义教研室属于系（处）级教学单位，直属校党委领导。校党委应有一位书记或常委分管，并建议“学校党政领导同志应尽可能担负一些马列主义课的教学工作”①。

思想政治教育服务全党全国工作大局的功能不断强化。党的十八大

① 教育部思想政治教育工作司组编：《加强和改进大学生思想政治教育重要文献选编（1978—2014）》，知识产权出版社2015年版，第11页。

以来，高校思想政治教育管理瞄准发展定位，围绕“四个全面”战略布局，面向“四个服务”，始终坚持中国特色社会主义事业的伟大实践与高校思想政治教育管理工作主题相统一，引导大学生把个人的成长进步融入实现中华民族伟大复兴的中国梦的实践，让青春在时代进步中焕发出绚丽的光彩。

二、增强育人合力，提升管理科学化水平

思想政治工作是一门有温度的学问，“党的思想政治工作，从根本上说就是做人的工作”①。在思想政治教育中坚持以人为本是我们党的优良传统，也是我们党思想政治管理工作的经验总结。各高校立足中国国情和发展实际，牢牢把握提高人才培养能力这个核心点，以学生成长成才为中心，围绕学生、关照学生、服务学生，满足学生成长发展的期待，把深入细致的思想政治工作和帮助学生解决实际问题结合起来，因势利导，润物无声。

协同育人机制，合力立德树人。2017 年 2 月，中共中央、国务院印发了《关于加强和改进新形势下高校思想政治工作的意见》指出：“坚持全员全过程全方位育人。要把思想价值引领贯穿教育教学全过程和各环节，形成教书育人、科研育人、实践育人、管理育人、服务育人、文化育人、组织育人长效机制。”②教育部等八部门发布《关于加快构建高校思想政治工作体系的意见》（教思政〔2020〕1 号）提出，高校要健全立德树人体制机制，把立德树人融入思想道德、文化知识、社会实践教育各环节，贯通学科体系、教学体系、教材体系、管理体系，加快构建目标明确、内容完善、标准健全、运行科学、保障有力、成效显著的高校思想政治工作体系。另外，《意见》还强调强化工作协同保障，推动形成学校、家庭和社会教育协同育人机制。发挥高校思想政治工作委员会的专家咨询作用，加大高校思想政治工作创新发展中心、思想政治工作队伍培训研修中心、省级高校

① 《江泽民文选》第三卷，人民出版社 2006 年版，第 76 页。

② 《十八大以来重要文献选编》（下），中央文献出版社 2018 年版，第 496 页。

网络思想政治工作中心建设力度。做好高校思想政治工作专项资金使用管理，引导地方和高校增加投入，强化经费投入的育人导向。

整合教育资源，助力立德树人。高校思想政治教育管理突出理想信念这个重点，抓好立德树人这个根本，依托多元化载体，整合各类教育资源，认真开展思想政治教育。2013 年，教育部党组印发了《关于在全国各级各类学校深入开展“我的中国梦”主题教育活动的通知》，各地各高校精心组织，力求实效，开展“我的中国梦”主题征文比赛、主题宣讲、主题校园文化建设、主题社会实践、主题微电影和摄影比赛等丰富多彩、生动活泼的形式，教育引导广大学生认识到实现中华民族伟大复兴是中华民族近代以来最伟大的梦想，认识到每个人的前途命运都与国家和民族的前途命运紧密相连，认识到空谈误国，实干兴邦。要以即将颁布实施《社会主义核心价值体系建设实施纲要》为契机，在大学生中深入开展社会主义核心价值体系学习教育，积极培育和践行社会主义核心价值观，凝练发布当代大学生核心价值观；要坚持理论教育与社会实践相结合，认真组织开展“走基层　看变化　学习宣传党的十八大精神”主题实践活动，继续深化学雷锋活动等社会实践活动；要结合《深化改革提高研究生教育质量的意见》的颁布，深入贯彻落实《教育部关于进一步加强和改进研究生思想政治教育的若干意见》，加强导师育人工作，推进研究生思想政治教育。2018 年，《教育部关于开展中华优秀传统文化传承基地建设的通知》（教体艺函〔2018〕5 号），进一步推进中华优秀传统文化全方位融入高校教育。2014 年以来，全国人大常委会以立法形式相继通过了四个法定纪念日，将每年的 9 月 3 日、12 月 13 日、9 月 30 日和 12 月 4 日分别设立为中国人民抗日战争胜利纪念日、南京大屠杀死难者国家公祭日、中国烈士纪念日和国家宪法日，这是我国首次将纪念活动上升到法律层次和国家层面。国家性的纪念活动作为“一种以共同体的身份把人们凝聚在一起的神圣典礼”①，可以使人们在神圣仪式与氛围的影响下，对民族历

① ［美］詹姆斯·凯瑞：《作为文化的传播》，丁未译，华夏出版社 2005 年版，第 7 页。

史、社会主义核心价值观和国家意识产生情感上的认同，增强思想政治教育的有效性。

关注心理健康，优化立德树人。针对新时代的重大调整和变化对师生思想情绪的强大干扰，高校思想政治教育管理将心理健康教育工作列入其体系，建立健全社会舆情分析与心理疏导制度，加强对社会不良心态与思潮的监测和预警，畅通情感交流渠道，帮助人们在潜移默化中达到心态平和，使单面灌输转向行为美育，让思想政治工作充满时代感与人情味。早在 1986 年，包括北京医科大学、北京师范大学等三十余所高等院校，就在校内尝试开展心理咨询工作，针对大学生的心理障碍进行疏导。① 1991 年，在中国青年报社的支持下，一批志愿者创办“青春热线”，坚持十余年为成长中的青少年提供电话心理帮助。1992 年中国教育学会第六次全国学术讨论会提出，“德育包括政治教育、思想教育、道德教育和个性心理品质教育。”“应当继承我国宝贵的传统德育的精华，也应借鉴国外良好道德教育的经验，特别是新加坡的文明礼貌教育经验，学校可以开设‘心理健康选修课’、‘道德门诊’等辅导课程。”②这一时期心理咨询以社会青少年为主要服务对象，也面向高校大学生，为此后高校全面开展心理健康教育积累了丰富的经验。2001 年教育部下发的《关于加强普通高等学校大学生心理健康教育工作的意见》和 2002 年教育部下发的《普通高等学校大学生心理健康教育工作实施纲要（试行）》等文件，都对高校大学生心理健康教育工作提出了明确的要求，各高校纷纷成立大学生心理健康教育和咨询服务中心。2004 年团中央学校部、全国学联共同决定将 5 月 25 日定为全国大中学生心理健康节，将高校心理健康教育从被动应对转化为主动作为。2013 年，《中华人民共和国精神卫生法》开始实施，心理咨询和救助工作有法可依，有章可循，成为高校开展思想政治教育的重要方法和载体。同年，中共教育部党组颁布实施《普通高等学

① 《三十余所高校开展学生心理咨询，卫生保健必要措施　思想工作辅助手段》，《人民日报》1987 年 1 月 18 日。

② 冯刚、沈壮海主编：《中华人民共和国学校德育编年史》，中国人民大学出版社 2010 年版，第 693 页。

校辅导员培训规划(2013—2017年)》,要求辅导员注重心理健康教育培训,提高辅导员“疏导心理困惑开展心理咨询的能力、辅导学生发展的能力、参与应对和处理心理危机的能力”①。2020年4月,教育部等八部门发布《关于加快构建高校思想政治工作体系的意见》,把心理健康教育课程纳入整体教学计划,按师生比不低于1∶4000比例配备专业教师,每校至少配备2名。发挥心理健康教育教师、辅导员、班主任等育人主体的作用,规范发展心理健康教育与咨询服务。强化心理问题早期发现和科学干预,推广应用《中国大学生心理健康筛查量表》和“心理健康网络测评系统”,提升预警预防、咨询服务、干预转介工作的科学性、前瞻性和针对性。

三、紧跟时代步伐,推动管理现代化

思想政治工作具有强烈的时代性,同时代的脉搏紧密相连。改革开放40多年来,高校思想政治工作始终坚持适应时代与形势的发展,从“做到因势而谋、应势而动、顺势而为”②到“要因事而化、因时而进、因势而新”③,坚持教育规律、思想政治工作规律、学生成长规律相结合,解决好“培养什么人、怎样培养人”这一重大问题,不断推动高校思想政治工作创新发展。

改革开放以来,高校思想政治教育管理组织机构一直处于不断建构之中,进入新时代以来更是有相对明确的演变趋势,管理工作更注重全面性和系统性;队伍建设逐步专业化;管理方法趋于人性化和多元化。进入新世纪,以大数据为核心的信息化带动互联网、物联网迅猛发展,这些都无疑加大了高校思想政治教育的难度,需要顺应时代特征积极主动应对。高校思想政治教育管理坚持以科学发展观为指导,注重全面协调可持续发展,完善大学生思想政治教育工作的内部结构和协调大学生思想政治

① 教育部思想政治教育工作司组编:《加强和改进大学生思想政治教育重要文献选编(1978—2014)》,知识产权出版社2015年版,第592页。

② 《习近平谈治国理政》第一卷,外文出版社2018年版,第153页。

③ 《习近平谈治国理政》第二卷,外文出版社2017年版,第378页。

教育工作的外部环境，在发展目标、工作机制、动力机制、资源配置以及实际工作任务等方面进行系统设计、整体推进。坚持统筹兼顾的根本方法，统筹好德育、智育、体育、美育等相关的教育，统筹好课堂教学和实践育人的工作，统筹好本科生、硕士生、博士生思想政治教育，特别是大中小学德育的衔接，统筹好学校党委行政、学校与社会、学校与家庭共同育人的作用，做到整体推进，全面提升。此外，高校思想政治教育管理的探索还围绕研究生思想政治教育、大学生素质教育、网络思想教育等展开。1987年，中央有关部门制定了《关于加强研究生思想政治工作的几点意见》，提出“根据不同情况，设置专门的管理机构”；2000年教育部印发《关于加强和改进研究生德育工作的若干意见》，以专门文件的形式，强调研究生思想政治教育要“领导、机构、人员”三落实，要充分依托研究生导师和研究生党员来开展工作。清华大学、北京师范大学等院校纷纷在20世纪90年代成立了研究生工作部等机构。2010年，教育部下发《关于进一步加强和改进研究生思想政治教育的若干意见》，提出“研究生数量达到一定规模的高等学校，原则上要设立党委研究生工作部”，成为推进研究生思想政治管理的重要依据。1999年，中央印发《关于深化教育改革全面推进素质教育的决定》，提出实施大学生素质教育，有的高校开始设立大学生素质教育基地，或独立设置或挂靠学校部门，有的高校在打通本科专业实施大类招生培养的同时成立了书院等通识教育机构，有的高校成立了体育中心、美育中心等协调机构，统筹全校的体育美育工作。2002年，由教育部主导并推动，全国60多所重点高校参与共建的“中国大学生在线”开始筹建，2004年5月正式开通，为加强和改进大学生思想政治教育工作做了有益的探索和尝试。2005年2月，各高校开始实行BBS的改造和管理，同年4月，校园网站IP地址登记备案工作进行。各地各高校结合实际，纷纷建立自己的思想政治教育网站，拓展了大学生思想政治教育的渠道和空间，加强了网络思想政治教育的阵地建设，同时为大学生提供了更多更好的网络文化产品和服务，努力把网站建设成为服务于大学生成长成才的平台。

四、注重规范建设，促进管理精细化发展

新时代高校思想政治教育管理工作更加注重立标准、建机制。只有在民主的管理过程中遵守科学的程序规范，尊重公认的客观准则，才能使思想政治教育管理工作有序、协调、顺利地进行。从高校思想政治教育管理的角度，学生管理规定一直是开展大学生思想政治教育的重要依据。1982年教育部颁发《高等学校学生守则（试行草案）》，1985年中共中央出台《关于进一步加强青少年教育，预防青少年违法犯罪的通知》，1986年高校开设“法律基础课”，1989年《高等学校学生行为准则（试行）》强调加强党的领导、自觉遵纪守法、遵守校规校纪等方面内容，文件提出教师和职工应教书育人、服务育人、管理育人，学校依据《准则》对学生政治、思想和品德进行考核、鉴定。① 1990年1月20日，国家教委公布实施《普通高等学校学生管理规定》。《规定》分总则、学籍管理、课外活动、校园秩序、奖励与处分、附则等六章70条，推进了法律法规、校规校纪的贯彻落实。文件对学生自入学注册到毕业的学籍管理、学生社团、文娱体育、勤工俭学、社会活动、校园秩序的管理，学生应遵守的规则、行为规范等也作出了规定②。这些文件的出台使高校思想政治教育管理逐渐从倡导性走向规范性，强化依法依规教育管理学生。1990年国家教委发布《高等学校校园秩序管理若干规定》，在加强校园管理方面作出了细致规定要求③。有要求就有评估。1995年11月，国家教委颁布试行《中国普通高等学校德育大纲》，不但提出大学生德育目标、内容、原则和途径，更是要求学校要高度重视德育考评。2016年，新修订的《普通高等学校学生管理规定》颁布实施，拓展了学生在申诉、学籍等方面的条款，如要求“学校应当成立学生申诉处理委员会”。各高校在自定的“学生手册”“学生学籍管

① 教育部思想政治教育工作司组编：《加强和改进大学生思想政治教育重要文献选编（1978—2014）》，知识产权出版社2015年版，第93页。

② 冯刚、沈壮海主编：《中华人民共和国学校德育编年史》，中国人民大学出版社2010年版，第619页。

③ 冯刚、沈壮海主编：《中华人民共和国学校德育编年史》，中国人民大学出版社2010年版，第638页。

理规定”“学生违纪及申诉处理办法”中立即修订相关条文,建立工作机制,同时关于学生事务管理中的法治化研究和讨论也更加深入。如2017年华东政法大学组织法律专家学者和学生工作干部对高校学生事务管理规范、学籍管理、学生保障、伤害、奖惩、突发应对等方面涉及的法律问题进行了深入研讨,形成了《高校学生事务管理法治化研究》一书。

没有标准,质量就无从谈起;没有制度,发展就得不到保障。大学生思想政治教育工作要规范、长效发展,就必须建立起与之相适应的质量标准和体制机制。历次关于高等教育的重要文献都着重提出了教育质量的要求和质量评价的任务。1985年中央在《关于教育体制改革的决定》中提出,“衡量任何学校工作的根本标准不是经济收益的多少,而是培养人才的数量和质量。紧紧掌握这一条,改革就不会迷失方向。”1994年中央《关于进一步加强和改进学校德育工作的若干意见》明确要求,要建立德育工作评估制度,并把德育工作作为评价一个地区、一所学校教育教学工作的重要内容。2004年《关于进一步加强和改进大学生思想政治教育的意见》提出高校思想政治内部和外部两个层面评估。可以看出,随着高等教育的发展,质量越来越成为高等教育的生命线,质量评价不仅是工作评定和价值判断的明确任务,更是反馈和改进高等教育的重要方法,而对于高校思想政治教育质量评价的要求和需求也在不断提升。① 各省区市和高校贯彻落实中央精神,纷纷出台了本地本校的思想政治教育质量评价体系。2012年,中宣部、教育部颁布《全国大学生思想政治教育工作测评体系(试行)》,分省区市版和高校版,前者测试党委政府加强和改进大学生思想政治教育工作的进展和成效,后者测试高等学校加强和改进大学生思想政治教育工作的进展和成效。这一文件的颁布实施成为思想政治教育质量评价研究的标志性成果,充分彰显了党和国家对大学生思想政治教育质量评价研究的关切与重视。2013年,中宣部、教育部联合下发通知,要求各地各高校按照《测评体系》要求开展自测自评,随后各省

---

① 冯刚:《改革开放以来高校思想政治教育质量评价的回顾与思考》,《教学与研究》2018年第3期。

区市、新疆生产建设兵团和全国2000余所高校根据相关要求进行了自测自评并提交了自评报告。2014年，两部门对10省市和辖区内部分高校进行了测评抽查，抽查采用听取工作汇报、查阅文件档案、召开座谈会、个别访谈、实地调查相结合的方式进行，形成了《全国大学生思想政治教育工作测评报告》。《测评报告》是高校思想政治教育工作质量评价研究的重要成果，为推动高校思想政治教育工作质量评价研究的进一步深化、构建新的高校思想政治教育工作质量评价体系，提供了重要参考。2016年12月，中共中央、国务院印发《关于加强和改进新形势下高校思想政治工作的意见》指出要“健全高校思想政治工作评价体系。研究制定内容全面、指标合理、方法科学的评价体系，坚持定性分析和定量分析相结合、工作评价和效果评估相结合，推动高校思想政治工作制度化。鼓励各地区各有关部门各高校创造性开展工作，把创新成果纳入评价内容”。这些讲话和文件对推动高校思想政治教育工作质量评价研究的继续深化、构建中国特色的高校思想政治教育工作质量评价体系奠定了基础。这一时期针对高校思想政治教育的各方面出台了一批标准文件，加强了管理的精细化，如2015年《高等学校思想政治理论课建设标准》《高等学校马克思主义学院建设标准(2017年本)》《普通高等学校学生党建工作标准》等。2017年底，教育部印发《高校思想政治工作质量提升工程实施纲要》，详细规划了一体化育人体系。

现阶段，高校思想政治教育管理不断推进从“重行政”向“重法规”、从“经验型”向“法治型”转变，是深化依法治国的重要实践，也是高等教育进入新时代的必然要求。高校内部的运转，应当以党纪法规为遵循，有据可依，有章可循，形成办事依法、遇事找法的管理生态，构建学校思想政治教育协商沟通长效机制。如《中华人民共和国教育法》和《中华人民共和国高等教育法》都赋予高校法人资格，既赋予了高校制定内部管理规则的权利，也将高校作为平等的一方放置在法律中。1998年《中华人民共和国高等教育法》规定“申请设立大学应当向审批机关提交章程”。2000年，《中华人民共和国立法法》通过并施行，推动了教育系统或高校自定规则条文向上级备案审查。2010年7月，《国家中长期教育改革与发展规划纲要(2010—2020年)》提出加强章程建设;2011年教育部出台《大学章程制定暂行办法》为高校章程建设提供具体指南;2013年9月,《中央部委所属大学章程建设行动计划(2013—2015年)》出台,2013年11月教育部核准了《中国人民大学章程》等6所高校大学章程,2015年底,教育部及中央部门所属的114所高等学校,分批全部完成章程制定和核准工作。大学章程明确了高校办学理念、育人目标、大学特色、学生权利义务、高校管理机制和协作运行办法,目标是建立现代大学治理制度,依法办学,依章办事。

随着高等教育改革的不断深入,学校办学自主权进一步落实,内部治理法治化、制度化、规范化的要求更为凸显,广大师生对民主、法治、公平、正义的诉求日益增长。2013年,教育部、司法部、中央综治办、共青团中央、全国普法办联合发布《关于进一步加强青少年学生法制教育的若干意见》,要求各级各类学校要建立和完善法制教育领导体制和工作机制。① 为深入贯彻落实党的十九大和十九届二中、三中、四中全会精神,坚持和完善中国特色社会主义教育制度体系,推进高等学校治理体系和治理能力现代化,进一步加强高等学校法治工作,全面推进依法治教、依法办学、依法治校,2020年8月,教育部发布《关于进一步加强高等学校法治工作的意见》,要求高校坚持和完善以党委领导下的校长负责制为核心的学校领导体制和治理体系,健全师生权益保护救济机制,完善学校法律风险防控体系,开展以宪法教育为核心的法治教育,加强法治工作机构和队伍建设推进决策、管理的科学化、民主化、法治化。

另外,在网络监管方面,高校思想政治教育管理倡导理性平和,让网络更多释放"正能量"。要坚持党管互联网、政治家办新闻网站的原则要求。确保党对互联网阵地的领导权、管理权、话语权。高校思想政治教育管理依法治理网络空间,改进网络宣传,利用网络平台积极培育社会主义核心价值观,弘扬主旋律,引导网络文化的正确方向,使网络环境成为弘

---

① 教育部思想政治教育工作司组编:《加强和改进大学生思想政治教育重要文献选编(1978—2014)》,知识产权出版社2015年版,第602页。

扬社会先进文化的主阵地。

五、丰富管理内容，服务学生成长成才

在现代社会，"管理就是服务"的思想逐渐成为一种被大众普遍接受的价值追求和理想目标。高校思想政治教育管理工作顺应时代发展要求，以服务学生成长成才为目的，丰富管理内涵，逐渐调整管理模式，提高管理效率。

随着改革开放的深入，大学扩招，社会就业模式改变，高校就业指导部门也呈现出阶段性的发展。经济发达的前沿阵地珠三角和长三角地区最先迈开探索的步伐。深圳大学 1983 年 9 月成立时，就明确了学生毕业后国家不包分配，由学校向用人单位推荐，用人单位量才录用，亦可由毕业生自谋职业。① 1988 年，复旦大学"根据 2000 多名应届毕业生的建议，成立学生就业指导中心"②。1989 年 1 月 15 日，国家教委高校学生司创办《毕业生就业指导报》，"交流毕业生供需两方面的信息，宣传国家关于毕业生分配、就业的方针、政策、法令。"③1991 年，国家教委管辖下的全国高校毕业生就业指导中心成立，为各地和高校系统统一建设就业指导部门提供了基础和依据。1995 年开始实施毕业生就业双向选择，1996 年毕业生包分配制度取消后，就业指导部门的发展逐渐统一化和规范化，同时，引导大学生自觉选择国家战略领域、急需行业、中西部地区就业成为高校思想政治教育的重要内容④。1998 年《高等教育法》规定"高等学校

---

① 《深圳大学探索学生思想政治工作改革之路　在大学和社会之间架桥　提倡学生自立自律自强》，《人民日报》1986 年 4 月 27 日。

② 《在学生、学校、社会之间架起桥梁，复旦大学成立学生就业指导中心》，《人民日报》1988 年 4 月 25 日。

③ 冯刚主编：《改革开放以来高校思想政治教育发展史》，人民出版社 2018 年版，第 466 页。

④ 1995 年，人民日报以《眼睛向下脚踏实地　清华学子争赴国家急需单位》为题报道清华大学在毕业生就业安排中加强思想教育和政策导向，向毕业生提出"自觉地到对国家经济、科技、安全起主导作用的单位去建功立业"的响亮口号，帮助学生正确处理个人志向同国家需要的关系。此后，鼓励高校毕业生到西部到基层到祖国最需要的地方建功立业成为评价高校就业指导工作乃至高校思想政治教育的重要考量。

应当为毕业生、结业生提供就业指导和服务”，推动了高校大规模建设就业指导部门。1999年高等教育大规模扩招之后，毕业生的就业压力和就业工作压力同时加大。2002年，教育部出台文件，提出“到基层、中小企业就业是主要途径”，要“放宽毕业生落户限制”。2002年，教育部下发《关于进一步加强普通高等学校毕业生就业指导服务机构及队伍建设的几点意见》，提出：“高校必须建立并健全毕业生就业指导服务机构，在办公条件、人员等方面给予充分保证”；“近期，专职就业指导教师和专职工作人员与应届毕业生的比例要保证不低于1∶500”。

大学扩招的同时，高等教育实施成本分摊制度，进入高校的经济困难学生数量增加，需要建立新的大学生资助体系。早在1995年，我国就已初步形成以奖学金、贷学金、勤工助学基金、特殊困难补助以及学杂费减免（简称奖、贷、助、补、减）为主体的多元化高校学生资助体系。① 1996年，全国普通高等学校资助困难学生工作经验交流会上就提出，正在“研究一种灵活机动、适合我国国情的学生奖贷学金制度，争取近两年在全国范围内实施。”②1999年，全国学生贷款管理中心成立，隶属教育部管理，后改为全国学生资助管理中心。2002年开始，陆续设立本科生国家奖学金、国家励志奖学金、国家助学金、研究生国家奖学金等。2006年教育部《关于进一步加强高等学校学生资助工作机构建设的通知》要求，“各高校必须成立专门的学生资助管理中心，统一归口管理全校的国家助学贷款、奖学金、勤工助学、特殊困难补助、学费减免等资助贫困家庭学生工作”，按照“全日制在校生1∶2500的规模配备专职工作人员”。随着高校收入日趋多元化，在统筹使用国家拨款、学生缴费、社会筹资的基础上，高校基本建立了全员覆盖的学生资助体系。

回首走过的一百年，“现代思想政治教育体系形成经历一个转型过

---

① 《我国大学生资助政策一览》，《人民日报》1997年8月9日。

② 《我高校困难生资助体系形成》，《人民日报》1996年6月27日。关于文中提到的“奖贷学金制度”，早在1994年，国家教委就会同国内外专家，专门研讨“市场经济与教育体制改革、人才培养、教育投资和学生资助制度”，参见《市场经济和教育改革研讨会举行》，《人民日报》1994年11月7日。

程，即从传统思想政治教育向现代思想政治教育的转型过程。这分成前后相继的两次思想政治教育现代转型，第一次是中国共产党思想政治教育产生至改革开放，思想政治教育转型的节点是 1949 年；第二次是改革开放开始至今。"①随着思想政治教育逐渐科学化、现代化，思想政治教育已经从党的工作、社会体系中独立出来，形成相对独立的系统。改革开放 40 多年来，高校紧密围绕立德树人的根本任务，积极面对时代发展带来的社会变化和形势挑战，在教育管理的实践中不断因事而化、因时而进、因势而新，不断推进高校思想政治教育从"管理"到"治理"，从而迈向新的高度。

① 孙其昂等：《思想政治教育现代转型研究》，学习出版社 2015 年版，第 343 页。

第十章　中国共产党高校思想政治教育的领导体制

马克思指出："一切规模较大的直接社会劳动或共同劳动，都或多或少地需要指挥，以协调个人的活动，并执行生产总体的运动——不同于这一总体的独立器官的运动——所产生的各种一般职能。"①高校思想政治教育作为一种社会活动，必然要在一定的社会历史条件和一定的社会关系中进行，同时，必然采取一定的体制来承担和执行管理职能。对高校思想政治工作领导体制问题的研究，具体包括三个方面的内容：一是建立什么样的领导体制，也就是解决"由谁领导"的问题。二是高校思想政治工作队伍建设的问题，也就是解决"由谁来干"的问题。三是构建科学、合理、有效的思想政治工作运行机制，也就是形成各方面的工作合力，保证各项举措落实的问题。

建党百年来，我们党高度重视探索并建立科学、有效的高校思想政治教育领导体制，取得了丰硕的成果，积累了宝贵的经验，为保证高校思想政治教育始终沿着正确方向有效运行提供了保障。

第一节　新民主主义革命时期党对高校思想政治教育领导体制的初步探索

我们党一直高度重视高校思想政治教育领导体制的建立和完善。在

① 《马克思恩格斯选集》第2卷，人民出版社2012年版，第208页。

新民主主义革命时期就对建立高校思想政治教育领导体制进行探索，并根据形势的变化进行调整，为新中国成立后确立科学的高校思想政治教育领导体制奠定了基础。

一、确立为革命战争做准备的学校思想政治教育制度构建原则

新民主主义革命时期，大学教育的核心是为革命战争做准备。“在当时的战争条件下，革命根据地不可能有系统的学校制度，主要以干部教育为主，培养党、政、军干部。”①在这种情况下，我们党依然十分重视建立有效的学校思想政治教育领导体制和运行机制。

新民主主义革命时期，学校思想政治教育体制的构建原则主要突出为革命战争做准备。毛泽东在《为动员一切力量争取抗战胜利而斗争》中指出，“抗日的教育政策”应为“改变教育的旧制度、旧课程，实行以抗日救国为目标的新制度、新课程”。② 毛泽东还指出：“在一切为着战争的原则下，一切文化教育事业均应使之适合战争的需要，因此全民族的第十个任务，在于实行如下各项的文化教育政策。第一，改订学制，废除不急需与不必要的课程，改变管理制度，以教授战争所必需之课程及发扬学生的学习积极性为原则……抗战以来，教育制度已在变化中，尤其战区有了显著的改进。但至今还没有整个制度适应抗战需要的变化，这种情形是不好的。”③刘少奇在《抗日政府的教育政策》中指出：“抗日政府的教育政策，以培养抗日战争中急需的干部，提高人民的民族觉悟与文化水准为原则。因此必须改革旧的教育制度和旧的课程。应该：（一）改组大学成为各种军事政治及技术干部的训练班，缩短修业期限至数个月到一年以内。”④关于抗大分校的教育计划，毛泽东指出：“关于抗大分校之教育计

---

① 顾明远：《从新民主主义教育到社会主义教育——纪念中国共产党成立 90 周年》，《教育研究》2011 年第 7 期。

② 《毛泽东选集》第二卷，人民出版社 1991 年版，第 356 页。

③ 《建党以来重要文献选编（1921—1949）》第 15 册，中央文献出版社 2011 年版，第 619 页。

④ 《刘少奇论教育》，教育科学出版社 1998 年版，第 6 页。

划,应当加强军事教育,强化军事生活,以培养初级军事干部为目的,以及重新配备教学方法,训练教育干部,使之更加适合于新的教育对象。”此外,毛泽东还指出:“虽以培养军事干部为目的,但政治教育仍占重要地位,至少亦应与军事教育列于同等地位。”①在当时的历史条件下,一切为革命战争服务是教育的必然选择。陕北公学建校初期就提出“以非常时期的方法,来达到教育本来目的;运用非常的精神,来扩大教育的效果”②的宗旨,因此又被称为“战火中的大学”。

二、探索建立科学的高校思想政治教育领导体制

新民主主义革命时期,我们党开始全面探索建立科学的高校思想政治教育领导体制。具体包括以下几个方面:

一是探索建立党领导下的校长负责制。1937 年 8 月,刚刚筹备成立的陕北公学就开创性地实行了党团领导下的校长负责制,党团(党组)作为学校最高领导机构,讨论并决定学校的重大问题。③ 当时,由成仿吾担任党团书记,并任陕北公学校长。“党团是学校的最高领导机构,校长则在党团领导下处理学校各种事务。由陕北公学发展而来的华北联合大学以及后来的华北大学,都执行了这一制度。”④

中共中央书记处在关于办理党校的指示中强调了党委在思想政治教育中的重要作用,指出:“党委必须慎重的选择教授人才,学校中须有必要的专任教员。学校所在地党的领导机关的负责同志,必须有计划的经常的到学校作报告,能够任课的必须担任教课。”“党校内部的领导组织可采取党与行政合一的制度,校长由党委的负责人兼任,校长下设一总支

① 《建党以来重要文献选编(1921—1949)》第 16 册,中央文献出版社 2011 年版,第 129 页。

② 《成仿吾教育文选》,教育科学出版社 1984 年版,第 22 页。

③ 中国人民大学校史研究丛书编委会编:《造就革命的先锋队:中国人民大学史(第一卷)》,中国人民大学出版社 2007 年版,第 28 页。

④ 齐鹏飞主编:《中国共产党创办新型高等教育的历史、理论与实践:中国人民大学 80 年办学经验总结》,中国人民大学出版社 2018 年版,第 45 页。

委管理校内一切日常工作。”①中共中央书记处还对党支部在教育中的作用进了规定，指出：“学校行政组织以短小精干为原则。学校内党支部的任务，是在保证学校教育计划的完成”，同时还指出：“本决定适用于延安。但本决定中的一切基本原则，同时亦适用于各抗日根据地”。② 党和苏维埃政府还指定重要领导人担任干部学校领导职务。任弼时、张闻天、毛泽东、瞿秋白都曾担任过校长。

二是在实践中探索建立学校思想政治教育制度。首先，党中央十分注重对学校思想政治教育的指导。中共中央军委、总政治部对学校及教导队的政治教育作出了规定，指出：“抗大分校之上干队，军事干部须学时事，中国革命问题，党的建设，政治干部另加政治工作。”“抗大分校之步兵科及特科之军事干部，须学时事、政策及中国革命问题，政治干部加政治工作。”“教导队上文化课，政治教育为时事与策略。”③为加强学校的理论学习，1944 年，中共中央宣传部选印包括马克思、恩格斯、列宁、斯大林、毛泽东等关于中国基本问题常识与共产主义概念的基本著作十余篇，供延安一般机关学校政治教育之用。其次，抗日根据地高校在多年的实践中，总结出组织领导思想政治工作的丰富经验，“在组织领导上，加强党对学校的领导，中央领导同志经常亲自来上课、演讲，配备政治上和能力上较强的政工干部，并在学生中加强党的建设，发展党的组织，发挥党员的先锋模范作用。”④例如，毛主席、周恩来、朱德、董必武、张闻天、任弼时、李富春、王若飞都在陕北公学讲过课。再次，除自上而下地开展思想政治教育外，通过指导建立学生组织，自发地开展教育活动也是思想政治工作的重要方面。在苏维埃大学，“在校长和学校管理委员会监督下

---

① 《建党以来重要文献选编(1921—1949)》第 17 册，中央文献出版社 2011 年版，第 140—141 页。

② 《建党以来重要文献选编(1921—1949)》第 18 册，中央文献出版社 2011 年版，第 764 页。

③ 《建党以来重要文献选编(1921—1949)》第 19 册，中央文献出版社 2011 年版，第 95—97 页。

④ 国家教委思想政治工作司编：《中国高等学校思想政治教育史纲》，高等教育出版社 1992 年版，第 37 页。

设‘学生公社’,‘学生工社’不同于黄埔军校的统一战线性质的学生组织,由全体大学生选举出来的干事会来领导。”①此外,1936年,在抗日军政大学实行基层学员队(中队)“政治指导员”制度。政治指导员全面负责学员的学习、生活和健康等工作,成为高校辅导员制度的开端。

新中国成立以前,大学的思想政治教育活动集中在党局部执政地区的有限范围内开展,主要目的是教育革命青年和干部,为武装夺取政权服务。在这一大的原则和背景下,我们党在这一时期对如何通过构建高校思想政治教育领导体制进行了有益的探索,主要包括以下特点:

一是高度重视学校思想政治教育制度建设。新中国成立之前,周恩来指出,“一切教育机关,在新民主主义的教育方针下,从小学、中学到大学,包括职业学校、补习学校、专科大学在内,应树立一种既能先后衔接、相互关联又复各成系统,按级成材的教育制度”②。解放战争时期,我们党在解放区里创办了抗日军政大学。因为抗日军政大学是党领导下的八路军干部学校,所以从创立之初就建立政治工作制度。1948年秋,东北解放区从长期发展着想,把以政治教育为主的短期政治训练性质的学校,改为以文化教育为主并重视思想政治的新型正规学校,为将来的建设储备干部。

二是牢牢掌握党对大学的领导权。我们党高度重视大学领导权问题,强调要保证大学领导权掌握在忠于马克思主义的人手中。刘少奇在《要改革平津学校的教育工作》中指出:“所有各大学中学的校长职员,均须从平津各学校原有人员中调整,由适当机关加以任命,无法由外面派人去接办。在原有人员中为大多数群众所反对者及坚决的反对分子,必须撤换。新任命的负责人员必须是愿意忠实执行我们的教育方针,并为大多数学生及教职员所赞成者。”③新民主主义革命时期党对高校思想政治教育领导体制的探索,形成了坚持党对思想政治工作的领导,实行党团领

① 国家教委思想政治工作司编:《中国高等学校思想政治教育史纲》,高等教育出版社1992年版,第31页。

② 《周恩来文化文选》,中央文献出版社1998年版,第51—52页。

③ 《刘少奇论教育》,教育科学出版社1998年版,第58页。

导下的校长负责制、由党的主要领导人亲自上课等制度和原则,为新中国成立后建立科学的思想政治教育领导体制奠定了基础。

第二节　社会主义建设时期高校思想政治教育领导体制的曲折发展

新中国成立前夕,《中国人民政治协商会议共同纲领》提出:“人民政府应有计划有步骤地改革旧的教育制度、教育内容和教育法。”[①]在这一要求的指导下,社会主义建设时期,高校思想政治教育领导体制在新民主主义革命探索的基础上,根据实际工作的需要进行了若干次调整。“文化大革命”时期,高校思想政治领导体制遭到了严重破坏,导致正常的思想政治工作无法开展,思想政治教育事业遭到了严重挫折。

一、从以校长负责制为主要特征到以党委主管为主要特征的领导体制

社会主义建设及“文化大革命”时期,高校思想政治教育领导体制的演变大致可以分为三个阶段:

第一阶段(1950—1955年),以校长负责制为主要特征的领导体制。1950年3月,北京师范大学在北京各高校中率先改行校长负责制。1950年8月,教育部发布《高等教育暂行规程》和《专科学校暂行规程》,指出:“大学及专门学校采取校(院)长负责制。在校(院)长领导下设校(院)务委员会。”[②]其中,校长的职责包括:“领导全校(院)教师、学生、职员、工警的政治教育。”[③]学校党组织尽管不全面领导学校工作,但是在政治

① 教育部社会科学司组编:《普通高校思想政治理论课文献选编(1949—2008)》,中国人民大学出版社2009年版,第1页。

② 刘光主编:《新中国高等教育大事记》,东北师范大学出版社1990年版,第15页。

③ 《中国教育年鉴》编辑部编:《中国教育年鉴(1949—1981)》,中国大百科全书出版社1984年版,第777页。

上起核心作用,开辟了党领导高校的局面。

第二阶段(1956—1965年),以党委主管为主要特征的领导体制。1956年6月,中共中央宣传部部长陆定一在部分省市委宣传(文教)部长座谈会上指出:"学校一定要实行党委领导下的分工负责制,这是个原则问题。凡是用一长制的,都要取消。"①1958年,中共中央、国务院联合发布《关于教育工作的指示》,强调:"党的教育工作方针,是教育为无产阶级政治服务,教育与生产劳动结合。为了实现这一方针,教育工作必须由党来领导。"②1959年,《教育部关于讨论和试行全国重点高等学校暂行工作条例(试行草案)的通知》中规定:"高等学校的思想政治工作在学校党委委员会的领导下进行。"③1961年,中共中央批准《教育部直属高等学校暂行工作条例(草案)》(即"高教六十条"),文件指出:"高等学校的领导制度,是党委领导下的,以校长为首的校务委员会负责制"④,并批评"一长制容易脱离党委领导,所以是不妥当的",开启了党委介入大学管理的先河。

此外,1964年,中共中央批转《关于加强高等学校政治工作和建立政治工作机构试点问题的报告》。报告提出:"在高等教育部和直属高等学校设立政治部。""高等学校政治部是校党委的工作机构","高等教育部直属高等学校的政治工作,原则上实行以高等教育部党委的领导为主,地方党委领导为辅的双重领导制度。其他直属高等学校的政治工作,仍然由地方党委负责领导,但高等教育部党委和政治部对这些学校的政治工作,原则上有指导关系。"⑤同时还确立北京大学、清华大学为高等教育部

---

① 刘光主编:《新中国高等教育大事记》,东北师范大学出版社1990年版,第107页。

② 冯刚、沈壮海主编:《中华人民共和国德育编年史》,中国人民大学出版社2010年版,第135页。

③ 教育部思想政治教育工作司编:《加强和改进大学生思想政治教育重要文献选编(1978—2008)》,中国人民大学出版社2008年版,第2页。

④ 冯刚、沈壮海主编:《中华人民共和国德育编年史》,中国人民大学出版社2010年版,第163页。

⑤ 冯刚、沈壮海主编:《中华人民共和国德育编年史》,中国人民大学出版社2010年版,第203页。

直属学校建立的试点学校。

第三阶段（1966—1976 年），“文化大革命”时期“革命委员会领导一切”。“文化大革命”开始后，江青、陈伯达、康生等人到北京一些高校鼓动“踢开绊脚石，彻底闹革命”，动摇了思想政治教育的组织基础，从而实质上取消了党委对高校的领导，在全国形成了“踢开党委闹革命”“停课闹革命”的混乱局面。1969 年 4 月，全国高等学校陆续开展“教育革命”。“改组学校行政、教学组织。校一级成立政工组、办事组、后勤组。校、系两级成立教育革命领导小组（或教育革命组）。”①“文化大革命”期间，全国大专院校党团组织陷入瘫痪，由校文化革委会或上级派工作组领导运动。

在当时的历史条件下，工宣队取代了党在高等院校中的各级领导，也同样取消了党委领导下的思想政治教育制度与管理体制。通过“斗、批、改”，工宣队还取消了一系列的规章制度，高校中的思想政治工作队伍也被工宣队取代。1971 年，部分高校开始招收工农兵学员，但是在极左思潮的主导下，学校并没有恢复正常秩序。

二、重视队伍建设，为开展思想政治工作提供组织保障

新中国成立后，高校思想政治教育工作队伍的建设及培养问题被提上重要的议事日程，工作的主要着眼点在以下两个方面：

一是建立并培养一支革命化的思想政治理论课教师队伍。新中国成立后，我们党将政治理论课的任务提高到在争夺青年一代中发挥作用的高度。新中国成立初期，高等学校理论课教师队伍面临数量缺、水平低、任务重、后继乏人的问题，因为缺乏师资，有的课甚至开不出来，严重影响了政治理论课的质量。为解决这一问题，必须有计划、有步骤地培养一支革命化的思想政治理论课教师队伍。

首先，提出教师队伍必须革命化的工作要求。中央宣传部、高教部

---

① 刘光主编：《新中国高等教育大事记》，东北师范大学出版社 1990 年版，第 265 页。

党组、教育部临时党组《关于改进高等学校、中等学校政治理论课的意见》中指出:“政治思想不好、不适宜教政治理论课的教师,应当尽快处理,调动工作。从现在起,就要注意选拔做过基层工作的干部、复员军人和参加过两年以上体力劳动锻炼的知识青年,经过训练提高,补充这支队伍。”①

其次,注重培养马克思列宁主义理论师资。中共中央《关于培养高等、中等学校马克思列宁主义理论师资的指示》中要求:“各中央局、分局及有关的地方党委应加强对各该地区培养政治理论师资和学校政治教育的指导,指定各级党委的宣传部部长或副部长经常亲自领导这一方面的工作。”②为此,采取的具体措施包括:由中央教育部负责筹划,在中国人民大学创设马克思列宁主义研究生班,为全国高等学校培养一部分政治理论师资、在高等学校的助教和高等、中等学校高年级学生中选拔优秀的党员、团员在本校担任政治理论课的助教或助理,逐渐培养他们成为高等、中等学校新的政治理论师资等。《对高等学校政治教育工作的几点意见》(草稿)中提出了补充、培养和提高政治课教师的方法,指出:“为了适应中国高等学校的迅速发展,必须有专门培养和提高高等学校政治课教师的学校,因此有必要明确规定中国人民大学的性质为培养和提高全国高等学校政治课教师的学校(政治师范)。”③

二是初步建立政治辅导员制度。新中国成立后,我们党在继承抗日军政大学政治指导员制度的基础上,在高校建立了政治辅导员制度。1951 年,全国工学院院长会议召开。为了加强全国工学院的政治思想教育的领导,各工学院有准备地试行政治辅导员制度,设立专人担任政治辅导员,主持政治思想改造工作。1952 年,教育部发布《关于在高等学校有重点地试行政治工作制度的指示》,指出:“全国高等学校在思想改造和

---

① 《建国以来重要文献选编》第 19 册,中央文献出版社 1998 年版,第 235 页。

② 教育部社会科学司组编:《普通高校思想政治理论课文献选编(1949—2008)》,中国人民大学出版社 2009 年版,第 35 页。

③ 教育部社会科学司组编:《普通高校思想政治理论课文献选编(1949—2008)》,中国人民大学出版社 2009 年版,第 11 页。

组织清理后,应有准备地在校内设立政治工作机构,其名称可为政治辅导处。”①文件还对政治辅导处的任务、人员配备等问题进行了规定。1953年,清华大学校长蒋南翔率先提出在高校设立政治辅导员,成为我国高校实行政治辅导员制度的开端。“双肩挑”,即“两个肩膀挑担子”,也就是同时承担思想政治工作与业务工作。从此,政治辅导员队伍形成了少数专职、多数兼职、专兼结合的发展道路。

1956年到1965年,全国高校普遍建立起一支政治辅导员队伍,但辅导员制度在“文化大革命”中惨遭破坏。“文化大革命”首先在高校发难,正常的高校思想政治领导管理体制被彻底破坏。大批高校政工干部被诬陷,思想政治工作队伍的发展陷入了停滞,对思想政治工作造成了不可估量的损失。

三、初步建立党政齐抓共管、自上而下分工配合的工作体系

新中国成立后,我们党发挥作为执政党的优势,自上而下地调动各方面的力量和资源推行思想政治工作,初步建立了党政齐抓共管,各方面分工配合的思想政治教育工作体系。

一是建立党对政治理论课的领导制度。1951年9月,教育部就政治课问题向华北各高校发出指示,要求“将各科目的教学指导委员会改为各该科目的教学研究指导组,由教务长负责计划、组织、督导检查。时事学习委员会应予加强,要在教务长领导下,负责计划、组织时事政策的学习,结合社会政治活动,解决对时事政策方面的一般思想问题”②。1955年,经国务院第17次全体会议批准,发出《1954年工作总结和1955年工作要点》,指出:“为切实改进政治理论课教学的组织和领导,应由校长和副校长对

① 冯刚、沈壮海主编:《中华人民共和国德育编年史》,中国人民大学出版社2010年版,第53页。

② 冯刚、沈壮海主编:《中华人民共和国德育编年史》,中国人民大学出版社2010年版,第35页。

政治理论课教研组负直接的领导责任,以提高教学质量。"[①]1964 年,中央宣传部、教育部党组、教育部临时党组《关于改进高等学校、中等学校政治理论课的意见》中要求:"建议各地宣传(文教)部和高等学校、中等学校党组织,加强对政治理论课的指导,着重抓方向、抓教学、抓队伍。"[②]

二是成立高校思想政治工作的组织机构,初步形成了各方分工配合的工作合力。教育部副部长刘子载在高等工业学校、综合大学校院长座谈会上的发言中指出:"除组织动员教学行政干部、政治工作干部和全体教师积极参加政治教育工作外,还应与学校党组织、青年团等保持密切联系,依靠他们并取得他们的支持和配合,避免和克服各方面步调不统一,互相不配合,各自布置工作,以致形成师生社会活动过多、会议过多的现象。""学校每学期应该拟定统一的政治思想教育计划,提交校务委员会,作为一项重要问题加以讨论和通过。""系和组应该根据这一计划,订出具体实施计划,并向全体干部和全体教师作报告,使大家都能切实按照这个计划进行工作,并定期检查其执行情况。"[③]新中国成立后,高校普遍建立了党委,还成立了青年团和学生会,成为党领导下开展自我教育活动的群众组织。在这一时期,高校初步形成了党委领导、校长负责,以政治理论课为主渠道,共青团及学生会积极参与,各方分工配合的思想政治工作体系。全国范围内则确立了中央统一领导,以高校负责具体实施,动员社会各方面共同参与的思想政治教育领导体制和运行机制。

四、小结

社会主义建设时期,我们党对高校思想政治教育领导体制的探索和完善虽然经历了曲折和失误,但总的来看,仍然取得了积极的进展和丰硕

---

① 刘光主编:《新中国高等教育大事记》,东北师范大学出版社 1990 年版,第 270 页。

② 教育部社会科学司组编:《普通高校思想政治理论课文献选编(1949—2008)》,中国人民大学出版社 2009 年版,第 53 页。

③ 教育部社会科学司组编:《普通高校思想政治理论课文献选编(1949—2008)》,中国人民大学出版社 2009 年版,第 19 页。

的成果。

一是确立了充分发挥高校党委及相关机构的主导作用,采取自上而下的方式推进思想政治工作的模式。我们党高度重视教育行政部门及高校党委在思想政治教育中的主导作用,思想政治教育工作主要由教育行政管理部门布置,高校党委及其相关组成机构负责具体实施,呈现出直接、显性的特点。这种模式一方面可以在新中国成立初期迅速在高校建立起思想政治教育的领导及运行体制,并能够最大效度地运用好高校在学生动员上的优势,对思想政治工作的方方面面进行布置和安排。但另一方面,由于忽视大学生的主体性和思想政治教育本身的规律性,导致高校思想政治教育的稳定性和科学性欠缺。特别是在“文化大革命”时期,这种思想政治教育模式被错误地引向了极端,给思想政治教育的发展带来了巨大损失。

二是确立了若干构建思想政治教育领导及运行体制的原则。从局部执政到全国执政,高校思想政治教育依托的条件,面临的形势和任务都发生了很大变化。我们党在新中国成立后,结合新民主主义革命时期开展思想政治教育的经验,确立了若干构建思想政治教育领导及运行体制的原则。具体包括:运行体制上的“条块结合”。即高校思想政治工作在纵向都由学校的某一机关主要负责,而工作的落实单位都是各学院。高校成立党委学生工作部、团委等专门工作机构,负责开展学生思想政治工作,属于“条条”,各学院直接负责管理学生,属于“块块”;队伍建设上的合理构成。我们党高度重视建设一支革命化、高素质的高校思想政治队伍。既立足于开好思想政治理论课,培养一支高水平的思想政治工作队伍,又重视日常思想政治工作的作用,创立了高校辅导员制度,有效地解决了高校思想政治教育“谁来做”的问题。

第三节 改革开放以来高校思想政治教育领导体制的巩固加强

党的十一届三中全会以后,高校思想政治教育各方面逐步走向正轨,各高校也开始调整、理顺思想政治工作领导体制。总的来看,改革开放以后,党对高校思想政治教育的领导进一步加强,思想政治工作整体也呈现出科学化、制度化的特点。

一、坚持党委领导下的校长负责制强化党委领导地位

党和国家领导人高度重视发挥党委在思想政治教育中的作用。邓小平指出:“我们说改善党的领导,其中最主要的,就是加强思想政治工作。……党的领导机关除了掌握方针政策和决定重要干部的使用以外,要腾出主要的时间和精力来做思想政治工作,做人的工作,做群众工作。”①江泽民也指出:“有些同志整天埋头具体事务,见物不见人,忽视做人的工作和做思想政治工作的领导责任。这种状况必须从根本上加以扭转。各级党委特别是主要领导同志一定要充分认识到,做好人的工作,做好思想政治工作,是在现代化建设实践中把两个文明建设统一起来的中心环节。”②

一是强调加强高校党委对思想政治教育的领导。1977 年,中共中央转发教育部党组《关于工宣队的请示报告》,批准工宣队退出学校。③ 这就为重新确立高校党委对思想政治教育的领导奠定了基础。1978 年,教育部发布《全国重点高等学校暂行工作条例》(试行草案),指出:“高等学校的思想政治工作在学校党委委员会的领导下进行。”④1985 年,《中共中央关于教育体制改革的决定》颁发,文件指出:“学校中的党组要从过去那种包揽一切的状态中解脱出来,把自己的精力集中到加强党的建设和加强思想政治工作中来。”⑤1986 年,《中共中央、国务院批转〈国家教

---

① 《邓小平文选》第二卷,人民出版社 1994 年版,第 365 页。

② 《江泽民文选》第一卷,人民出版社 2006 年版,第 583 页。

③ 冯刚主编:《改革开放 40 年高校思想政治教育编年史(1978—2018)》,北京师范大学出版社 2019 年版,第 354 页。

④ 教育部思想政治教育工作司组编:《加强和改进大学生思想政治教育重要文献选编(1978—2014)》,知识产权出版社 2015 年版,第 2 页。

⑤ 冯刚主编:《改革开放 40 年高校思想政治教育编年史(1978—2018)》,北京师范大学出版社 2019 年版,第 73 页。

委关于加强高等学校思想政治工作的决定〉的通知》中要求："学校党委要把领导思想政治工作和加强党的建设工作，保证监督党的方针政策在学校的贯彻执行，当作自己的主要任务。校长和各级行政领导干部必须对学生的德智体全面发展负责，不能只抓智育，忽视德育和体育，只抓行政、业务管理，忽视思想政治教育。"①1987 年，中共中央发布《关于加强和改进高等学校思想政治工作的决定》。文件指出："要提高高等学校领导班子的思想政治水平，加强和改善党对思想政治工作的领导。贯彻党和国家的教育方针，改进和加强思想政治工作，关键在校、系两级领导。学校党委对思想政治工作负有领导责任。校长要对学生德、智、体全面发展负责，结合各项业务做好思想政治工作，推动教职工教书育人、服务育人。"②

二是建立并不断完善党委领导下的校长负责制。1989 年政治风波，从一个侧面说明了不断巩固和加强党对高校思想政治教育领导的重要性。为了进一步加强高校党委对思想政治教育工作的领导，国家取消了大学校长负责制试点工作，强调任何类型的大学都要加强党的领导。1990 年，《中共中央关于加强高等学校党的建设的通知》中对高校的领导体制——"党委领导下的校长负责制"及学校党委的主要任务作出了明确规定。指出党委的主要任务之一是"领导学校的思想政治工作"，"校长要全面贯彻党的教育方针，坚持把德育放在学校工作的首位"。③ 文件明确提出："总结新中国成立以来高等教育的发展和改革，特别是近几年来反对和平演变斗争的经验和教训，高等学校要坚持社会主义方向，必须加强和改善党的领导，加强党的建设，充分发挥党组织和党员的作用。"④

---

① 教育部思想政治教育工作司编：《加强和改进大学生思想政治教育重要文献选编（1978—2008）》，中国人民大学出版社 2008 年版，第 73 页。

② 冯刚主编：《改革开放 40 年高校思想政治教育编年史（1978—2018）》，北京师范大学出版社 2019 年版，第 96 页。

③ 教育部思想政治教育工作司组编：《加强和改进大学生思想政治教育重要文献选编（1978—2014）》，知识产权出版社 2015 年版，第 100 页。

④ 教育部思想政治教育工作司组编：《加强和改进大学生思想政治教育重要文献选编（1978—2014）》，知识产权出版社 2015 年版，第 100 页。

1994 年,中共中央《关于进一步加强和改进学校德育工作的意见》指出,“在党委(总支、支部)的统一部署下,学校都要建立和完善校长及行政系统实施的德育管理体制。”①1995 年,《中国普通高等学校德育大纲》在“领导体制和组织机构中”对学校党委的地位和作用进行了明确规定:“党委是学校德育工作的领导核心,应研究德育的指导思想、工作方针、任务和重要问题,主持制定德育的总体规划与实施计划,定期分析学生思想政治状况和德育工作状况。”②文件规定,高校思想政治教育领导体制为:“在党委的统一部署下,建立和完善校长及行政系统为主实施的德育管理体制,校长对学生德、智、体全面负责。”③1996 年,中共中央印发《中国共产党普通高等学校基层组织工作条例》,再次重申大学实行党委领导下的校长负责制,并指出校党委统一领导学校工作,支持校长按照《中华人民共和国教育法》的规定积极主动、独立负责地开展工作,保证教学、科研、行政管理等各项任务的完成。该条例还规定了党组织的设置、职责,设常务委员会的党的委员会每学期至少召开一次委员会全体会议,如遇重大问题可随时召开,还规定大学设立党的基层纪律检查委员会。从此,大学校长负责制退出历史舞台,而党委领导下的校长负责制也在 1998 年颁布的《高等教育法》中给予了明确规定。

二、加强组织领导造就高素质思想政治工作队伍

改革开放以来,高校思想政治工作的稳步推进以及各项政策举措的有效落实,与我们党一直重视并努力造就一支高素质的思想政治工作队伍是分不开的。从落实立德树人根本任务,实施党和国家教育方针的高度着力加强思想政治工作队伍建设是该时期的重要特点。

---

① 教育部思想政治教育工作司组编:《加强和改进大学生思想政治教育重要文献选编(1978—2014)》,知识产权出版社 2015 年版,第 146 页。

② 教育部思想政治教育工作司组编:《加强和改进大学生思想政治教育重要文献选编(1978—2014)》,知识产权出版社 2015 年版,第 158 页。

③ 教育部思想政治教育工作司组编:《加强和改进大学生思想政治教育重要文献选编(1978—2014)》,知识产权出版社 2015 年版,第 158 页。

一是造就一支可信赖的思想政治理论课教师队伍。改革开放之初，高校思想政治理论课教师队伍面临着数量不足、骨干教师的年龄偏高、青黄不接的严重状况。1984 年，中共中央宣传部、教育部《关于加强高等学校思想政治工作队伍建设的意见》为建设一支精干有力的思想政治工作队伍提出了“把又红又专的优秀人才放到思想政治工作岗位上”“大力加强专职思想政治工作人员的培训”“妥善解决思想政治工作人员的工资待遇”等多项举措。① 1995 年，国家教委印发《关于高校马克思主义理论课和思想品德课教学改革的若干意见》中强调“抓好师资队伍建设是‘两课’改革和建设的一项紧迫战略任务”，并提出“国家教委和省、市教育部门，要制定‘两课’师资培养的长远规划”“注意选拔优秀的大学生和政工干部，经过培训，充实‘两课’教师队伍”“要加强有关‘两课’的硕士和博士研究生教育，培养和造就一批出色的‘两课’教师、德育专家和理论家”“要建立表彰和奖励制度，增强‘两课’教师队伍的事业心和使命感”等多项举措。② 2005 年，中宣部、教育部印发的《关于进一步加强和改进高校思想政治理论课的意见》指出：“要按照专兼结合的原则，不断优化和充实高等学校思想政治理论课教师队伍。要按照学生人数以及教学任务，合理核定专任教师编制。要制定高等学校思想政治理论课教师任职资格标准，实行准入制度，完善激励和保障机制。”③

二是重视辅导员队伍的专业化、职业化建设。1978 年，教育部印发《全国普通高等学校暂行工作条例（征求意见稿）》，提出：“为了加强学生的政治思想工作，必须建立一支学生政治思想工作队伍；在一、二年级设立政治辅导员。”④随着相关文件的出台和各项政策在高校的落实，辅导

① 教育部社会科学司组编：《普通高校思想政治理论课文献选编（1949—2008）》，中国人民大学出版社 2009 年版，第 103—104 页。

② 教育部社会科学司组编：《普通高校思想政治理论课文献选编（1949—2008）》，中国人民大学出版社 2009 年版，第 160 页。

③ 教育部思想政治教育工作司组编：《加强和改进大学生思想政治教育重要文献选编（1978—2014）》，知识产权出版社 2015 年版，第 295 页。

④ 教育部思想政治教育工作司组编：《加强和改进大学生思想政治教育重要文献选编（1978—2014）》，知识产权出版社 2015 年版，第 1 页。

员制度在高校得到了恢复。2004 年,中共中央、国务院下发《关于进一步加强和改进大学生思想政治教育的意见》。文件要求:"要加强思想政治教育学科建设,培养思想政治教育工作专门人才,实施大学生思想政治教育队伍人才培养工程。"①为贯彻落实文件精神,2005 年,教育部颁布《关于加强高等学校辅导员班主任队伍建设的意见》,明确要求统筹规划专职辅导员的发展,鼓励和支持一批骨干长期从事辅导员工作,向职业化、专家化方向发展。② 2006 年,教育部印发《普通高等学校辅导员队伍建设规定》,成为新世纪高校辅导员建设的纲领性文件。文件对辅导员的身份定位、工作内容、职业要求等作出明确规定,凸显出专业化职业化的发展要求,并要求:"高等学校总体上要按照师生比不低于 1∶200 的比例设置本、专科生一线专职辅导员岗位。辅导员的配备应以专职为主,专兼结合,每个院(系)的每个年级应当设专职辅导员。"③

三、注重顶层设计完善思想政治教育合力

改革开放以来,我们党更加注重进行顶层设计,对教育系统内外的工作力量进行统筹谋划和安排,初步形成了全社会共同参与的大学生思想政治教育的合力。

一是建立健全各级马克思主义理论教育的领导体制。1980 年,教育部发布《改进和加强高等学校马列主义课的试行办法》。文件强调:"搞好高等学校马列主义课教学的关键是加强党的领导,建立和健全领导体制。高等学校的马列主义教研室属于系(处)级的教学单位,应直属校党委领导。"④1991 年,国家教育委员会《关于加强和改进高等学校马克思

① 教育部思想政治教育工作司组编:《加强和改进大学生思想政治教育重要文献选编(1978—2014)》,知识产权出版社 2015 年版,第 269 页。

② 教育部思想政治教育工作司组编:《加强和改进大学生思想政治教育重要文献选编(1978—2014)》,知识产权出版社 2015 年版,第 284 页。

③ 教育部思想政治教育工作司组编:《加强和改进大学生思想政治教育重要文献选编(1978—2014)》,知识产权出版社 2015 年版,第 82 页。

④ 转引自冯刚主编:《改革开放 40 年高校思想政治教育编年史(1978—2018)》,北京师范大学出版社 2019 年版,第 27 页。

主义理论教育的若干意见》中要求加强对马克思主义理论教育的领导，指出："高等学校的领导要把搞好马克思主义的理论教育作为自己的重要职责，作为学校的重点学科和一项基本建设……要把专门研究马克思主义理论教育的工作列入学校党委和行政领导的重要议事日程，每学期至少要研究一次马克思主义理论教育工作，并采取切实有效的措施解决理论教育工作中出现的困难和难题。"①1994 年，国家教委印发《关于高校马克思主义理论课和思想品德教学改革的若干意见》。文件指出："要在党委统一领导和部署下，建立和完善校长及行政领导系统为主实施的管理体制。学校党委和行政要定期研究'两课'研究教学工作，大力推动和指导教学改革，协调有关职能部门给予积极支持和配合，切实解决'两课'教学工作和师资队伍建设中存在的问题和实际困难。提倡和鼓励高校党政领导兼教一门思想理论教育课。有条件的地方和高校可逐步建立由省、自治区、直辖市教育部门领导或高校有关领导、专家、教授参加的'两课'教学指导工作制度。"②

二是建立健全党委统一领导、党政群齐抓共管、有关部门各负其责、全社会大力支持的领导体制和工作机制。1980 年，教育部、共青团中央《关于加强高等学校学生思想政治工作的意见》中指出："学校党委要加强对学生思想政治工作，把它列入党委的重要议事日程。校系两级都要有一名副书记主管学生的思想政治工作；校党委可以根据实际情况，设立学生思想政治工作机构，如学生工作部或青年工作部。要把行政、共青团、学生会、工会、教师各方面的力量统一组织起来，共同做好工作。"③该文件对于高校思想政治教育领导体制的确定与完善具有重要意义。特别是关于学校党委和学院党委层面分别设立主管学生思想政治教育工作的

① 教育部社会科学司组编：《普通高校思想政治理论课文献选编（1949—2008）》，中国人民大学出版社 2009 年版，第 143 页。

② 转引自冯刚主编：《改革开放 40 年高校思想政治教育编年史（1978—2018）》，北京师范大学出版社 2019 年版，第 195 页。

③ 教育部社会科学司组编：《普通高校思想政治理论课文献选编（1949—2008）》，中国人民大学出版社 2008 年版，第 345 页。

党委副书记的规定一直延续至今,成为确保学生思想政治教育在高校各项工作中占据一席之地的重要组织保证。此外,该文件完善和巩固了大学生思想政治教育在党委领导下,由党、政、工、团齐抓共管的模式。1987年,中共国家教育委员会党组、中共中央宣传部《关于加强研究生思想政治工作的几点意见》指出:“研究生思想政治工作是学校思想政治工作的重要组成部分。应根据不同情况,设置专门的管理机构。党政要密切配合,并协同有关部门,做到领导、机构、人员三落实。”文件还规定:“高等学校的党委宣传部、学生工作部、‘两课’的教学部门、教务处、团委是组织德育实施的主要职能部门;党委组织部、学生工作部和学校人事处是学校德育的管理部门。学校的其他相关部门都要主动参与、密切配合,做到齐抓共管。”①1995 年,国家教委颁布施行《中国普通高等学校德育大纲》,明确提出“建立和完善有中国特色的社会主义高等学校德育体系。”②1999 年,中共中央《关于加强和改进思想政治工作的若干意见》指出,“要建立健全思想政治工作责任制,党委(党组)一把手要负起第一责任人的职责,其他领导成员也要明确任务,负起责任。”“各省、自治区、直辖市党委可根据需要,建立由有关方面负责人参加的思想政治工作联席会议制度。”“要把工作的成效,作为考核领导班子、领导干部的一个重要依据。”③

2004 年,中共中央、国务院《关于进一步加强和改进大学生思想政治教育的意见》指出:“要建立健全党委统一领导、党政群齐抓共管、有关部门各负其责、全社会大力支持的领导体制和工作机制,形成全党全社会共同关心支持大学生思想政治教育的强大合力。”④对于高校党委及各职能机构的任务和职责,文件规定,“高等学校党委要统一领导大学生思想政治教育工

① 教育部思想政治教育工作司组编:《加强和改进大学生思想政治教育重要文献选编(1978—2014)》,知识产权出版社 2015 年版,第 82 页。

② 教育部思想政治教育工作司组编:《加强和改进大学生思想政治教育重要文献选编(1978—2014)》,知识产权出版社 2015 年版,第 154 页。

③ 教育部思想政治教育工作司组编:《加强和改进大学生思想政治教育重要文献选编(1978—2014)》,知识产权出版社 2015 年版,第 199 页。

④ 教育部思想政治教育工作司组编:《加强和改进大学生思想政治教育重要文献选编(1978—2014)》,知识产权出版社 2015 年版,第 269 页。

作,经常分析大学生思想状况和思想政治教育工作状况,制订思想政治教育的总体规划,对大学生思想政治教育作出全面部署和安排。校长要对大学生德智体美全面发展负责,把思想政治教育与教学、科研、社会服务工作结合起来,同时部署,同时检查,同时评估。学校各部门要明确各自责任,密切协作,切实完成相应任务。学校基层党团组织要认真履行学生思想政治教育的职责,把加强和改进大学生思想政治教育的各项任务真正落到实处。"①

四、小结

党的十一届三中全会到党的十八大召开之前,高校思想政治工作领导体制在经历了"文革"结束后的拨乱反正后,进入了一个新的调整发展期。其阶段特征主要体现在以下两个方面:

一是党对高校思想政治教育的领导进一步加强。回顾我国高校思想政治教育史可以发现,什么时候学校党委着力于加强高校思想政治教育,并能够采取正确的方针和政策时,高校思想政治教育的效果就好。什么时候学校党委在高校思想政治教育工作上出现了松懈和失误时,高校思想政治教育的效果就差,甚至会出现严重的倒退。1989 年政治风波和党在思想领导上的涣散和软弱是分不开的。首先,部分高校对资产阶级自由化思想把关不严,使得高校丧失了思想政治教育的阵地。部分师生成了宣扬自由化思想的重要力量。邓小平指出:"多年来,我们的一些同志埋头于具体事务,对政治动态不关心,对思想工作不重视,对腐败现象警惕不足,纠正的措施也不得力。"②此外,部分非法组织的学生骨干,在前几次学潮中就煽动闹事、宣传资产阶级自由化的主张,但事后所在学校并没有给予足够的重视,对其进行必要的批评教育和处理,以达到"惩前毖后"的效果,这种近乎放任自流的态度使得部分非法组织的学生骨干最终走上了违法乱纪的道路。关于这一点,邓小平就指出:"应该说,从中央到地方,在思想理论战线上是软弱的,丧失了阵地,对于资产阶级自由

① 教育部思想政治教育工作司组编:《加强和改进大学生思想政治教育重要文献选编(1978—2014)》,知识产权出版社 2015 年版,第 270 页。

② 《邓小平文选》第三卷,人民出版社 1993 年版,第 325 页。

化是个放任的态度，好人得不到支持，坏人猖狂得很。”①这充分说明了党一旦忽视或放松了对高校的思想领导可能会产生的严重后果。20世纪90年代初，全面加强党对高校思想政治工作领导的一个重要方面就是施行党委领导下的校长负责制。在当时世界社会主义运动遭遇严重挫折的情况下，明确党委的领导地位，发挥党的组织力量，对于应对资产阶级自由化思潮、坚持社会主义办学方向具有十分重要的作用。

二是高校思想政治工作制度化取得显著进展。改革开放以来思想政治教育模式发生了深刻变化。思想政治教育状态从习惯于采取运动式、社会动员的方式展开，向制度化、法制化和规范化转变，思想政治教育活动日益在制度和法律的规范下，采取系统稳定有序的方式推进。高校思想政治教育领导体制调整完善的过程也是该项工作日益规范化和制度化的过程。长期以来，相当多的高校没有将思想政治教育工作的目标、发展规划等用制度的形式固定下来，在制定本校的章程、综合改革方案和中长期发展规划时，仅仅是在指导思想中将“立德树人”等加强学生思想政治教育工作的要求进行了强调，但在人事制度改革、干部选用制度上没有或很少对思想政治教育工作干部进行支持和倾斜；在学科建设中没有或很少对马克思主义理论及思想政治教育学科进行专门扶持；在教师职务评聘制度改革中没有或很少根据思想政治理论课教师的特点进行倾斜。正是因为在涉及人、财、物分配时缺乏硬性的具体规定，导致已经确立的思想政治教育方面的规章制度偏“软”，也就比较容易发生变化和波动。高校思想政治教育的制度化建设，可以有效解决思想政治教育工作“无保障”或“保障弱”的情况，为顶层设计方案的有效执行创造条件。

第四节　新时代高校思想政治教育领导体制的深化加强

党的十八大以来，习近平先后主持召开全国高校思想政治工作会议、

① 《邓小平文选》第三卷，人民出版社1993年版，第195页。

全国教育大会、学校思想政治理论课教师座谈会等重要会议并发表一系列重要讲话，为深化加强高校思想政治教育领导体制指明了前进方向、提供了根本遵循。新时代，党对高校的领导权更加稳固，思想政治工作队伍建设得到长足发展，基于“大思政”理念的高校思想政治工作体系逐步完善。

一、牢牢掌握党对高校的领导权

习近平多次提出要加强党对高校思想政治工作的领导，作出了一系列重要指示。2014 年 12 月，习近平对第二十三次全国高校党建工作会议作出重要指示，指出要“坚持和完善党委领导下的校长负责制，不断改革和完善高校体制机制”①。

2016 年 12 月，习近平在全国高校思想政治工作会议上强调：“办好我国高等教育，必须坚持党的领导，牢牢掌握党对高校工作的领导权，使高校成为坚持党的领导的坚强阵地。”“高校党委对学校工作实行全面领导，承担管党治党、办学治校主体责任，把方向、管大局、作决策、保落实。”②2018 年 9 月，习近平在全国教育大会上指出：“加强党对教育工作的全面领导，是办好教育的根本保证。教育部门和各级各类学校的党组织要增强‘四个意识’、坚定‘四个自信’，坚定不移维护党中央权威和集中统一领导，自觉在政治立场、政治方向、政治原则、政治道路上同党中央保持高度一致。各级党委要把教育改革发展纳入议事日程，党政主要负责同志要熟悉教育、关心教育、研究教育。各级各类学校党组织要把抓好学校党建工作作为办学治校的基本功，把党的教育方针全面贯彻到学校工作各方面。思想政治工作是学校各项工作的生命线，各级党委、各级教

① 《习近平就高校党建工作作出重要指示强调　坚持立德树人思想引领　加强改进高校党建工作》，《人民日报》2014 年 12 月 30 日。

② 《习近平在全国高校思想政治工作会议上强调　把思想政治工作贯穿教育教学全过程　开创我国高等教育事业发展新局面》，《人民日报》2016 年 12 月 9 日。

育主管部门、学校党组织都必须紧紧抓在手上。”①

党的十八大以来，党中央出台了多项重要文件，对加强党对高校思想政治工作的领导，进一步完善高校思想政治教育领导体制进行了布置和要求。2014 年，中共中央办公厅印发的《关于坚持和完善普通高等学校党委领导下的校长负责制的意见》中明确指出党委要统一领导学校工作，“领导学校思想政治工作和德育工作，坚持用中国特色社会主义理论体系武装师生员工头脑，培养和践行社会主义核心价值观，牢牢掌握学校意识形态工作的领导权、管理权、话语权。维护学校安全稳定，促进和谐校园建设。”②另外，校长主持学校行政工作，“组织开展思想品德教育，负责学生学籍管理并实施奖励或处分，开展招生和就业工作。”③该《意见》对高校党委和行政在思想政治教育中的地位和任务作出了明确规定，是当前和今后一个时期该项工作领导管理体制确立和变革的依据。2015 年，中共中央组织部、中共中央宣传部、教育部印发《关于领导干部上讲台开展思想政治教育的意见》。文件明确要求：“每个领导干部每学期至少上一次讲台。保证每所高校的学生每学期至少听 1 次地市级以上领导干部的报告或形势与政策课。”2017 年，中共中央印发《关于加强和改进新形势下高校思想政治工作的意见》，明确提出要加强和改善党对高校的领导。具体包括：“要完善高校党的领导体制，坚持和完善普通高校党委领导下的校长负责制，高校党委对本校工作实行全面领导，履行管党治党、办学治校的主体责任，切实发挥领导核心作用。”关于高校领导班子的任务和责任，文件指出：“按照社会主义政治家、教育家标准，选好配强高校领导班子特别是党委书记和校长。高校党委书记主持党委全面工作，履行高校思想政治工作和党的建设第一责任人的职责。校长是学校

① 《习近平在全国教育大会上强调坚持中国特色社会主义教育发展道路　培养德智体美劳全面发展的社会主义建设者和接班人》，《人民日报》2018 年 9 月 11 日。

② 《中办印发〈关于坚持和完善普通高等学校党委领导下的校长负责制的意见〉》，《人民日报》2014 年 10 月 16 日。

③ 《中办印发〈关于坚持和完善普通高等学校党委领导下的校长负责制的意见〉》，《人民日报》2014 年 10 月 16 日。

的法人代表,在党委领导下组织实施党委有关决议,行使高等教育法等规定的各项职权。其他党委班子成员履行‘一岗双责’,结合业务分工抓好思想政治工作和党的建设工作。”

二、多措并举优化加强思想政治工作队伍建设

党的十八大以来,高校思想政治工作队伍建设进入了新的阶段。中共中央宣传部、中共教育部党组《关于加强和改进高校宣传思想工作队伍建设的意见》指出:“统筹推进高校党政干部和共青团干部、思想政治理论课教师和哲学社会科学课教师、辅导员和班主任、心理健康教育教师和学生骨干等宣传思想工作队伍建设,培育建设网络评论队伍,是全面落实新形势下高校宣传思想工作战略任务的基础工程。”在新的战略定位下,高校思想政治教育队伍建设进入了一个新阶段。

一是建设一支可信、可敬、可靠、乐为、敢为、有为的思政课教师队伍。习近平高度重视思政课教师队伍建设,在全国教育大会上明确指出:“要配齐建强思政课专职教师队伍,建设专职为主、专兼结合、数量充足、素质优良的思政课教师队伍。”①2018 年,教育部办公厅印发《高校思想政治理论课教师队伍建设专项工作总体方案》。文件从完善思政课教师队伍建设规划、创新思政课教师队伍培养举措、加强思政课教师教学工作指导、不断夯实高校思政课教师队伍建设各项保障四个方面对整体推进思政课教师队伍建设作出了规定。2019 年,中共中央办公厅、国务院办公厅在《关于深化新时代学校思想政治理论课改革创新的若干意见》强调要加快壮大学校思政课教师队伍,提出“高校要严格按照师生比不低于 1∶350 的比例核定专职思政课教师岗位,在编制内配足,且不得挪作他用,并尽快配备到位”。此外,还强调要切实改革思政课教师评价机制,并提出“按教师比例核定思政课教师专业技术职务(职称)各类岗位占比,高级专业技术职务(职称)岗位比例不低于学校平均水平,指标不得挪作他用”等多项实际举措,为用好评价指挥棒,稳定思政课教师队伍,

---

① 《习近平谈治国理政》第三卷,外文出版社 2020 年版,第 331 页。

提升思政课教师岗位吸引力提供了保障。

此外，教育部还以部长令的方式出台《新时代高等学校思想政治理论课教师队伍建设规定》，对思政课教师的职责与要求、配备与选聘、培养与培训、考核与评价、保障与管理等作出了明确规定。在近年来的持续努力下，高校思政课教师的成长和发展有了符合实际的政策保障，队伍状况和精神面貌得到了显著改善。不仅思政课教师数量有了明显提升，而且随着培养体系的完善和评价激励机制的改进，思政课教师的吸引力也大为增强。

二是重视辅导员队伍建设，保证高校辅导员工作有条件、干事有平台、待遇有保障、发展有空间。2017 年，教育部对《普通高等学校辅导员队伍建设规定》进行了修订。文件规定："高等学校应当按总体上师生比不低于 1∶200 的比例设置专职辅导员岗位，按照专兼结合、以专为主的原则，足额配备到位。""高等学校可以从优秀专任教师、管理人员、研究生中选聘一定数量兼职辅导员。兼职辅导员工作量按专职辅导员工作量的三分之一核定。"除保证数量要求外，进一步促进辅导员队伍专业化职业化发展也是新时代思想政治工作的重要特征。采取的主要举措包括组织开展辅导员职业能力大赛、专门划拨博士招生名额，招收辅导员博士，提升辅导员学历和专业水平、实施辅导员访问学者项目，促进专家型辅导员培养、严格落实辅导员"双重身份、双线晋升"和辅导员专业技术职务单列指标、单设标准、单独评审政策等。

三是推进全员育人，引导广大教师践行教书育人的使命。除思政课队伍和辅导员队伍建设在改进中加强外，新时代我们党更加注重把思想政治表现和育人功能发挥作为首要指标，引导广大教师不忘立德树人初心，牢记人才培养使命，将更多精力投入到教书育人工作上，从而形成全员育人的新局面。2013 年，《关于加强和改进高校青年教师思想政治工作的若干意见》明确要求青年教师晋升高一级专业技术职务（职称），原则上应具有从事学生思想政治教育工作经历。此外，2015 年以来，北京大学、西安交通大学等多所高校成立了党委教师工作部，为加强教师思想政治工作，完善师德考核评价机制，引导教师更好地履行教书育人职责起到了重要作用。

三、构建新时代高校思想政治工作体系

体系化是新时代高校思想政治工作加强改进、创新发展的着力点。习近平指出："人才培养体系涉及学科体系、教学体系、教材体系、管理体系等，而贯通其中的是思想政治工作体系。加强党的领导和党的建设，加强思想政治工作体系建设，是形成高水平人才培养体系的重要内容。"① 立足"大思政"理念，构建新时代高校思想政治工作体系主要的着力点有以下两个：

一是加强党对思政课的领导，集中力量办好思政课。2019 年 3 月 19 日，习近平主持召开了新中国历史上的首次学校思想政治理论课教师座谈会，为办好思想政治理论课提出了根本要求，指明了新时代扎实推进思想政治理论课建设的方法和路径。习近平对破解思想政治理论课工作在体制问题上的难题作出了明确指示，指出："各级党委要把思想政治理论课建设摆上重要议程，抓住制约思政课建设的突出问题，在工作格局、队伍建设、支持保障等方面采取有效措施。""要建立党委统一领导、党政齐抓共管、有关部门各负其责、全社会协同配合的工作格局，推动形成全党全社会努力办好思政课、教师认真讲好思政课、学生积极学好思政课的良好氛围。""要把统筹推进大中小学思政课一体化建设作为一项重要工程，推动思政课建设内涵式发展。""要完善课程体系，解决好各类课程和思政课相互配合的问题"。② 习近平的上述重要论断，为破解提高高校思想政治理论课的体制机制障碍指明了方向。2019 年，中共中央办公厅、国务院办公厅印发《关于深化新时代学校思想政治理论课改革创新的若干意见》，明确提出"加强党对思政课建设的领导"，推动建立高校党委书记、校长带头抓思政课机制，建立健全高校党委书记、校长及职能部门力量深入一线了解学生思想动态、服务学生发展的制度性安排。

---

① 习近平：《在北京大学师生座谈会上的讲话》，人民出版社 2018 年版，第 10 页。
② 《习近平谈治国理政》第三卷，外文出版社 2020 年版，第 331—332 页。

二是构建党委统一领导、各部门各方面齐抓共管的工作格局。习近平在全国高校思想政治工作会议上的重要讲话中提出："把思想政治工作贯穿教育教学全过程，实现全程育人、全方位育人"，"建立部门协作常态机制"，"加强高校党的基层组织建设，提高党的基层组织做思想政治工作能力，是做好高校思想政治工作的基础"等涉及高校思想政治工作领导体制的重要问题。在完善工作领导机制方面，2015 年，中共中央办公厅、国务院办公厅印发《关于进一步加强和改进高校宣传思想工作的意见》，明确指出，"高校党委宣传部长由学校党委常委兼任"。

2017 年，中共中央《关于加强和改进新形势下高校思想政治工作的意见》中指出："坚持全员全过程全方位育人，把思想价值引领贯穿教育教学全过程和各环节，形成教书育人、科研育人、实践育人、管理育人、服务育人、文化育人、组织育人长效机制。"①"要强化院（系）党的领导，发挥院（系）党委（党总支）的政治核心作用，履行政治责任，保证监督党的路线方针政策及上级党组织决定的贯彻执行。"②在随后印发的配套文件《高校思想政治工作质量提升工程实施纲要》中，对课程、科研、实践、文化、网络、心理、管理、服务、资助、组织十大育人体系建设进行了规定。2019 年，党的十九届四中全会提出："改进学校思想政治教育，建立全员、全程、全方位育人体制机制"，将"三全育人"体制机制建设作为坚持和完善社会主义制度、推进国家治理体系和治理能力现代化的一项重大任务。2020 年，教育部等八部门发布《关于加快构建高校思想政治工作体系的意见》，这也是新中国成立以来国家出台的第一个专门面向高校思想政治工作体系建设的里程碑式政策文件。文件提出以建立完善全员、全程、全方位育人体制机制为关键，抓住了高校思想政治工作的难点痛点和问题所在。文件要求各高校党委要加强体制机制、项目布局、队伍建设、条件保障等方面的系统设计，定期分析高校思想政治领域情况，研究解决重大问题，协调推进重点任务落实，明确党委书记是思想政治工作第一责任

① 《十八大以来重要文献选编》（下），中央文献出版社 2018 年版，第 496 页。
② 《十八大以来重要文献选编》（下），中央文献出版社 2018 年版，第 507 页。

人，校长和其他班子成员履行“党政同责、一岗双责”。

四、小结

党的十八大以来，高校思想政治教育领导体制按照“因事而化、因时而进、因势而新”的要求进一步在改进中完善加强。总的来看，有以下几个特点：

一是高校党委对思想政治工作的领导统筹得到进一步加强。习近平在全国教育大会上把“坚持党对教育事业的全面领导”放在“九个坚持”的首要位置，并特别指出“这是我们对我国教育事业规律性认识的深化，来之不易，要始终坚持不断丰富发展”。[①] 加强党对思想政治工作的领导，牢牢掌握党对高校的领导权，是新时代高校思想政治工作的鲜明特征。在高校坚持党的领导，最关键的是推进思想政治工作领导体制不断完善，切实发挥党总揽全局、协调各方以及在顶层设计中的领导核心作用。党的十八大以来，高校党委对思想政治工作的领导统筹得到进一步加强，主要表现在以下三个方面：首先，保证高校始终坚持社会主义办学方向，始终成为培养社会主义建设者和接班人的坚强阵地。其次，履行管党治党、办学治校的主体责任，不断加强高校党组织建设和党员教育管理，不断加强高校思想政治工作队伍建设，对思想政治工作实行全面领导。最后，为高校思想政治工作队伍发展创造条件，将培养一支会做思想政治工作的政工队伍列入重要议事日程。特别是在队伍培养和改进评价机制上下功夫，使他们真正能够工作有条件、干事有平台、待遇有保障、发展有空间。

二是推进协同育人，凝聚育人合力取得新的进展。习近平指出：“如果各领域改革不配套，各方面改革措施相互牵扯，甚至相互抵触，全面改革就很难推进下去，即使勉强推进，效果也会打折扣。”[②]党的十八大以来，高校思想政治工作在协同育人、凝聚育人合力取得了新的进展，突出

---

① 《习近平在全国教育大会上强调坚持中国特色社会主义教育发展道路　培养德智体美劳全面发展的社会主义建设者和接班人》，《人民日报》2018 年 9 月 11 日。

② 习近平：《论坚持党对一切工作的领导》，中央文献出版社 2019 年版，第 33 页。

表现在：构建高校思想政治工作体系，重点突出各组成部分力量的有效联结和系统优化。不仅建立了部门协作常态机制，而且打破了传统高校思想政治教育运行体制中“条块分割”的问题，在“全员育人”“全方位育人”“全程育人”的思想政治教育运行模式下实现了各方面力量的有效联结。

第十一章　中国共产党高校思想政治教育的队伍建设

文化背景的共同性、行为目标的一致性和行为方式的组织性是“队伍”的本质特征，高校思想政治教育队伍同样具备上述特征。在中国共产党的领导下，高校思想政治教育队伍就是指在高等学校从事思想政治教育职业的人员总称。从其人员构成上看主要包括在高校从事思想政治教育管理、思想政治教育宣传、思想政治教育组织、思想政治教育教学等工作的人员。中国共产党成立以来，党中央对于思想政治教育队伍的建设高度重视。高校思想政治教育队伍的发展历经了早期发展、正式确立、全面建设和优化完善四个时期的发展。队伍结构也在此过程中逐渐得到确立和发展，队伍规模逐渐充实、队伍成员质量稳步提升、队伍结构日益优化完善。

第一节　新中国成立前高校思想政治教育队伍的发展

早在19世纪末20世纪初，一些资产阶级和小资产阶级思想家便开始把马克思主义理论作为一门学派传播到中国。直至中国共产党成立之前，党的思想政治教育一直处于萌芽阶段。

一、新中国成立前高校思想政治教育队伍的来源

中国共产党成立前，传播马克思主义的先进知识分子多为资产阶级

和小资产阶级思想家，他们所从事的大多是对马克思主义学说的翻译和介绍。比如，最早在著作中引述马克思名字的便是资产阶级改良派代表人物梁启超。① 在1917年俄国社会主义革命和1919年五四运动的影响下，中国的一批先进知识分子开始逐渐意识到马克思主义才是解救中国的良方，于是他们开始更加全面系统地介绍和宣传马克思主义。这些先进知识分子包括陈独秀、李大钊、毛泽东、李达、周恩来、邓中夏、董必武、陈潭秋等。他们创办了大批宣传新思潮的刊物和翻译了马克思、恩格斯、列宁的著作，并且利用各类讲坛和纪念活动宣传马克思主义。这就是早期党的思想政治教育队伍的来源。

1921年7月中国共产党的诞生宣告了党的思想政治教育正式开端。在党的第一至第四次全国代表大会通过的决议和宣言的指导下，党的思想理论教育在党内和工农群众中初步启动，党的思想政治教育的队伍也得以逐渐确立。中国共产党的成立是马克思主义理论与中国工人运动实践相结合的产物。在此过程中，中国的先进知识分子起到了重要的纽带作用。中国共产党的成立标志着党的思想政治教育的正式确立。中国共产党早期党员中绝大多数是知识分子，他们通过开展形式多样的活动来启发工人觉悟，积极开展思想政治教育工作，这也是中国共产党成立初期思想政治教育工作的开展方式。以知识分子为主的党员是当时思想政治教育队伍的主要来源，他们通过出版刊物、开办文化补习学校、成立工会组织、发售进步书刊的方式在工人队伍中开展思想政治教育。

国民革命时期，中国共产党领导下的思想政治教育在革命军队和农民中卓有成效地开展。中国共产党在革命军队中的思想政治教育发端于1924—1927年的大革命时期。这一时期，中国共产党在黄埔军校、国民军、国民革命军中开展思想政治教育，思想政治教育的开展主要是由共产党员担任思想政治教育队伍的骨干成员。其中，黄埔军校首次创建了完备的思想政治教育组织机构，制定了严密的思想政治教育规章制度。黄

---

① 王树荫主编：《中国共产党思想政治教育史》，中国人民大学出版社2016年版，第5页。

埔军校推行的政治工作制度,成为中国共产党有序开展军队思想政治教育的起点和重要保障。特别值得一提的是,黄埔军校配备了数量众多的思想政治教育工作人员(当时称为政工人员)。黄埔军校的思想政治教育工作由共产党员承担了大部分核心工作。中国共产党一方面动员中共党员和共青团员报考黄埔军校,另一方面又从黄埔一期的学生中抽调一部分学生到政治部工作,从事思想政治教育工作。

这一时期的社会知名人士也是思想政治教育的队伍来源。政治部定期邀请社会知名人士讲授革命形势、任务和政策。毛泽东、刘少奇、苏兆征、张太雷、吴玉章、邓中夏、鲁迅和苏联顾问鲍罗廷等都曾应邀到校演讲。党的重要领导人都亲自主持或参与筹建各类干部学校和训练班,董必武、毛泽东、刘少奇、李立三、陈潭秋、向忠发等党的领导人不仅主持领导了不同形式的革命干部学校和培训班,而且还亲自授课。陈独秀、张太雷、詹大悲、李达、周恩来、郭沫若、顾孟余、林育南、瞿秋白、蔡和森等也亲临教育第一线,进行思想政治教育教学工作,为革命事业培养人才。

在东征和北伐期间,中国共产党对东征军和北伐军进行了积极的思想理论教育工作。党通过建立专门政治宣传机构和配备高素质的宣传理论教育队伍来开展思想政治教育。如东征时,国民革命军总政治部从农民运动讲习所、政治训练班、黄埔军校等部门调来人组成宣传总队,总队下设支队、分队,分别随各师出发,沿途进行宣传教育。共产党员李立三、傅维玉、李劳工、周逸群、卢德明等,先后担任过宣传队的领导或队员。北伐时,中共广东区委军事部开办了政治讲习班为北伐军各部队培养了政治和思想都过硬的政治宣传人员,壮大和增强了北伐军的政治宣传教育队伍。

大革命失败后,党的思想政治教育工作一度陷入停滞状态。1927 年"八七会议"总结了大革命失败的历史教训,坚决否定了陈独秀右倾投降主义的错误,结束了右倾投降主义下错误的思想政治教育方针,会议确定了以土地革命和武装反抗国民党反动派的总方针。大革命的失败也宣告了"城市中心论"的失败,党的思想政治教育重心也由此从城市转向农村。党的宣传思想教育开始由在大中城市通过教育工人群众举行罢工运动转向发动农民进行土地革命。这一阶段党的思想政治教育的任务主要是扫清农民群众对土地革命的思想障碍和解决农民群众的思想问题,开展思想政治教育的主体主要是党员构成的思想宣传队。1929 年古田会议确立了军队思想政治教育的基本方针,红军宣传队是这一时期开展军队思想政治教育的主力军。由地方政府选派进步分子和从部队士兵中挑选优秀分子担任宣传队员。这一时期队伍思想政治教育队伍成员工作职责、工作任务和方法以及保障措施等有了明确规定:政治部应经常制定训练宣传队的计划、确定宣传队开展训练需要的材料、教学和训练的方法、训练时间、训练的组织者和讲授者等。与此同时,还规定了政治部要积极地改进和提升宣传员的素质和业务能力,并且规定了政治部还应向宣传队发放足够的宣传经费。①

抗日战争时期党的思想政治教育围绕全面抗战而展开。这一时期中国共产党日趋成熟,形成了以毛泽东为领导核心的党中央。党的思想政治教育理论与实践逐渐走向成熟。1937 年"七七事变"后,中国共产党向全国发表了号召抗战的宣言。1937 年 8 月,洛川会议通过了《关于目前形势与党的任务的决定》和《抗日救国十大纲领》,强调大力开展对民众的抗日宣传动员工作。抗日战争时期,党的思想政治教育的师资队伍和教育管理机构逐渐建立。

二、新中国成立前高校思想政治教育队伍的培养

思想政治教育队伍的早期发展阶段对队伍培养工作日益重视。党和国家通过出台思想政治教育队伍培养的政策来保障我国思想政治教育的开展。新民主主义革命时期,党就开始出台保障思想政治教育队伍建设的相关文件进行思想政治教育队伍的培养和培训。土地革命时期,党对于包括思想政治教育队伍在内的教师队伍的建设和培养是这一时期教育工作的重点任务。如:湘鄂赣省工农兵苏维埃第一次代表大会提出要通过开办假期教师讲习所来培养教师人才。除了进行革命队伍内部教师队

① 《毛泽东新闻工作文选》,新华出版社 1984 年版,第 19—20 页。

伍的培养，抗日战争时期，党还可以大力鼓励和吸纳优秀知识分子加入教师队伍。如：抗日战争时期，毛泽东指出："应该大量吸收知识分子加入我们的军队，加入我们的学校，加入政府工作。只要是愿意抗日的比较忠实的比较能吃苦耐劳的知识分子，都应该多方吸收。"①这一时期，部分高校创立了教育学院，其任务是培养新民主主义和思想政治教育干部。这是新民主主义革命时期党对高校思想政治教育队伍培养和建设的重要措施，产生了较大的影响力。抗日战争时期，党的思想政治教育的师资队伍和教育管理机构逐渐建立。抗战时期各根据地较为注重师资队伍建设，各根据地都专门设立师范教育机构负责师资队伍的培养和建设。开展思想政治教育师资队伍建设的主要职责由当时开设的各类师范学校承担。各级师范类学校和师范班非常重视学员的政治思想教育和党的理论教育。除此之外，从中央到地方都设置了专门教育管理机构：中央设置了干部教育机构，集中统一管理各抗日根据地的思想政治教育工作；各根据地行政机关也都设置了专管教育的机构并由专人负责。

早期发展阶段的思想政治教育队伍培养工作开始逐渐确立。如：抗战时期各根据地较为注重师资队伍建设。各根据地都专门设立师范教育机构负责师资队伍的培养和建设。开展思想政治教育师资队伍建设的主要职责主要由当时开设的各类师范学校承担。各级师范类学校和师范班非常重视学员的政治思想教育和党的理论教育。除此之外，从中央到地方都设置了专门教育管理机构。中央设置了干部教育机构，集中统一管理各抗日根据地的思想政治教育工作。各根据地行政机关也都设置了专管教育的机构并由专人负责。

抗日战争时期的干部教育是思想政治教育队伍培养的重要方式。干部队伍数量的不足和干部的素质亟待提升是抗战时期干部队伍建设的严峻挑战。在此背景之下，大批新培育的干部成为这一时期党的思想政治教育队伍的重要来源。毛泽东曾经提出："政治路线确定之后，干部就是

---

① 《毛泽东选集》第二卷，人民出版社 1991 年版，第 619 页。

决定性的因素。因此,有计划地培养大批的新干部,就是我们的战斗任务。"[①]抗日战争时期,党中央制定和实施了"干部教育第一"的战略措施来进行干部队伍培育,这是党的思想政治教育队伍建设和师资人才储备的重要方式。这一时期的干部教育以共产主义思想为指导思想,干部培养的标准也得到了明确,即培养德才兼备式干部队伍。干部教育的内容丰富多样,主要包括了对干部进行的思想政治教育、党的理论教育、业务能力教育和文化素质教育等。通过干部教育培养并且考核通过的新干部成为这一时期党的思想政治教育队伍的重要来源。

解放战争时期,党的思想政治教育工作和党的建设工作取得了较大进展,思想政治教育队伍在这一时期得以发展壮大。解放战争初期,宣传"和平、民主、团结"三大口号是党的宣传思想教育的重要内容。在解放战争期间,中国共产党成立了专门的组织机构,制定了明确的思想政治教育方针政策。一方面在军队中加强对新兵的思想政治教育工作,另一方面发动和组织了国统区以青年学生为先锋的爱国民主运动。由此,开辟了第二条战线。至此,党的思想政治教育队伍逐渐发展壮大。全国解放战争进入战略决战阶段后,党的宣传工作开始了由农村向城市的转变。这一阶段,宣传思想政治教育主要由各级党委宣传部、政治部、通讯社、报社等部门承担。

三、新中国成立前高校思想政治教育队伍的结构

中国共产党历来重视思想政治教育队伍建设。从中国共产党成立至新中国成立前,党的思想政治教育队伍主要由留学国外的先进知识分子、中共党员、党培养的干部和各类学校和培训班的学员等构成。

从中国共产党成立之日起便十分重视思想宣传和教育工作,通过各种方式进行马克思主义理论宣传,加强思想政治教育的队伍建设。早期马克思主义理论的传播者和宣传教育家主要是由留学国外的知识分子构成。他们从国外带回来马克思主义,并将它传入中国。在共产党早期思

① 《毛泽东选集》第二卷,人民出版社 1991 年版,第 526 页。

想政治教育中发挥了重要的宣传教育作用。当时这批知识分子留学的国家大致有苏联、法国和日本。如董必武、徐特立等毕业于苏联的大学，回国后从事早期思想政治教育和宣传工作，分别担任中共中央党校校长、中央苏区教育部副部长等职务。从1919—1920年开始，中国的许多有志青年掀起了赴法勤工俭学、探寻救国之路的热潮。朱德、周恩来、蔡和森、邓小平、王若飞、蔡畅、向警予、赵世炎、陈毅、李维汉、李富春、聂荣臻、罗雪瓒、徐特立等都是他们中杰出的代表，他们在宣传和传播马克思主义方面作出了重大贡献。

中国共产党成立以后，以知识分子为主的共产党员是当时思想政治教育队伍的主要来源。他们通过出版刊物、开办文化补习学校、成立工会组织、发售进步书刊的方式在工人队伍中开展思想政治教育。大革命时期，国民革命军总政治部从农民运动讲习所、政治训练班、黄埔军校等部门抽调优秀人员进行思想政治教育和宣传工作。党建立革命根据地后也以各种教育形式对广大人民群众进行思想理论教育，对思想政治教育队伍进行培养和建设。抗日战争时期，大批新培育的干部成为这一时期党的思想政治教育队伍的重要来源。解放战争时期各级党委宣传部、政治部、通讯社、报社等部门承担了宣传思想政治工作的主力军。

第二节　新中国成立后高校思想政治教育队伍的正式确立

新中国成立以后，高校思想政治教育队伍初步确立。高校通过思想政治教育领导机构的设立、政治辅导处的建立和辅导员制度的确立、发动共青团和学生会组织开展思想政治教育等方式初步建立了高校思想政治教育队伍的工作体系。

一、领导体制的正式确立

新中国成立前后，为了实现向社会主义大学过渡的目标，党和政府开始着手加强对高等教育的领导。党和政府通过对高校的接管和整顿,取缔了校内反动组织、废除了反动的教育训导制度、建立了新的教职工代表组织、对学校实行民主集中管理,这为新中国高校思想政治教育队伍建设奠定了坚实的组织基础。中央派遣了一批党员干部到高校担任校长等领导职务,并且规定了高校党委应当定期在党委会议上讨论高校发展的重大战略决策问题。与此同时,为了加强党委对学校事务的监督,中央调配了一批优秀干部到高校担任校长、党委书记等领导职务。在中层干部层面,配备专职政工干部,规定系一级的学生思想政治教育工作由系党总支领导,由一名书记或副书记具体负责。高校思想政治教育领导体制的确立是新中国成立以后高校思想政治教育队伍建设的重要基础。在明确的领导体制之下,高校通过思想政治教育工作体系的建立和培养制度的确立基本实现了思想政治教育队伍的正式确立。

1955 年 3 月中宣部召开了全国学校教育工作座谈会,会议集中讨论了加强学校党建工作、继续配备与培养学校领导骨干、各级党委加强对学校工作的领导和监督等问题。随后,中共中央批转了《中宣部关于学校教育工作座谈会的报告》,并在给各地党委的指示中提出:必须引起全党对学校教育工作的重视。要保证做好学校工作,首先必须建立起强有力的党的领导。没有党的组织,没有强有力的党的领导,党委不管学校中党的工作,就等于放弃领导权,就会犯很大错误。《报告》明确规定,高校的党员校长由中宣部负责调配,党委书记由省区市党委负责调配。①

此后,各级党委把高校思想政治教育工作列入重点工作范围,定期在党委会议上讨论高校思想政治教育方面的重大问题,党委成员分工明确,各自分管相应的教育工作。高校思想政治教育的领导体制还确立了党委管理思想政治教育的机构,对党委的工作进行有效的监督。在领导干部的人员调配上,选派一批能力较强的干部到高校担任校长、党委书记等领导职务。除此之外,党委还配备专职思想政治教育工作干部,健全学校党、团、工会、人事、保卫等组织机构。系一级的学生思想政治教育工作由

---

① 《建国以来重要文献选编》第 7 册,中央文献出版社 1993 年版,第 152 页。

系党总支领导,由一名书记或副书记具体负责。这些举措无疑加强了党在教育系统的领导力量,对高校中党建工作起到了重要的监督作用,保证了高校思想政治教育工作的正确方向。[①]

二、工作体系的日渐成型

在党和政府对于高校思想政治教育队伍管理制度确立的基础上,高校思想政治教育队伍结构也逐渐正式确立下来。1951 年教育部正式宣布在高校试行政治辅导员制度。高校开始选拔教师和干部从事学生的思想教育,管理学生的学习、生活、社会活动以及毕业分配等工作。同年,教育部又提出在有条件的高校设立政治辅导处、配备政治辅导员、开展师生员工的思想政治教育,并逐步在全国高校推广普及。政治辅导处的主要职责是:指导全体教职员工的政治理论学习;协助教务处指导马列主义理论课程的教学;指导全校教职员工和学生的社会活动;掌握教职员工和学生的思想政治情况;管理教职员工和学生的历史、政治资料;主持毕业生的鉴定、参加毕业生的分配工作;参加教职员的聘任、升迁、奖惩等工作。同年 10 月,教育部规定,在高校重点试行政治工作制度,设立政治辅导处。政治辅导处与辅导员制度的设立标志着在党的领导下,以政治辅导处和辅导员为专职政工机构和人员的大学生思想政治教育工作制度的初步建立。[②] 1961 年,《教育部直属高等学校暂行工作条例》规定:在高校一、二年级设政治辅导员或班主任,逐步培养和配备一批专职的政治辅导员。[③] 随着政治辅导员制度在各地高校的推行,辅导员队伍成为高校负责学生思想政治工作的中坚力量。

此外,高校的共青团和学生会组织也在这一时期发挥着积极的思想

---

① 王永华:《高校思想政治教育队伍建设的历史考察与时代启示——以建国初期为例》,《南昌师范学院学报(社会科学版)》2015 年第 1 期。

② 王永华:《高校思想政治教育队伍建设的历史考察与时代启示——以建国初期为例》,《南昌师范学院学报(社会科学版)》2015 年第 1 期。

③ 彭庆红、耿品:《新中国成立 70 年来高校辅导员队伍建设的历史进程、总体趋势与经验启示》,《思想理论教育导刊》2019 年第 8 期。

政治自我教育作用。1951 年 7 月,教育部副部长蒋南翔在中华全国学生第十五届代表大会上指出:“学生会和青年团是现在学校中学生群众最基本的两种组织形式。加强学生会的工作和青年团的工作,是做好学校中学生工作的首要条件。”①共青团主要通过帮助学生提升思想政治水平、帮助学生了解党的理论政策、协助教师上好思政课来发挥其在思想政治教育中的作用。学生会则是通过开展形式多样的学术活动、文娱活动、公益活动来协助校方开展思想政治教育。共青团和学生会相互支持和配合,共同推动高校思想政治教育的开展。

三、培养制度的基本形成

早在新民主主义革命时期,党对思想政治教育队伍培养的目标进行了明确规定:“培养正确的政治方向;建立民主的工作作风;养成劳动的习惯;锻炼健康的体格;充实一般的文化知识;给予从事教育工作的知识技能;培植热心服务教育的精神。”②1945 年抗日战争胜利前夕颁布的《盐阜师范教育实施大纲》中也明确规定了思想政治教育队伍培养目标为:“培养人民的教师,以推行村学,开展群教,训练初干校长、教员、中干辅导员。以培养干部为人民服务。贯彻学用一致的方针。”

新中国成立以后,对于高校思想政治理论课教师队伍建设党中央也制定了明确的培养目标:“建设一支政治上坚定、具有马克思主义理论素养、坚持理论联系实际、热心学生思想政治教育的理论课教师队伍,是改革马克思主义理论课教学的根本保证。这是一项基本建设。”③新中国成立以后,党和国家通过建立和健全高校思想政治教育工作领导机构方面的政策措施切实加强高校思想政治教育队伍的建设和培养。首先,党中央对高校思想政治教育干部管理队伍的重点培养开始提上日程。1955

① 刘光主编:《新中国高等教育大事记》,东北师范大学出版社 1990 年版,第 25 页。

② 陕西师范大学教育研究所:《陕甘宁边区教育资料(小学教育部分)》,教育科学出版社 1981 年版,第 32 页。

③ 教育部社会科学司组编:《普通高校思想政治理论课文献(1949—2006)》,中国人民大学出版社 2007 年版,第 120 页。

年3月，中宣部召开了全国学校教育工作座谈会。会上对于高校的党建和思想政治教育工作进行了全面部署，尤其针对思政和党建类领导干部的配备和培养问题进行了明确规定。其次，党中央出台了高校思政课教师队伍培养的政策措施。1951年7月24日，教育部《对各大行政区分别召开暑期高等学校政治科目讨论会的指示》要求政治课教师应尽可能由专人担任。这是新中国成立以后首次对于高校思想政治理论课教师的专职化进行的政策部署。1952年9月，《中共中央关于培养高等、中等学校马克思列宁主义理论师资的指示》要求动员、选派党委、政府、群众团体中政治理论水平较高的干部担任教师。此外，通过各种层次的培训班，如教学讲习班、讨论会、备课会、马克思列宁主义夜大学等途径培养师资，解决新中国成立初期思想政治理论课教师缺乏的难题。①

面对新中国成立初期高校思政课的师资严重不足的严峻挑战，1952年9月，《中共中央关于培养高等中等学校马克思列宁主义理论师资的指示》指出，必须加紧培养高校思想政治理论课师资，以提高思想政治理论课程的教学水平。由此，我国对高校思政课教师队伍的培养和建设逐步推开。为进一步充实和调整师资队伍，1964年10月，中央宣传部、高教部党组、教育部临时党组在《关于改进高等学校、中等学校政治理论课的意见》中，第一次明确规定"高等学校政治理论课师生比要达到1∶100"②。高校政治理论课教师的数量和素质有了较大提升。

第三节　改革开放以来高校思想政治教育队伍的全面建设

1978年党的十一届三中全会召开，党的工作重心实现转移，各个领

① 张燮：《建国以来我国高校思想政治理论课教师队伍建设的经验及启示》，《法制与社会》2012年第5期。

② 教育部社会科学司组编：《普通高校思想政治理论课文献（1949—2006）》，中国人民大学出版社2007年版，第53页。

域开始拨乱反正。高校党建和思想政治工作重新进入正轨,高校思想政治教育队伍得以迅速恢复与重建。

一、全面加强队伍建设的政策保障

党的十一届三中全会后,党和政府出台了一系列思想政治教育队伍建设的政策。这对于高校思想政治教育队伍的全面建设奠定了重要的政策保障基础。1978—1981 年间,党中央对于重建思想政治队伍的工作十分重视。1981 年在北京召开的全国学校思想政治教育工作会议强调指出,高校党政领导干部、政治工作干部、教师要立场坚定、旗帜鲜明、理直气壮地抓思想政治工作。1984 年,教育部批准在 12 所院校设置思想政治教育专业,决定采取正规化的方法培养大专生、本科生、第二学士生等各种规格的思想政治工作专门人才。①

1984 年 11 月 13 日,中共中央宣传部、教育部联合发布了《关于加强高等学校思想政治工作队伍建设的意见》,明确指出为了完成高校的根本任务,即培养社会主义现代化建设所需的德、智、体全面发展的又红又专的人才,高校"必须建设一支精干有力的思想政治工作队伍"②。《意见》指出,高校的思想政治工作队伍必须实行专职和兼职相结合,即"应配备精干的专职人员(包括党、政、工、团各系统所必需的专职人员,不包括这些系统的办事人员)作为思想政治工作队伍的骨干,以承担繁重的工作任务,并且积累经验";"同时还应动员和组织一些教师、高年级大学生、研究生兼职做思想政治工作"。③《意见》还对专职思想政治工作人员政治素质和知识水平提出了基本要求,力图"把又红又专的优秀人才放到思想政治工作岗位上"。关于思想政治工作人员的来源和发展方

① 彭庆红、耿品:《新中国成立 70 年来高校辅导员队伍建设的历史进程、总体趋势与经验启示》,《思想理论教育导刊》2019 年第 8 期。

② 教育部思想政治教育工作司组编:《加强和改进大学生思想政治教育重要文献选编(1978—2014)》,知识产权出版社 2015 年版,第 36 页。

③ 教育部思想政治教育工作司组编:《加强和改进大学生思想政治教育重要文献选编(1978—2014)》,知识产权出版社 2015 年版,第 36 页。

向、培训、待遇、表彰等重要问题,《意见》都作出了明确的规定和指示。此次《意见》对队伍建设的重要性和基本要求都有了更细致的表述。

1986 年 5 月 29 日,中共中央、国务院批转了《国家教委关于加强高等学校思想政治工作的决定》的通知。明确指出,建设一支精干有力的思想政治工作队伍是做好高校思想政治工作的组织保证,并对高校思想政治工作人员构成和建设提出了要求。高校思想政治工作应当由精干的专职人员与较多的兼职人员组成。兼职人员应从教师、干部、研究生、高年级大学生中选拔;从高校的长远建设出发,要培养和造就一批思想政治教育的专家、教授和理论家;各高校要尽快配齐每个班级上从事学生思想政治工作的政治辅导员或班主任、指导老师(原则上应是兼职的)。除此之外,还强调各级党委在整个工作中的统一领导作用,要动员教育、理论、文艺、新闻、出版等部门,协调一致地为培养社会主义建设需要的"四有"人才而努力。各级党委宣传部和教育行政部门可根据工作需要建立主管思想政治工作的机构,配备必要的工作人员。①

1990 年我国高校思想政治教育专业正式开始招收硕士研究生,1996 年正式设立马克思主义理论与思想政治教育专业博士点。这对于思想政治教育队伍建设起到了重要的推动作用,也标志着我国高校开始系统正规培养高层次思想政治教育人才。高校思政课教师队伍的建设分别在"85 方案"和"98 方案"制定之后也有了明确的发展规划。对思政课教师的地位、思政课教师的培养等问题进行了明确清晰的界定。在这之后,教育部出台了一系列关于高校思想政治教育人才队伍建设的重要政策和文件,对于高校思想政治教育队伍的岗位职责和激励机制进行了明确规定。我国高校思想政治教育队伍进入了全面建设阶段。

党的十一届三中全会以后,党中央重新明确了思想政治教育的重要地位,开始重新确立高校思想政治教育队伍培养的任务和目标。随着一系列政策的出台,加强高校思想政治理论教育队伍建设和培养的目标也

① 教育部思想政治教育工作司组编:《加强和改进大学生思想政治教育重要文献选编(1978—2014)》,知识产权出版社 2015 年版,第 51—52 页。

日渐明确。1978 年 4 月，《教育部办公厅关于加强高等学校马列主义理论教育的意见》出台。1984 年 9 月，教育部印发《关于高等学校开设共产主义思想品德课的若干规定》出台。这些政策均规定了要针对高校思想政治教育，特别是思想政治课理论课教师开展定期培训，加强队伍的业务能力培养，提升马克思主义理论和思想政治教育理论素养和水平。1991 年 8 月，《国家教育委员会关于加强和改进高等学校马克思主义理论教育的若干意见》对马克思主义理论课教师的政治信仰和理论素养进行了明确规定。

2000 年，教育部制定了《关于进一步加强高等学校学生思想政治工作队伍建设的若干意见》，明确了高校学生思想政治工作队伍建设培养的任务和措施。2004 年《中共中央、国务院关于进一步加强和改进大学生思想政治教育的意见》中明确了大学生思想政治教育工作队伍的主体及工作职责，并且对加强这支队伍的建设提出了明确的要求。2005 年 2 月，《中共中央宣传部、教育部关于进一步加强和改进高等学校思想政治理论课的意见》对高校思政课教师的学生引导者和领路人角色进行了明确规定，并在此基础上确立了思政课教师的培养目标和措施。2008 年 9 月出台的《中共中央宣传部教育部关于进一步加强高等学校思想政治理论课教师队伍建设的意见》也是对高校思政课教师培养起到导向作用的一项重要政策。

2000 年后，我国高校思想政治教育队伍步入专业化和职业化建设发展阶段。2004 年，中共中央、国务院下发的《关于进一步加强和改进大学生思想政治教育的意见》明确指出，高校的辅导员和班主任是高校思想政治教育的骨干力量，并且对高校思想政治教育队伍的选拔、培养和管理制度进行了明确规定。① 2005 年，教育部颁布的《关于加强高等学校辅导员班主任队伍建设的意见》，不仅强调做好高校辅导员的选聘配备、培养培训等工作，而且鼓励和支持一批骨干长期从事辅导员工作，不断向职

① 教育部思想政治教育工作司组编：《加强和改进大学生思想政治教育重要文献选编（1978—2014）》，知识产权出版社 2015 年版，第 249 页。

业化、专家化方向发展。[①] 这一时期对于高校思想政治理论课教师队伍建设也有了较大进展。2008 年 9 月，中宣传、教育部再次专门下发《关于进一步加强高等学校思想政治理论课教师队伍建设的意见》，明确规定了思想政治理论课教师的选聘配备、教学科研组织建设、培养培训和制度保障等。[②] 高校辅导员和思想政治理论课教师在职攻读博士学位的专项计划也陆续出台。这一阶段高校思想政治教育队伍建设的突出特点是队伍的专业化和职业化进程的逐步推进，这一时期高校思想政治教育队伍进入全面建设和发展阶段。

二、全面加强队伍建设的实施举措

在高校思想政治教育队伍建设的目标明确的前提下，党和国家通过颁布和制定队伍建设和培养的政策措施，在政策文本中提出了高校思想政治教育队伍培养的实施举措，并且在具体的培养工作中通过营造队伍培养环境、切实提升队伍的专业素质、完善队伍培养的保障机制等方式落实这些措施。

（一）积极营造队伍建设的环境

高校思想政治教育队伍的建设在高校党委的统一领导下，实现了学校相关职能部门，如：人事处、学工部、马克思主义学院等在内的各个部门紧密配合，共同参与到思想政治教育队伍的培养工作中的目标。整体来说，高校形成了齐抓共管的思想政治教育人才培养环境。从国家层面来看，中宣部、教育部等组织的高校思政理论课教师骨干研修计划每年定期为高校培育大批优秀骨干思政课教师，以充实和提升高校思政教育队伍的数量和质量。地方省级层面也会定期开展针对思政理论课教师和思想政治教育工作者的专项培训和研究计划。在高校层面既建立了校级思想政治教育及思政课教师的专项培育和研修制度，又有马克思主义学院的

① 教育部思想政治教育工作司组编：《加强和改进大学生思想政治教育重要文献选编（1978—2014）》，知识产权出版社 2015 年版，第 283—284 页。

② 边和平：《高校思想政治理论课教师队伍建设的历史考察与思考》，《学理论》2009 年第 9 期。

专项培育计划。从中央到高校形成了全面系统的思想政治教育队伍培养的制度环境,这为高校思想政治教育队伍的培育发挥着重要作用。

在进行高校思想政治教育队伍培养的过程中,高校秉承教学与科研相结合、队伍建设与师资建设相结合的原则,形成思想政治教育队伍培养的合力。在遵循队伍建设规律和思想政治理论课教师教育规律的前提下,思想政治教育类专业人才源源不断地被输送到各个高校,从事思想政治教育工作。与此同时,党中央及高校也十分重视高校思想政治教育队伍的工作和成长环境的营造。《关于深化新时代学校思想政治理论课改革创新的若干意见》中提出加大思政课教师激励力度。增强教师的职业认同感、荣誉感、责任感,把思政课教师和辅导员中的优秀分子纳入各类高层次人才项目。由此来增强思想政治教育工作者的价值效能感。这种针对思想政治教育工作者的奖励激励制度的建立为队伍的成长提供了良好的正向激励环境,有利于促进思想政治教育队伍的专业提升。此外,社会层面对于思想政治教育队伍的尊重氛围也已逐渐形成。思想政治教育队伍,尤其是思想政治理论课教师在社会上受重视程度日渐提升,社会已经形成尊重思想政治教育工作者的良好风气。

（二）切实提升队伍成员的专业素质

对高校思想政治教育队伍素质和从业资格的严格把关是高校思想政治教育队伍培养和建设的重要内容。在思想政治教育队伍培养“大学生健康成长的指导者和引路人”这一目标定位之下,高校思想政治教育队伍的从业资格审核比较严格。高校思想政治教育从业人员必须具备马克思主义理论和思想政治教育等相关专业背景。从事思想政治理论课教学的教师和学生辅导员原则上需要获得硕士和博士学位。此外,为深入贯彻落实习近平总书记关于教育的重要论述,贯彻落实全国教育大会和学校思想政治理论课教师座谈会议精神,切实加强高校思想政治理论课教师队伍建设,各地也通过开设高校思想政治理论课教师上岗培训班的方式对新进思想政治理论课教师进行专项岗前培训。取得岗前培训合格证书的新入职教师才能顺利获取从业资格。2008 年,中宣传、教育部下发的《关于进一步加强高等学校思想政治理论课教师队伍建设的意见》,明确规定了思想政治理论课教师的选聘配备、教学科研组织建设、培养培训和制度保障等。这对于高校思想政治教育队伍质量的提升起到了重要推动作用。

《关于深化新时代学校思想政治理论课改革创新的若干意见》提出要办好面向思政课教师,举办学习习近平新时代中国特色社会主义思想专题研修班、“周末理论大讲堂”、骨干教师研修班。通过这些措施来切实提升思想政治理论课教师的专业素质。并且,《意见》再次强调继续实施高校思想政治理论课教师在职攻读马克思主义理论博士学位专项计划。《意见》提出,要建强高校思政课教师研修基地,依托首批全国重点马克思主义学院所在高校重点开展理论研修,依托高水平师范类院校重点开展教学研修,全面提升每一位思政课教师的理论功底、知识素养。《新时代高等学校思想政治理论课教师队伍建设规定》中提出,主管教育部门和高等学校应当加强思政课教师队伍后备人才培养,统筹推进马克思主义理论专业本硕博一体化人才培养工作。实施“高校思政课教师队伍后备人才培养专项支持计划”,专门招收马克思主义理论学科研究生,不断为思政课教师队伍输送高水平人才。高等学校应当注重选拔高素质人才从事马克思主义理论学习研究和教育教学,加强思政课教师队伍后备人才思想政治工作。

第四节　新时代高校思想政治教育队伍的优化完善

党的十八大以后,我国高校思想政治教育队伍发展和建设也进入全新的发展阶段。这一阶段是高校思想政治教育队伍的优化完善时期。

一、政策环境的优化完善

这一时期高校思想政治教育队伍建设的政策环境朝着规范化、明确化、合理化的方向发展。党中央对于高校思想政治教育队伍建设提升到全新高度,多次召开各种形式的思想政治教育工作会议。2013 年召开了全国宣传思想工作会议,2016 年召开了全国高校思想政治工作会议,2018 年召开了全国教育大会,2019 年召开了学校思想政治理论课教师座谈会等,这些会议和会议形成的决议和文件对于高校思想政治教育队伍建设起到了重要的推动作用。

2016 年 12 月 7 日,习近平在全国高校思想政治工作会议发表重要讲话,指出:"长期以来,高校思想政治工作队伍兢兢业业、甘于奉献、奋发有为,为高等教育事业发展作出了重要贡献。要拓展选拔视野,抓好教育培训,强化实践锻炼,健全激励机制,整体推进高校党政干部和共青团干部、思想政治理论课教师和哲学社会科学课教师、辅导员班主任和心理咨询教师等队伍建设,保证这支队伍后继有人、源源不断。"①习近平在 2016 年全国高校思想政治工作会议上指出,要用好课堂教学这个主渠道,思想政治理论课要坚持在改进中加强,提升思想政治教育亲和力和针对性,满足学生成长发展需求和期待,其他各门课都要守好一段渠、种好责任田,使各类课程与思想政治理论课同向同行,形成协同效应。"课程思政"概念的提出将高校思想政治教育队伍扩展到了其他各类课程教师,这是对高校思想政治教育队伍扩充和发展的重大进展。2017 年教育部党组印发的《高校思想政治工作质量提升工程实施纲要》中对于高校思想政治工作队伍建设的举措进行了明确阐述。明确了高校思想政治教育队伍建设对于高校思政工作质量提升的促进作用。在党和国家对于高校思想政治教育高度重视的宏观背景下,地方各级部门也积极落实党中央文件对于推进高校思想政治教育质量和推动高校思想政治教育队伍建设的新要求。高校思想政治教育队伍建设呈现出更趋标准化、专业化和精细化的特征。省级地方也开展了省级思想政治理论课骨干教师和辅导员专项择优资助计划,鼓励高校优秀思政课教师和辅导员骨干更加积极开展思想政治教育工作。这一阶段高校思想政治教育队伍建设的总体特征是朝着更加专业化的内涵式发展方向推进。

2019 年 8 月,中共中央办公厅、国务院办公厅印发的《关于深化新时

---

① 《习近平谈治国理政》第二卷,外文出版社 2017 年版,第 379—380 页。

代学校思想政治理论课改革创新的若干意见》也对高校思想政治教育队伍的培养提出了明确要求：建设一支政治强、情怀深、思维新、视野广、自律严、人格正的思政课教师队伍。高校思政课教师队伍建设要切实提高思政课教师综合素质。以培育一大批优秀马克思主义理论教育家为目标，制定思政课教师队伍培养培训规划。2020 年 1 月，教育部审议通过的《新时代高等学校思想政治理论课教师队伍建设规定》中明确指出，思政课教师应当增强"四个意识"，坚定"四个自信"，做到"两个维护"，始终在政治立场、政治方向、政治原则、政治道路上同以习近平同志为核心的党中央保持高度一致，遵循高等学校教师师德规范。做到信仰坚定、学识渊博、理论功底深厚，努力做到政治强、情怀深、思维新、视野广、自律严、人格正，自觉用习近平新时代中国特色社会主义思想武装头脑，做学习和实践马克思主义的典范，作为学为人的表率。

二、人员结构的优化完善

优化完善时期高校思想政治教育人员结构日益呈现出稳定化、成熟化和多元化的特征。新中国成立以后高校思想政治教育的队伍结构逐步稳定，并且在发展过程中日趋发展和成熟。这一阶段的高校思想政治教育队伍主要由高校行政管理干部和工作人员、思想政治理论课教师、其他各类课程教师、辅导员和班主任、心理咨询教师等共同构成。

第一，高校行政管理人员除了包括高校的校长和书记等主要领导人之外，还包括各个学院的院长和书记以及学校学生管理部门的干部和工作人员，如党委宣传部、学工部、组织部、纪委等部门。其中，党委宣传部主要通过对全体教职工开展广泛的政治理论教育，通过学校例会、党员组织生活、师资培训、宣讲会等方式在学校师生中开展思想政治教育。2018 年出台的《关于深化新时代学校思想政治理论课改革创新的若干意见》中明确指出，要严格落实地方党委的思想政治理论课建设主体责任。地方各级党委要把高校思政课建设作为党的建设和意识形态工作的标志性工程摆上重要议程，并且高校主要领导干部要带头搞好思政课建设，深入思政课一线带头讲好思政课。高校党委常委会每学期至少召开 1 次会议专题研究思政课建设，高校党委书记、校长每学期至少给学生讲授 4 个课时思政课，高校领导班子其他成员每学期至少给学生讲授 2 个课时思政课。因此，高校领导班子成员不仅要负责思想政治教育管理，而且也要参与到思政课教学工作。

第二，高校思政课教师是从事思想政治教育教学的专职人员及部分兼职教师，在高校思想政治教育中发挥着核心骨干作用。高校思政课作为落实立德树人任务的关键性课程和思想政治教育的主渠道，在推动思想政治教育改革发展过程中发挥着不可替代的作用。高校思政课落实立德树人任务的全员性体现在课程建设主体的全员参与。思政课教师、思政课教学管理人员、其他课程教师等是高校思想政治教育的主体。因此，高校思政课的开展除了需要专业的思政课教师之外，还需要从其他各类专业课程中发掘各类思政元素，实现“思政课程”和“课程思政”的同向同行。从“三全育人”的思想政治教育理念来讲，其他各类课程的教师和各级各类行政管理人员亦具有对学生进行思想政治教育的不可推卸的责任，高校所有教育教学活动都具有思想政治教育意义。

第三，辅导员作为从事高校学生思想政治教育的骨干力量，从辅导员岗位设立至今，其队伍不断充实和完善，为我国思想政治教育工作的发展发挥着重要作用。高校辅导员的职责包括对学生进行思想政治教育、学生日常管理、就业指导、心理健康以及学生党团建设等。随着高校辅导员队伍发展专业化和规范化进程的加快，辅导员的工作内容和职能范畴不断丰富。他们不仅要从事思想政治教育工作，同时也要负责班级管理、心理健康教育、资助帮扶、生涯就业辅导等工作。①

第四，心理咨询教师也是新时代思想政治教育队伍的重要力量。“知其心，然后能救其失”，引入、借鉴心理学的知识和方法，进行心理测试和心理分析，开展心理咨询与心理健康教育，普及心理保健知识，提高心理素质，已经成为思想政治教育的有效途径。2018 年 7 月，教育部党

---

① 毛清芸、陈旭远：《新中国成立 70 年来我国高校辅导员队伍建设历程探析》，《广西社会科学》2019 年第 12 期。

组印发的《高等学校学生心理健康教育指导纲要》指出："心理健康教育是提高大学生心理素质、促进其身心健康和谐发展的教育，是高校人才培养体系的重要组成部分，也是高校思想政治工作的重要内容。"既然心理健康教育是高校思想政治工作的重要内容，那心理咨询（包括心理健康教育）教师队伍也必然是高校思政队伍的重要组成。

三、发展布局的优化完善

这一时期高校思想政治教育的发展布局日益走向充实化、专业化和科学化。纵观中国共产党成立以来思想政治教育队伍建设和发展的一百年，其队伍结构在特征上呈现出队伍规模逐渐扩展充实、队伍结构日益科学合理化、队伍发展逐渐走向专业化等显著特征。

（一）队伍规模逐渐扩展充实

高校思想政治教育队伍从过去人员缺乏的状态发展到今天，在队伍的规模上实现了逐渐扩展和充实。在思政课教师队伍建设上，《关于深化新时代学校思想政治理论课改革创新的若干意见》提出，要加快壮大学校思政课教师队伍。各地在核定编制时要充分考虑思政课教师配备要求。高校要严格按照师生比不低于 1∶350 的比例核定专职思政课教师岗位，在编制内配足，且不得挪作他用，并尽快配备到位。在此基础上思政课教师的队伍在继续充实发展中。同时对于各高校可在与思政课教学内容相关的学科选择优秀教师进行培训后充实思政课教师队伍也进行了明确规定。并且对于思政课教学的党政管理干部转岗为专职思政课教师的机制和办法也进行了明确规约。在此基础上，对于符合条件的辅导员参与思政课教学也有明确规定。高校积极动员政治素质过硬的相关学科专家转任思政课教师，采取兼职的办法遴选相关单位的骨干支援高校思政课建设。因此，高校思想政治理论教育，尤其是思政课教师队伍得到了极大扩充，规模逐渐扩展。

"课程思政"的提出将思政课教师的队伍进一步扩展。"大思政"明确了思想政治教育由思政类课程扩展到其他各类课程的发展目标，在思政课程建设中体现了各类课程与思政课程的协同提升。相应地，高校思政课教师的队伍也得到了进一步充实。此外，辅导员队伍的逐渐壮大也为高校思想政治教育队伍规模的扩充起到了重要作用。辅导员除了对学生进行日常思想政治教育管理之外，部分优秀辅导员也通过兼职思政课教学的方式参与到思想政治教育活动中。

（二）队伍结构日益科学合理化

除了在规模上的扩充，高校思想政治教育队伍在结构上也呈现出日益科学合理化的特征。首先，思想政治教育队伍成员的学历层次逐渐提升。随着思想政治教育硕士点和博士点的设立，思想政治教育专业培养的高层次人才数量逐渐提升。这些人才成为了高校思想政治教育的重要人才储备，为高校培养了高层次的马克思主义理论和思想政治教育专业人才。教育部出台的高校思政课教师和辅导员在职攻读学位计划的出台，更是有针对性地为高校培养了高学历的思想政治教育人才。近年来，随着重点马克思主义学院建设的逐渐推进，各个高校在马克思主义理论和思想政治教育领域选拔人才的标准也在逐步提升。高校思政课专兼职思政课教师中拥有博士学位的比例大幅提升。

其次，高校思想政治教育队伍在结构上逐渐形成了专兼职相结合的队伍结构。专职思政课教师，高校行政干部、辅导员以及思想政治教育管理者均参与到了思政课教学活动中，在思政课教师结构上呈现出专兼职相结合的典型特征。这对于整合学校优质教师队伍资源，开展好思想政治教育具有重要促进作用。

（三）队伍发展逐渐走向专业化

随着高校思想政治教育队伍的确立和发展，近年来队伍发展逐渐走向专业化。高校思想政治教育队伍是高等学校教师和管理队伍的重要组成部分，是开展大学生思想政治教育的组织保证。包括高校党政干部和共青团干部，思想政治理论课教师、其他各类课程教师、辅导员和班主任等在内的队伍在思想政治教育过程中分工明确、各司其职。队伍的整体水平逐渐提升，并且发展日益走向专业化。

高校思想政治教育队伍建设的专业化体现在：队伍成员不仅要承担思想政治理论课的教学工作，还要承担马克思主义理论学科建设的科研工作。包括高校思政课教师在内的思想政治教育工作者在学历层次方面的要求逐渐提高。对高校思想政治教育工作者的科研业绩要求也在逐渐提高。如:高校思政课教师从过去仅仅承担思政课教学,到今天除了承担教学任务之外还需要从事马克思主义理论和思想政治教育学科建设工作的角色转变。教学与科研双重任务的确立正是体现了高校思想政治教育队伍的专业化发展趋势。同时,辅导员队伍的专职化也是高校思想政治教育队伍专业化的具体体现。

四、保障机制的优化完善

高校思想政治教育队伍建设的保障机制逐渐完善,呈现出坚实化、全面化和专业化的特点。这也为队伍培养提供了坚实的制度保障。"加强和改进思想政治工作,要注重人文关怀和心理疏导,用正确方式处理人际关系。学校要从政治上、工作上、生活上关心思想政治工作人员,在政策和待遇方面给予适当倾斜,以便吸引更多更优秀的人员加入这支队伍。特别是高校要尽快完善思想政治教育队伍的专业职务系列,从思想政治教育专职队伍的实际出发,解决好他们的教师职务聘任问题。"①解除思想政治教育工作者的后顾之忧,为其专业发展提供强有力的制度保障,能够有效提升思想政治教育队伍成员的工作动力。多年来,高校思想政治教育队伍在党和国家的高度重视和大力支持下,沿着正确方向积极有序地发展。在高校思政队伍专业化建设进程中强调建设的系统性与整体性,要明确高校思政队伍建设的专业化、科学化目标,化目标为分阶段、可操作的标准要求,进而面向目标,根据标准要求,充分发挥多方合力,汇聚多种资源,系统化建构高校思政队伍培养发展的平台机制。

2000 年 1 月审议通过的《关于进一步加强高等学校思想政治理论课教师队伍建设的意见》中也明确规定了主管教育部门、高等学校应当加强思政课教师队伍建设,把思政课教师队伍建设纳入教育事业发展和干

---

①　陈彪:《我国高校思想政治教育专家化队伍培养体系的构建》,《江西教育》2008 年第 7 期。

部人才队伍建设总体规划,在师资建设上优先考虑,在资金投入上优先保障,在资源配置上优先满足。

2018年出台的《关于深化新时代学校思想政治理论课改革创新的若干意见》也明确提出要设立思政课教师和辅导员岗位津贴,纳入绩效工资管理,增加学校绩效工资总量,把思政课教师作为学校干部队伍重要来源等。这是新时期高校思想政治教育队伍培养的重要政策保障。

第五节　高校思想政治教育队伍建设的启示与展望

高校思想政治教育队伍建设历经早期发展、正式确立、全面建设和优化完善四个时期的发展,积累了丰富而宝贵的经验,这些经验对于我国高校思想政治教育队伍建设的后续发展具有重要启发意义。站在新的历史起点上,时代发展对高校思想政治教育队伍建设的高效化和科学化诉求日渐提升。展望未来,时代发展对高校思想政治及教育队伍建设的新要求需要在队伍建设的发展道路上贯彻新的发展理念。在明确队伍建设的目标任务基础上,准确把握队伍建设的新要求和新趋势,将新时代思想政治教育队伍建设的要求落到实处。

一、高校思想政治教育队伍建设的经验启示

中国共产党成立以来,我国高校思想政治教育队伍建设和培养过程中经历了从初期建立到逐渐发展完善的过程。在此过程中,党和国家在高校思想政治教育队伍建设中积累了丰富和宝贵的经验。

(一)始终坚持党的集中统一领导

高校思想政治教育队伍建设始终坚持了党的集中统一领导,这是我国高校思想政治教育队伍建设的重要经验。坚持党的集中统一领导是中国特色社会主义制度的显著优势,也是我国国家治理体系的显著优势。在高校思想政治教育队伍的建设和培养过程中一直坚持在党的集中统一领导下开展。党委对于高校思想政治教育队伍建设的主体责任十分明

确。坚持党对高校思想政治教育队伍建设的领导,直接关系到高校思想政治教育的成败,是中国共产党成立以来高校思想政治教育队伍建设的根本原则。

坚持党在思想政治教育管理和思想政治教育队伍建设中的集中领导地位,就是要把高校"培养什么人""为谁培养人"等现实问题落到实处。中国共产党成立以来,高校思想政治教育队伍建设工作始终坚持在党内选拔和任用优秀共产党员来进行管理和建设。高校各部门迅速配备了强有力的干部队伍。此后,党对于高校思想政治教育队伍管理和建设的领导力量逐渐加强。在此后召开的全国学校教育工作座谈会上对于加强高校党建工作、继续配备和培养高校思想政治教育领导和骨干人员进行了强调。在地方党委和高校党委的集中统一领导之下,高校建立起的政治辅导员制度、共青团和学生干部制度、思想政治理论课教师队伍建设培养制度等共同推动高校思想政治教育队伍的建设和培养工作走向深入。

（二）系统完善的队伍建设制度保障

高校思想政治教育队伍建设的第二条宝贵经验是队伍建设过程中不断完善的制度保障。制度是在一定条件下的社会活动和社会关系的规范系统,表现为社会活动和社会关系。制度保障对于社会活动和社会关系的形成起着重要的规约作用。在高校思想政治教育队伍建设的过程中,健全的领导体制和工作体制机制保障是确保队伍建设工作成功开展的重要保障。在健全的领导体制和工作机制确立基础上,高校形成了各方共建思想政治教育队伍的合力。新中国成立以来,高校逐渐建立了思想政治教育队伍建设的组织制度、管理制度、培养制度和保障制度。全面而有力的制度体系对于队伍建设工作开展的日常组织管理、培养方案确立和执行、队伍建设的相关政策执行起到了重要保障作用。在不断完善的制度保障之下,高校相关部门各司其职,共同承担在高校思想政治教育队伍建设中的职责。

在高校思想政治教育管理和思想政治教育教学过程中,系统完善的制度对于思想政治教育工作的开展奠定了坚实基础。中国共产党成立以来,高校思想政治教育队伍建设的目标制定、政策出台和具体执行的各个环节中均体现了不断发展和完善的相关制度。因此,系统完善的制度保障是我国高校思想政治教育队伍建设的成功经验。

(三）齐抓共管的队伍建设指导方针

高校在思想政治教育队伍建设中体现出齐抓共管的建设思路是队伍建设的另一成功经验。队伍建设是一项需要主体各方共同参与的系统工程。在全面和坚实的制度保障的前提之下,高校各相关部门在队伍建设中齐抓共管,确保高校思想政治教育队伍的有序建设。高校组织部的主要职责是在高校选拔、培养理论素质高、能力强、社会主义信念坚定的思想政治教育干部队伍。高校人事部门的主要职责是选拔、培养思想政治理论课教师、辅导员、学生思想政治教育工作队伍。对于新入职的思想政治教育队伍成员进行选拔和培训,对于在职思想政治教育队伍人员进行继续教育和培训都是高校人事部门的职责。高校纪检部门职责是通过营造清正廉洁的工作氛围为思想政治教育队伍的建设和培养提供环境保障。高校马克思主义学院也承担着思想政治教育队伍建设的重要职责,尤其是对于思想政治理论课教师进行专业培养。

此外,随着“课程思政”概念的提出,高校其他学院也加入到了思想政治教育队伍建设的行列中来。各类课程与思想政治理论课形成协同效应,高校各门课程的教师也成为“大思政”教育的实施者。因此,对于其他各类课程任课教师的建设和培育也成为高校思想政治教育队伍建设的重要任务。上述各方在思想政治教育队伍建设过程中,齐抓共管,形成合力,这在很大程度上确保了队伍建设工作的顺利展开。

(四）科学化系统化的队伍培养机制

中国共产党成立以来在思想政治教育队伍建设中逐渐形成的科学化专业化的队伍结构是队伍建设过程中的显著特征。而在此特征之下,高校思想政治教育队伍建设和培养机制呈现出了科学化系统化的特征,这是我国高校思想政治教育队伍建设取得成功的重要经验。中国共产党成立以来,在思想政治教育队伍建设过程中不断探索和丰富其建设模式和思路。包括对于高校思想政治教育队伍中党政干部、辅导员、思想政治理论课教师等建设和培养均已逐渐走向规范化;对于队伍成员中理论性和实践性素养的协同培养逐渐完善;对于队伍成员专兼职相结合的队伍建设模式也已经逐渐确立。高校思想政治教育队伍在职前和在职成员的培育也已走向了模式化和规范化。包括对于思想政治教育后备人才的培育、新入职的思想政治教育人员的岗前培训、在职思想政治教育人员的继续教育。从中央到地方再到高校,已经形成了系统完善的队伍人才培养机制。因此,科学化系统化的思想政治教育队伍建设模式和机制的确立是党在高校思想政治教育队伍建设过程中的重要经验。

(五) 能力与作风培养相结合的队伍建设要求

在进行高校思想政治教育队伍建设的过程中,除了重视对队伍成员的业务能力的培养之外,还特别重视成员的师德师风和工作作风的建设和培养。这是确保思想政治教育队伍质量切实提升的重要保障。高校思想政治教育队伍建设与高校其他各类课程的教师和教育管理队伍建设的一般要求是一致的。即:队伍建设在注重队伍成员业务能力和素养提升的同时,也要对其职业道德素养进行培养和提升。中国共产党成立以来,对于思想政治教育队伍的思想政治素养、职业道德素养和工作作风一直有着严格要求。从事思想政治教育教学和管理的人员大多为中共正式党员。高校在选拔和任用思想政治教育管理领导干部以及聘任思想政治理论课教师及辅导员时,均对人员的政治素养进行严格考核。入职以后,通过各类培训、讲座及专题会议的方式,持续不间断地进行队伍成员的作风建设以及各类道德作风警示教育。高校纪委也会定期组织对于思想政治教育队伍成员的作风教育和培训。通过上述途径对于高校思政教育队伍进行全面的能力建设,这是党对思想政治教育队伍建设的宝贵经验,能够有效保证高校建成一支政治立场坚定、作风优良、业务能力精良的思想政治教育队伍。

二、高校思想政治教育队伍建设的展望

随着我国高等教育普及化时代的临近,包括高校思想政治教育队伍在内的高校教学和管理队伍建设面临着数量增长和质量提升的双重要求。站在新的历史起点上,对高校思想政治教育队伍建设的高效化和科

学化诉求日渐提升。

第一,我国高等教育即将步入普及化行列,高校学生数量的增长,对于高校思想政治教育队伍的数量要求随之提升。因此,新时代高校思想政治教育需要加快队伍数量的扩充,以适应高校日益增长的学生数量对于思想政治教育教学和管理的需求。第二,为了适应新时代对于高校思想政治教育队伍建设治理现代化的新要求,在队伍建设中需要在动态稳定的基础上,实现队伍结构的进一步优化。具体而言,在专兼职思想政治教育人员的比例分配、思想政治教育教学和管理人员的职责分工方面进一步明确和优化结构。第三,随着马克思主义理论学科的发展,思想政治教育队伍在教学和日常管理工作的同时,对于学科建设方面的重视度和参与度也应当有所提升。因此,无论是高校思想政治教育队伍学历层次的提升,还是对于高校思想政治教育队伍科研能力的重视和提升都体现了其为马克思主义理论学科发展发挥的重要作用。第四,信息技术现代化带来对高校思想政治教育现有方式的冲击,使得思想政治教育教学和管理队伍面临着教育和管理方式转变的新任务。随之而来的是,思想政治教育队伍建设面临着现代信息技术融入教育教学内容和管理平台的新变化。

基于新时代对于高校思想政治教育队伍建设的上述要求,在队伍建设从中央到地方再到高校,都出台相应措施来推进高校思想政治教育队伍建设迈上新台阶。近两年,通过出台各项推进高校思想政治教育队伍建设的政策和文件,对于新时代高校思想政治理论课教师、辅导员、思想政治教育管理人员的从业资格要求、工作职责要求、保障机制等进行了明确的规定,并且正在逐步落实。2019 年 8 月,中共中央办公厅、国务院办公厅印发了《关于深化新时代学校思想政治理论课改革创新的若干意见》中明确提出,建设一支政治强、情怀深、思维新、视野广、自律严、人格正的思政课教师队伍加快壮大学校思政课教师队伍。并且规定了高校思政课教师的具体配备比例。要求高校按照师生比不低于 1∶350 的比例核定学校专职思政课教师岗位。2020 年 3 月开始正式施行的《新时代高等学校思想政治理论课教师队伍建设规定》中也对高校思想政治理论课教师队伍建设进行了明确规划和规定。规定了要把思政课教师队伍建设纳入教育事业发展和干部人才队伍建设总体规划，在师资建设上优先考虑，在资金投入上优先保障，在资源配置上优先满足。对于高校思想政治教与队伍的选拔配备、岗位职责、制度保障作出了明确规定。这都体现了新时代高校思想政治教育队伍建设要求下队伍建设的新举措。

新时代高校思想政治教育与队伍建设朝着专业化、科学化、高效化和规范化方向发展，这是队伍发展和建设的新走向。为了适应新时代高校治理体系现代化的新要求和高等教育内涵式发展的新趋势，高校思想政治教育队伍建设顺应时代发展潮流，在规模扩充的同时，对于从业人员业务能力和道德素养的要求逐渐提高。同时，伴随着高等教育信息化的发展和推进，运用信息技术精准高效地开展高校思想政治教育队伍建设也是其发展的新趋势。

在思想政治理论课教学中，运用现代信息技术，实现高校思想政治理论课程教学手段与信息技术的融合，贴近学生的认知方式和知识信息接收方式，开展各类线上课程与线下课程相结合的全新教学模式，这对思政课教师队伍的知识运用能力和现代网络信息技术能力均提出了较高要求。随着“慕课”“微课”“翻转课堂”等新兴教学方式和教学组织模式的发展，高校思想政治教育在未来的发展道路中更需要体现这些新型教学手段和模式的新要求。此外，在高校思想政治理论课的教学过程中对于理论教学与实践教学的结合问题也需要经过不断的探索加以明确。

综上，新时代对于高校思想政治教育队伍建设的新要求既包括规模数量的增长需求，也包括对于队伍成员素质要求的提升诉求。要实现新时代高校思想政治教育队伍建设的内涵式发展，唯有在明确队伍建设的目标任务基础上，准确把握队伍建设的新要求和新趋势，将新时代思想政治教育队伍建设的要求落到实处，实现在推进国家治理体系现代化背景下高校思想政治教育队伍建设的内涵式发展。

参考文献

[1]《马克思恩格斯文集》第1—10卷，人民出版社2009年版。
[2]《列宁选集》第1—4卷，人民出版社2012年版。
[3]《毛泽东选集》第一至四卷，人民出版社1991年版。
[4]《毛泽东文集》第六、七卷，人民出版社1999年版。
[5]《毛泽东新闻工作文选》，新华出版社1984年版。
[6]《毛泽东同志论教育工作》，人民教育出版社1958年版。
[7]《毛泽东著作选读》下册，人民出版社1986年版。
[8]《毛泽东年谱(1949—1976)》第二卷，中央文献出版社2013年版。
[9]《毛泽东年谱(1893—1949)》中卷，中央文献出版社2013年版。
[10]《周恩来选集》上卷，人民出版社1980年版。
[11]《李大钊全集》第三卷，人民出版社2013年版。
[12]《刘少奇选集》上卷，人民出版社1981年版。
[13]《刘少奇论教育》，教育科学出版社1998年版。
[14]《邓小平文选》第二卷，人民出版社1994年版。
[15]《邓小平文选》第三卷，人民出版社1993年版。
[16]《邓小平论党的建设》，人民出版社1990年版。
[17]《邓小平论教育》，人民教育出版社1995年版。
[18]《邓小平年谱》(1975—1997)(上、下)，中央文献出版社2004年版。
[19]《江泽民文选》第一至三卷，人民出版社2006年版。
[20]《江泽民论中国特色社会主义(专题摘编)》，中央文献出版社2002年版。
[21]《毛泽东邓小平江泽民论教育》，中央文献出版社2002年版。
[22]《毛泽东邓小平江泽民论思想政治工作》，学习出版社2000年版。
[23]《胡锦涛文选》第一至三卷，人民出版社2016年版。
[24]《习近平谈治国理政》第一卷，外文出版社2018年版。
[25]《习近平谈治国理政》第二卷，外文出版社2017年版。
[26]《习近平谈治国理政》第三卷，外文出版社2020年版。

[27]习近平:《在庆祝中国共产党成立95周年大会上的讲话》,人民出版社2016年版。

[28]习近平:《之江新语》,浙江人民出版社2007年版。

[29]《习近平关于青少年和共青团工作论述摘要》,中央文献出版社2017年版。

[30]《习近平总书记系列重要讲话读本(2016年版)》,学习出版社、人民出版社2016年版。

[31]《中共中央文件选集(1921—1925)》第1册,中共中央党校出版社1989年版。

[32]《中共中央文件选集(1939—1940)》第12册,中共中央党校出版社1991年版。

[33]《中共中央文件选集(1932—1933)》第8册,中共中央党校出版社1986年版。

[34]《"一大"前后——中国共产党第一次代表大会前后资料选编》(一),人民出版社1980年版。

[35]《建国以来重要文献选编》第3册,中央文献出版社1992年版。

[36]《建国以来重要文献选编》第7册,中央文献出版社1993年版。

[37]《建国以来重要文献选编》第14册,中央文献出版社2011年版。

[38]《十五大以来重要文献选编》(中),人民出版社2000年版。

[39]《十六大以来重要文献选编》(中),中央文献出版社2006年版。

[40]《十七大以来重要文献选编》(上),中央文献出版社2009年版。

[41]广东革命历史博物馆编:《黄埔军校史料》(1924—1927),广东人民出版社1982年版。

[42]教育部社会科学司编:《普通高校思想政治理论课文献选编(1949—2003)》,中国人民大学出版社2003年版。

[43]教育部社会科学司编:《普通高校思想政治理论课文献选编(1949—2008)》,中国人民大学出版社2008年版。

[44]《新华月报(1950年合订本)》(2),新华月报社,1950年。

[45]团中央青运史研究室、中央档案馆编:《中共中央青年运动文件选编》(1921年7月—1949年9月),中国青年出版社1988年版。

[46]中央教育科学研究所编:《中华人民共和国教育大事记》,教育科学出版社1984年版。

[47]中央教育科学研究所编:《老解放区教育资料(二)》(上册),教育科学出版社1986年版。

[48]教育部思想政治工作司组编:《加强和改进大学生思想政治教育重要文献选编(1978—2014)》,知识产权出版社2015年版。

[49]中共中央党史研究室编:《中国共产党历史大事记(1919.5—2005.12)》,中共党史出版社2006年版。

[50]胡绳:《中国共产党的七十年》,中共党史出版社1991年版。

[51]中共中央党史研究室编:《中国共产党的九十年》,中共党史出版社、党建读物出

版社 2016 年版。

［52］中共中央党史研究室编:《中国共产党历史第一卷(1921—1949)》上册,中共党史出版社 2011 年版。

［53］中国思想政治工作研究会、中宣部思想政治工作研究所组织编写:《改革开放以来思想政治工作大事记》,中国人民大学出版社 2007 年版。

［54］中华人民共和国教育部办公厅编:《教育文献法令汇编(1949—1952 年)》,1958 年。

［55］陕西师范大学教育研究所编:《陕甘宁边区教育资料(小学教育部分)》,教育科学出版社 1981 年版。

［56］教育部教育年鉴编纂委员会:《第二次中国教育年鉴》,商务印书馆 1948 年版。

［57］中共中央党史研究室:《党的十八大以来大事记》,人民出版社、中共党史出版社 2017 年版。

［58］《〈关于若干历史问题的决议〉和〈关于建国以来党的若干历史问题的决议〉》,中共党史出版社 2010 年版。

［59］延安整风运动编写组:《延安整风运动纪事》,求实出版社 1982 年版。

［60］中共中央党史资料征集委员会、中共中央党史研究室编:《中共党史资料》,中共党史出版社 1982 年版。

［61］艾四林:《党的理论创新与思想政治教育》,人民出版社 2017 年版。

［62］艾四林、吴潜涛:《北京高校马克思主义理论学科与思想政治理论课建设发展报告(2017)》,人民出版社 2018 年版。

［63］陈秉公:《思想政治教育学原理》,高等教育出版社 2006 年版。

［64］陈万柏、张耀灿主编:《思想政治教育学原理》,高等教育出版社 2015 年版。

［65］陈义平:《思想政治教育学原理》,安徽大学出版社 2008 年版。

［66］陈元晖:《老解放区教育简史》,教育科学出版社 1981 年版。

［67］成仿吾:《战火中的大学:从陕北公学到人民大学的回顾》,人民出版社 2014 年版。

［68］陈先达:《思想中的时代和时代中的信仰》,中国人民大学出版社 2018 年版。

［69］曹普:《当代中国改革开放史》,人民出版社 2016 年版。

［70］陈玉玲:《中国百年高等教育史上三次飞跃发展》,中国原子能出版社 2018 年版。

［71］程浩、崔福海、孙宁编著:《中国高校思想政治教育史论》,社会科学文献出版社 2016 年版。

［72］董纯才:《中国革命根据地教育史》(1—3 卷),教育科学出版社 1991 年版。

［73］冯刚、沈壮海主编:《中华人民共和国学校德育编年史》,中国人民大学出版社 2010 年版。

［74］冯刚、郑永廷:《思想政治教育学科 30 年发展研究报告》,光明日报出版社 2014

年版。

[75]冯刚主编:《改革开放 40 年高校思想政治教育编年史》,北京师范大学出版社 2019 年版。

[76]冯刚主编:《改革开放以来高校思想政治教育发展史》,人民出版社 2018 年版。

[77]冯刚、孙雷编著:《新时代高校校园文化建设概论》,光明日报出版社 2019 年版。

[78]冯刚:《高校思想政治教育工作质量评价研究》,人民出版社 2020 年版。

[79]冯刚主编:《大学生思想政治教育工作概论》,北京师范大学出版社 2020 年版。

[80]方玉媚、王蕾编著:《马克思主义世界观和方法论与高校思想政治教育》,西南财经大学出版社 2014 年版。

[81]高世琦:《中国共产党干部教育世纪历程》,党建读物出版社 2013 年版。

[82]龚海泉等主编:《20 世纪的中国高等教育》(德育卷),高等教育出版社 2003 年版。

[83]顾海良:《高校思想政治理论课程建设研究》,经济科学出版社 2009 年版。

[84]顾明远总主编:《中国教育大系·马克思主义与中国教育》(下),湖北教育出版社 1994 年版。

[85]何东昌:《中华人民共和国重要教育文献》,海南出版社 2000 年版。

[86]何云庵:《大学生思想理论教育实效性研究》,四川大学出版社 2008 年版。

[87]胡树祥、吴满意:《大学生社会实践教育理论与方法》,人民出版社 2010 年版。

[88]胡德坤、宋俭:《中国近现代史纲要》,湖北人民出版社、武汉大学出版社 2006 年版。

[89]黄蓉生:《改革开放以来大学生思想政治教育论纲》,人民出版社 2014 年版。

[90]黄建军:《中国共产党思想领导能力建设研究》,人民出版社 2018 年版。

[91]洪向华:《强国路上:新中国的 26 个历史节点》,人民出版社 2019 年版。

[92]韩卉等:《新时代保持中国高校马克思主义鲜亮底色研究》,人民出版社 2019 年版。

[93]金安平:《从批判的武器到武器的批判——二十世纪前半期中国知识分子与政党政治》,黑龙江人民出版社 2000 年版。

[94]金以林:《近代中国大学研究(1895—1949)》,中央文献出版社 2000 年版。

[95]梁启超:《自由书》,吉林出版集团 2012 年版。

[96]林泰:《问道:改革开放以来的社会思潮与青年思想政治教育研究》,中国社会科学出版社 2013 年版。

[97]李德芳等主编:《中国共产党思想政治教育史料选辑》上册,武汉大学出版社 2019 年版。

[98]李德芳、李辽宁、杨素稳主编:《中国共产党思想政治教育史料选编》,武汉大学出版社 2009 年版。

[99]李剑农:《中国近百年政治史(1840—1926)》,复旦大学出版社 2002 年版。

[100]李均:《中国高等教育政策史:1949—2009》,广东高等教育出版社 2014 年版。

[101]李忠杰:《中国共产党执政理论新体系》,人民出版社 2006 年版。

[102]刘光:《新中国高等教育大事记》,东北师范大学出版社 1990 年版。

[103]刘海平主编:《文化自觉与文化认同:东亚视角》,上海外语教育出版社 2008 年版。

[104]刘基:《高校思想政治教育论》,中国社会科学出版社 2006 年版。

[105]刘宋斌:《伟大到历史转折》,中共党史出版社 2011 年版。

[106]刘辉:《中国共产党人的文化自觉:新民主主义文化思想再研究》,中共党史出版社 2008 年版。

[107]刘强主编,中国延安精神研究会编:《教育工作史》,中央文献出版社 2016 年版。

[108]刘景泉:《马克思主义与中国现代化历程》,南开大学出版社 2019 年版。

[109]毛礼锐、沈灌群:《中国教育通史》(第 5 卷),山东教育出版社 1988 年版。

[110]欧阳淞:《党的历史论稿》,党建读物出版社、中共党史出版社 2018 年版。

[111]逄先知:《关键在党:党的建设与党的历史》,生活 · 读书 · 新知三联书店 2019 年版。

[112]逄锦聚:《马克思主义理论教育教学论》,中国人民大学出版社 2018 年版。

[113]彭承福:《思想政治教育史纲》,西南师范大学出版社 1993 年版。

[114]曲士培:《抗日战争时期解放区高等教育》,北京大学出版社 1985 年版。

[115]清华大学高校德育研究中心编:《高校思想政治教育的理论与实践》,人民出版社 2011 年版。

[116]丘挺、郭晓春:《邓演达生平与思想》,甘肃人民出版社 1985 年版。

[117]秦宣:《分化与整合:社会转型期的思想政治教育研究》,中国人民大学出版社 2017 年版。

[118]沈壮海:《思想政治教育发展报告 2014/2015》,高等教育出版社 2016 年版。

[119]石云霞:《新中国成立以来中国共产党思想理论教育历史研究》,中国社会科学出版社 2007 年版。

[120]孙友余、钱学森、费孝通、谭滔等:《论思想政治工作科学化》,山西人民出版社 1981 年版。

[121]谈松华主编:《大学思想政治教育简史》,上海交通大学出版社 1989 年版。

[122]宋黎等:《一二九运动回忆录》(第 1 集),人民出版社 1982 年版。

[123]涂又光:《中国高等教育史论》,华中科技大学出版社 2018 年版。

[124]王炳照、周玉良、宋荐戈主编:《中华人民共和国教育历史传统与基础》,海南出版社 2000 年版。

[125]齐鹏飞主编:《中国共产党创办新型高等教育的历史、理论与实践——中国人民大学 80 年办学经验总结》,中国人民大学出版社 2018 年版。

[126]王茂胜:《中国共产党思想政治教育简史》,华中师范大学出版社 2010 年版。

[127]王树荫:《中国共产党思想政治教育史》,中国人民大学出版社 2016 年版。

[128]王予霞、汤家庆、蔡佳伍:《中央苏区文化教育史》,厦门大学出版社 1999 年版。

[129]王云风:《延安大学校史》,陕西人民教育出版社 1994 年版。

[130]王建国主编:《新中国高等学校党建理论和实践研究》,北京交通大学出版社 2011 年版。

[131]王海军:《改革开放以来中国共产党理论创新基本经验研究》,中共党史出版社 2011 年版。

[132]吴潜涛、刘建军:《新时期思想政治教育史论》,安徽人民出版社 2004 年版。

[133]许启贤:《中国共产党思想政治教育史》,中国人民大学出版社 1999 年版。

[134]徐彬如:《六十年历史风云纪实》,中国文联出版公司 1992 年版。

[135]熊向晖:《历史的注脚》,中共中央党校出版社 1995 年版。

[136]姚小玲、刘佳:《改革开放以来北京高校党建史》,人民出版社 2018 年版。

[137]杨荣:《中国共产党早期思想政治工作与马克思主义大众化研究》,中国社会科学出版社 2014 年版。

[138]杨河主编:《中国共产党革命精神史读本 · 新民主主义篇》,人民出版社 2014 年版。

[139]杨凤城主编,中国人民大学中共党史系组编:《中共党史重大问题研究》,中国人民大学出版社 2018 年版。

[140]杨天平、黄宝春:《中国共产党教育方针 90 年发展研究》,重庆大学出版社 2015 年版。

[141]中央党史和文献研究院:《中华人民共和国大事记(1949 年 10 月—2019 年 9 月)》,人民出版社 2019 年版。

[142]中国新四军和华中抗日根据地研究会编:《永恒的记忆:华中抗日根据地史》,当代中国出版社 2005 年版。

[143]翟作君、蒋志彦:《中国学生运动史》,学林出版社 1996 年版。

[144]张静、关信平主编:《中国社会建设与发展研究》,中国人民大学出版社 2009 年版。

[145]张耀灿:《中国共产党思想政治教育史论》,高等教育出版社 2020 年版。

[146]张勇、张玲:《新时代高校思想政治教育创新研究》,中国社会科学出版社 2019 年版。

[147]张大中等:《解放战争时期北平学生运动史》,北京出版社 1995 年版。

[148]郑洸:《中国青年运动六十年(1919—1979)》,中国青年出版社 1990 年版。

[149]周谷平主编:《马克思主义教育思想的中国化历程——选择 · 融合 · 发展》,浙江大学出版社 2008 年版。

[150]周耀宏:《新民主主义革命时期党的思想理论教育研究》,人民出版社 2015

年版。

[151]周良书:《中共高校党建史1921—1949》,北京师范大学出版社2012年版。

[152]周连顺:《探索、出路与启示:毛泽东与马克思主义中国化》,人民出版社2009年版。

[153]郑谦主编:《中国共产党指导思想发展史》,广东教育出版社2012年版。

[154]中共中央党史研究室第一研究部译:《联共(布)、共产国际与中国国民革命运动(1920—1925)》,北京图书馆出版社1997年版。

[155]中国延安干部学院编:《延安时期大事记述》,中央文献出版社2010年版。

[156]中国社会科学院科研局:《马克思主义研究学科前沿研究报告》,中国社会科学出版社2014年版。

[157]中华人民共和国教育部《中国共产党教育理论与实践》编写组:《中国共产党教育理论与实践》,北京师范大学出版社2001年版。

[158][美]塞缪尔·亨廷顿、劳伦斯·哈里森:《文化的重要作用——价值观如何影响人类进步》,新华出版社2002年版。

[159][美]詹姆斯·凯瑞:《作为文化的传播》,丁未译,华夏出版社2005年版。

[160]冯刚、张欣:《中国共产党百年思想政治教育史研究的经验与展望》,《重庆大学学报(社会科学版)》2020年第6期。

[161]冯刚、张欣:《深刻把握思想政治理论课理论性与实践性相统一的价值意蕴》,《新疆师范大学学报》2019年第9期。

[162]冯刚、严帅:《新中国成立70年来高校思想政治教育的成就、经验与展望》,《教学与研究》2019年第9期。

[163]傅颐:《六十年代〈高教六十条〉的制度试行及历史经验》,《中共党史研究》2006年第3期。

[164]顾明远:《从新民主主义教育到社会主义教育——纪念中国共产党成立90周年》,《教育研究》2011年第7期。

[165]黄美珍、石源华、张云:《上海大学史略》,《复旦大学学报》1981年第2期。

[166]黄蓉生:《新时代思想政治教育学科创新发展若干思考》,《思想理论教育导刊》2018年第3期。

[167]骆郁廷、秦玉娟:《新中国70年高校思想政治理论课建设的回顾与展望》,《思想理论教育导刊》2019年第11期。

[168]毛清芸、陈旭远:《新中国成立70年来我国高校辅导员队伍建设历程探析》,《广西社会科学》2019年第12期。

[169]彭庆红、耿品:《新中国成立70年来高校辅导员队伍建设的历史进程、总体趋势与经验启示》,《思想理论教育导刊》2019年第8期。

[170]佘双好:《论高校学生工作体系的生成与发展》,《思想理论教育》2008年第19期。

[171]石书臣:《正确把握思想政治教育本科专业的学科支撑》,《中国高等教育》2014年第8期。

[172]吴起民、汪云生:《"革命熔炉"是怎样炼成的》,《党史研究与教学》2017年第4期。

[173]宇文利:《论现代思想政治教育学的学科制度》,《思想教育研究》2012年第5期。

[174]袁武振:《习仲勋与西北人民革命大学》,《人民论坛·学术前沿》2015年第3期。

[175]张艳:《新中国成立以来大学生社会实践活动的历史发展》,《中国青年研究》2011年第6期。

[176]张正光、张远新:《延安知识分子群体的概况、成因及其基本特征》,《云南社会科学》2009年第2期。

[177]郑敬斌、刘敏:《思想政治教育政策理论体系探赜》,《思想教育研究》2019年第8期。

后　　记

中国共产党迎来百年诞辰。高校思想政治教育在中国共产党建党百年的光辉历程中不断深化发展,也是党百年历程的重要组成部分。回顾建党百年来高校思想政治教育的发展历程,总结百年来高校思想政治教育的经验做法,把握百年来高校思想政治教育发展的内在规律与发展趋向,是推进新时代背景下高校思想政治教育创新发展的客观需要。

本书在大量查阅历史文本、档案文献的基础上,采用纵向历史维度与横向专题相结合的方式,对中国共产党建党百年来高校思想政治教育发生、发展、成熟、完善的历程进行回顾整理。全书立足高校思想政治教育的核心理念和体系构建,系统梳理和总结百年来高校思想政治教育的地位作用、目标任务、方针政策、内容方法、学科建设、课程体系、实践育人、文化育人、管理评价、领导体制、队伍建设等方面的创新发展,以期深化把握中国共产党建党百年来高校思想政治教育发展的历史进程和发展规律。

本书由北京师范大学思想政治工作研究院院长冯刚教授负责全书策划,北京师范大学严帅、王振和重庆交通大学吴成国、张晓平、苏洁等共同参与全书框架设计。全书具体分工如下:导论(冯刚、张晓平)、第一章(严帅、赵云慧)、第二章(朱小芳)、第三章(任超阳、王超)、第四章(邓云晓)、第五章(张欣)、第六章(施丽红、王戎)、第七章(邱家洪)、第八章(苏洁)、第九章(黄丹)、第十章(布超)、第十一章(陈静)。冯刚、张晓平、苏洁、严帅、张欣、梁超锋等参与全书统稿工作。梁超锋、张欣、王莹、徐文倩等负责相关文献的整理。

本书在编撰过程中除经典著作外，还参考了相关专家学者的研究成果，文中以脚注的形式对其进行了注明，并在文末列出了参考文献，对此深表谢意！建党百年来高校思想政治教育史研究具有很强的历史性、系统性、复杂性，内容丰富、材料众多，加之时间与篇幅所限，本书研究难免存在疏漏与尚需深化之处，我们真诚地希望各位专家、读者批评指正。

作　者

2021年2月

责任编辑:吴广庆
封面设计:王欢欢
责任校对:陈艳华

图书在版编目(CIP)数据

中国共产党高校思想政治教育发展史/冯刚,张晓平,苏洁 主编. —北京:
人民出版社,2021.7(2022.1 重印)
ISBN 978 - 7 - 01 - 023435 - 9

Ⅰ.①中… Ⅱ.①冯…②张…③苏… Ⅲ.①高等学校-思想政治教育-
教育史-研究-中国 Ⅳ.①G641

中国版本图书馆 CIP 数据核字(2021)第 096777 号

中国共产党高校思想政治教育发展史

ZHONGGUO GONGCHANDANG GAOXIAO SIXIANG ZHENGZHI JIAOYU FAZHAN SHI

冯 刚 张晓平 苏 洁 主编

人民出版社 出版发行
(100706 北京市东城区隆福寺街 99 号)

中煤(北京)印务有限公司印刷 新华书店经销

2021 年 7 月第 1 版 2022 年 1 月北京第 2 次印刷
开本:710 毫米×1000 毫米 1/16 印张:28.5
字数:400 千字

ISBN 978 - 7 - 01 - 023435 - 9 定价:98.00 元

邮购地址 100706 北京市东城区隆福寺街 99 号
人民东方图书销售中心 电话 (010)65250042 65289539